{ 길 찾던 헨젤과 그레텔,
마법 주문 외우던 해리 포터 }

그들은 알고리즘을
알았을까?

~ Martin Erwig 저 | 송원형 역 ~

YoungJin.com Y.
영진닷컴

ONCE UPON AN ALGORITHM: How Stories Explain Computing by Martin Erwig
Copyright © 2017 by Massachusetts Institute of Technology
All rights reserved.

This Korean edition was published by Youngjin.com in 2018 by arrangement with The
MIT Press through KCC(Korea Copyright Center Inc.), Seoul.

ISBN   978-89-314-5941-8

독자님의 의견을 받습니다

이 책을 구입한 독자님은 영진닷컴의 가장 중요한 비평가이자 조언가입니다. 저희 책의 장점과 문제점
이 무엇인지, 어떤 책이 출판되기를 바라는지, 책을 더욱 알차게 꾸밀 수 있는 아이디어가 있으면 팩스
나 이메일, 또는 우편으로 연락주시기 바랍니다. 의견을 주실 때에는 책 제목 및 독자님의 성함과 연락
처(전화번호나 이메일)를 꼭 남겨 주시기 바랍니다. 독자님의 의견에 대해 바로 답변을 드리고, 또 독자
님의 의견을 다음 책에 충분히 반영하도록 늘 노력하겠습니다.

파본이나 잘못된 도서는 구입하신 곳에서 교환해 드립니다.

이메일   support@youngjin.com
주 소   (우) 08505 서울시 금천구 가산디지털2로 123
          월드메르디앙벤처센터2차 10층 1016호 (주) 영진닷컴 기획1팀

저자 Martin Erwig | **번역** 송원형 | **책임** 김태경 | **진행** 최윤정 | **표지** 임정원 | **본문** 이경숙
영업 박준용, 임용수 | **마케팅** 이승희, 김다혜, 김근주, 조민영 | **제작** 황장협 | **인쇄** 제이엠인쇄

머리말

사람들이 제 직업에 대해 물어볼 때마다 대화는 곧 컴퓨터 과학이 무엇인지에 대한 질문으로 이어지곤 합니다. 컴퓨터 과학이 컴퓨터의 과학이라고 말하는 것은 (엄밀하게 말해서 틀린 것은 아니지만) 오해의 소지가 있습니다. 왜냐하면 대부분의 사람들이 *컴퓨터*란 응당 PC나 노트북이라고 생각하기 때문에, 컴퓨터 과학자들이란 하드웨어를 만드는 사람들이라고 결론을 내리게 되기 때문입니다. 반면에, 컴퓨터 과학을 계산에 대한 연구로 정의하면 계산이 무엇인지에 대해서 고찰하게 되기 때문에 더 적절한 논의를 이끌어 낼 수 있습니다.

개념 설명만으로 무언가를 가르치는 일이 생각보다 쉽지 않다는 것을 수년에 걸친 끝에 깨달았습니다. 개념 설명은 너무 추상적이기에 와 닿지 않습니다. 요즘 저는 컴퓨터 과학을 체계적인 문제 해결에 대한 연구라고 표현하고 있습니다. 모든 사람들은 '문제'와 '해결'이라는 개념에 대해서 익숙하거든요. 예시를 통해 이런 관점을 설명하고 난 후 알고리즘의 개념을 소개할 기회를 얻게 되어, 컴퓨터 과학과 수학 간의 중요한 차이점을 설명할 수 있었죠. 보통은 프로그래밍 언어, 컴퓨터 및 관련 기술 문제까지 이야기하게 되진 않았지만, 깊은 대화로 이어지는 경우에는, 구체적인 문제를 통해 이러한 개념을 잘 설명할 수 있었습니다. 이 책은 바로 이 접근 방식을 사용하고 있습니다.

컴퓨터 과학이 과학의 범주에 포함된 것은 근래의 일로, 아직은 물리, 화학, 생물학과 같은 분야에 비해서는 존중되지 못하고 있는 것 같습니다. 물리학자가 등장하는 영화 장면을 생각해 보세요. 아마도 칠판에 복잡한 수식을 쓰거나 실험실 코트를 입은, 실험을 감독하는 사람을 자주 보게 될 것입니다. 영화에서 물리학자는 중요한 지식을 가진 평판이 좋은 과학자로 그려집니다. 이번에는 컴퓨터 과학자가 나오는 영화 장면을 상상해 보세요. 아마 어둡고 지저분한 방에 앉아서 컴퓨터 화면을 바라보고 있는, 돋보기 뿔테 안경을 쓴 치열이 고르지 못한 남자가 떠오를 것입니다. 그는 키보드를 미친 듯이 타이핑하면서 아마도 어떤 코드나 암호를 깨려고 시도하고 있을 테지요. 두 장면에서 모두 중요한 문제가 해결되고 있지만, 물리학자는 해결 방법에 대한 그럴듯한 설명을 해 주는 데 비해서, 컴퓨터 과학자의 설명은 어딘지 신비스럽고 마법 같으며 비전문가가 이해하기엔 너무 복잡합니다. 이렇게 설명하기조차 어려운 컴퓨터 과학이라는 학문을 왜 알고 이해하려고 하는 걸까요?

컴퓨터 과학의 주제는 *계산(computation)*이며, 계산이란 모든 사람에게 영향을 주는 현상입니다. 휴대 전화, 노트북 또는 인터넷에 대해서만 이야기하는 것이 아닙니다. 종이비행기 접기, 운전, 요리, 심지어 이 문장을 읽는 동안 세포에서 수백만 번 일어나고 있는 DNA 전사*에 대해서 생각해 보십시오. 모두 그렇게 인식하지는 않겠지만, 이것들은 계산 - 체계적인 문제 해결 - 의 예라고 할 수 있습니다.

우리는 과학을 통해 자연 세계가 어떻게 작동하는지에 대해 기본적으로 이해할 수 있으며, 견고한 지식 기반을 구축하기 위한 과학적 방법을 알 수 있습니다. 과학에 일반적으로 적용되는 이런 원칙들은 컴퓨터 과학에도 마찬가지로 적용되는데, 우리가 여러 가지 경우에 있어서 여러 가지 다른 형태의 계산을 마주하게 된다는 면에서 더욱 그러합니다. 따라서 계산에 대한 기본적인 이해는 물리학, 화학 및 생물학에 대한 기본 지식과 유사한 이점을 제공함으로써, 세계를 이해하고 실제 세계의 많은 문제를 보다 효과적으로 해결할 수 있게 해 줍니다. 이러한 계산의 특성은 종종 *전산적 사고(computational thinking)*라고 불립니다.

이 책의 주요한 목표는 계산의 일반적인 특성과 컴퓨터 과학의 폭넓은 적용 가능성을 강조하는 것입니다. 이 책이 사람들이 컴퓨터 과학에 대해 더 많은 관심을 가지고, 배우고 싶은 열망을 가질 수 있도록 촉매 역할을 하기를 바랍니다.

이 책은 먼저 일상생활에서 발견할 수 있는 계산의 사례를 확인한 다음, 잘 알려진 이야기를 통해 이와 관련된 컴퓨터 과학의 개념을 설명합니다. 아침에 일어나기, 아침 식사, 출근, 직장에서의 에피소드, 진료 예약, 오후의 취미 활동, 저녁 식사, 그리고 저녁 시간의 일상 복기 등 평소 일과로부터 일상적인 상황을 포착했습니다. 이 15개의 에피소드에서 각 장에서 다룰 이야기를 접하게 됩니다. 그리고 각 장은 7개의 유명한 이야기를 통해서 계산의 개념에 대해 설명합니다. 각 이야기는 2~3개의 장에 걸쳐서 컴퓨터 과학의 특정 주제를 설명하는데 사용되고 있습니다.

이 책은 *알고리즘*과 *언어*라는 두 파트로 구성되어 있습니다. 이 둘은 계산의 개념을 지지하는

---

* 세포 분열 시 발생하는 DNA 복사 과정

두 개의 큰 기둥이라고 할 수 있습니다. 표 1에서 이 책에 등장하는 이야기들과 이를 통해 설명되고 있는 컴퓨터 과학의 개념들을 도식화하였습니다.

이야기	장	주제
파트 1		
헨젤과 그레텔	1, 2	계산 및 알고리즘
셜록 홈즈	3, 4	표상과 데이터 구조
인디아나 존스	5, 6, 7	문제 해결과 한계
파트 2		
오버 더 레인보우	8, 9	언어와 의미
사랑의 블랙홀	10, 11	제어 구조 및 순환문
백 투 더 퓨처	12, 13	재귀
해리 포터	14, 15	유형과 추상화

[표 1]

우리는 모두 좋은 이야기의 가치를 잘 알고 있습니다. 이야기는 우리를 위로하고, 희망을 주고, 영감을 줍니다. 이야기는 우리에게 세상에 대해 알려 주고, 우리가 직면한 문제를 상기시키고, 때로는 해결책을 제안해 주기도 합니다. 이야기는 우리 삶에 어떤 지침을 줄 수도 있습니다. 이야기를 통해 배워야 할 점에 대해서 생각해 보라고 하면, 당신은 아마도 사랑, 갈등, 인간의 감정에 대해 생각할 것입니다. 하지만 저는 계산에 대해서도 생각합니다. 그 유명한 셰익스피어의 줄리엣이 "이름이 다 뭐란 말인가요?(What is in name?)"라고 말하는 장면에서 그녀는 표상(representation)이라는 개념에 대해 매우 중요한 질문을 하고 있었다고 볼 수 있습니다. 알베르 까뮈는 *시지프 신화*에서 어떻게 삶의 부조리에 대처해야 하는지, 어떻게 무한히 반복되는 계산을 탐지해 내야 하는지에 대해서 질문을 제기하고 있습니다.

이야기는 여러 가지의 의미 계층을 담고 있습니다. 여기에는 종종 연산 계층에 포함되어 있습니다. 이 책은 이 계층을 드러내서 독자에게 이야기와 계산에 대한 새로운 시각을 제공하려는 노력의 산물입니다. 여기에서 다루고 있는 이야기들이 그 안의 연산 개념들에 대해서 재조명하고, 이러한 새로운 관점이 컴퓨터 과학에 대한 관심을 촉발할 수 있기를 바랍니다.

감사 인사

이 책 그들은 알고리즘을 알았을까에 대한 아이디어는 친구들, 학생들, 동료들, 그리고 통근 버스에서 만난 사람들과 나눈 많은 대화에서 나왔습니다. 내가 컴퓨터 과학에 대해 설명할 때 그분들이 보여 주었던 인내심과, 설명이 너무 길고 복잡해질 때에도 인내심의 한계를 곱게 보여 주신 데에 대해 모두 감사드립니다. 이러한 경험을 통해, 보다 많은 사람이 접근할 수 있는 컴퓨터 과학책을 쓰자는 목표를 세울 수 있었습니다.

지난 10년 동안 저는 여름 인턴으로 학교에 온 많은 고등학생들과 함께 일할 기회를 가졌고 이러한 경험에 의해 집필 의지가 더욱 고무될 수 있었습니다. 이 인턴십은 여러 번에 걸친 국립 과학 재단(National Science Foundation)의 여러 연구비 지원으로 이루어졌습니다. 재단의 미국 내 과학 연구 및 과학 교육 지원에 대해 감사드립니다.

이 책의 자료를 조사하면서 인터넷, 특히 Wikipedia(wikipedia.org)와 TV Tropes 웹 사이트(tvtropes.org)의 도움을 많이 받았습니다. 기여한 모든 분들께, 그들의 지식을 세상과 나누려는 행동과 열정에 대해 감사드립니다.

이 책을 쓰는 동안 Eric Walkingshaw, Paul Cull, 그리고 Karl Smeltzer께서 챕터 중 일부를 읽고 내용 및 작문 스타일에 대한 전문가 피드백을 제공해 주었습니다. 그들의 조언이 많은 도움이 되었고 이에 대해 감사드리고 싶습니다. Jennifer Parham-Mocello께서는 이 책의 몇 장을 읽고 대학 신입생 수업에서 학생들과 함께 몇 가지 예제를 테스트해 주신 것에 대해 감사드립니다. 또한, 원고 교정과 해리 포터와 관련된 질문에 대한 전문적인 조언을 해준 나의 아들 Alexander에게도 감사합니다. 이 책의 대부분은 오레곤 주립 대학에서 안식년을 가졌을 때 작성되었습니다. 이 프로젝트에 대한 지원에 대해 소속 학부와 대학에 감사드립니다.

이 책의 아이디어를 현실로 바꾸는 것은 내가 예상했던 것보다 훨씬 더 큰 도전이었습니다. MIT Press의 Marie Lufkin-Lee, Katherine Almeida, Kathleen Hensley 및 Christine Savage께 이 프로젝트를 지원하고 그 과정에서 도움을 주신 것에 대해 진심으로 감사드립니다.

마지막으로, 나는 운이 좋게도 가장 참을성 있고 솔직한 독자와 결혼했습니다. 제 아내 Anja 는 이 책의 모험적인 여정 내내 저를 격려해 주었습니다. 그녀는 꽤 전문적이고 추상적이기까지 한 내 질문에 항상 귀 기울여 들어 주었습니다. 그녀는 초안을 읽고 글이 너무 학문적으로 치우치거 나 기술 전문 용어에 많이 의존하지 않도록 참을성 있게 인도해 주었습니다. 이 책의 완성을 위해 다른 누구보다 그녀에게 더 많은 빚을 졌습니다. 이 책을 그녀에게 바칩니다.

역자의 말

이 책은 컴퓨터 과학에서 연구하는 주제들, 그중에서도 가장 기초적이면서 근본적인 개념에 대한 자상한 설명을 담고 있습니다. 저자는 학자이자 교육자로서 이런 개념을 어떻게 잘 전달할 수 있을지에 대한 고민의 결과로 이 책을 지었다고 합니다.

컴퓨터 과학은 영어권, 특히 미국에서 도래하고 부흥한 학문입니다. 모든 학문의 분야가 그러하듯 컴퓨터 과학도 나름의 고유한 개념과 언어를 가지고 있으며, 자연스레 이러한 것들이 영어와 영어적 사고에 기반하게 되었습니다. 예를 들어 데이터 구조인 스택(stack)을 생각해 봅시다. 영어권의 수용자라면 스택이라는 단어가 생활 영어에서 가지는 사상, 즉, 무언가가 겹겹이 쌓여 있는 모양을 나타내는 단어의 본의에 기반해서, 먼저 둔 것은 위에 얹은 것을 덜기 전에는 꺼내지 못한다는, 이 데이터 구조의 속성에 대한 이해를 내면화하는 것이 용이할 것입니다. 하지만 우리나라 사람이라면 스택이라는 단어를, 컴퓨터 과학에서 어떤 데이터 구조를 가리키는 고유명사로 받아들일 수밖에 없고, 다소 어렵게 들리는 선입후출이라는 속성 또한 별도로 습득해야 할 것입니다. 생활영어에서의 스택(stack)을 익히는 것은 거기에 덤이 되겠지요(1.쌓다 2.스택 3.한 무더기 4.더미 5.굴뚝…???). 제 경우에는 두 스택의 연관을 파악하는 것만도 당장은 어려웠던 것 같습니다.

이 책을 번역하면서 가장 많이 걱정한 부분은, 책의 다양한 비유와 예시에서 나타나는, 영어권 독자에게는 자연스러운 일상어와 컴퓨터 과학의 개념 간의 연결이, 한국어 번역을 거쳐 그 자연스러운 연상 관계가 무너지거나, 오히려 이해를 가로막는 새로운 장벽이 되지 않을까 하는 것이었습니다. 통상적으로 같은 영단어라 하더라도, 생활 영어와 컴퓨터 용어 사이의 최종 번역어에 차이가 있는 경우가 많고, 그 사용이 오랜 시간에 걸쳐 굳어져 있어, 둘 사이의 연관을 표현하는 것이 쉽지 않은 경우가 많았습니다. 이런 경우 컴퓨터 과학의 쉬운 이해라는 원작의 의도와 의미적인 맥락에 맞도록(한국어판 독자에게도 마찬가지일 수 있도록), 한국어 단어나 표현 중 원문의 본의와 가장 가까운 것을 선택하였고(해당 한국어 표현이 가지는 사상을 통해 컴퓨터 과학의 개념의 이해를 도모할 수 있도록), 결과적으로, 일반적으로는 그렇게 번역되지 않는 생소한 용어나 표현을 사용하게 된 경우가 종종 있습니다. 영어 단어와 최종 번역어 사이의 관계는 책 본문에서 용어가 등장할 때마다 번역어(영단어)의 식으로 나타내었고, 책 뒤편에 있는 용어집에도 어떻게 용어가 번역되었는지를 표시하였습니다. 어떤 면에서는 독자들이 길을 돌아가도록 만드는 것일 수도 있고, 숙고를 거쳐 만들어진 기존의 번역어들과 그 통상적인 사용을 따르지 않는 경우가 생긴 것 같습니다. 이런 부분 양해를 구합니다.

이 책은 컴퓨터 과학을 처음 접하는 분들이나, 컴퓨터 과학의 여러 개념들을 이해하고 내재화하는 데 어려움을 겪고 계신 모든 분들께 권하고 싶습니다. 이런 독자라면, 저자의 끊임없는 예시를 접하면서, '뭐 이렇게까지나?' 싶은 때를 지나, 어떤 시점에는 분명, 책에 나온 개념들에 대해서 풀어서 설명할 수 있을 정도로 이해를 내면화한 자신에 놀라게 되지 않을까 생각합니다.

이 책은 스탠포드로 1년간 연수 중에 번역한 것입니다. 격무에서 벗어나 귀중한 시간을 가질 수 있도록 도와주신 많은 분들과, 가족들의 이해가 없었다면 불가능한 일이었습니다. 모든 분들께 지면을 빌려 감사를 표하고 싶습니다.

팔로 알토에서 송원형

개요

　계산은 사회에서 중요한 역할을 하고 있습니다. 그렇다고 해도 컴퓨터 과학자가 될 것도 아닌데, 왜 컴퓨터 과학에 대해 더 많은 것을 배워야 하는 걸까요? 단순히 계산으로 실현되는 기술을 즐기고 그 이점을 활용하는 데 그칠 수도 있는데 말이죠. 비행기로 여행을 하기 위해 항공 전자 공학을 공부하거나, 현대 의학 기술의 혜택을 누리기 위해 의학 학위가 필요하지 않은 것과 마찬가지로요.

　그러나 우리가 사는 세상은 사람이 만든 기술 외에도 많은 것들로 구성되어 있습니다. 우리는 여전히 물리적 법칙에 종속되는 대상들과 상호 작용해야 합니다. 따라서 대상의 행동을 예측하고 안전하게 주변 환경을 탐색하기 위해서 역학의 기초를 이해해 두는 것이 좋습니다. 계산과 관련된 개념을 학습하는 이점 또한 이와 비슷한 맥락에서 이해할 수 있습니다. 계산은 컴퓨터 및 전자 제품에서만 나타나는 것이 아니라 기계 외부에서도 발견됩니다. 아래에서는 주요 컴퓨터 과학 원리 중 일부를 간략히 논의하고 이것들이 왜 중요한지 알아보겠습니다.

계산 및 알고리즘

　다음과 같은 간단한 연습 문제를 풀어 봅시다. 자, 연필 그리고 한 장의 종이를 준비하세요. 먼저 가로 방향으로 1cm 길이의 선을 그립니다. 그런 다음 첫 번째 선과 수직이고 길이가 같은 선을 한 끝점에서 세로 방향으로 그립니다. 마지막으로, 방금 그린 두 선의 두 열린 끝을 대각선으로 연결하여 삼각형을 만듭니다. 이제 그려진 대각선의 길이를 측정하십시오. 축하합니다. 방금 2의 제곱근을 계산했습니다(그림 1 참조).

　이 기하학 연습 문제가 계산과 관련이 있을까요? 1장과 2장에서 설명하듯이, 계산을 수행하는 것은 컴퓨터에 의한 알고리즘의 실행입니다. 이 예에서는 당신이 선을 그리거나 측정하는 알고리즘을 실행하는 컴퓨터의 역할을 수행해서 $\sqrt{2}$의 계산을 이끌어 냈습니다. 알고리즘만 있으면 언제 어떤 컴퓨터를 이용해서든 반복적으로 계산을 수행할 수 있습니다. 계산의 또 다른 중요한 측면은 자원(예를 들어 연필, 종이 및 자)을 필요로 하며 시간이 걸린다는 것입니다. 여기서 다시 알고리즘적 기술이 중요해지는데, 왜냐하면 그것이 계산에 필요한 자원을 분석하는 데에 도움이 되기 때문입니다.

1장과 2장에서는 다음과 같은 내용을 설명합니다.

- 알고리즘이란 무엇인가
- 알고리즘은 체계적인 문제 해결을 위해 사용된다.
- 계산을 하려면 컴퓨터(인간, 기계 등)를 통해 알고리즘 실행이 필요하다.
- 알고리즘의 실행에는 자원이 소비된다.

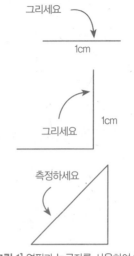

[그림 1] 연필과 눈금자를 사용하여 2의 제곱근을 계산합니다.

왜 중요한가요?

레시피(조리법)는 알고리즘의 예입니다. 샌드위치를 만들거나 초콜릿 케이크를 굽거나 조리법의 지침에 따라 좋아하는 음식을 요리할 때마다, 당신은 재료를 최종 제품으로 변형시키는 알고리즘을 효과적으로 실행하고 있습니다. 필요한 자원에는 재료, 도구, 에너지 및 준비 시간이 포함됩니다.

알고리즘에 대해 알고 있으면 방법의 정확성과 자원 요구 사항에 대한 질문에 주의를 기울이게 됩니다. 알고리즘을 통해 일상의 많은 일들을 그 절차와 자원의 조정을 통해 개선할 수 있을지 알아볼 수 있습니다. 예를 들어 기하학적 제곱근 계산에서는 대각선 그리기를 생략하고 두 개의 연결되지 않은 끝점 사이의 거리를 측정할 수 있습니다.

요리를 할 때라면 미리 계획을 세우거나 미리 재료를 한데 모아 두어 냉장고에 왔다 갔다 하는 횟수를 줄이는 것과 같은 간단하고 분명한 개선을 가져올 수 있습니다. 오븐을 예열하거나 감자를 요리하는 동안 샐러드를 씻는 것과 같은 일을 동시에 해서, 오븐이나 스토브를 효율적으로 사용하고 시간을 절약하는 방법을 계획할 수 있습니다. 이러한 기술은 가구의 간단한 조립 지침에서부터 사무실을 운영하거나 공장을 관리하기 위한 조직적 프로세스에 이르기까지 다른 많은 분야에도 적용됩니다.

기술 영역에서 알고리즘은 기본적으로 컴퓨터의 모든 계산을 제어합니다. 한 가지 중요한 예가 데이터 압축이며, 데이터 압축 기술이 없다면 인터넷을 통한 음악 및 영화 전송은 거의 불가능합니다. 데이터 압축 알고리즘은 빈번한 패턴을 식별해서 이들을 크기가 작은 코드로 대체합니다. 데이터 압축은 노래 및 영화를 표현하는 데 필요한 공간을 줄이고 인터넷을 통해 읽어 오는 데 걸리는 시간을 줄임으로써 연산 자원 문제를 직접적으로 해결합니다. 또 다른 예로는 검색 결과가 사용자에게 표시되는 순서를 결정하는 구글의 페이지 순위 알고리즘이 있습니다. 이 알고리즘은 얼마나 많은 링크가 특정 웹 페이지를 가리키는지 측정하고 각 링크의 중요도를 계산함으로써 웹 페이지의 중요도를 평가합니다.

표상과 데이터 구조

우리는 아라비아 숫자 체계를 사용하고 컴퓨터는 0과 1을 사용하기 때문에 수치적인 계산은 꼭 숫자를 이용해서만 이루어진다고 생각하기 쉽습니다. 따라서 앞서 선 긋기를 사용하여 $\sqrt{2}$를 계산하는 기하학적 방법이 생소할 수도 있습니다. 이 예는 하나의 동일한 대상(예를 들어 수량)을 여러 가지 방법(숫자 기호 또는 선분)으로 나타낼 수 있음을 보여 줍니다.

계산의 핵심은 표상을 변형시키는 것입니다. 3장에서는 표상이란 무엇이며 어떻게 계산에 사용하는지 설명합니다. 계산은 많은 경우 대량의 정보를 대상으로 하기 때문에, 4장에서는 어떻게 대량의 데이터를 효율적으로 구성할 수 있는지 설명합니다. 이러한 질문이 까다로운 이유는 데이터 구성 방식에 따라 데이터에 접근하는 어떤 방식은 효율적으로 지원하지만, 다른 방식에는 그렇지 않다는 사실 때문입니다.

3장과 4장에서는 다음의 내용을 논의하고자 합니다.

- 여러 가지 형태의 표상
- 데이터 집합을 구성하고 이에 접근하는 다양한 방법
- 여러 가지 데이터 구성 방법의 장점과 단점

왜 중요한가요?

조리법에 있는 재료의 계량은 무게 또는 양에 의해 이루어질 수 있습니다. 이들은 각기 다른 형태의 표상이며, 레시피 알고리즘을 적절하게 실행하기 위해서는 각각에 적합한 조리 기구(저울 또는 측정 컵)가 필요합니다. 냉장고나 식료품 저장실을 어떻게 구성하느냐에 따라 요리에 필요한 재료들을 얼마나 빨리 준비할 수 있는지가 결정된다는 점은 데이터 구성의 중요성을 나타내는 적절한 비유라고 할 수 있습니다. 아니면 레시피가 어떻게 표상과 연관될 수 있을지 생각해 보세요. 레시피는 글로 된 설명, 일련의 그림 또는 YouTube 비디오 같은 형태로 다양하게 제공될 수 있습니다. 표현 방식은 종종 알고리즘의 효율성에 큰 차이를 만듭니다.

구체적으로, 한 무리의 물건 또는 사람을 어떻게 정렬할 것인가에 대한 문제는 많은 응용처가 있는데, 물건을 빨리 찾을 수 있도록 책상이나 차고를 정리하는 방식이나 도서관 서가의 책을 배치하는 방식 같은 것들이 이런 예입니다. 또는 대기 방식의 차이를 생각해 볼 수도 있습니다. 식료품점에서는 한 줄로 서서 기다리고, 병원에서는 대기실에서 호명되는 차례를 기다리고, 비행기에 탈 때는 좌석 등급에 따라서 몇 개의 줄 중에 하나에 서게 될 것입니다.

기술 영역에서의 사례로는 가장 성공한 프로그래밍 도구 중 하나인 스프레드 시트*를 꼽을 수 있습니다. 데이터를 표 형식으로 나타낸 것이 그 성공의 비결인데, 표 형식으로 나타낸 데이터는 행과 열에 대한 합산식을 빠르게 구성함으로써 데이터의 표현과 계산을 한 곳에서 수행할 수 있기 때문입니다. 또 다른 사례로, 20세기 후반의 가장 혁신적인 발명 중 하나인 인터넷은 웹 페이지, 컴퓨터 및 이들 사이의 연결을 네트워크로 구성합니다. 이러한 방식의 표현은 정보에 대한 유연한 액세스와 효율적인 데이터 전송을 도와줍니다.

문제 해결과 한계

알고리즘은 숫자의 제곱근을 찾거나 케이크를 굽는 것과 같은 문제를 해결하는 방법입니다. 그리고 컴퓨터 과학은 이러한 체계적인 문제 해결과 관련된 학문 분야입니다.

알고리즘을 통해 해결할 수 있는 많은 문제 중에서 두 가지는 특히 자세히 논의해 볼 만한 가치가 있습니다. 5장에서는 데이터에 대해 가장 자주 사용되는 계산 중 하나인 검색 문제를 설명합니다. 6장에서는 정렬 문제를 설명하면서, 강력한 문제 해결 방법과 문제의 고유 복잡도라는 개념에 대해서 설명하겠습니다. 7장에서는 소위 풀기 어려운 문제에 대해서 설명해 보겠습니다. 이러한 문제에 대해서도 알고리즘은 존재하지만 실행이 너무 오래 걸리므로 실질적으로 이런 문제들은 해결할 수 없습니다.

----

* 마이크로소프트 오피스 엑셀처럼 표 형태로 데이터를 입력하는 데이터 처리 프로그램

5장, 6장, 7장에서는 다음의 내용을 논의하고자 합니다.

- 왜 검색은 어렵고 오랜 시간이 걸리는가
- 검색을 향상시키는 방법
- 정렬을 위한 여러 가지 알고리즘
- 정렬이 검색을 지원하는 것처럼 어떤 계산은 다른 계산을 지원할 수 있다.
- 지수의 실행 시간을 가지는 알고리즘은 왜 실제 문제에 대한 해결책이 될 수 없는가

왜 중요한가요?

우리는 자동차 열쇠이건, 인터넷상의 정보이건 간에 무언가를 찾기 위해 엄청난 시간을 소비하고 있습니다. 따라서 검색을 이해하고 더 효율적으로 만드는 데 도움이 되는 기술을 알고 있으면 유용할 겁니다. 또한, 검색의 문제는 데이터 표현 방식의 선택이 알고리즘의 효율성에 어떤 영향을 미치는지를 잘 보여 줍니다. 존 듀이(John Dewey)는 "문제는 잘 표현하는 것만으로 절반은 해결된다."고 말했는데 이 경우에 잘 맞는 말입니다.[1]

효율적인 해결 방안이 존재하지 않는 문제가 어떤 것인지 아는 것은 해결 가능한 문제의 알고리즘을 아는 것만큼이나 중요한데, 이는 존재하지도 않는 효율적인 해결책을 찾아 헤매는 것을 피할 수 있게 해 주기 때문입니다. 결국 어떤 경우에는 근사 답안으로 만족할 수밖에 없습니다.

검색 기술의 적용 사례로 가장 잘 알려진 것은 구글과 같은 인터넷 검색 엔진에 적용된 기술입니다. 검색어에 대한 검색 결과는 임의의 순서로 표시되기보다는, 대개 예상되는 중요도 또는 관련성에 따라 정렬됩니다. 문제의 난이도에 대한 지식은, 정확한 해결책을 계산하는 데 너무 오랜 시간이 걸리는 경우에 근사 해결책을 계산하는 알고리즘을 개발하는 데 사용됩니다. 유명한 예로 여행하는 세일즈맨 문제가 있습니다. 이 문제는 여행한 총 거리를 최소화하기 위해 특정 수의 도시에 방문하는 순서를 결정하는 문제입니다.

문제를 해결하기 위한 효율적인 알고리즘이 부재한다는 사실은 긍정적으로도 활용될 수 있습니다. 일례로 은행 계좌 관리 및 온라인 쇼핑을 포함하여 인터넷에서 비공개 거래를 가능하게 하는 "공개키 암호화"라는 기술이 있습니다. 이 암호화는 현재 소수 인수분해를 위한 효율적인 알고리즘이 존재하지 않기 때문에 가능한 기술입니다. 이러한 상황이 달라진다면 공개키 암호화는 더 이상 안전하지 않을 것입니다.

언어와 의미

모든 알고리즘은 어떤 종류의 언어이든 언어로 표현됩니다. 현재의 컴퓨터는 인간과 달리 자연어가 가지는 모호성을 쉽게 처리할 수 없으므로 인간의 언어로 프로그래밍될 수 없습니다. 따라서 컴퓨터에 의해 실행되는 알고리즘은 구조와 의미가 잘 정의된 언어로 작성되어야 합니다.

8장에서는 언어가 무엇인지, 구문(syntax)을 어떻게 정의할 수 있는지 설명합니다. 언어의 구문은 각 문장이 잘 정의된 구조를 가지도록 보장함으로써 문장과 언어의 의미를 이해하고 정의하기 위한 기초를 제공합니다. 9장에서는 언어의 의미와 모호함의 문제에 대해 논의합니다.

8장과 9장에서는 다음의 내용을 논의하고자 합니다.

- 문법이 어떻게 언어를 정의하는가
- 문법이 어떻게 정의된 언어에 속하는 모든 문장을 구성하는 데 사용될 수 있는가
- 구문 트리(syntax tree)란 무엇인가
- 구문 트리는 어떻게 문장의 구조를 표현하고 문장의 의미에서 모호성을 해결하는가

왜 중요한가요?

우리는 의미를 전달하기 위해 언어를 사용합니다. 의사소통이 이루어지기 위해서는 의사소통의 당사자 간에 무엇을 적절한 문장으로 간주할 것이며 각 문장이 어떤 의미를 가지는지에 대한 동의가 필요합니다. 예를 들어 조리법의 지침은 원하는 결과를 산출하기 위해 계량, 오븐 온도, 조리 시간 등을 정확히 기술해야 합니다.

삶의 대부분의 영역에서 우리는 효과적인 의사소통을 가능하게 하는 특수 용어와 언어를 만들어 냈습니다. 컴퓨터 과학 분야에서 특히 이런 특성이 두드러지는 이유는 컴퓨터 간에 소통이 이루어져야 하기 때문입니다. 기계는 언어 처리 능력이 인간보다 열등하므로 프로그래밍된 기계가 예상대로 작동하기 위해서는 언어의 정확한 정의가 중요합니다.

기술 영역의 사례로, 스프레드 시트에 사용되는 수식 언어(formula language)는 널리 사용되는 프로그래밍 언어 중 하나입니다. 수식을 스프레드 시트에 입력한 사람은 누구나 스프레드 시트 프로그램을 이용하여 작성한 것입니다. 스프레드 시트 프로그램은 오류 발생으로 악명이 높고 때로 수십억 달러에 이르는 손실을 초래하기도 하는데 이것은 잘못된 수식 입력으로 인한 것입니다. 폭넓게 사용되는 또 다른 언어로는 HTML이 있습니다. 노트북, PC 또는 휴대 전화에

웹 페이지를 불러올 때마다, 대부분의 콘텐츠들은 브라우저에서 HTML로 표시됩니다. HTML은 웹 페이지의 구조를 명시적으로 나타내서 모호하지 않게 표현해 주는 언어입니다. HTML은 정보를 표현하기 위한 것일 뿐이며 계산을 표현하지 않지만, JavaScript는 계산을 표현하는 언어 중의 하나로 요즘의 모든 웹 브라우저에 적용되고 있습니다. JavaScript는 특히 웹 페이지의 동적 동작을 정의하는 데에 활용되고 있습니다.

제어 구조 및 순환문

알고리즘의 명령어에는 두 가지 종류가 있습니다. 그중 하나는 직접 데이터를 조작하기 위한 것이고 다른 하나는 다음에 수행될 명령어와 그 빈도를 결정하기 위한 것입니다. 후자의 경우를 제어 구조라고 부릅니다. 영화나 스토리의 줄거리가 각각의 연기와 장면을 일관된 서사로 묶는 것처럼, 제어 구조는 개별 명령어를 통해서 알고리즘을 구성해 냅니다.

10장에서는 다양한 제어 구조를 설명하고 반복적으로 동작을 표현하는 데 사용되는 순환문을 중점적으로 살펴보겠습니다. 11장에서 논의할 중요한 질문은 순환문이 끝날지 혹은 영원히 반복될지의 여부와 이것이 알고리즘에 의해 확인될 수 있는지의 여부에 관한 것입니다.

10장과 11장에서는 다음의 내용을 논의하고자 합니다.

- 제어 구조란 무엇인가
- 왜 제어 구조가 모든 언어에 있어서 알고리즘을 표현하기 위해 중요한 요소인가
- 순환문에 의해 반복적인 작업을 표현하는 방법
- 정지 문제(halting problem)는 무엇이며, 그것이 어떻게 계산의 근본적인 속성을 보여 주는가

왜 중요한가요?

팬케이크를 굽기 전에는 프라이팬에 기름칠을 해야 합니다. 조리법에서는 각 단계의 순서가 중요합니다. 더욱이 조리법에는 때로 재료나 조리 기구의 특성에 기반한 결정이 포함됩니다. 예를 들어, 대류 오븐을 사용하는 경우에는 조리 시간을 짧게 하거나 온도를 상대적으로 낮춰야 (또는 두 가지 다 적용) 합니다. 조리법에서의 반복 작업을 예로 들자면 번트케이크**를 만들기 위해

** bundt cake : 링 모양의 틀에 구운 스펀지 케이크

달걀을 넣고 반죽을 젓고 다시 달걀을 넣고 반죽을 젓는 조리 지침 같은 것이 있습니다.

제어 구조와 다른 작업 간의 차이는 어떤 일을 실제로 수행하는 것과 그것을 언제 어떻게 할지 조정하는 것 간의 차이라고 볼 수 있습니다. 우리는 어떤 프로세스나 알고리즘에 대해서 그것이 필요한 작업을 수행할 수 있는지, 혹은 단순히 완료할 수 있는지 등을 알고 싶어 할 수 있습니다. 정지 문제가 제기하는 이 간단한 질문은 사람들이 알고 싶어 하는, 알고리즘의 많은 속성 중 하나의 예에 불과합니다. 알고리즘의 어떤 속성이 결정 가능한지를 확인함으로써 알고리즘의 범위와 계산의 한계에 대해 알 수 있습니다.

기술 영역을 살펴보자면, 제어 구조는 알고리즘이 사용되는 곳이라면 어디든지 사용되고 있으므로 그야말로 모든 곳에 사용되고 있다고 할 수 있습니다. 인터넷을 통해 전송되는 모든 정보는 제대로 수신될 때까지 순환을 통해서 반복적으로 전송됩니다. 신호등은 끊임없이 반복되는 순환으로 제어되며 많은 제조 프로세스는 품질 기준이 충족될 때까지 작업이 반복됩니다. 알 수 없는 미래의 입력에 대한 알고리즘의 행동을 예측하는 것은 보안 분야에서 다양하게 활용될 수 있습니다. 예를 들어 어떤 시스템이 해커의 공격에 취약한지 알고 싶은 경우나, 훈련된 상황과 다른 상황에서 활용될 수밖에 없는 구조 로봇의 경우에 적용됩니다. 특히 알 수 없는 상황에서 로봇의 행동을 정확하게 예측하는 것은 삶과 죽음의 차이를 만들어 낼 수 있습니다.

재귀

단순화된 부분으로 복잡한 시스템을 설명하거나 구현하는 프로세스인 축소의 원칙(Principle of reduction)은 많은 과학 기술 분야에서 중요한 역할을 합니다. 재귀는 자기 자신을 참조하는 축소의 특수한 형태입니다. 많은 알고리즘이 재귀적입니다. 예를 들어, 페이지당 하나의 항목이 들어 있는 사전에서 단어를 찾기 위한 지침은 다음과 같을 것입니다. "사전을 여십시오. 찾고 있는 단어를 발견했다면 멈추십시오. 발견하지 못했다면 현재 페이지의 앞이나 뒤쪽을 찾아보십시오." 마지막 문장의 찾아보라는 명령어는 지침의 전체 절차를 재귀적으로 참조하고 있으며 지침을 처음부터 수행하도록 만들고 있습니다. 따라서 "단어가 발견될 때까지 이것을 반복하십시오."와 같은 설명을 추가할 필요가 없게 됩니다.

12장에서는 재귀에 대해 설명하겠습니다. 재귀는 제어 구조이지만 데이터 구성을 정의할 때도 사용됩니다. 13장에서는 재귀를 이해하기 위한 다양한 접근법을 설명합니다.

12장과 13장에서는 다음의 내용을 살펴보겠습니다.

- 재귀의 개념
- 서로 다른 형태의 재귀를 구별하는 방법
- 재귀적 정의를 설명하고 의미를 부여하기 위한 두 가지 방법
- 이러한 방법이 재귀와 그 여러 가지 변종간의 관계를 이해하는 데에 어떻게 도움이 되는가

왜 중요한가요?

"간 맞추기"의 재귀적 정의는 다음과 같습니다. "요리를 맛보십시오. 맛이 좋으면 멈추고 그렇지 않으면 소금을 조금 넣어서 간을 맞추십시오." 반복되는 작업은 설명에 반복되는 작업(여기에서는 "간을 맞추십시오")과 중지할 조건을 포함해서 재귀적으로 표현할 수 있습니다.

재귀는 잠재적으로 무한한 데이터와 계산을 유한한 방법으로 표현하기 위한 필수적인 원리입니다. 일반적인 언어에서 문법적인 재귀는 무한한 수의 문장을 유한한 지면에 표현할 수 있게 해주는데, 이와 비슷하게 재귀 알고리즘은 어떤 크기의 입력도 처리할 수 있게 해 줍니다.

재귀는 데이터를 구성하기 위한 일반적인 제어 구조이자 메커니즘이기 때문에 많은 소프트웨어 시스템에 포함되어 있습니다. 또한, 재귀는 여러 가지 경우에 직접적으로 적용됩니다. 예를 들어 드로스트 효과 − 하나의 그림에 같은 그림이 작게 포함되어 있고 그 그림 안에 다시 같은 그림이 작게 포함되는 식으로 반복적으로 같은 그림이 나타나는 − 는 신호(그림)와 수신기(카메라) 사이의 피드백 순환의 결과로 얻을 수 있습니다. 이 피드백 순환은 반복적인 효과의 재귀적 표현이라고 할 수 있습니다. 프랙털은 재귀 방정식을 통해 표현할 수 있는 자가 유사성을 가지는 기하학적 패턴입니다. 프랙털은 눈송이 및 결정체와 같이 자연에서 발견할 수 있으며 단백질 및 DNA 구조 분석에도 사용됩니다. 또한, 나노 구조에서 자가 조립 나노 회로를 설계하기 위해서도 프랙털이 사용됩니다. 자기 복제 기계 또한 재귀적인 개념인데, 이는 작동이 시작되면 자신의 복제본을 생성하고 이 복제본들이 다시 자신의 복제본을 생성하는 식으로 반복되기 때문입니다. 이러한 자기 복제 기계는 우주 탐사를 위해 연구되고 있습니다.

유형과 추상화

계산이란 어떤 표상을 특정한 형태로 변형시키는 것입니다. 그러나 모든 변형 방식을 모든 표상에 적용할 수 있는 것은 아닙니다. 곱셈은 숫자끼리는 가능하지만 선분이나 도형에 적용할 수 없고, 길이의 측정이나 면적의 계산은 숫자에 대해서는 적용할 수가 없는 것처럼 말입니다.

표상과 변환 방식을 분류해서 적용 가능한 변환과 적용의 의미가 없는 변환을 구분할 수 있습니다. 이러한 그룹을 유형(type)이라고 하며 변환 및 표상의 조합을 허용하는 규칙을 유형 규칙(typing rules)이라고 합니다. 유형 및 유형 규칙은 알고리즘 설계에 도움이 됩니다. 예를 들어 숫자를 계산해야 하는 경우에는 숫자를 생성하는 연산을 사용해야 하며, 숫자 목록을 처리해야 하는 경우에는 숫자 목록을 입력으로 받아들이는 연산을 사용해야 합니다.

14장에서는 유형이 무엇인지 설명하고, 이를 사용해서 계산의 정규성을 기술하기 위한 규칙들을 만드는 방법을 설명하겠습니다. 이러한 규칙들은 알고리즘에서 오류를 찾는 데 사용될 수 있습니다. 유형은 개별 대상의 세부 사항을 무시함으로써 더 일반적인 수준에서 규칙을 공식화할 수 있다는 데에 그 강점이 있습니다. 세부 사항을 무시하는 과정을 추상화라고 합니다. 15장에서는 왜 추상화가 컴퓨터 과학의 핵심이며 어떻게 추상화가 유형뿐만 아니라 알고리즘, 심지어 컴퓨터와 언어에 적용되는지를 살펴보겠습니다.

14장과 15장에서는 다음의 내용을 논의하고자 합니다.

- 어떤 유형 및 유형 규칙이 있는가
- 유형 및 유형 규칙을 사용해서 계산의 규칙을 표현하는 방법과 이러한 법칙을 알고리즘의 오류를 탐지하고 신뢰할 수 있는 알고리즘을 구축하는 데에 활용하는 양상
- 유형과 유형 규칙은 추상화의 한 사례이다.
- 알고리즘은 계산의 추상화이다.
- 유형이란 표상에 대한 추상화이다.
- 실행 시간 복잡도란 실행 시간에 대한 추상화이다.

왜 중요한가요?

참치 캔을 따야 하는 경우에 누군가가 숟가락을 사용하려고 하면 당신은 아마 놀라겠지요. 왜냐면 이 경우 숟가락이 캔 따기에 부적절하다는 유형 규칙을 위반하고 있기 때문입니다.

유형 및 기타 추상화는 규칙과 절차를 설명하기 위해 많은 영역에서 폭넓게 사용되고 있습니다. 반복을 필요로 하는 모든 절차는 불필요한 세부 사항을 무시하고, 바뀌어야 하는 부분을 매개변수로 대체하는 알고리즘 추상화가 필요합니다. 조리법에도 알고리즘 추상화가 들어 있습니다. 예를 들어, 많은 요리책에는 토마토의 껍질을 벗기거나 씨를 제거하는 것과 같은 기본 기술을 설명하는 부분이 포함되어 있습니다. 이후 각 조리법에서는 껍질을 벗기고 씨를 제거한 토마토의 개수만을 지정해 주면 됩니다. 또한, 그러한 추상화를 구성하는 요소들의 역할은 유형을 통해 요약됩니다. 유형은 그 요건을 유형화하기 때문입니다.

기술 영역에는 유형과 추상화에 관한 많은 예가 있습니다. 물리적 유형의 예로는 모든 모양의 플러그와 콘센트, 나사와 드라이버 및 드릴 비트, 잠금장치와 키가 있습니다. 각각의 고유한 모양은 부적절한 조합을 방지하기 위한 목적이 있습니다. 소프트웨어의 유형의 예는 전화번호나 전자 메일 주소를 일정 양식으로 입력하기를 요구하는 웹 폼에서 찾을 수 있습니다. 유형을 무시해서 생긴 값비싼 실수의 예는 많이 있습니다. 예를 들어, 1998년 NASA는 호환되지 않는 숫자 표상으로 인해 6억 5,500만 달러의 화성 기후 탐사 위성을 잃었습니다. 이는 유형 시스템으로 예방할 수 있는 유형 오류였습니다. 마지막으로 컴퓨터의 개념 또한 그 자체로 알고리즘을 실행할 수 있는 사람, 기계 또는 다른 실행 주체에 대한 추상화라고 할 수 있습니다.

이 책을 읽는 법

그림 2는 이 책에서 논의된 개념들의 개요와 이들이 서로 어떻게 관련되어 있는지를 보여 줍니다. 7장, 11장 및 13장(그림 2의 어두운 회색 상자)에는 좀 더 전문적인 자료가 포함되어 있습니다. 이 장들은 나머지 책을 이해하는 데 반드시 필요하지는 않기 때문에 제외하고 읽어도 상관없습니다.

이 책에 있는 자료는 특정 순서로 정렬되어 있지만, 순서대로 읽을 필요는 없습니다. 많은 장들은 서로 독립적으로 읽을 수 있습니다. 다만 뒤쪽에서는 때로 앞에서 소개된 개념과 예시를 언급하기도 합니다.

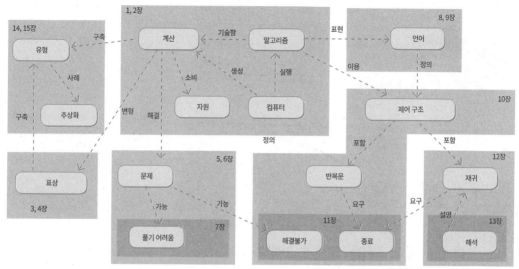
[그림 2] 계산의 개념과 서로간의 상관성

다음으로, 어떤 장을 읽어야 하고 어떤 순서로 읽을지, 각 장을 읽는 동안 독자가 건너 뛰어 읽을 수 있도록 어디에서 그만둬야 하고 어디로 바로 가야 하는지를 알려 드리겠습니다. 이 책에서 이야기에 등장하는 사건, 인물 및 개체를 통해 컴퓨팅 개념을 논의하면서, 때때로 새로운 개념을 소개하고 사례를 통해 중요한 측면을 보다 자세하게 살펴보려고 합니다. 따라서 책의 몇몇 부분은 다른 부분보다 쉽게 이해할 수 있을 것입니다. 저도 많은 대중 과학책을 읽어 보았기에, 사람마다 세부 사항에 대한 관심의 정도가 다를 수 있다는 사실을 잘 알고 있습니다. 그래서 이 지침이 독자들이 책의 내용을 더 잘 탐색하는 데 도움이 되기를 바랍니다.

1장과 2장에서는 알고리즘, 매개변수, 컴퓨터 및 실행 시간 복잡도와 같이 책 전체에 나타나는 컴퓨팅의 기본 개념을 소개하므로 먼저 읽는 것이 좋습니다. 이 두 장은 쉽게 이해할 수 있을 것입니다.

다른 6개의 주제 영역(그림 2의 밝은 회색 상자)은 거의 서로 독립적이지만, 각 주제 안의 장은 순서대로 읽어야 합니다. 4장에서는 몇 가지 데이터 구조를 소개하므로 5장, 6장, 8장, 12장, 13장(그림 참조)을 읽기 전에 읽어 두세요.

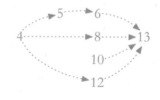

마지막으로 이 책의 끝에 있는 용어집에는 관련된 개념을 그룹화하고 각 항목이 어디에서 등장했는지를 연관하여 정리하였으니 참조하세요.

Contents

Part 1 알고리즘

Part 2 언어

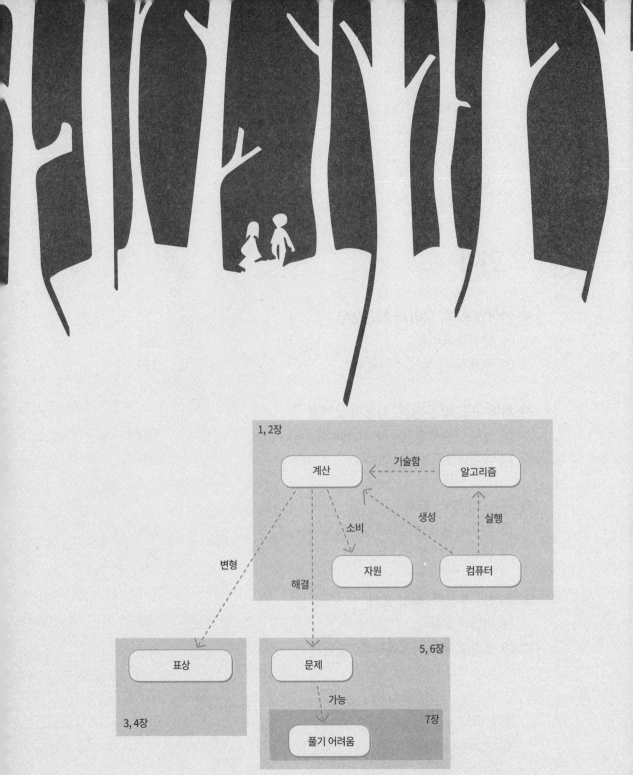

$\mathcal{Part}$ 1 알고리즘

계산 및 알고리즘

헨젤과 그레텔

일어나기

이른 아침입니다. 알람 시계가 울립니다. 당신은 결국 침대에서 몸을 움직입니다. 그리고는 옷을 입습니다. 이 단순한 아침 일과는 명확한 개별 단계들을 통해 일상에서 반복적으로 발생하는 문제들을 해결하고 있습니다. 컴퓨터 과학에서는 이러한 절차를 알고리즘(*algorithm*)이라고 부릅니다. 이런 관점에서 보면 샤워를 하거나, 양치질을 하거나, 아침을 먹을 때 벌어지는 일들은 특정한 문제를 해결하는 알고리즘의 사례입니다.

그러나 잠깐. 충분한 수면을 취하지 못했을 때를 제외하면 여기서 문제라고 할 만한 것이 있나요? 우리는 일반적으로, 평범한 일상의 행동을 문제를 해결하는 것으로는 인식하지 않습니다. 아마도 이러한 문제들이 이미 확실한 해결 방법을 가지고 있거나 해결책을 쉽게 얻을 수 있기 때문일 것입니다. 그러나 *문제*라는 단어는 일반적으로 잘 알려진 해결책이 있는 상황이나 질문에 사용됩니다. 예를 들어 답이 정해져 있는 시험 문제처럼요. 문제란 이렇게 해결이 필요한 어떤 질문이나 상황을 가리킵니다. 답을 얻는 방법이 명확한 경우라 해도 말이지요. 이런 의미에서 아침에 일어나기도 누구나 어떻게 해결해야 하는지를 잘 알고 있는 문제라고 볼 수 있습니다.

우리는 문제를 해결하는 방법을 알고 있으면 그 방법을 어떻게 떠올렸는지는 딱히 궁금해하지 않습니다. 특히나 그 방법이 너무 뻔하다면 별로 고민할 필요도 없을 것입니다. 하지만 어떻게 문제를 풀어야 할지 생각해 보는 일은 앞으로 우리가 직면할 미지의 문제들을 해결하는 데 유용합니다. 해답을 항상 쉽게 찾을 수 있는 것은 아닙니다. 어쩌면 이미 답을 알고 있는 문제들을 복기하다 보니, 모든 해답이 뻔한 것처럼 느껴지는 것일지도 모릅니다. 우리가 이 기상 미션을 어떻게 해결해야 할지 모른다고 해 봅시다. 그때는 문제를 어떻게 해결해야 할까요?

이런 상황에서 우리를 구해줄 수 있는 중요한 통찰 하나는, 복잡한 문제를 작은 문제들로 나눈 후에 각각의 해결책을 하나로 합쳐서 원래의 문제를 풀 수 있다는 것입니다. 기상 미션도 '이불 밖으로 나오기'와 '옷 입기'라는 두 개의 작은 문제들로 이루어져 있다고 할 수 있습니다. 우리는 이 문제들을 해결할 알고리즘을 이미 갖고 있습니다. 우리 몸을 침대 밖으로 옮기는 것과 옷을 입는 것이죠. 우리는 이 알고리즘들을 합쳐서 기상 미션을 해결하는 알고리즘으로 만들 수 있습니다. 다만 그 순서에는 유의해야 합니다. 침대에서 옷을 입기는 어려우니 옷을 입는 것보다 침대에서 나오는 것이 우선일 것입니다. 이불 안에서 옷을 입을 수 있다는 분들도 있을 테지만 다른 경우, 예를 들어 '샤워하기'와 '옷 입기' 사이라면 순서가 중요하겠지요. 이 간단한 예에서는 적절한 실행 순서가 하나이지만, 다른 많은 경우에는 그렇지 않습니다.

문제 분해는 여러 번에 걸쳐서 할 수 있습니다. 예를 들어, 옷 입기 문제는 바지, 셔츠 등을 입는 것과 같은 여러 하위 문제로 분해할 수 있습니다. 문제 분해의 장점은 해결책을 찾는 절차를 모듈화하는 데 유용하다는 것입니다. 즉, 다른 하위 문제의 해결책을 서로 독립적으로 개발할 수 있다는 뜻입니다. 모듈화를 이용하면 문제의 해결책을 여럿이 나눠 병렬로 개발할 수 있습니다.

문제 해결을 위한 알고리즘을 찾는 것이 끝은 아닙니다. 실제로 문제 해결을 위해 사용되어야 하죠. 하는 방법을 아는 것과 실제로 하는 것은 별개입니다. 여러분 중에도 알람이 울릴 때마다 이 차이를 힘겹게 깨닫는 분들이 있을 것입니다. 이렇게 알고리즘과 그 사용에는 차이가 있습니다.

컴퓨터 과학에서는 알고리즘을 사용하는 것을 *계산(computation)*이라고 합니다. 그러면, 아침에 일어날 때마다 이불 밖으로 나와서 옷을 입는 것도 우리 몸을 사용한 일종의 계산이라고 할 수 있을까요? 똑같은 일을 로봇이 했다면 어떨까요? 작업을 수행하려면 로봇에 작업을 지시해야 합니다. 즉, 로봇이 이해하는 언어로 알고리즘을 말해 줘야 합니다. 로봇이 일어나기 위한 프로그램을 실행하고 있다면 로봇이 계산을 수행한다고 말하지 않을까요? 인간이 로봇과 같다고 말하려는 것이 아니라, 사람들도 알고리즘을 수행할 때 일종의 계산을 한다는 이야기입니다.

알고리즘의 위력은 반복적으로 수행할 수 있다는 점에 있습니다. 미국에는 '있는 바퀴를 뭐 하러 다시 발명하랴'라는 속담이 있는데, 이 말처럼 좋은 알고리즘은 한 번 만들어지면 영원히 제 역할을 다합니다. 다양한 상황에서, 여러 사람에게, 반복되는 문제에 대한 믿을 만한 해결책을 계산해 내기 위해서 반복해서 사용되면서 말이지요. 이것이 바로 알고리즘이 컴퓨터 과학에서 중요한 이유이자, 컴퓨터 과학자들이 알고리즘 설계를 중요하고 즐거운 일로 여기는 이유입니다.

컴퓨터 과학은 문제 해결의 과학이라고 할 수 있습니다. 이런 정의를 싣고 있는 책은 많지 않지만, 이런 관점을 통해 왜 컴퓨터 과학이 우리 삶의 많은 부분에 점점 더 많은 영향을 주고 있는지를 이해할 수 있습니다. 게다가 문제 풀이를 위한 많은 유용한 계산 작업들은 기계가 아니라 사람이 수행하고 있습니다. 1장에서는 헨젤과 그레텔의 이야기를 통해서 계산의 개념을 소개하고 이야기 속의 문제 풀이와 사람과 관련된 속성에 대해서 살펴보겠습니다.

01 계산을 이해하는 길

계산이란 무엇인가? 이 질문은 컴퓨터 과학의 핵심입니다. 이번 장에서는 여기에 대한 답을 제시하고, 계산의 개념을 관련된 개념과 연결해 보려고 합니다. 특히 계산과 문제 해결의 개념, 그리고 알고리즘 간의 상관관계를 설명하겠습니다. 이를 위해 기능적 관점과 실체적 관점이라는 계산에 대한 두 가지 상호 보완적인 관점에 대해 살펴보도록 하겠습니다.

첫 번째로, "*계산은 문제를 해결한다.*"라는 기능적 관점은 어떤 문제를 적절하게 표현하고 하위 문제로 나눌 수 있다면, 계산을 통해서 문제가 해결될 수 있음을 강조합니다. 이 관점은 컴퓨터 과학이 어떻게 다양한 사회 영역에 지대한 영향을 미칠 수 있었는지, 그리고 왜 계산이 (계산기가 사용되든지 사용되지 않든지 간에) 모든 인간 활동에 있어 핵심적인 역할을 담당하고 있는지를 설명해 줍니다.

그러나 문제 해결이라는 관점은 계산의 중요한 측면을 간과하고 있습니다. 계산과 문제 해결 간의 차이점을 면밀히 살펴보면 두 번째 관점인 "*계산은 알고리즘의 실행이다.*"라는 실체적 관점에 도달합니다. 하나의 알고리즘은 그것을 실행하는 계산을 정확하게 설명해 줌과 동시에, 계산을 자동화하고 분석할 수 있게 만들어 줍니다. 이러한 관점에서는 계산을 여러 단계로 구성된 절차로 설명하며, 왜 계산이 문제 해결에 효과적인지를 설명합니다.

계산을 활용하는 열쇠는 유사한 문제를 하나의 계열로 그룹화하고 해당 계열에 포함된 각각의 문제들을 해결하는 알고리즘을 설계하는 것입니다. 이렇게 하면 알고리즘을 일종의 기술처럼 만들 수 있습니다. 기술은 (예를 들어 제빵이나 자동차 수리 같은) 필요할 때마다 반복적으로 사용해서 비슷한 종류의 문제를 해결할 수 있습니다. 기술은 또한 다른 사람들에게 교육되고 공유됨으로써, 그들에게 더욱 폭넓은 영향을 미칠 수도 있습니다. 마찬가지로 알고리즘도 여러 가지 문제에 대해서 반복적으로 실행될 수 있으며, 알고리즘의 실행은 우리가 가진 문제를 해결할 수 있는 계산을 만들어 냅니다.

문제를 나눠서 단순화하기

첫 번째 관점(계산은 문제를 해결한다)에서 시작하여, 계산을 특정 문제를 해결하는 프로세스로 생각해 봅시다. 예시로, 모두 잘 알고 있는 헨젤과 그레텔 이야기를 활용해 보겠습니다. 부모에 의해 숲에 버려졌던 두 아이의 이야기 말입니다. 남매가 숲에 남겨졌을 때 집으로 가는 길을 찾을 수 있었던 똑똑이 헨젤의 아이디어를 살펴보죠. 이 이야기는 흉년이 들어 헨젤과 그레텔의 계모가 아이들을 숲에 버리고 우리라도 살아야 하지 않겠느냐고 아이들의 아빠를 닦달하면서 시작됩니다. 이 이야기를 들은 헨젤은 밤중에 밖으로 나가서 몇 움큼의 작은 조약돌을 모아서는 주머니에 가득 채워 두었습니다. 헨젤은 다음 날 숲에 들어가면서 집에 돌아가는 길을 표시하기 위해, 길 중간 중간에 조약돌을 떨어뜨려 둡니다. 부모가 둘을 남기고 떠나자, 두 아이는 밤이 되어 조약돌이 달빛에 반짝일 때까지 기다립니다. 그리곤 조약돌을 따라서 집에 돌아옵니다.

이 이야기는 여기서 끝나지 않지만, 여기까지의 이야기를 보면, 계산에 의해서 어떻게 문제가 해결될 수 있는지를 보여 주는 독특한 사례가 나타나고 있습니다. 여기서 해결해야 하는 문제는 생존이므로, 우리가 앞서 보았던 아침에 일어나기 같은 문제보다는 훨씬 심각한 문제입니다. 이 생존 문제는 숲속의 어느 지점으로부터 헨젤과 그레텔의 집까지 이동하는 일로 표현할 수 있습니다. 이 문제는 한 단계로 해결할 수 없기 때문에 단순하지 않습니다. 어떤 문제가 하나의 단계로 해결하기에 너무 복잡하다면, 반드시 쉽게 풀 수 있는 하위 문제로 잘게 나누고 그 해결책을 합쳐서 전체 문제에 대한 해결책을 만들어 내야만 합니다.

숲에서 나가는 길을 찾는 이 문제를 분해해 보면, 각 지점 간의 거리가 매우 가까워서 누구나 한 지점에서 다른 지점으로 쉽게 왔다 갔다 할 수 있는, 집에 가는 길에 있는 연속된 지점들의 위치를 파악하는 문제가 됩니다. 이 지점들을 연결하면 숲에서 남매의 집까지 가는 경로가 형성됩니다. 인접한 지점 간은 쉽게 이동할 수 있습니다. 지점 간의 이동을 하나로 합치면 숲에서 시작해서 집으로 가는 하나의 여정이 완성됩니다. 이런 이동은 헨젤과 그레텔의 생존 문제를 체계적 방식으로 해결하고 있습니다. 체계적인 문제 해결은 계산의 핵심 특징 중 하나입니다.

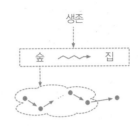

이 예제에서 알 수 있듯이 계산은 일반적으로 하나 이상의 많은 단계로 구성됩니다. 각 단계에서는 특정한 하위 문제가 해결되면서 전반적인 문제 상황이 조금씩 바뀝니다. 예를 들어 헨젤과 그레텔이 다음 조약돌까지 이동하는 것은 숲에서의 남매의 위치를 변화시키는 하나의 계산 단계이며, 각 단계는 집으로 가는 경로 중 다음 목적지까지 이동하는 하위 문제에 대응됩니다. 대부분의 경우 계산의 각 단계마다 해결책에 가까워지지만 모든 단계에서 반드시 그런 것은 아닙니다. 모든 단계가 합쳐져야 문제가 해결되는 것입니다. 각 지점을 통과할 때마다 대부분 목적지에 가까워지겠지만, 직선 경로를 지나지 않을 가능성도 있습니다. 어떤 조약돌들은 심지어 멀리 돌아가는 길에 놓여 있을 수도 있습니다. 예를 들어 장애물을 돌아가거나 강을 건너기 위해 다리를 통과하는 경우가 이런 경우입니다. 하지만 이런 경우에도 구간별 이동을 모두 합친 결과가 달라지지는 않습니다. 결국 집에 도착하게 되는 거지요.

우리가 여기서 얻을 수 있는 중요한 교훈은 문제를 체계적으로 분해해서 답을 얻을 수 있다는 점입니다. 어떤 문제들에 있어 분해(decomposition) 자체는 핵심적인 문제 해결 전략이지만 때로 그것만으로는 충분하지 않을 수 있으며, 해답을 구하기 위해서는 보완적인 도구를 사용해야 할 수도 있습니다. 헨젤과 그레텔에게 '조약돌'이 있었던 것처럼요.

표상(representation) 없이는 계산도 없다

계산이 여러 단계로 구성되어 있다면, 각 단계에서는 실제로 어떤 일이 수행될까요? 또 어떻게 모든 단계를 결합해서 주어진 문제에 대한 해답을 찾을 수 있게 되는 것일까요? 결합에 의미가 있으려면 각 단계는 다음 단계의 기반이 되는 어떤 효과를 만들어 내야 하며, 최종적으로는 각 단계를 거치면서 생기는 누적적인 효과를 통해 문제가 해결되어야 합니다. 이 이야기에서 각 단계의 효과는 헨젤과 그레텔의 위치를 변경하는 것이며, 위치가 마침내 집으로 바뀌면 문제가 해결됩니다. 일반적으로 계산의 각 단계는 실재하는 물리적 대상에서부터 추상적인 수학적 대상에 이르기까지 거의 모든 것에 영향을 줄 수 있습니다.

문제를 해결하려면 계산을 통해 현실 세계에서 의미가 있는 어떤 것에 대한 *표상(representation)*을 조작해야 할 필요가 있습니다. 헨젤과 그레텔의 위치는 두 가지 상태 중 하나에 대응됩니다. 숲속의 모든 위치는 죽을 수도 있는 위험의 상태에 대응되며, 집은 안전 및 생존의 상태로 문제의 해결에 대응됩니다. 그렇기 때문에 헨젤과 그레텔을 집으로 데려오는 계산이 문제를 해결할 수 있습니다. 이 계산은 그들이 위험 상태에서 안전 상태로 이동하도록 해 줍니다. 이에 비해, 숲속의 어떤 곳에서 숲속의 다른 지점으로 인도하는 계산은 안전한 상태로의 이동이라는 목적을 달성하지 못합니다.

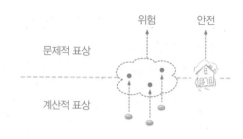

이 예제는 또 다른 표상 계층을 가집니다. 헨젤과 그레텔이 숲과 집이라는 지점 간의 이동으로 정의된 계산을 수행하기 때문에, 둘은 각 지점의 위치를 인식할 수 있어야 합니다. 그래서 헨젤이 자갈을 도중에 떨어뜨리는 것입니다. 자갈은 위치를 표시함으로써 컴퓨터, 즉 헨젤과 그레텔이 계산의 각 단계를 실제로 수행할 수 있도록 합니다. 다층의 표상 계층을 갖는 것은 일반적입니다. 이 이야기의 경우 문제를 정의하는 표상(위치)과 해결책을 계산할 수 있도록 하는 표상(조약돌)이 있습니다. 모든 조약돌은 모두 모여 또 다른 계층의 표상을 구성합니다. 모든 조약돌을 더하면 집으로 돌아가는 길을 나타낼 수 있기 때문입니다. 이러한 표상들은 표 1.1에 요약되어 있습니다.

계산적 표상		문제적 표상	
대상	나타내는 것	개념	나타내는 것
조약돌 하나	숲속	숲속	위험
	집	집	안전
모든 조약돌	숲을 빠져나가는 경로	숲을 빠져나가는 경로	문제의 해결책

[표 1.1]

그림 1.1은 계산을 통한 문제 해결을 그림으로 요약한 것입니다. 이것은 헨젤과 그레텔의 길 찾기를 일련의 단계를 통해 계산으로 표상을 조작하는 관점으로 보여 주고 있습니다. 일어나기

문제에서도 위치(침대 안, 침대 밖)와 시간을 나타내는 알람 시계와 같은 표상을 찾을 수 있습니다. 표상은 다양한 형태를 취할 수 있습니다. 이러한 표상의 형태에 대해서는 3장에서 더 자세히 논의할 예정입니다.

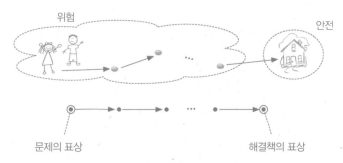

[그림 1.1] 계산은 특정 문제를 해결하기 위한 과정입니다. 일반적으로 계산은 여러 단계로 구성됩니다. 우선 문제를 표상하고, 각 단계에서는 해답을 얻을 때까지 이 표상을 변형합니다. 헨젤과 그레텔은 숲에서 집으로 그들의 위치를 단계별로 그리고 조약돌별로 바꾸는 과정을 통해 생존의 문제를 해결합니다.

문제 해결 그 너머

계산이 문제 해결 과정이라는 관점은 계산의 목적은 담아내고 있지만 계산이 정말 무엇인지에 대해서는 설명하고 있지 않습니다. 게다가, 문제 해결 중인 작업이 모두 계산은 아니기 때문에, 문제 해결 관점은 몇 가지 한계를 가지고 있습니다.

그림 1.2에서 볼 수 있듯이 계산과 문제 해결은 개별적으로 존재합니다. 이들이 겹치는 경우가 종종 있지만, 일부 계산에서는 문제를 해결하지 못하며, 일부 문제는 계산을 통해 해결되지 않습니다. 이 책에서는 계산과 문제 해결이 만나는 부분을 강조하고 있지만, 초점을 명확하게 하기 위해 그렇지 않은 두 가지 경우에 대해 몇 가지 예를 통해서 살펴보고자 합니다.

첫 번째 경우로 숲속의 두 지점 간을 연결하는 조약돌로 구성된 계산을 상상해 보십시오. 이 과정의 각 단계는 원칙적으로 원래의 이야기와 동일하지만, 위치가 바뀌면 헨젤과 그레텔의 생존 문제는 해결되지 않습니다. 극단적인 예로 조약돌이 고리 형태로 배열되어 있는 상황을 상상해 보십시오. 이 경우에, 처음의 위치와 최종 위치가 동일하기 때문에 해당 계산을 통해서는 아무것도 달성할 수 없습니다. 즉, 이런 계산에는 누적 효과가 없습니다. 이 두 경우와 원래 이야기

사이의 차이점은 각 절차가 가지는 의미입니다.

이처럼 명백한 의미가 없는 절차는 계산에 해당하기는 하지만, 문제 해결로 생각하기는 어렵습니다. 다만 이런 경우는 특정 계산이 다루는 표상에 대해 임의의 의미를 할당할 수 있으므로 크게 중요하지 않습니다. 따라서 논쟁의 소지가 좀 있기는 하지만, 모든 계산은 일단 문제 해결로 간주할 수 있습니다. 그 여부는 항상 표상과 연관된 의미에 달려있습니다. 예를 들어 숲 안의 고리 형태의 경로를 따라가는 것은 헨젤과 그레텔에게는 무의미하지만, 운동을 하려는 사람에게는 체력 단련의 문제를 해결할 수 있게 해 줍니다. 따라서 어떤 계산이 문제를 해결하는지 여부는 보는 사람의 눈, 즉 계산의 유용성에 달려 있습니다. 어쨌든, 특정 계산이 문제 해결을 하고 있는지는 계산의 본질에 영향을 미치지 않습니다.

두 번째 경우인 비계산적인 문제 해결은 상황이 많이 다릅니다. 왜냐하면 이 경우는 계산에 대한 추가적인 기준이 주어지기 때문입니다. 그림 1.2에는 이런 두 가지 기준이 언급되어 있는데, 둘 다 사실 매우 밀접한 관련이 있습니다. 첫째, 문제가 규정된 방법을 따르지 않고 임시적인 방법으로 해결되면 계산이 아닙니다. 즉, 계산은 반드시 체계적이어야 합니다. 헬젤과 그레텔 이야기 안에서 비계산 문제를 해결하는 몇 가지 사례를 발견할 수 있습니다. 마녀가 헨젤을 살찌워 잡아먹기 위해서 둘을 가두는 장면에서 그런 예가 나옵니다. 마녀는 눈이 잘 보이지 않기 때문에 헨젤의 몸무게를 손가락을 만져서 가늠합니다. 헨젤은 자신의 손가락 대신에 작은 뼈를 내밀어서 마녀가 자신의 몸무게를 파악할 수 없도록 합니다. 이 기지는 체계적인 계산의 결과는 아니지만 문제를 해결합니다. 마녀가 헨젤을 잡아먹는 것을 지연시키니까요.

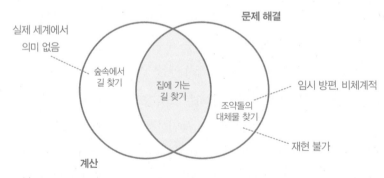

[그림 1.2] 문제 해결과 계산 사이의 구분. 현실 세계에서 의미 있는 효과를 만들어 내지 못하는 계산은 문제를 해결하지 못합니다. 재현 불가능한 임시적인 문제 해결 방법 또한 계산이 아닙니다.

헨젤과 그레텔이 집에 돌아온 직후, 비계산적인 문제 해결의 또 다른 예가 나옵니다. 부모는 마찬가지로 다음 날 숲으로 그들을 다시 데려갈 계획이지만, 이번에는 계모가 밤에 문을 잠가서 헨젤이 조약돌을 모으는 것을 막습니다. 헨젤이 집에 돌아오는 길을 찾기 위해 의존했던 조약돌에 이번에는 접근할 수 없습니다. 그의 해결책은 빵 부스러기 같은 대용품을 찾는 것입니다. 여기서 중요한 점은 헨젤이 해결책에 어떻게 도달했는가 하는 것입니다. 헨젤은 아이디어, 즉 창의적인 생각을 가지고 이 문제를 해결하려고 했습니다. 기지를 발휘해서 만들어 낸 해결책은 일반적으로 계산을 통해 체계적으로 풀어내는 것이 불가능하거나 매우 어려운데, 왜냐하면 대상과 그 속성에 대한 추론이 모호하기 때문입니다.

불행하게도 헨젤과 그레텔의 경우 빵 부스러기를 이용한 해결책은 예상대로 작동하지 않습니다.

달이 뜨자 그들은 길을 나섰지만 빵 부스러기를 찾지 못했습니다. 왜냐하면 숲과 들판 주위를 날고 있던 수천 마리의 새들이 빵 부스러기를 모두 주워 먹었기 때문입니다.[1]

빵 부스러기가 사라졌기 때문에, 헨젤과 그레텔은 집으로 가는 길을 찾을 수 없었고, 그 이후의 이야기가 펼쳐지게 됩니다.

그러나 헨젤과 그레텔이 어떻게든 돌아가는 길을 다시 찾아내서, 부모가 남매를 숲에 버리려는 세 번째 시도를 했다고 가정해 봅시다. 헨젤과 그레텔은 집으로 돌아갈 수 있는 또 다른 수단을 생각해야만 할 것이며, 그들은 길을 따라 떨어뜨려 둘 만한 어떤 것을 찾아야 할 것입니다. 아니면 나무에 표시를 해 두려 할 수도 있습니다. 해결책이 무엇이든, 그것은 문제에 대해서 고민하고 또 다른 창의적인 생각을 떠올려서 만들어졌겠지만, 체계적으로 어떤 방법을 적용해서 생성된 것은 아닐 것입니다. 이것은 재현할 수 있고 많은 유사한 문제를 해결할 수 있어야 한다는, 계산을 위한 또 다른 기준을 강조하고 있습니다. 이런 관점에서, 조약돌을 따라가서 문제를 해결하는 방법은, 조약돌의 배치를 바꾸어도 반복적으로 실행할 수 있기 때문에 차별화됩니다.

요약하자면, 문제 해결 관점은 계산이 체계적이고 분해 가능한 과정임을 보여 주지만, 계산에 대한 포괄적이고 정확한 그림을 제시하기에는 충분하지 않습니다. 계산을 문제 해결로 보면 계산이 모든 상황에서 활용 가능하며 그에 따른 계산의 중요성을 나타낼 수는 있겠지만, 이 관점은 계산이 작동하는 방식과 왜 다양한 방식으로 성공적으로 적용될 수 있는지를 설명해 주는 몇 가지 중요한 특성을 간과하게 됩니다.

문제가 다시 발생할 때

헨젤과 그레텔은 집으로 돌아오는 길을 찾아야 하는 문제에 두 *번* 직면합니다. 조약돌이 없어서 발생하는 실질적인 문제를 제외하면, 두 번째 길 찾기는 첫 번째 길 찾기와 동일한 방식으로 해결될 수 있습니다. 즉 일련의 표지를 따르는 것입니다. 헨젤과 그레텔은 일반적인 방식으로 길을 찾고 있기 때문에 두 번의 길 찾기가 같은 방식으로 해결될 수 있다는 것은 사실 당연합니다. *알고리즘*이란 바로 이러한 방법을 말합니다.

헨젤과 그레텔이 집에 돌아오는 길을 찾기 위해 사용한 알고리즘을 살펴보겠습니다. 사실 정확한 방법은 원래의 동화에서는 자세히 설명되지 않습니다. 우리가 듣게 되는 이야기는 다음에 나온 정도뿐입니다.

보름달이 뜨자 헨젤은 여동생의 손을 잡고, 새롭게 주조한 은화처럼 반짝거리면서 길을 보여 주고 있는 조약돌을 따라갔다.

여기에 맞는 간단한 알고리즘은 다음과 같이 주어질 수 있습니다.

이전에 방문하지 않은 빛나는 조약돌을 찾아서 그쪽으로 이동하십시오. 집에 도착할 때까지 이 과정을 계속하십시오.

알고리즘의 중요한 특성은 같은 사람 또는 다른 사람이, 같거나 밀접하게 관련된 문제를 해결하기 위해 알고리즘을 반복적으로 사용할 수 있다는 것입니다. 계산의 결과로 물리적 효과를 만들어 내는 알고리즘은 특정한 하나의 문제만을 해결하는 경우에도 유용합니다. 예를 들어, 케이크의 레시피로는 동일한 케이크를 반복해서 만들 수 있습니다. 알고리즘의 결과물이 일시적이기 때문에(사람들은 케이크를 먹어 치우니까요), 같은 결과를 재현할 수 있다는 특성은 매우 유용합니다. 침대에서 나와서 옷을 입는 문제도 마찬가지입니다. 옷이야 바뀔 수 있고 주말에는 일어나는 시간이 좀 달라질 수 있을지 몰라도, 알고리즘의 효과는 매일 반복적으로 실현될 필요가 있습니다. 이것은 헨젤과 그레텔에게도 적용됩니다. 첫날과 동일하게 둘째 날도 숲의 같은 장소에서 시작한다고 해도, 문제를 해결하기 위해서는 다시 알고리즘을 수행하여 집에 돌아와야 합니다.

물리적인 결과 대신 추상적인 결과(예를 들어 숫자)를 만들어 내는 알고리즘의 경우에는 상황이 좀 다릅니다. 이 경우 결과를 어딘가에 적어 두고 다음에 필요하면 (알고리즘을 다시 실행하는 대신) 이 결괏값을 찾아볼 수 있습니다. 알고리즘이 이런 상황에서 유용하기 위해서는 해당 분류 내의 전체 문제를 해결할 수 있어야 합니다. 즉, 여러 가지 다른 관련된 문제에 같은 방법을 적용할 수 있어야 합니다.[2]

이야기에 나오는 길 찾기 방법은 여러 가지 길 찾기 문제에 적용할 수 있을 정도로 충분히 일반적인데, 왜냐하면 조약돌의 정확한 위치는 별로 중요하지 않기 때문입니다. 부모가 아이들을 숲의 어디로 데려가든지 간에, 알고리즘은 모든 경우에 잘 작동하고 결과적으로 헨젤과 그레텔의 생존 문제를 해결하는 계산을 만들어 냅니다.[3] 알고리즘이 가지는 위력과 영향은 *하나*의 알고리즘이 *많은* 계산을 만들어 낼 수 있다는 사실에서 비롯됩니다.

알고리즘이란 개념은 계산의 체계적인 연구를 위한 기초를 제공하므로, 컴퓨터 과학에서 가장 중요한 개념 중 하나입니다. 따라서 이 책 전체에 걸쳐 알고리즘의 많은 측면을 논의해 보고자 합니다.

당신은 "알고리즘적"으로 말합니까?

알고리즘은 계산을 수행하는 방법에 대한 설명이므로 일정한 언어를 통해 구성되어야 합니다. 헨젤과 그레텔의 이야기에서 알고리즘은 아주 조금 언급됩니다. 헨젤은 분명히 그의 머릿속에 알고리즘을 가지고 있으며 어쩌면 그레텔에게는 알고리즘에 대해서 이야기했을지도 모릅니다. 하지만 그 알고리즘은 이야기에 나오지는 않습니다. 알고리즘을 기록할 수 있다는 것은 중요한 속성인데, 왜

냐하면 이를 통해 알고리즘의 내용을 정확하게 공유할 수 있고 결과적으로 많은 사람들이 문제를 해결할 수 있기 때문입니다. 알고리즘을 언어화하여 표현하게 되면 더 많은 사람들이 더 많은 계산을 할 수 있게 되어 계산이 확산될 수 있습니다. 알고리즘을 표현하고 있는 언어를 컴퓨터가 이해할 수 있다면, 계산은 끝없이 확산될 수 있으며 오직 컴퓨터를 구축하고 운영하는 데 필요한 자원의 제약에 의해서만 제한될 것입니다.

일어나기 알고리즘에는 언어화된 설명이 필요할까요? 아마도 필요하지 않을 것입니다. 매일

반복적인 실행을 통해 우리는 그 절차들을 내면화했고, 무의식적으로 실행하고 있어서 설명이 필요하지 않습니다. 그러나 이 알고리즘조차도 어떤 부분에 대해서는 설명이 필요하며, 그것은 일련의 사진들을 통해 주어지곤 합니다. 넥타이를 묶거나 머리를 정교하게 땋는 것을 생각해 보십시오. 당신은 이런 일을 처음 해 보는 데다가 어떻게 땋는지 알려 줄 사람도 없다면, 설명서에서 그 방법을 배울 수 있습니다.

언어로 알고리즘을 표현할 수 있다는 점은 또 다른 중요한 효과를 가지고 있습니다. 이는 컴퓨터 과학 이론 및 프로그래밍 언어 연구의 주제인, 알고리즘의 체계적인 분석과 정형화된 조작을 가능하게 합니다.

알고리즘은 실행을 위해 컴퓨터가 이해할 수 있는 언어로 표현될 수 있어야 합니다. 또한 알고리즘의 설명은 무한히 계속되어선 안 되고 한정되어야 합니다. 마지막으로, 알고리즘의 각 단계는 모두 어떤 *결과를 만들어 내야* 합니다. 이런 요건들에 의해, 알고리즘을 실행하는 사람이 누구든 모든 단계를 이해하고 각 단계마다 적절한 결과를 수행할 수 있습니다. 헨젤과 그레텔의 알고리즘은 몇 가지 지침만을 포함하고 있기 때문에 분명히 유한합니다. 그리고 조약돌이 다른 조약돌이 보이는 정도의 거리에 놓여 있다고 하면 각 단계도 효과적으로 수행될 수 있습니다. 이전에 방문하지 않은 조약돌만을 찾아야 한다는 요구 사항은 이전에 본 자갈을 모두 기억하는 일이 어렵기 때문에 미심쩍은 부분이 있을 수도 있지만, 이 요구 사항은 방문한 직후에 바로 조약돌을 줍는 것만으로 쉽게 해결할 수 있습니다. 그러나 이것을 포함하면 전혀 다른 알고리즘이 될 것입니다. 덧붙여서, 이 새로운 알고리즘이 있었다면, 헨젤은 모든 조약돌을 다시 주워 두었을 것이고, 둘째 날에도 이 조약돌을 이용해 길을 찾을 수 있었을 것입니다. 이렇게 알고리즘을 살짝 바꾸면 그림 형제가 남매를 괴롭힐 수 없게 되었을 것입니다(아, 고전 동화 하나를 더 이상 즐길 수 없게 되긴 하겠네요).

가지고 싶은 것들

여기서 정의하고 있는 속성들 외에도 알고리즘에 필요한 몇 가지 바람직한 특성이 있습니다. 예를 들어, 알고리즘은 항상 *종료되며* *정확한 결과를* 제공하는 계산을 만들어 내야 합니다. 헨젤은 집으로 가는 길을 표시하기 위해 한정된 개수의 조약돌을 배치했기 때문에, 각 조약돌을 한 번씩만 방문하게 되면 설명된 알고리즘의 실행이 종료됩니다. 그러나 놀랍게도 프로세스가 교착 상태에 빠지는 경우가 발생해서 때때로 올바른 결과를 만들어 내지 못할 수 있습니다.

언급한 바와 같이 이 알고리즘은 어떤 조약돌로 이동해야 하는지 정확하게 설명하고 있지 않습니다. 부모가 헨젤과 그레텔을 직선 경로로 인도하지 않고, 숲속을 지그재그로 돌아 들어갔다면, 하나의 조약돌에서 다른 여러 조약돌이 보일 수 있습니다. 그런 경우에 헨젤과 그레텔은 어느 조약돌로 가야 할까요? 이 알고리즘에서는 그 해답을 알 수 없습니다. 모든 조약돌이 서로 보이는 거리에 있다고 가정하면 그림 1.3과 같은 상황이 발생할 수 있습니다.

[그림 1.3] 알고리즘이 교착 상태에 빠질 수 있는 경로의 예시. 왼쪽: 조약돌을 떨어뜨린 순서의 역순으로 방문하면 헨젤과 그레텔의 집으로 연결됩니다. / 오른쪽: 조약돌 B, C, D가 모두 서로 보이는 거리에 있기 때문에 헨젤과 그레텔은 D에서 B로, 그다음 C로의 경로를 선택할 수 있습니다. 그러나 그 시점에서 C에서는 방문하지 않은 조약돌이 보이지 않기 때문에 더 이상 이동할 곳을 찾지 못하게 됩니다. 특히, 집으로 가는 경로상의 다음 조약돌인 A에 도달할 수 없게 됩니다.

헨젤이 숲에 놓아둔 일련의 조약돌 A, B, C, D를 상상해 보십시오. A는 B에서 볼 수 있고 B는 C에서 볼 수 있지만, A는 너무 멀리 있어 C에서 볼 수 없다고 가정해 봅시다(그림에서 조약돌 B 및 C 주변의 원으로 가시 범위를 표현하고 있습니다). 또한 D가 B와 C 모두에서 보이는 거리 내에 있다고 가정합시다. 즉, 헨젤과 그레텔이 D에 도착하면 두 개의 조약돌 B와 C를 볼 수 있고 둘 중의 하나를 선택할 수 있습니다. 그들이 C로 가기로 했다면 B와 A를 순차적으로 찾을 수 있을 것이고 집에 잘 도착할 것입니다(그림 1.3의 왼쪽 참조). 그러나 만약 그들이 C 대신 B를 선택했다면 – 조약돌 B도 눈에 보이는, 기존에 가지 않은 조약돌이기 때문에 이 알고리즘에서 허용됩니다. – 이후 역시 가시권에 있는 기존에 가지 않은 조약돌인 C를 선택하게 되고, 이 경우에 더 이상 갈 곳이 없어지는 문제에 봉착하게 됩니다. 왜냐하면 C에서 보이는 조약돌은 B와 D인데 둘 다 이미 거쳐 간 지점이어서 이 알고리즘에서 허용하지 않는 목적지이기 때문입니다(그림 1.3의 오른쪽 참조).

물론, 우리는 이와 같은 경우에 뒤로 돌아가는 지침을 추가하여 알고리즘을 수정하고 다른 경로를 선택하도록 할 수도 있습니다. 그러나 이 예제의 목적은 주어진 알고리즘이 올바른 결과를 산출하지 못하는 경우를 설명하는 것입니다. 또한, 이 예제는 알고리즘의 동작이 항상 예측하기 쉽지는 않다는 것을 보여 주는데, 이것은 알고리즘 설계를 어렵지만 흥미로운 작업으로 만드는 요소입니다.

알고리즘의 수행이 종료되는지는 쉽게 알 수 있는 속성이 아닙니다. 이 길 찾기 알고리즘에서 방문하지 않은 조약돌만 찾도록 하는 조건을 제거하면 계산이 두 조약돌 사이를 왔다 갔다 하는 이동에 빠져버릴 수도 있습니다. 누군가는 헨젤과 그레텔은 그런 어리석은 짓을 결코 하지 않을 것이고 그런 반복을 금방 알아차릴 거라고 얘기할 수도 있습니다. 하지만 그 경우, 알고리즘을 정확하게 따르지 않는 것이며, 사실 이전에 방문한 조약돌을 의도적으로 피하는 것입니다.

두 개의 조약돌 사이를 계속 왔다 갔다 하는 경우라면 쉽게 발견할 수 있지만, 문제는 이보다 훨씬 더 어려워질 수도 있습니다. 부모가 인도한 경로가 중간에서 여러 번 종횡으로 교차하는 경우를 상상해 보십시오. 그 결과 조약돌의 배치는 여러 개의 고리 형태의 경로를 포함하게 되고, 각각의 고리 안에서 헨젤과 그레텔이 빙빙 돌게 될 수 있습니다. 방문한 조약돌을 기억해야만 이러한 무한 반복을 피할 수 있습니다. 11장에서는 종료 문제에 대해서 보다 자세히 살펴보겠습니다.

정확성과 종료에 대한 문제는 '일어나기' 알고리즘에 그다지 중요하지 않은 것 같아 보이지만, 사람들은 여전히 짝짝이 양말을 신거나 셔츠의 단추를 어긋나게 끼우는 등의 실수를 저지르고 있습니다. 그리고 계속해서 5분 후 다시 울림 버튼을 누른다면 '일어나기' 알고리즘이 종료되지 않겠지요.

하루의 시작

대부분의 사람들은 아침 식사로 하루를 시작합니다. 시리얼, 과일, 베이컨과 계란, 커피 등 메뉴에 상관없이 아침 식사에는 준비가 필요합니다. 이러한 준비 중 일부는 알고리즘으로 설명할 수 있습니다.

예를 들어, 시리얼에 과일과 같은 다른 토핑을 넣어 먹는다거나, 다른 양의 커피를 내린다거나, 아침 식사를 다르게 준비하려면 준비 과정을 설명하는 알고리즘이 이러한 유연성을 반영할 수 있어야 합니다. 조작할 수 있는 다양성을 확보하기 위한 열쇠는, *매개변수(parameter)*라고 불리는 몇 개의 표시자를 사용해서 알고리즘이 실제로 실행될 때에 매개변수를 실제의 값으로 대체하는 것입니다. 매개변수에 다른 값을 적용하면 알고리즘이 다른 계산을 생성합니다. 예를 들어, 매개변수 "과일"은 날마다 다른 과일로 대체될 수 있으며, 이에 따라 알고리즘을 실행해서 블루베리 시리얼뿐만 아니라 바나나 시리얼을 만들어 낼 수 있습니다. 일어나기 알고리즘에도 매개변수가 포함되어 있어서 우리는 매일 같은 시간에 일어나서 같은 셔츠를 입지 않아도 됩니다.

당신이 일하러 가는 길에 카페에서 커피를 한 잔 사거나 식당에서 아침 식사를 주문하는 경우에도, 아침 식사를 만드는 데 여전히 알고리즘이 사용됩니다. 이 경우는 단지 다른 사람들이 당신을 위해서 일을 해야 한다는 것이 다를 뿐입니다. 알고리즘을 실행하는 사람 또는 기계를 *컴퓨터*라고 하며 컴퓨터의 차이는 계산 결과에 큰 영향을 미칩니다. 컴퓨터가 알고리즘이 표현된 언어를 이해하지 못하거나 주어진 실행 단계 중 어떤 하나라도 수행할 수 없다면, 그 컴퓨터는 알고리즘을 실행할 수 없습니다. 아침에 마실 우유를 얻기 위한 알고리즘이 소 젖을 짜는 일을 포함하고 있다고 생각해 보세요. 하지만 당신이 단지 농장에 온 손님이라면 소 근처에도 못 갈 수도 있습니다.

컴퓨터가 알고리즘의 모든 단계를 실행할 수 있다면, 이제는 실행에 얼마나 시간이 걸리는지가 문제입니다. 실행 시간은 컴퓨터마다 상당히 다를 수 있습니다. 예를 들어 착유 숙련자는 초보자보다 우유 한 잔을 더 빨리 짜낼 수 있습니다. 그러나 컴퓨터 과학에서는 이런 차이를 대부분 무시하는데 왜냐하면 이런 요소는 일시적이고 큰 의미가 없기 때문입니다. 시간이 지나면서 더 빠른 컴퓨터가 나오고, 초보자는 시간이 지나면서 작업에 익숙해지고 빨라지니까요. 가장 중요한 것은 같은 문제를 해결하기 위해 소요되는 시간이 알고리즘마다 얼마나 다른가 하는 것입니다.

예를 들어 가족들 모두에게 우유 한 잔씩을 주고 싶다면, 한 잔씩 채워서 여러 번 가져올 수도 있고, 우유를 통에 담아 한 번만 가져와서 아침 식사 때 테이블에서 모든 잔에 채울 수도 있습니다. 후자의 경우 외양간까지 한 번만 왕복하면 되지만, 전자의 경우에는 다섯 명의 가족을 위해서 다섯 번은 왕복해야만 합니다. 두 알고리즘의 차이점은 우유를 짜는 속도나 걸을 수 있는 속도와는 별개입니다. 따라서 이것은 두 알고리즘의 복잡도를 나타내는 지표라고 할 수 있으며, 두 알고리즘 중 하나를 선택하기 위한 기반 정보로 활용될 수 있습니다.

실행 시간 외에도 실행을 위해 필요한 자원과 관련된 차이점이 있을 수도 있습니다. 이번엔 아침 식사로 우유가 아니라 커피를 마시는 경우로, 커피 메이커로 내릴지 프렌치 프레스*로 추출할지를 결정해야 한다고 합시다. 두 가지 방법 모두 물과 분쇄 커피가 필요하지만 첫 번째 방법은 커피 필터가 추가로 필요합니다. 여러 가지 우유 확보 알고리즘 사이의 자원 요구 사항 차이를 살펴보면 이런 차이가 더욱 두드러집니다. 신선한 우유를 얻으려면 젖소가 필요하지만, 식료품점에서 구입한 우유는 저장용 냉장고가 있어야 합니다. 이 사례는 계산 결과가 나중에 사용하기 위해 저장될 수 있으며, 계산이란 때때로 저장 공간과 상호 전환 가능하다는 것을 보여 줍니다. 즉, 이미 짜낸 우유를 냉장고에 저장함으로써, 우유를 짜는 수고를 덜 수 있다는 이야기입니다.

알고리즘의 실행은 그 효과를 얻기 위해 자원의 활용이라는 대가를 지불해야 합니다. 따라서 같은 문제를 해결하는 서로 다른 알고리즘을 비교하려면, 각각이 소비하는 자원을 측정할 수 있어야 합니다. 때로는 효율성을 위해 정확성을 다소 희생해야 할 수도 있습니다. 출근길에 편의점에서 몇 가지 물건을 사야 한다고 가정해 보십시오. 서두르다 보면 당신은 잔돈을 미처 챙기지 못하고 그냥 나설 수도 있습니다. 정확성을 추구하는 알고리즘은 구입한 품목의 정확한 금액을 지불하지만, 반올림하는 근사 알고리즘을 통해서는 거래를 더 빨리 완료할 수 있습니다.

자원 요구 사항을 포함하여 알고리즘 및 계산의 속성을 연구하는 것은 컴퓨터 과학의 중요한 작업입니다. 이러한 연구를 통해 어떤 알고리즘이 특정 문제에 대해 실행 가능한 해결책인지를 쉽게 판단할 수 있습니다. 2장에서는 헨젤과 그레텔 이야기를 계속하면서 어떻게 하나의 알고리즘으로 여러 가지 계산을 만들어 내고 필요한 자원은 어떻게 측정할 수 있는지 설명하겠습니다.

---

* 커피나 차를 추출하는, 가운데 거름망이 있는 추출 용기

02 정말로 가 보기: 계산이 실제로 벌어질 때

　이전 장에서 우리는 어떻게 헨젤과 그레텔이 집으로 돌아오는 길을 계산해서 생존의 문제를 해결했는지를 살펴보았습니다. 이 계산은 개별 단계를 통해 체계적으로 그들의 위치를 변화시켰으며, 위험을 나타내는 숲속의 위치로부터 안전을 나타내는 최종적인 집의 위치로 이동시켜서 문제를 해결했습니다. 집으로 가는 계산은 조약돌 경로를 따라가는 알고리즘을 실행한 결과였습니다. 계산은 알고리즘이 작동할 때 발생합니다.

　우리는 이제 계산이 *무엇인지*에 대한 대략적인 그림을 그리게 되었지만, 실제로 계산이 *수행하는 것*, 즉 표상의 변형이라는 하나의 측면만을 본 것일 뿐입니다. 몇 가지를 좀 더 자세하게 살펴봐야 할 필요가 있습니다. 따라서 알고리즘을 통한 *정적인* 표상을 넘어서는 이해를 위해 계산의 *동적인* 특성에 대해 이야기해 보려고 합니다.

　알고리즘의 좋은 점은 많은 문제를 해결하기 위해 반복적으로 사용할 수 있다는 것입니다. 어떻게 이렇게 할 수 있을까요? 그리고 하나의 고정된 알고리즘이 여러 가지 계산을 만들어 낸다는 것이 실제로 어떻게 가능할까요? 게다가 우리는 알고리즘의 실행 결과가 계산이라고 했는데 누가 혹은 무엇이 알고리즘을 실행하는 것일까요? 알고리즘을 실행하는 데 필요한 기술은 무엇일까요? 누구나 그것을 할 수 있을까요? 그리고 마지막으로, 문제를 해결하기 위한 알고리즘이 있는 것은 좋은 일이지만, 그 대가는 대체 무엇일까요? 할당된 자원만을 이용해서 충분히 빠르게 문제를 해결할 수 있을 때에만 알고리즘은 의미가 있습니다.

다양성의 창조

헨젤과 그레텔로 다시 돌아가 보면, 우리는 조약돌 추적 알고리즘이 여러 상황에서 반복적으로 사용될 수 있다는 것을 살펴보았습니다. 이제 이것이 실제로 어떻게 작동하는지를 자세히 살펴보겠습니다. 알고리즘의 설명 자체는 고정되어 있으므로, 이 설명의 일부분은 계산이 달라질 수 있다는 것을 표현해야 합니다. 이런 요소를 *매개변수(parameter)*라고 합니다. 알고리즘의 매개변수는 구체적인 값을 나타내며 알고리즘이 실행될 때 알고리즘의 매개변수에 구체적인 값이 대입되어야 합니다. 이러한 값들은 알고리즘의 *입력값*, 또는 그냥 *입력*이라고 불립니다.

예를 들어 커피를 만드는 알고리즘은 추출할 컵 수를 나타내는 숫자라는 매개변수를 사용해서 알고리즘의 각 지침들이 이 매개변수를 참조하도록 할 수 있습니다. 다음은 그러한 알고리즘에서 발췌한 것입니다.[1]

> 숫자 컵의 물을 채웁니다.
> 분쇄 원두를 숫자 스푼의 1.5배 넣습니다.

3잔의 커피에 대해 이 알고리즘을 실행하려면 알고리즘의 각 지침에서 매개변수 숫자를 입력값 3으로 대체해야 합니다. 그러면 다음과 같은 알고리즘의 특화 버전이 생성됩니다.

> 3컵의 물을 채웁니다.
> 분쇄 원두를 3 스푼의 1.5배 넣습니다.

매개변수를 사용하면 다양한 상황에 맞게 알고리즘을 적용할 수 있습니다. 각 상황은 매개변수에 대체되는 입력값(예를 들어 추출할 커피잔 수)으로 표현되며, 매개변수를 입력값으로 대체하면 각 상황에 맞게 알고리즘이 조정됩니다.

헨젤과 그레텔의 알고리즘은 숲에 놓인 조약돌에 대해 매개변수를 사용합니다. 지금까지는 매개변수를 특정하지 않았는데, 왜냐하면 "이전에 방문하지 않은 조약돌을 찾으십시오."라는 명령은 분명히 헨젤이 떨어뜨려 둔 조약돌을 참조하고 있기 때문이었습니다. "헨젤이-놓아둔-조약돌 중에서 이전에 방문하지 않은 조약돌을 찾으십시오."라는 알고리즘의 개별 실행 단계에서 매개변수 헨젤이-놓아둔-조약돌은 헨젤이 떨어뜨려 놓았던 어떤 조약돌로 대체됩니다 - 최소한 그렇게 생각해 볼 수 있습니다. 우리는 물리적인 조약돌을 알고리즘 서술에 포함할 수 없으므로, 이 매개변수는 입력값, 즉 특정 조약돌에 대한 참조 혹은 위치 지시자로 다루겠습니다. *위치 지시자(pointer)*는 입력값에 접근하기 위한 방편입니다. 이를 통해 우리는 알고리즘이 어떤 입력값을 필요로 할 때 그 값을 확인하기 위한 위치를 알 수 있습니다. 이 길 찾기 알고리즘에서의 입력값은 아마도 숲의 바닥에서 발견될 것입니다. 커피 만들기 알고리즘에서 입력값(몇 잔의 커피를 내릴지)은 우리 머릿속에 있고 매개변수를 위한 값의 참조가 필요할 때에 그 값을 떠올릴

것입니다. 어쨌거나, 이 치환이라는 개념은 알고리즘과 계산 사이의 관계를 구체화하는 데 도움이 되는 유용한 틀을 제공합니다.

매개변수를 도입하고 이를 사용하여 구체적인 값을 대체함으로써 많은 상황에서 알고리즘을 일반화할 수 있습니다. 예를 들어 어떤 일어나기 알고리즘이 "오전 6:30에 일어나기"라는 지침을 포함하고 있다면 우리는 구체적인 시간을 기상 시간이라는 매개변수로 대체해서 "기상 시간에 일어나기"라고 일반화할 수 있습니다. 이와 비슷하게 시리얼 만들기 또한 과일이라는 매개변수를 준비 알고리즘에 포함시켜서 그 효과를 확장할 수 있습니다.

이런 유연성은 그 이면에, 앞으로는 일어나기 알고리즘을 실행하기 위해서는 입력값을 제공해야만 한다는 요건이 포함된다는 것을 의미합니다. 그래야만 매개변수의 대체가 일어나고 지침이 구체화될 수 있으니까요. 이것은 일반적으로는 문제가 되지 않지만, 의사 결정을 필요로 하며 잠재적인 실수의 원천이 되기도 합니다. 모든 것은 가변성이 얼마나 가치 있는가에 달려 있습니다. 알람 시계의 종이 울리는 시간을 바꿀 수 없다면 아무도 이를 받아들일 수 없겠지만, 알람 소리를 꼭 여러 가지로 바꿀 수 있어야만 한다고 주장하는 사람은 거의 없을 것입니다.

마지막으로, 매개변수가 없어 다른 입력값을 사용할 수 없는 알고리즘은 항상 동일한 계산만을 만들어 냅니다. 앞에서 언급했듯이 (먹으면 없어지는) 케이크 만들기나 (마시면 없어지는) 우유 가져오기 같이 일시적인 물리적 효과만을 만들어 내는 알고리즘의 경우라면 이런 것은 크게 문제가 되지 않습니다. 이러한 경우라면 오히려 동일한 효과를 가지는 계산을 다시 하는 것이 낫

습니다. 그러나 그 계산의 결괏값이 저장되고 향후 재사용될지도 모르는 알고리즘이라면, 재사용을 위해서 하나 이상의 매개변수가 필요합니다.

매개변수는 알고리즘의 핵심 요소이지만, 알고리즘이 얼마나 일반적이거나 구체적이어야 하는지에 대한 대답은 그리 간단하지 않습니다. 여기에 대해서는 15장에서 논의해 보겠습니다.

수행의 주체는 누구?

앞서 살펴보았듯이, 계산은 알고리즘을 실행한 결과입니다. 여기서 자연스럽게 누가 혹은 무엇이 알고리즘을 실행할 수 있으며, 어떻게 그럴 수 있는지에 대한 의문이 생깁니다. 앞선 사례들은 사람들이 알고리즘을 실행할 수 있으며 전자 컴퓨터 또한 그렇게 할 수 있다는 것을 보여 주었습니다. 그렇다면 알고리즘의 실행이 가능한 다른 대상이 존재할까요? 그리고 알고리즘을 실행하기 위한 요구 사항은 무엇일까요?

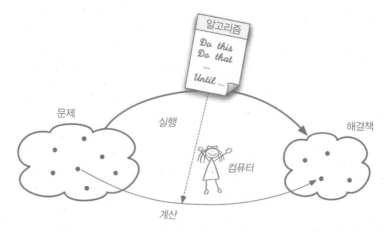

[그림 2.1] 알고리즘 실행은 계산을 만들어 냅니다. 알고리즘에는 전체 클래스의 문제를 해결하는 방법이 기술되어 있지만 실행은 특정 사례의 문제에 대한 표상에 대해서 수행됩니다. 알고리즘의 실행은 알고리즘을 표현하고 있는 언어를 이해할 수 있는 컴퓨터(사람 또는 기계)에 의해서 수행되어야만 합니다.

계산(computation)을 수행할 수 있는 누군가 또는 무언가를 나타내는 단어는 물론 *컴퓨터 (computer)**입니다. 사실, 컴퓨터라는 단어는 원래 계산을 수행하는 사람들을 의미했습니다.[2]

---
*   compute + er: 계산의 주체

앞으로 이 책에서는 이 단어를, 계산을 수행할 수 있는 자연적 또는 인공적 행위 주체를 가리키는, 보다 일반적인 의미로 사용하겠습니다.

우리는 알고리즘 실행을 그 실행의 주체가 되는 컴퓨터의 능력에 기반하여 두 가지 중요한 부류로 구분할 수 있습니다. 한편에는 사람이나 노트북 또는 스마트 폰과 같은 범용 컴퓨터가 있습니다. 범용 컴퓨터는 원칙적으로 컴퓨터가 이해할 수 있는 언어로 표현되어 있기만 하다면, 어떤 알고리즘이라도 실행할 수 있습니다. 범용 컴퓨터는 알고리즘과 계산 사이의 실행 관계를 구축합니다. 범용 컴퓨터가 특정 문제에 대한 알고리즘을 실행할 때마다, 표상을 변경하는 단계가 수행됩니다(그림 2.1 참조).

다른 한편에는, 하나의 알고리즘(또는 미리 정의된 알고리즘 집합)만을 실행하는 컴퓨터가 있습니다. 예를 들어 휴대용 계산기에 포함되어 산술 계산을 수행하는 알고리즘을 실행하는 고정 배선 전자 회로나, 특정 시간에 소리를 내기 위한 알람 시계가 여기에 포함됩니다. 또 다른 흥미로운 예를 세포 생물학에서도 찾을 수 있습니다.

이 문장을 읽는 짧은 동안에도, 체내의 세포들 안에서는 수백만 번이나 어떤 일이 벌어지고 있습니다. 리보솜은 세포의 기능을 돕기 위해 단백질을 생산하고 있으며, 리보솜은 RNA 분자가 기술한 대로 단백질을 조립하는 작은 기계입니다. RNA 분자는 특정 단백질을 생산하도록 리보솜에 알려 주는 아미노산 배열입니다. 리보솜 컴퓨터의 계산에 의해, RNA 분자를 단백질로 번역하는 알고리즘이 세포 내에서 안정적으로 실행되고 있으며, 이 덕분에 여러분은 살아 있을 수 있습니다. 리보솜의 알고리즘은 엄청난 양의 단백질을 생산할 수 있기는 하지만, 리보솜이 실행할 수 있는 것은 오직 이 한 가지의 알고리즘뿐입니다. 리보솜은 매우 유용하지만 그 용도는 제한적입니다. 리보솜만으로는 옷을 입거나 숲에서 길을 찾을 수 없습니다.

고정 배선식 알고리즘으로 구성된 컴퓨터들과는 다른, 범용 컴퓨터가 가지는 중요한 요건 하나는, 알고리즘이 표현된 어떤 언어도 이해해야 한다는 점입니다. 컴퓨터가 기계인 경우 이 알고리즘은 프로그램이라고도 부르며, 알고리즘이 표현된 언어는 프로그래밍 언어라고 부릅니다.

헨젤과 그레텔이 회고록을 써서 그들의 생명을 구해 준 알고리즘에 대한 설명을 수록했다고 해도, 다른 아이들은 책에 쓰인 언어를 이해할 수 있을 때에만 알고리즘을 실행할 수 있을 것입니다. 이런 요구 사항은 변경되지 않는, 고정 배선 알고리즘만을 수행하는 비 범용 컴퓨터에는 적용되지 않습니다.

모든 컴퓨터는 알고리즘에서 사용되는 표상에 접근할 수 있어야 합니다. 특히 컴퓨터는 각 표상에 필요한 변경을 만들어 낼 수 있어야 합니다. 헨젤과 그레텔이 나무에 묶여 있다면 길 찾기 알고리즘의 실행에 필요한 위치의 변경이 불가능하기 때문에, 그들에게 알고리즘은 전혀 도움이 되지 않습니다.

요약하면, 모든 컴퓨터는 알고리즘 작동의 대상이 되는 표상을 읽고 조작할 수 있어야만 하며 범용 컴퓨터는 알고리즘이 기술된 언어를 이해해야 합니다. 이제부터는 컴퓨터라는 단어를 범용 컴퓨터의 의미로 사용하겠습니다.

생존 비용

컴퓨터는 실제로 어떤 작업들을 수행해야 합니다. 예를 들어 비디오 게임에서 고해상도 그래픽을 렌더링**하는 동안 노트북이 뜨거워진다거나, 백그라운드에서 실행되는 앱이 너무 많아서 스마트 폰 배터리가 너무 빨리 소모될 때마다, 이러한 사실을 알 수 있습니다. 또한, 약속된 시간보다 충분히 빨리 알람 시간을 설정해야 하는 이유는 일어나기 알고리즘을 실행하는 데 약간의 시간이 걸리기 때문입니다.

문제를 해결하기 위한 알고리즘을 알아내는 것과 알고리즘에 의해 생성된 실제 계산이 충분히 신속하게 해결책을 만들어 낼 수 있도록 보장하는 것은 완전히 다른 문제입니다. 이와 관련하여 우선적으로 확인해야 하는 것은, 계산을 담당하는 컴퓨터가 계산을 수행하기 위해 충분한 자원을 사용할 수 있는지의 여부입니다.

예를 들어, 헨젤과 그레텔이 조약돌을 따라 집을 찾아갈 때, 전체 계산은 헨젤이 떨어뜨린 조약돌의 수만큼의 단계를 거칩니다.[3] 여기서 말하는 단계(step)는 "한 걸음"이 아니라 "알고리즘

** 3차원 객체의 색상과 질감 정보를 반영해서 화면에 출력할 수 있는 2차원 그림으로 만들어 주는 과정

의 한 단계"를 의미합니다.[***] 특히 이 알고리즘에서 한 단계는 일반적으로 숲에서 헨젤과 그레텔이 걷는 몇 걸음 정도에 해당합니다. 따라서 조약돌의 수는 실행 시간을 측정하는 척도가 될 수 있는데, 왜냐하면 각 조약돌마다 알고리즘의 한 단계의 수행이 필요하기 때문입니다. 알고리즘이 작업을 수행하는 데 필요한 단계의 수를 생각해 보면 *실행 시간 복잡도(runtime complexity)* 를 판단할 수 있습니다.

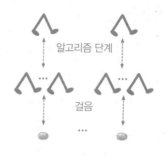

또한 이 알고리즘은 헨젤과 그레텔이 충분한 조약돌을 가지고 있어서, 집에서부터 부모가 둘을 남겨두고 떠난 숲속의 위치까지의 경로를 모두 표시할 수 있는 경우에만 작동합니다. 이것은 자원에 제약이 있는 경우의 예입니다. 조약돌의 부족은 외부 자원의 한계, 즉 주울 수 있는 조약돌이 부족해서이거나, 컴퓨터의 한계, 즉 헨젤의 주머니가 작아서일 수도 있습니다. 알고리즘의 *공간 복잡도(space complexity)*

를 따져본다는 것은 컴퓨터가 알고리즘을 실행하는 데 어느 정도 크기의 공간이 필요한지 확인하는 것을 의미합니다. 이 예에서는 특정 거리의 경로 탐색을 위해 몇 개의 조약돌이 필요한지와 헨젤의 주머니에 그 조약돌을 모두 담을 수 있을지 여부를 확인해야 합니다.

따라서 이론상으로는 숲의 어느 위치에서라도 이 알고리즘을 적용할 수 있지만, 실행에 시간이 너무 오래 걸린다거나 사용 가능한 자원을 초과하는 자원이 필요할 수도 있기 때문에 계산이 실제로 성공할 수 있을지는 미리 확신하기 어렵습니다. 계산 자원에 대해 보다 면밀히 검토해 보기 전에, 이런 분석을 완전히 실용적으로 만들기 위한 계산 비용 측정에 대한 두 가지 중요한 가정에 대해서 설명하도록 하겠습니다. 우선은 실행 시간 측면에 초점을 맞추겠지만 이 논의는 공간 자원 문제에도 적용됩니다.

[***] step의 본 의미는 한 걸음으로, 의미가 확장되면 어떤 절차에서 기본이 되는 하나의 단계를 나타냅니다.

비용의 큰 그림

    알고리즘은 많은 계산을 일반화한 것으로 볼 수 있습니다. 앞에서 설명한 것처럼 계산 사이의 차이는 알고리즘 서술상에서 매개변수로 포함되며, 매개변수에 특정 입력값을 치환하여 알고리즘을 실행함으로써 특정한 경우에 대한 계산을 얻을 수 있습니다. 같은 방법으로, 알고리즘의 자원 요구 사항에 대해 일반화하여 기술하고자 합니다. 특정 계산에만 적용되는 것이 아니라 모든 계산에 해당되도록 말이지요. 다시 말해서, 비용에 대한 설명을 일반화하려는 것입니다. 이러한 비용 일반화는, 입력의 크기에 따라 알고리즘을 실행하는 데 필요한 단계 수가 결정되는 매개변수를 사용해서 구할 수 있습니다. 따라서 실행 시간 복잡도는 주어진 크기의 입력에 대한 계산의 단계 수를 산출하는 함수가 됩니다.

    예를 들어, 조약돌 따라가기 알고리즘을 실행하는 데 필요한 계산 단계의 수 및 그 실행 시간은 떨어뜨린 조약돌의 수와 대략 같습니다. 숲의 각기 다른 장소에 이르는 경로들은 아마 해당 경로들을 표시하는 데에 필요한 조약돌의 개수 또한 다를 것이기 때문에, 각 경로에 대한 계산에는 서로 다른 수의 단계가 필요할 것입니다. 이런 사실은 실행 시간 복잡도를 입력 크기에 대한 함수로 표현할 때 반영됩니다. 조약돌 따라가기 알고리즘의 경우, 계산 단계의 수가 조약돌의 개수와 일대일로 관련되어 있기 때문에 각 계산에 대한 정확한 측정값을 쉽게 구할 수 있습니다. 예를 들어, 87개의 조약돌이 있는 경로의 경우에는 계산에 87단계가 필요합니다.

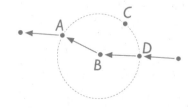

    그러나 항상 그렇게 되는 것은 아닙니다. 그림 1.3에 그려진 경로를 다시 한번 보세요. 이 예제는 알고리즘이 어떻게 교착 상태에 빠지는지를 보여 주기 위해 사용했었지만, 이 알고리즘이 조약돌 수보다 적은 단계의 계산을 수행하는 경우를 보여 주기 위해서도 사용할 수 있습니다. B와 C는 D로부터 가시거리 내에 있고, 우리가 D에서 B를 선택하면 A와 C가 모두 가시거리 내에 있으므로 다음번에 A를 선택할 수 있습니다. 따라서 경로 D, B, A는 유효한 경로이면서 C를 지나치기 때문에 계산에는 조약돌의 개수보다 최소 한 단계가 적은 계산이 포함됩니다.

이 경우, 계산의 단계 수는 실제로 알고리즘의 측정에 의해 예측된 것보다 *낮다*는 점에 주목하시기 바랍니다. 이것은 계산 비용이 과도하게 추정되었다는 것을 의미합니다. 이와 같이, 실행 시간 복잡도는 계산이 *최악의 경우*에 가질 수 있는 복잡도를 알려 줍니다. 이는 특정 입력에 대해 알고리즘을 실행할 것인지의 여부를 결정하는 데 도움이 됩니다. 예상된 실행 시간을 수용할 수 있다면, 알고리즘을 실행할 수 있습니다. 실제로 계산의 단계가 줄어들고 더 빨리 실행되면 좋지만, 이러한 최악의 경우에 대해 추정한 복잡도는 알고리즘의 실행에 소요되는 시간이 얼마 이상은 걸리지 않는다고 보장해 줍니다. 일어나기의 경우 아침에 샤워를 하는 데 걸리는 시간의 최악의 경우를 추정해 본다면 대략 5분가량 될 것입니다. 여기에는 물이 따뜻해지는 데 걸리는 시간이 포함되기 때문에 누군가가 바로 직전에 샤워를 했다면 실제 소요되는 샤워 시간은 더 짧아질 수도 있습니다.

실행 시간 분석은 알고리즘 수준에서 적용되기 때문에 개별적인 계산이 아니라 알고리즘만이 분석될 수 있습니다. 이것은 또한, 분석은 알고리즘의 설명을 기반으로 하므로 계산이 실행되기 전에 그 실행 시간을 평가할 수 있음을 의미합니다.

실행 시간 복잡도에 대한 또 다른 가정은, 알고리즘의 한 단계가 일반적으로 알고리즘의 수행 주체에 의해 실행되는 여러 단계에 해당한다는 것입니다. 헨젤과 그레텔의 사례에서만 봐도 이러한 사실은 명확합니다. 조약돌 사이는 단 한 걸음 거리로 떨어져 있을 가능성이 거의 없기 때문에, 한 조약돌에서 다음 조약돌까지 갈 때 헨젤과 그레텔은 몇 걸음을 걸어야 할 것입니다. 하지만 특정한 알고리즘 단계에서 임의의 많은 계산 단계가 발생해서도 안 됩니다. 이 수는 일정해야 하고 알고리즘의 단계 수와 비교하여 상대적으로 작아야 합니다. 그렇지 않으면 알고리즘의 실행 시간에 대한 정보가 무의미해집니다. 이는 알고리즘 단계의 수를 세는 것이 사실 실행 시간을 정확하게 측정한 것이 아니기 때문입니다. 컴퓨터가 서로 다른 성능을 갖는다는 것이 이와 관련되어 있습니다. 예를 들어, 헨젤은 그레텔보다 다리가 길어서 조약돌 사이를 이동하는 데 필요한 걸음 수가 적은데, 그레텔은 헨젤보다 걸음이 빨라서 같은 수의 걸음을 걷는 데 더 짧은 시간이 걸린다든지 할 수도 있습니다. 이러한 모든 요소는 알고리즘의 실행 시간에 초점을 맞추면 무시할 수 있습니다.

비용 증가

알고리즘의 실행 시간 복잡도에 대한 정보는 함수로 제공되므로 여러 계산에 대한 실행 시간의 차이를 담아낼 수 있습니다. 이 접근법은 일반적으로 알고리즘이 더 큰 입력에 대해 더 많은 시간을 요구한다는 사실을 반영합니다.

헨젤과 그레텔의 알고리즘의 복잡도는 "실행 시간은 조약돌의 수에 비례합니다"라는 규칙에 의해 특징지어질 수 있습니다. 이것은 조약돌의 수와 걸음 수 사이의 비율이 일정하다는 것을 의미합니다. 바꾸어 말하면 경로의 길이가 두 배가 되면 조약돌의 개수가 두 배로 늘어나고 실행 시간도 두 배가 됩니다. 이는 걸음 수가 조약돌 개수와 *동일하지*는 않지만 입력과 동일한 방식으로 증감한다는 것을 의미합니다.

이런 관계를 *선형적(linear)*이라고 하며, 조약돌의 수와 거기에 필요한 걸음 수를 나타내는 그래프 상에서 직선으로 그려집니다. 이와 같은 경우 우리는 알고리즘이 *선형*의 실행 시간 복잡도를 갖는다고 말하며, 줄여서 알고리즘이 *선형*이라고 말하기도 합니다.

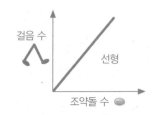

선형 알고리즘은 매우 우수하며 대부분의 경우 누구나 기대하는 최선의 알고리즘입니다. 실행 시간 복잡도의 다른 예를 보기 위해, 헨젤이 조약돌을 놓을 때 실행하는 알고리즘을 생각해 봅시다. 이야기의 원래 버전에서 헨젤은 주머니에 모든 조약돌을 가지고 있어서 숲으로 갈 때 돌을 하나씩 떨어뜨릴 수 있었습니다. 이것은 분명히 선형 알고리즘인데 (조약돌의 숫자와 관련된) 왜냐하면 헨젤이 조약돌을 떨어뜨리는 사이에 일정한 걸음을 걸을 것이기 때문입니다.

그러나 이제는 헨젤이 조약돌을 하나도 숨길 수가 없다고 가정해 봅시다. 이 경우, 헨젤은 조약돌을 떨궈야 할 때마다 집에 가서 새로운 조약돌을 가져와야 합니다. 조약돌을 가지러 가며 걸어야 하는 걸음 수는 집에서 새로 떨어뜨릴 조약돌의 위치까지 도달하는 데 필요한 걸음 수의 대략 두 배가 됩니다. 총 걸음 수는 각 조약돌까지 필요한 걸음 수의 합입니다. 조약돌이 떨어질 때마다 집으로부터의 거리가 증가하기 때문에 총 걸음 수는 $1 + 2 + 3 + 4 + 5 + \cdots$ 에

비례하며, 총합은 놓인 조약돌 개수의 제곱에 비례합니다.

이 관계는 헨젤이 이동해야 하는 거리를 조약돌의 개수로 환산해서 설명할 수 있습니다. 두 번째 조약돌을 떨어뜨리려면 헨젤은 첫 번째 조약돌을 떨어뜨린 후, 집에 돌아가서 다른 조약돌을 챙기고, 첫 번째 조약돌을 지나 두 번째 조약돌을 떨어뜨릴 수 있는 장소로 가야 합니다. 이렇게 되면 헨젤은 총 4개의 조약돌 사이를 이동한 것과 같습니다. 헨젤이 3개의 조약돌을 떨어뜨리기 위해서는 먼저 2개의 조약돌을 떨어뜨리는 데 필요한 거리를 가로질러야 합니다. 이 거리가 4인 것은 이미 확인했습니다. 그다음에는 세 번째 조약돌을 가져오기 위해 집으로 되돌아가야 합니다. 이것은 조약돌 2개만큼의 거리를 이동한다는 의미입니다. 세 번째 조약돌을 놓으려면 그는 3개의 조약돌 사이의 거리를 이동해야 합니다. 그러면 4 + 2 + 3 = 9개의 조약돌에 해당하는 총 거리가 산출됩니다.

한 단계만 더 생각해 봅시다. 네 번째 조약돌의 경우, 헨젤은 3개의 조약돌을 떨어뜨리기 위한 거리를 이동한 후 다시 집으로 돌아가서(3개 조약돌 거리), 네 번째 조약돌을 떨어뜨리기 위해 4개 조약돌 거리만큼을 다시 이동해야 하고, 이 경우의 총 거리는 9 + 3 + 4 = 16개의 조약돌이 됩니다. 비슷한 방식으로 5개의 조약돌(16 + 4 + 5 = 25), 6개의 조약돌(25 + 5 + 6 = 36)을 배치하는 데 필요한 거리를 계산할 수 있습니다.

여기서 분명히 일정한 패턴이 있는 것을 볼 수 있는데, 헨젤이 필요로 하는 걸음 수는 놓으려고 하는 조약돌의 수의 제곱에 비례한다는 것입니다. 이러한 복잡도의 패턴을 가지는 알고리즘은 *2차* (quadratic) 실행 시간 복잡도를 가진다고 하거나, 짧게 *2차* 알고리즘이라고 부릅니다. 2차 알고리즘의 실행 시간은 선형 알고리즘의 실

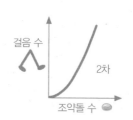

행 시간보다 훨씬 빠르게 증가합니다. 예를 들어 10개의 조약돌에 대해 선형 알고리즘은 10단계를 필요로 하지만 2차 알고리즘에는 100단계가 필요합니다. 100개 조약돌의 경우 선형 알고리즘은 100단계가 필요하지만 2차 알고리즘은 이미 10,000단계가 필요합니다.

실제 단계 수는 더 클 수도 있습니다. 언급한 바와 같이 선형 알고리즘이라면 조약돌 당 두 걸음, 세 걸음 혹은 14걸음 같이 일정한 수의 걸음 수가 필요할 것입니다. 그러므로, 예를 들어 10개의 조약돌이 놓인 경로라면 각각 20 또는 30 또는 140걸음을 걸어야 할 수 있습니다. 2차 알고리즘의 경우에도 마찬가지입니다. 이 알고리즘의 단계 수에도 어떤 수(단계별 걸음 수)를

곱해야 할 것입니다. 이것은 선형 알고리즘이 모든 경우에 반드시 2차 알고리즘보다 빠르지는 않다는 것을 나타냅니다. 큰 상수 인수를 가지는 선형 알고리즘이라면, 최소한 충분히 작은 입력에 대해서 작은 상수 인수를 가지는 2차 알고리즘보다 더 많은 단계를 실행하게 될 수도 있습니다. 예를 들어, 조약돌 당 14걸음인 선형 알고리즘은 10 조약돌의 입력에 대해 140걸음을 걸어야 합니다. 이는 조약돌 당 한 걸음을 걸어야 하는 2차 알고리즘의 100걸음(10 조약돌)보다 많습니다. 그러나 입력이 더욱 커지는 경우 상수 인수에 의한 영향이 사라지고 2차 알고리즘 자체의 증가 속도가 더 두드러지게 됩니다. 예를 들어, 100 조약돌의 경우 선형 알고리즘은 1,400걸음을 걸어야 하지만 2차 알고리즘은 10,000걸음을 걸어야 합니다.

이 이야기에서는 이러한 2차 알고리즘이 적용될 수도 없고, 제대로 작동하지도 않습니다. 마지막 조약돌을 배치하는 데 걸리는 시간을 생각해 보십시오. 헨젤은 집까지 다시 돌아갔다가 다시 숲으로 돌아와야 하기 때문에 기본적으로 숲까지의 거리의 두 배에 해당하는 거리를 이동해야 합니다. 헬젤과 그레텔의 부모는 선형 알고리즘을 사용하여 조약돌을 내려놓는 것도 참지 못하는 데 말이지요.

그의 아버지는 말했다. "헨젤, 너 뭘 보고 있길래 안 따라오는 거냐? 집중해서 다리를 부지런히 움직여라."

그들은 새로운 조약돌이 필요할 때마다 헨젤이 집에 돌아가는 것을 기다려 주지 않았을 것입니다. 이런 맥락에서 알고리즘의 실행 시간은 정말 중요합니다. 알고리즘이 너무 느리면 실용적인 관점에서 쓸모없게 될 수 있습니다(7장 참조).

이 예는 또한 공간과 시간의 효율성이 종종 상호 의존적이라는 것을 보여 줍니다. 이 사례에서 우리는 알고리즘의 실행 시간 효율성을 2차에서 선형으로 향상시킬 수 있습니다. 그 대가로 저장 공간, 즉 선형 저장 공간을 사용해야 하며, 이것은 헨젤의 주머니에 모든 조약돌을 담을 수 있어야 한다는 것을 의미합니다.

두 개의 알고리즘이 동일한 문제를 해결하지만 하나의 알고리즘이 다른 알고리즘보다 실행 시간 복잡도가 낮으면 더 빠른 쪽이 다른 쪽보다 *더 효율적*이라고 말할 수 있습니다. 실행 시간의 관점에서 말이지요. 이와 유사하게, 하나의 알고리즘이 다른 알고리즘보다 적은 메모리를 사용한다면 *공간 효율이 높다*고 얘기합니다. 이 예제에서 선형 조약돌 배치 알고리즘은 2차보다 실행 시간 효율성은 높지만 공간 활용이 덜 효율적이기 때문에 헨젤의 주머니를 조약돌로 가득 채우게 됩니다.

더 알아보기

헨젤과 그레텔 이야기에서, 조약돌은 길 찾기 알고리즘에서 사용한 표상이었습니다. 길을 표시하는 것은 여러 가지 쓸모가 있습니다. 우선 당신이 잘 알지 못하는 곳을 탐색할 때나, 집으로 돌아오는 길을 찾기 위해서 사용할 수 있습니다. 이것은 헨젤과 그레텔의 이야기에서 사용된 용도와 같지요. 다른 용도로 이것은 다른 사람이 당신을 따라오도록 하는 데에도 사용할 수 있습니다. 이런 경우의 예로, J.J.R 톨킨의 『반지의 제왕: 두 개의 탑(The Lord of the Rings: The Two Towers)』에서 피핀이 메리와 같이 오크들에게 잡혔을 때 브로치를 떨어뜨려서 아라곤과 레골라스, 김리를 위한 신호로 남겨두었던 것을 들 수 있습니다. 비슷한 예로 영화 『인디아나 존스: 크리스탈 해골의 왕국(Indiana Jones and the Kingdom of the Crystal Skull)』에서 맥이 몰래 전파 발신 장치를 떨어뜨려서 그를 따라올 수 있도록 한 장면도 있었습니다.

이 세 가지 사례 모두 길을 찾기 위한 표시는 어떤 방향으로도 갈 수 있는 열린 공간에 놓였습니다. 반면 어떤 경우에는 갈림길과 갈림길 사이의 몇 개의 경로로만 이동할 수 있는 경우도 있습니다. 이런 사례로 마크 트웨인의 『톰 소여의 모험(The Adventures of Tom Sawyer)』에서 톰과 베키가 동굴을 탐색하면서 길을 찾기 위해서 벽에 그을음을 묻히는 이야기가 있습니다. 하지만 결국 그들은 동굴에서 길을 잃었습니다. 며칠 후 베키가 몸이 너무 약해져서 더 이상 움직일 수 없게 되었을 때에도 톰은 계속 동굴을 탐색했고, 베키에게 가는 길을 찾기 위해서는 좀 더 믿을 만한 방법으로 연 줄을 사용합니다. 아마도 미로에서 길을 잃지 않기 위해서 실을 사용하는 가장 유명한 (그리고 가장 오래된) 이야기는 그리스 신화의 미노타우르스 이야기일 것입니다. 이 이야기에서 테세우스는 아리아드네가 건네준 실을 사용해서 미로에서 나오는 길을 찾아냅니다. 움베르토 에코의 소설 『장미의 이름(The Name of The Rose)』에서 베네딕트회 수련 수사인 앗소가 수도원 도서관의 미로에서 길을 찾기 위해 같은 방법을 사용합니다.

이야기에 등장하는 여러 가지 표시와 표시 각각이 관련된 길 찾기 알고리즘에 미치는 영향을 비교해 보는 것은 흥미롭습니다. 예를 들어 조약돌, 브로치, 그을음 같은 표식은 하나를 찾아내도 여전히 다음 표식으로 가는 길을 찾아야만 하기 때문에 많은 이야기에 등장하지는 않습니다. 반면 실은 탐색할 필요가 없이 그냥 쭉 따라만 가면 됩니다. 게다가 실을 사용하면 1장에서 살펴본 것과 같은, 조약돌처럼 하나하나 구분된 표시자를 사용했을 때 발생하는 교착 상태에 빠질 가능성이 없습니다.

헨젤과 그레텔이 사용한 방법은 실제로 빵부스러기 탐색이라고 불리며 파일 시스템이나 질의 시스템의 사용자 인터페이스에 사용됩니다. 파일 시스템의 탐색기는 현재 폴더를 포함하는 부모 폴더나 현재 폴더에 포함된 폴더의 목록을 보여 줄 때에 이런 방법을 사용합니다. 게다가 이메일 프로그램이나 데이터베이스에서는 현재 선택 범위에서 적용 가능한 검색 단어를 목록화해서 보여 줍니다. 부모 폴더로 돌아가거나 마지막 검색 단어를 제거해서 더 많은 검색 결과를 얻는 것은 조약돌에 도착해서 그것을 집어 드는 것과 마찬가지라고 할 수 있습니다.

표상과 데이터 구조

셜록 홈즈

출근 길

   당신은 출근하는 길입니다. 당신이 운전을 하든, 자전거를 타든, 걷든, 교통 표지판과 신호등을 마주치게 됩니다. 이것들은 당신과 다른 통근자들이 길을 어떻게 나눠 써야 하는지를 알려줍니다. 교통 신호와 관련된 몇몇 규칙들은 알고리즘과 관련이 있습니다. 예를 들어 사거리의 정지 표지판은 일단 멈춰 서서, 사거리에 먼저 진입한 차량이 먼저 교차로를 빠져나간 후에 당신이 진입할 수 있다는 것을 의미합니다.[1] 교통 표지판의 지시를 따르는 것은 알고리즘의 실행에 대응되며, 결과적으로 규칙에 따른 교통의 흐름은 계산의 사례로 생각할 수 있습니다. 많은 운전자와 자동차가 이러한 활동에 관련되어 있고 이들 모두가 도로를 공통 자원으로써 공유하고 있으므로, 이 사례는 사실 분산 컴퓨팅의 사례입니다만 이것은 이 장에서 말하려는 요점은 아닙니다.

   매일 서로 완전히 다른 목적지로 향하는 수백만의 사람들이 효과적으로 서로의 행동을 조율해서, 성공적으로 각자의 길을 찾아간다는 것은 놀라운 일입니다. 물론 교통 정체나 사고도 일상적으로 발생하지만, 교통 시스템은 전반적으로 꽤 잘 작동합니다. 더 놀라운 점은 이 모든 것이 몇 가지가 안 되는 표지판에 의해서 이루어지고 있다는 점입니다. "정지"라고 적힌 붉은 육각형의 표지판을 교차로의 입구에 세워 놓는 것만으로 교행하는 수많은 차량을 통제할 수 있습니다.

   어떻게 표지판이 이렇게 엄청난 효과를 만들어 낼 수 있을까요? 여기서 볼 수 있는 중요한 점 하나는 표지판의 기호가 *의미*를 담고 있다는 것입니다. 예를 들어 도로 안내 표지판은 가고 싶은 곳이 어느 쪽인지에 대한 정보를 담고 있습니다. 이런 표지판은 여행자들이 목적지로 가기 위해서 어느 방향으로 회전해야 하는지, 어떤 출구로 나가야 하는지를 결정하는 데에 도움을 줍니다. 다른 신호 표지판들은 경고(예를 들어 장애물이나 급회전 구간)를 하거나, 어떤 행동을 금지(과속 같은)하거나, 교행 구간(교차로 등)의 진입 방법을 규제하는 등의 역할을 하고 있습니다. 1장에서 *표상*이라는 단어를 다른 어떤 것을 나타내는 표지라는 의미로(예를 들어 조약돌은 위치를 나타냄) 사용했습니다. 이런 관점에서 표지판도 어떤 것을 나타냄으로써 그 기능이 발현되고 있습니다.

   기호의 이러한 효과는 마법처럼 저절로 생겨나는 것이 아니라 어떤 행위자(agent)에 의해서 생겨납니다. 이런 절차를 *해석(interpretation)*이라고 부르며 각 행위자는 기호를 다르게 해석합니다. 예를 들어 전형적인 도로 위의 운전자라면 교통 표지판을 정보나 지침으로 해석하겠지만,

수집가에게는 수집품을 의미할 수도 있습니다. 교통 표지판을 이해하기 위해서는 해석이 필요하며 이것은 컴퓨터 과학에서 사용되는 모든 기호에도 마찬가지입니다.

기호는 계산과 여러 가지 측면에서 연관되어 있기 때문에 매우 중요합니다. 우선 정지 표지판의 기호 같은 경우는 계산을 직접적으로 나타낼 수 있습니다. 이와 같은 표지판들은 운전자에게 특정 알고리즘을 실행하도록 합니다. 개별적인 기호에 의해 표현되는 계산은 별 것 아니지만 이런 기호들이 결합하면 중요한 계산을 만들어 낼 수 있습니다. 헨젤과 그레텔의 조약돌은 이러한 예 중 하나입니다. 하나의 조약돌은 "여기에 한 번도 온 적이 없다면 이쪽으로 오세요"와 같은 단순한 행위를 유발할 뿐이지만, 모든 조약돌이 합쳐지면 숲에서 탈출해서 생명을 구할 수 있는 이동을 만들어 냅니다.

두 번째로 기호의 체계적인 변형 또한 계산입니다.[2] 예를 들어 어떤 표지판에 X 표식을 추가하면 중단이나 반대의 의미를 만들어 낼 수 있습니다. 이것은 금지 표지판을 만들기 위해서 사용되는데 좌회전 표지에 붉은 원과 사선을 더하면 좌회전 금지의 신호를 만들어 낼 수 있습니다. 다른 사례로 교통 신호등이 있습니다. 신호등이 빨강에서 녹색으로 바뀌면 그 의미도 "정지"에서 "통행"으로 바뀝니다.

마지막으로 신호를 해석하는 과정 또한 계산입니다. 이것은 조약돌이나 정지 표지판 같은 단순한 기호에서는 분명해 보이지 않지만, 복합 표지판을 살펴보면 명확해집니다. 하나의 예로 X자가 그려진 표지판은 원래의 표지로부터 그 의미가 유래하지만 X에 의해 금지의 의미가 더해집니다. 다른 예시로 휴게소 표지판을 들 수 있습니다. 휴게소 표지판은 위치를 나타내는 의미에 주유기 그림이나 화장실 그림 등을 더해서 앞으로 나올 휴게소에 어떤 시설이 있는지를 표시합니다. 해석에 대해서는 9장과 13장에서 논의하겠습니다. 여기서는 기호의 개념이 계산으로 가는 길에 계속 등장한다는 부분만 짚고 가도록 하겠습니다. 따라서 기호가 어떤 것이며 어떻게 동작하고 계산에서 어떤 역할을 담당하고 있는지를 이해하는 것이 좋습니다. 이것은 3장 주제이기도 합니다.

03 기호의 신비

앞서 1장과 2장에서 설명한 바와 같이, 계산은 표상을 조작함으로써 동작하는데, 표상이란 의미 있는 어떤 것을 나타내는 상징이나 기호 같은 것입니다. 우리는 헨젤과 그레텔이 그들의 길 찾기 알고리즘을 위해서 어떻게 조약돌을 사용해서 숲속의 위치를 표시했는지를 보았습니다. 그러기 위해서 조약돌은 우리가 당연하게 생각하는 몇 가지 요건을 만족해야만 합니다. 이러한 요건을 자세히 살펴보면, 표상이란 무엇이며 어떻게 계산을 도울 수 있는지에 대해서 보다 잘 이해할 수 있게 될 것입니다.

표상이란 최소한 두 개의 부분으로 나뉩니다. 표현의 대상과 대상을 무엇으로 표현하는가입니다. 이런 사실은 기호(sign)가 의미하는 바를 통해서 살펴볼 수 있습니다. 이제 얘기할 기호의 세 가지 특징을 잘 기억해 두십시오: 기호는 여러 단계에 걸쳐 기능한다; 기호는 모호할 수 있다(하나의 기호가 여러 가지 의미를 가질 수 있다); 여러 다른 기호가 하나의 같은 대상을 나타내는 데 사용될 수 있다. 이 장에서는 기호를 표상으로 기능하도록 하는 여러 가지 메커니즘에 대해서도 논의해 보겠습니다.

기호의 표현

1 + 1이 2라는 데에 의문을 가지지는 않으시겠지요? 고대 로마에서 시간여행을 온 분이 아

니라면 아마 그러지는 않을 것입니다. 만약 고대에서 오셨다면 이런 숫자 기호들이 이상해 보이 겠지만, Ⅰ + Ⅰ가 Ⅱ와 같다고 하면 그러려니 할 수도 있습니다. 하지만 이마저도 고대 시대에서 왔기 때문에 + 라는 기호의 의미를 알지 못하는 당신에게 누군가 그 의미를 설명해 줘야 이해가 가능할 것입니다. 그리고 만약 당신이 2진 숫자 체계를 사용하는 전자식 컴퓨터에 이 문제를 던 진다면 1 + 1이 10과 같다고 답을 얻을 수도 있습니다.[1] 이게 어떻게 된 일일까요?

이 예는 매우 간단한 산수에 관한 대화라도 숫자를 표현하기 위한 기호 사용에 있어 합의가 필요하다는 것을 보여 줍니다. 이것은 물론 숫자의 계산에서도 마찬가지입니다. 11을 2배 하면 힌 두 − 아라비아 숫자에 기반한 10진수 체계에서는 22라는 답을 얻습니다. 고대 로마에서 누군가 Ⅱ를 2배 했다면 Ⅳ(ⅢⅠ가 아니라)라는 결과를 얻을 것이고[2] 2진 컴퓨터를 통해서는 110이라는 답을 얻을 것입니다. 2진수에서 11은 3을 나타내고 110은 6을 나타냅니다.[3]

여기서 볼 수 있는 것은, 계산의 의미는 그것에 의해 변형되는 표상이 가지는 의미에 구속된 다는 것입니다. 예를 들어 11을 110으로 변환시키는 계산은 모든 숫자를 2진수로 읽는 경우 2배 로 만드는 계산이 되고, 10진수로 읽는 경우 10배로 만드는 계산이 됩니다. 그리고 이런 변환은 로마 숫자로 환산하면 의미가 없어지는데 왜냐하면 로마 숫자에는 0이 없기 때문입니다.

표상이 계산에 있어 이렇게 중요한 역할을 담당하고 있기 때문에 표상이 무엇인지 이해하는 것은 정말 중요합니다. 그리고 표상이라는 단어가 여러 가지 다른 방식으로 사용되기 때문에 그 의미가 컴퓨터 과학에서 어떠한지를 명확하게 하는 것 또한 중요합니다. 이제 저는 유명한 탐정인 셜록 홈즈의 도움을 받아서 그의 범죄 해결 기법을 통해 표상이 어떻게 계산을 도울 수 있는지를 밝히도록 하겠습니다. 셜록 홈즈는 보통 아주 미세한 세부 사항을 예리하게 관찰하고 놀라운 방 법으로 그것을 해석하곤 합니다. 이런 추론은 범죄를 해결하는 데에는 도움이 됩니다만, 어떤 때 에는 그저 이야기를 진행시키기 위해 흥미롭게 정보를 풀어내는 것에 지나지 않기도 합니다. 이 중 어떤 경우라도 셜록 홈즈의 추론은 표상을 해석해 내는 데에 그 기반을 두고 있습니다.

표상은 가장 유명하고 인기 있는 셜록 홈즈의 모험담인 『바스커빌가의 개(The Hound of the Baskervilles)』에서 중요한 역할을 담당하고 있습니다. 이야기는 전형적인 셜록 홈즈 스타일 로, 모티머 박사가 두고 간 지팡이를 관찰하면서 시작합니다. 홈즈와 왓슨은 지팡이에 새겨져 있 는 다음과 같은 문구를 해석합니다: "MRCS의 제임스 모티머에게, CCH의 친구들로부터." 홈즈 와 왓슨은 영국에 살고 있기에 "MRCS"가 나타내는 혹은 표상하는 것이 Member of the Royal

College of Surgeons(왕립 외과 의사 협회 회원)임을 알고 있으며, 홈즈는 "CCH"가 Charing Cross Hospital(채링 크로스 병원)일 것이라고 추론하고 의사 명부를 확인하여 그 병원에 근무했던 모티머라는 의사를 찾아냅니다. 홈즈는 또한 지팡이가 모티머 박사가 지방 병원에서 일하기 위해 일하던 병원을 떠날 때 받은 기념 선물일 것으로 추측하는데, 이후에 이것은 잘못된 추론이었고 지팡이는 결혼기념일에 받은 것이었음이 확인됩니다.

새겨져 있는 글씨는 바로 알 수 있는 세 가지 표상, 즉 두 개의 축약어와 모티머 박사의 결혼기념일을 표상하는 전체 문구를 담고 있습니다. 각각의 표상은 *기호*의 형태로 담겨 있습니다. 스위스의 언어학자인 페르디낭 드 소쉬르(Ferdinand de Saussure)는 기호의 개념을 "기호란 *기표(signifier)*와 *기의(signified)*라는 두 가지 요소로 구성되어 있으며, 기표란 인식되거나 표현되는 것인 반면 기의는 기표에 의해 표현되는 개념이나 생각을 의미한다"라고 정의한 바 있습니다. 이런 기호의 정의를 표상이라는 개념과 결합하면, 우리는 기표란 기의를 *표상한다*고 말할 수 있습니다. 저는 항상 표상이라는 단어를 "나타내다(to stands for)"라는 의미로 활용하기 때문에 기표란 기의를 *나타낸다*고도 표현할 수 있습니다.

기호의 이런 개념은 표상의 개념을 간결한 형태로 표현해 줄 수 있기 때문에 중요합니다. 특히 기표와 그것이 나타내는 대상과의 관계는 의미를 만들어 냅니다. 앞서 지팡이의 사례에서 지팡이에 있는 문구와 모티머 박사의 이력 간의 관계처럼 말이지요. 기의를 실재하는 물리적 대상인 것처럼 오해할 수도 있지만, 그것은 소쉬르가 이야기하는 것과는 거리가 있습니다. 예를 들어 "나무"라는 단어는 실제의 나무를 나타내는 것이 아니라 우리의 머릿속에 있는 나무라는 개념을 나타냅니다.

이런 측면 때문에 기호에 대해서 설명하는 것은 어려운데, 왜냐하면 기호를 설명하기 위해 작성한 문자와 그림 또한 기호일 수밖에 없고, 우리의 머릿속에 있는 추상화된 개념이나 사상은 직접적으로 드러낼 수 없기에 궁극적으로는 기호를 통해서 나타내야 하기 때문입니다. 기호학(semiotics)과 관련된 책, 기호 및 의미에 대한 이론에는 기호라는 개념을 설명하기 위해 종종 "나무"라는 단어를 기표로, 나무의 그림을 "나무"라는 단어에 의해 표현되는 기의로 제시하고 있습니다. 그러나 그림 그 자체가 나무라는 개념을 나타내는 기호이기 때문에, 오해를 만들 수 있습니다. 왜냐

기의

나타내다

기표   "나무"

하면 "나무"는 그림에 대한 기표가 아니고 그 그림에 의해서 표현되는 나무의 개념에 대한 기표이기 때문입니다.

어쨌거나 우리는 언어와 표상에 대해 이야기하기 위해 언어를 사용할 수밖에 없으므로 이 딜레마에서 빠져나올 방법은 없으며, 개념과 사상을 표현하기 위해 언어적인 방법 이외의 다른 방법을 사용할 수도 없습니다. 우리가 이야기하고자 하는 바가 기표이든 기의이든 간에 우리는 기표를 통해서 이야기를 할 수밖에 없습니다. 다행히도 우리는 기표로 사용된 단어나 문구에 인용 부호를 붙이거나 조판을 조정(글자를 이탤릭체로 바꾼다든지)해서 대부분의 경우에 이 문제를 피할 수 있습니다. 인용 부호는 어떤 단어나 문구를 해석하지 않고, 있는 그대로 참조할 수 있도록 합니다. 반면 인용 부호가 없는 단어나 문구는 그것이 의미하는 바, 즉 기표를 통해 표현된 개념으로 해석됩니다.

이와 같이 "나무"는 두 글자로 된 단어를 나타내며, 인용 부호를 없앤 단어는 나무라는 개념을 나타냅니다. 인용 부호가 있는 그 자체를 나타내는 단어와, 인용 부호 없이 그것이 의미하는 바를 나타내는 단어 간의 구분은 분석 철학에서 *사용 – 인용 구분법(use–mention distinction)*이라고 불립니다. 인용 부호가 없는 단어는 실제로 *사용된* 것이며 그것이 표상하는 바를 나타내는 반면, 인용 부호가 있는 단어는 *인용된* 것이며 그것이 나타내는 바를 의미하지 않습니다. 인용은 인용된 부분에 대한 해석을 중단시키며 우리가 단어 그 자체와 그 의미를 구분해서 이야기할 수 있도록 해 줍니다. 예를 들어 우리는 "나무"는 두 글자로 된 단어이며, 나무는 글자 대신 가지와 이파리를 가진다고 말할 수 있는 것입니다.

얼핏 보면 간단해 보이는 기호에 대한 개념은 많은 유연성을 내포하고 있습니다. 예를 들어 기호는 다층적으로 동작할 수 있고 여러 가지 의미를 가질 수 있으며, 기표와 기의 간의 연결은 여러 가지 방법을 통해 생성될 수 있습니다. 이 세 가지 특성에 대해서 이어서 이야기해 보도록 하겠습니다.

기호의 저 깊은 곳까지

우리는 이미 지팡이에 있는 세 가지 기호를 확인했습니다. "MRCS"는 Member of the Royal College of Surgeons를, "CCH"는 Charing Cross Hospital을, 그리고 지팡이에 새겨진 전체

문장은 모티머 박사의 결혼기념일을 나타내고 있습니다. 이에 더해서, 여기에는 사실 몇 가지의 기호가 더 들어 있습니다. 우선 "Member of the Royal College of Surgeon"이라는 문구는 전문직 협회의 회원을 나타내고 있고 이와 유사하게 "Charing Cross Hospital"은 런던에 있는 특정한 병원(특정한 건물이 아닌 개념적인 의미의 병원)을 나타내고 있습니다. 그러나 이게 다가 아닙니다. "MRCS"는 또한 외과의 협회의 회원임을, "CCH"도 또한 런던의 병원을 나타냅니다.

축약어는 그 기의가 나타내는 기의로 확장될 수 있기 때문에, 이렇게 두 가지 의미와 두 개의 기의를 가질 수 있습니다. 이것이 의미하는 것은 무엇일까요? "CCH"의 기의는 "Charing Cross Hospital"이라는 문구로, 이 문구는 런던의 어떤 병원을 의미하는 기표이기 때문에, 전자의 기의가 후자의 기표가 되도록 표상을 결합하면 "CCH"로 런던의 병원을 나타낼 수 있게 됩니다. 마찬가지로 "MRCS"도 "Member of the Royal College of Surgeons"의 기의를 참조하여 외과의 협회 회원을 나타낼 수 있으므로, 두 단계의 표상을 결합하고 있습니다.

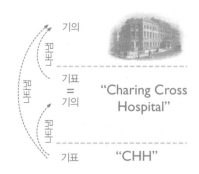

왜 이것이 문제가 되고 컴퓨터 과학과는 어떤 관련이 있을까요? 1장에서 두 가지 형태의 표상을 구분했었죠. 문제적 표상과 계산적 표상 말입니다. 기호가 두 단계의 표상을 하나로 결합할 수 있다는 사실은, 그렇지 않았다면 순전히 상징적이었을 계산에 어떤 의미를 더할 수 있게 만듭니다. 이 생각에 대해서 앞서 논의한 숫자 표상을 이용해서 설명해 보겠습니다.

2진 숫자로 봤을 때 기표 "1"은 계산적 표상의 수준에서 숫자 1을 의미합니다. 이 숫자는 다른 문맥에서는 다른 사실을 의미하므로 다른 문제적 표상을 가지고 있습니다. 예를 들어 만약 당신이 룰렛 게임을 하고 있다면 이것은 당신이 검은색에 건 돈을 의미할 수 있습니다. 1에 0을 덧붙이는 변환은 계산적 표상의 수준에서는 1을 2로, 두 배로 만드는 것을 의미합니다. 문제적 표상의 맥락에서 이 변환은 검정이 나와서 당신이 이겼고 가진 돈이 두 배가 되었음을 의미할 수 있습니다.

마찬가지로, 숲의 조약돌은 헨젤과 그레텔의 위치를 나타내며 이는 계산적 표상에 속합니다. 이에 더해, 개별적인 위치는 문제적 표상에서 위험한 곳이 어디인지를 나타냅니다. 위치 간의 구분을 위해서 우리는 헨젤과 그레텔의 집으로부터 거리가 얼마나 떨어져 있는지를 이용해서 위험도를 정량화할 수도 있습니다. 조약돌 사이를 이동하는 것은 계산적 표상에서는 단순히 위치의 이동을 나타내지만, 문제적 표상에서는 집에 근접할수록 위험도가 감소하는 것을 의미합니다. "그는 CHH에서 일한다"는 그가 Charing Cross Hospital에서 일한다는 의미입니다. "Charing Cross Hospital"에서 일한다는 의미가 아닌 이유는 기호의 추이성(transitivity) 때문입니다. 이것은 당연하게도 그 누구도 병원의 이름에서 일을 할 수는 없기 때문입니다.

기표의 이해

여러 가지 표상 수준에서 작용하는 기호는 여러 기의에 묶여 있는 기표의 예를 보여 줍니다. 룰렛 사례에서 기호 "1"은 숫자 1과 배팅을 의미합니다. 헨젤과 그레텔이 사용한 조약돌은 위치와 위험을 나타내며, 조약돌의 묶음은 경로를 나타냄과 동시에 위험에서 안전으로 가는 길을 나타냅니다. 이렇게 축약은 그것이 의미하는 대상의 이름과 함께, 그 이름이 나타내는 바를 표상합니다.

그러나 어떤 기표가 여러 가지의 서로 무관한 개념을 표상한다거나, 어떤 개념이 여러 가지 서로 관련 없는 기표에 의해서 표상될 수도 있습니다. 예를 들어 "10"은 10진수로 10을 나타내며 2진수에서는 2를 나타냅니다. 그리고 숫자 2는 10진수로는 기표 "2"로 표상되는 반면 2진수로는 기표 "10"으로 나타냅니다. 문제적 표상의 수준에서도 다중적인 표상이 존재할 수 있습니다. 당연히 숫자 1은 룰렛 테이블에서 검은색에 돈을 거는 것 말고 다른 것을 의미할 수 있을 테지요.

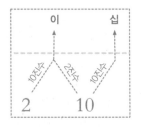

이런 두 가지 현상은 언어학에서 잘 알려져 있습니다. 어떤 단어가 두 가지 이상의 개념을 나타내는 경우 동음이의어라고 부릅니다. 예를 들어 "사과"라는 단어는 사과나무에 열리는 과실을 의미할 수도 있고, 미안함을 표시하는 행위를 나타낼 수도 있습니다. 반면 두 단어가 같은 개념을 나타내는 경우 동의어라고 부릅니다. 예를 들어 "바이크"와 "자전거" 혹은 "개"와 "멍멍이" 같은 것들이 이런 경우입니다. 계산적 맥락에서 동음이의어는 몇 가지 중요한 질문을 제기합니다.

예를 들어 어떤 기표가 여러 가지 기의를 나타낸다고 하면, 해당 기표가 사용되었을 때 그중 어떤 표상이 유효한 것일까요? 당연하게도, 표상의 의미는 기표가 사용된 맥락에 따라서 결정됩니다. 예를 들어 우리가 "'CCH'가 무엇을 나타냅니까?'라고 묻는다면 그것은 그 축약어의 의미, 즉 "Charing Cross Hospital"이라는 이름에 대한 물음일 것입니다. 반면 "'CCH'에 가 보셨나요?'라고 묻는다면 이는 병원을 가리키므로, 두 번째 표상을 활용하는 것입니다. 덧붙여서 기표 "10"은 10진 표현에서 사용하는지, 2진 표현에서 사용하는지에 따라 10이나 2를 의미하게 될 것입니다. 헨젤과 그레텔의 이야기는 어떤 기호가 특정한 표상의 역할을 담당하기 위해서는, 기호가 사용되는 맥락이 중요하다는 것을 보여 줍니다. 예를 들어 조약돌이 헨젤과 그레텔의 집 앞에 있었을 때에는 그 조약돌에는 아무런 의미가 없었습니다. 하지만, 조약돌을 숲에 신중하게 내려놓고 나면 길을 찾기 위한 위치를 나타내게 됩니다.

같은 기표라도 기호를 해석하는 행위자가 다르면 다른 의미를 가질 수 있습니다. 예를 들어 두 번째 밤에 헨젤과 그레텔이 사용한 빵 부스러기는 헨젤과 그레텔의 위치를 나타냅니다. 그러나 숲속의 새들은 그것을 음식으로 해석합니다. 빵 부스러기에 대한 두 가지 해석은 헨젤과 그레텔의 관점에서나 새의 관점에서 모두 말이 되고 잘 작동합니다. 이런 동음이의어는 본질적으로 어떻게든 해소해야만 하는 모호함을 가지고 있으므로, 알고리즘에도 문제를 발생시킬 수

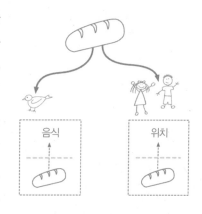

있습니다. 누가 하나의 이름이 여러 가지 대상을 나타내기를 원할까요? 이런 것이 필요하기나 할까요? 이후 13장에서는 이렇게 초래되는 모호함을 어떻게 해결하는지에 대해서 설명하겠습니다.

마지막으로 잘못된 표상에 의해서 기표와 기의가 잘못 짝지어지는 경우도 발생할 수 있습니다. 셜록 홈즈가 모티머 박사의 지팡이에 적힌 문구를 은퇴 기념인 것으로 추론했던 것이 이러한 예라고 할 수 있습니다. 사실 그 문구는 모티머 박사의 결혼기념일을 기념하기 위한 것이었지요(그림 3.1 참조). 이런 잘못된 표상에 대해서 논의하고 바로잡는 내용이 소설 『바스커빌가의 개』에 나와 있습니다.

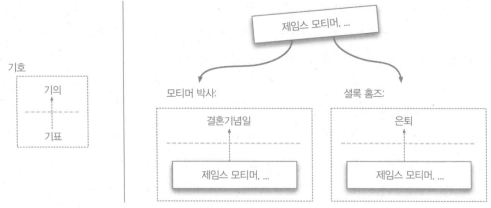

[그림 3.1] 기호는 표상의 기초가 됩니다. 기호는 표현되는 개념인 기의와 그것을 표상하는 기표로 구성되어 있습니다. 하나의 기표는 여러 가지 개념을 나타낼 수 있습니다.

표상의 정확성은 계산에 있어서 매우 중요한데 왜냐하면 어떤 계산이 부정확한 표상을 입력으로 받아들이면 잘못된 결과를 만들어 내기 때문입니다. 이 사실은 종종 "뿌린 대로 거둔다 (Garbage in, garbage out)"라는 말로 표현됩니다. 정확하지 않은 입력에 기초한 계산이 만들어 낸 잘못된 결과가 엄청나게 파괴적인 인과를 가져올 수 있다는 것은, 그다지 놀랄 만한 것은 아닙니다. 만약 조약돌이 표상하는 것이 숲속 더 깊이 들어가는 경로라면 어떤 정확한 길 찾기 알고리즘이라도 헨젤과 그레텔이 길을 찾는 것을 돕지 못할 것이고, 결국 둘은 숲에서 죽고 말 것입니다.

표상을 신중하게 고르는 일이 얼마나 중요한지를 상기시켜주는 사례가 있습니다. 1998년 NASA에서 화성의 대기와 기후를 탐사하기 위해 발사한 무인 우주선인 화성 기후 궤도 위성을 잃은 일 말입니다. 우주선은 궤도를 수정하기 위해 이동하던 중에 화성 표면에 지나치게 근접해서 산산이 분해되고 말았습니다. 이동이 실패한 원인은 제어 소프트웨어와 우주선이 사용한 숫자 표상이 서로 달랐기 때문이었습니다. 소프트웨어는 필요한 추진력을 영국의 측정 단위로 계산하여 제공했지만 추진력 제어장치는 입력을 미터법에 기반한 단위로 받아들이고 있었습니다.* 이런 잘못된 표상으로 인해 6억5천5백만 달러라는 어마어마한 손실이 발생했습니다. 이런 문제를 방지하기 위한 방법에 대해서는 14장에서 논의하도록 하겠습니다.

---

* · 영국에서는 거리 단위로 mile=1.6km, yard=0.91m 등을 활용함

의미를 나타내기 위한 세 가지 방법

지금까지 정확한 표상이 얼마나 중요한지를 살펴보았습니다. 그런데 기호와 기호가 표상하는 바는 어떻게 짝지어지는 것일까요? 이것은 여러 가지 방법을 통해 이루어지며 기호는 그 방법에 따라 분류될 수 있습니다. 논리학자이자 과학자 및 철학자였던 찰스 샌더스 피어스(Charles Sanders Peirce)는 일찍이 기호를 세 가지 종류로 분류했습니다.

첫 번째로 *아이콘*은 대상을 대상과의 유사성에 기반하여 표상합니다. 이러한 사례로 어떤 사람을 그의 구체적인 특징을 부각시켜서 표현한 그림을 들 수 있습니다. 『*바스커빌가의 개*』에 등장하는 아이콘적인 표상의 명시적인 사례로 휴고 바스커빌 경의 초상화를 들 수 있는데, 이 초상화는 그의 생김새를 묘사하여 그를 표상합니다. 그 초상화는 살인자와도 닮았으며, 따라서 다른 기의를 표상하는 기표의 예이기도 합니다. 초상화가 실상 두 개의 기호라는 사실은 셜록 홈즈가 사건을 해결하는 데에 큰 도움이 됩니다. 또 다른 예로 축약어인 CCH와 MRCS가 원래의 문구를 나타내는 표상 관계 또한 아이콘에 속합니다. 여기에서 유사성은 원 문구와 축약어 사이의 공통되는 문자에 의해서 성립됩니다. 마지막 사례로 셜록 홈즈가 살인이 벌어진 곳의 위치를 확인하기 위해 사용한 데븐셔 무어의 지도를 들 수 있습니다. 지도도 아이콘인데 왜냐하면 그 안에 들어 있는 특징들(길, 강, 숲 등)이 그것이 나타내는 지형상의 특징과 유사하기 때문입니다.

둘째로 *인덱스*는 어떤 규칙성을 가지는 관계를 통해 대상물을 표상합니다. 이것은 인덱스를 참조하는 주체가 규정된 관계를 통해서 대상을 추론할 수 있도록 해 줍니다. 이 예로 방향을 알려 주는 풍향계를 들 수 있습니다. 다른 사례로 여러 가지 물리적인 현상(온도, 압력, 속도 등)에 대한 지표를 제공할 수 있도록 만들어진 모든 형태의 측정기를 들 수 있습니다. "아니 땐 굴뚝에 연기 나랴"라는 속담도 연기가 불에 대한 인덱스라는** 사실에 기반하고 있습니다. 인덱스 기호는 인덱스가 나타내는 대상물과 둘을 관련 짓는 규칙성을 가지는 관계에 의해 결정됩니다. 『*바스커빌가의 개*』에 (그리고 다른 셜록 홈즈 소설에) 등장하는 중요한 인덱스 기호는 발자국입니다. 예를 들어 사망한 찰스 바스커빌 경 근처에서 발견된 개 발자국은 거대한 사냥개를 나타냅니다. 그리고 셜록 홈즈는 그 발자국이 찰스 경으로부터 좀 떨

** 연기는 불이 있다는 것을 알려 준다는 뜻

어진 곳에서 멈춰 있다는 사실이 개가 망자와 접촉하지 않았다는 것을 가리킨다고 해석합니다. 찰스 경의 특이한 발자국 형태는 그가 사냥개로부터 도망가고 있었다는 것을 가리킵니다. 또 다른 인덱스는 범죄 현장에서 발견된 찰스 경의 담뱃재로, 이는 그가 사망한 위치에서 기다리고 있던 시간을 알려 줍니다. 우연하게도 기호의 종류를 규정했던 피어스도 살인자와 피해자와의 관계를 인덱스의 예시로써 사용한 바 있습니다. 이 이야기에 적용하면 사망한 찰스 경은 바로 그의 살인자에 대한 인덱스입니다.

세 번째로 *심볼*은 약속을 통해서만 대상물을 표상합니다. 표상에는 어떤 유사성이나 규칙성을 가지는 연관이 존재하지 않습니다. 이 경우는 기표와 기의 간의 연결 고리가 완벽하게 임의적이기 때문에, 표상이 동작하게 하기 위해서는 기

호를 만든 사람과 사용자 사이에 해석과 관련된 합의가 존재해야만 합니다. 대부분의 현대 언어들은 심볼입니다. "나무"가 나무를 의미한다는 사실은 추론이 불가능하며 단지 학습만이 가능할 뿐입니다. 유사하게 "11"이 11 혹은 3을 의미한다거나 조약돌이 위치를 나타낸다는 것도 모두 약속입니다. 『바스커빌가의 개』에서 우리가 언급한 기호들 중 MRCS나 CCH 같은 축약어는 표상하는 대상과 어떤 유사성도 없고 규칙성을 가지는 관계도 가지고 있지 않기 때문에, 우리가 그것들을 외과 의사 협회나 병원을 나타내기 위해 사용하고자 했을 때에는 심볼에 해당합니다. 또한, 2704라는 심볼은 바스커빌의 상속인인 헨리 경을 위협하고 있는 용의자를 확인하기 위해 홈즈와 왓슨이 따라갔던 택시를 표상합니다.

표상을 체계적으로 사용하기

아이콘과 인덱스, 심볼을 구분했으니 이제 이 서로 다른 형태의 표상들이 계산에서 어떻게 활용되는지를 살펴볼 수 있을 것 같습니다. 계산은 표상을 변형함으로써 작동하기 때문에 아이콘, 인덱스, 심볼의 서로 다른 표상 방법은 다른 형태의 계산으로 이어집니다.

예를 들어 아이콘은 유사성을 통해서 표상하므로, 그것들을 변형하여 표상하는 대상의 특성을 나타내거나 숨길 수 있습니다. 사진 편집 도구는 여러 가지 효과를 제공하여 사진을 체계적인 방식으로 변형시킵니다. 예를 들어 색상이나 이미지의 비율 등을 변경할 수 있죠. 계산은 효과적으로 아이콘의 유사성을 변형시킬 수 있습니다. 아이콘 표상을 계산하는 또 다른 방법 중

셜록 홈즈의 직업과 관련된 것이 있는데, 예를 들어 목격자의 설명을 듣고 용의자의 얼굴을 그리는 것이 이에 해당합니다. 목격자는 코의 모양이나 크기, 머리카락의 색이나 길이 등 얼굴 특징을 이야기하고, 경찰의 몽타주 전문가는 이런 내용을 그림 그리기 지침으로 해석해서 용의자의 모습을 그려 냅니다. 용의자를 그리는 계산은 목격자가 제공하고 경찰의 몽타주 전문가가 실행한 알고리즘의 결과입니다. 그 알고리즘적인 성질을 생각해 보면 이런 방법이 자동화될 수 있다는 것은 그다지 놀랍지도 않습니다.

이 방법은 알퐁스 베르티옹에 의해 시작되었는데, 사람의 신체를 측정하는 그의 인체 측정법은 1883년 파리 경찰에 의해 도입되어 범죄자의 신원을 파악하는 방법으로 사용되었습니다. 그가 만든 얼굴의 특징을 분류하는 체계는 처음에는 많은 범죄자 사진으로부터 특정한 용의자를 찾아내기 위해 사용되었습니다. 이 방법은 중요한 알고리즘 문제 중 하나인 검색에 스케치를 사용하는 계산의 한 사례입니다(5장 참조). 셜록 홈즈는 『바스커빌가의 개』에서 베르티옹이 대단하다고 이야기하고 있지는 않지만 분명 그의 업적을 숭배하고 있습니다. 또한, 얼굴을 보고 용의자의 신원을 추정하는 과정도 스케치를 이용한 계산의 사례입니다. 이 계산은 스케치를 기표로, 용의자를 기의로 하는 기호로 효과적으로 구축될 수 있습니다. 스케치나 사진의 도움으로 용의자가 확인될 때에도 기호가 만들어집니다. 셜록 홈즈가 휴고 바스커빌 경의 초상화를 보고 살인자를 알아봤을 때 바로 이런 일이 벌어집니다.

인덱스 기호를 이용한 계산의 사례로 데번셔 무어의 지도를 떠올려 보십시오. 어디에서 특정한 길이 강을 가로지르는지를 찾기 위해 셜록 홈즈는 강과 길을 나타내는 두 개의 선이 만나는 곳을 계산했을 것입니다. 사실 지도 표상은 이미 효과적으로 계산된 점들을 포함하고 있기 때문에 그냥 지도를 읽어 내기만 해도 됩니다. 지도가 정확하다고 가정하면 읽어낸 지점은 찾고 있던 지점을 나타낼 것입니다.[4] 셜록 홈즈는 또 무어에 있는 길의 길이와 그 길을 걷는 시간을 계산하기 위해서 지도상에서 축척을 이용해서 어떤 길의 길이를 계산했을 수도 있습니다. 다시 말하지만 이것은 지도가 일정한 축척으로 그려져 있을 때에만 작동합니다. 인덱스 계산은 인덱스의 변형을 통해 하나의 기의로부터 다른 기의로 이동하기 위해서 기호와 기의 간의 규칙화된 관계를 활용합니다.

심볼을 이용한 계산은 컴퓨터 과학에서 아마도 가장 일반적일 것입니다. 왜냐하면 심볼은 임의적인 문제를 표상할 수 있게 하기 때문입니다. 가장 명확한 심볼 기반의 계산은 숫자와 산술계산을 포함하고 있으며 이러한 예는 셜록 홈즈의 첫 번째 모험인 『주홍색 연구(A Study in Scarlet)』[5]에서 찾아볼 수 있습니다. 이 작품에서 셜록 홈즈는 용의자의 보폭으로부터 신장을 계산해 냅니다. 이것은 하나의 곱셈만을 포함하는 매우 간단한 계산이며 이에 대응하는 알고리즘도 단순히 하나의 단계만으로 구성되어 있습니다.

계산적인 관점에서 보다 흥미로운 사례는 셜록 홈즈가 암호화된 메시지를 해독하려고 시도하는 장면에서 찾아볼 수 있습니다. 『공포의 계곡(The Valley of Fear)』에서 셜록 홈즈는 그가 받은 다음과 같은 메시지를 해독하려고 합니다: 534 C2 13 127 36 . . .. 이 암호는 어떤 메시지를 나타내고 있습니다. 셜록 홈즈가 처음으로 해야 하는 일은 이 암호가 어떤 알고리즘을 통해서 생성되었는지를 알아내는 일인데, 왜냐하면 이를 통해 암호를 풀 수 있기 때문입니다. 그는 534가 어떤 책의 534쪽을 나타내고 C2는 두 번째 열(column)을 의미하며 뒤에 있는 숫자들은 그 열에 있는 단어들을 나타낸다고 확신합니다.

하지만 암호가 정말 심볼 기호인가요? 암호는 어떤 메시지를 알고리즘을 거쳐 만들어 낸 것이므로 암호화 알고리즘이 메시지와 암호 사이에 규칙과 같은 관계를 만드는 것처럼 보입니다. 따라서 암호는 심볼이 아니라 인덱스입니다. 이것은 기호와 계산이 연관되어 있는 또 다른 방식을 설명하고 있습니다. 해석이 기표에 대해 기의를 만들어 낸다면, 인덱스를 만들어 내는 알고리즘은 반대 방향으로 작동해서 주어진 기의로부터 기표를 만들어 냅니다.

요점은 이러합니다. 표상이란 계산의 근간을 이룹니다. 그 성질과 기본적인 특징들은 기호라는 창을 통해서 이해될 수 있습니다. 그리고 많은 예술 작품들이 다양한 재료(찰흙, 대리석, 물감 등)로 만들어지는 것처럼 계산 또한 여러 가지 표상에 기반할 수 있습니다. 중요한 표상을 1장에서 강조한 바 있습니다. 표상이 없이는 계산도 없습니다.

사무실에서

당신은 사무실에 도착했고 이제 서류 처리 업무를 해야 합니다. 작업을 본격적으로 시작하기 전에 어떤 순서로 서류를 처리하고, 해당 순서로 처리하기 위해서는 어떻게 서류 뭉치를 관리해야 할지를 결정해야 합니다. 이런 질문은 다른 상황에서도 의미가 있습니다. 예를 들어 자동차 수리공이 몇 대의 차를 수리해야 한다거나, 의사가 대기 중인 환자들을 치료해야 하는 상황을 생각해 보세요.

모음에 포함된 요소(문서, 차, 환자)를 처리하는 순서는 종종 먼저 도착한 순서대로 처리하는 선착순과 같은 규칙에 의해서 결정됩니다. 이런 규칙은 모음에 요소를 더하거나, 특정 요소에 접근하거나, 특정 요소를 제거하거나 하는 작업들 간의 상호 작용을 규정하는 일정한 방식에 따라 모음이 관리되도록 합니다. 컴퓨터 과학에서는 특정한 접근 방식을 가지는 데이터 모음을 *데이터 타입(data type)*이라고 부르며 이 중에서도 선착순의 원칙을 따르는 데이터 타입을 *큐(queue)*라고 부릅니다.

큐는 모음의 요소를 처리하는 순서를 결정하는 데에 폭넓게 사용되고 있지만 다른 전략들도 존재합니다. 예를 들어 요소들이 도착한 순서보다는 어떤 우선순위에 따라서 처리된다면 그 모음은 *우선순위 큐(priority queue)* 데이터 타입입니다. 예를 들어 사무실에 있는 서류들 중에 즉시 답변이 필요한 긴급 문의나 점심시간까지 응답해야 하는 메모 같은 것들이 이에 해당합니다. 다른 예로 증상의 심각성에 따라 치료되는 응급실의 환자들이나, 항공 멤버십의 등급에 따라 순서대로 비행기에 탑승하는 여행객들도 있습니다.

또 다른 방식은 요청을 그 발생 순서의 역순으로 처리하는 것입니다. 얼핏 보면 이상해 보이지만 이런 상황은 꽤 자주 발생합니다. 예를 들어 당신이 연말 정산을 하고 있다고 생각해 보십시오. 처음에는 소득 공제 신고서로 시작하지만, 어떤 항목을 공제받기 위한 서류가 필요한 경우 그 서류부터 처리해야 할 것입니다. 그러기 위해서는 관련된 영수증을 찾아와서 액수를 더해야 합니다. 당신은 이 일들을 그 필요성을 파악한 순서의 역순으로 처리합니다. 당신은 우선 영수증의 액수를 더한 후 영수증은 치웁니다. 그리고 나서는 서류에 공제 항목의 기입을 완료하고 마지막으로 소득 공제 신고서의 작성으로 돌아옵니다. 이러한 순서로 요소의 처리가 이루어지는 모음을 *스택(stack)* 데이터 타입이라고 부릅니다. 왜냐하면 그것이 꼭 쌓아 놓은(stack) 팬케이크처럼 작동하기 때문입니다. 쌓아 놓은 팬케이크 중 가장 위쪽에 있는 것을 먼저 먹고 사실 가장 먼저 놓인 가장 밑에 있는 팬케이크는 가장 나중에 먹게 되니까요. 스택 데이터 타입에 의해 표현되는 처리 방식은 제빵에서부터 가구 조립에 이르기까지 다양한 작업에서 발생합니다. 예를 들어 계란 흰자는 반죽에 넣기 전에 저어 두어야 하고, 서랍은 벽장에 집어넣기 전에 조립해 두어야 합니다.

어떤 모음의 요소가 처리되는 방식을 알았다면 이제는 어떻게 요소를 정렬해야 그 방식에 가장 잘 맞을까에 대한 두 번째 질문이 이어집니다. 이런 요소의 구성을 *데이터 구조(data structure)*라고 부릅니다. 큐 데이터 타입을 예로 들어, 이것이 어떻게 다른 방법으로 구현될 수 있는지 살펴보겠습니다. 만약 당신 책상에 충분한 공간이 있다면 (가정치고는 너무 낙관적인가요?) 당신은 서류를 늘어놓고, 서류를 더할 때는 한쪽 끝에 가져다 놓고 뺄 때는 다른 쪽 끝에서 빼냅니다. 때때로 당신은 서류를 빼내서 생긴, 늘어놓은 서류들 앞쪽에 생긴 빈 공간을 채우기 위해 서류를 앞쪽으로 옮깁니다. 이것은 커피숍에서 사람들이 줄을 서는 방식과도 비슷합니다. 새로 온 사람들은 줄의 한쪽 끝에 서고, 앞에 있는 사람이 줄에서 빠져나가면 다 같이 앞으로 이동합니다. 많은 관공서에서는 이와 좀 다른 방법이 사용됩니다. 사람들은 숫자표를 뽑은 다음 자기 순서가 불릴 때까지 기다립니다. 순차적인 번호를 메모지에 적어 서류에 붙여 두면 회사의 업무 서류에도 같은 방식을 적용할 수 있습니다.

책상에 있는 일련의 서류와 커피숍의 대기열은 데이터 구조에서는 *리스트(list)*라고 부릅니다. 여기에서 줄을 서 있는 사람들의 물리적인 배치는 대기열에서의 순서를 보장합니다. 반면 연속된 숫자를 배정하면 사람이나 서류의 물리적인 순서를 유지해야 할 필요가 없어집니다. 배정된 숫자가 정확한 순서를 나타내고 있기 때문에 요소들을 아무 곳에나 둘 수 있습니다. 이처럼 숫자가 매겨진 공간에 요소를 배정하는 방식을 *배열(array)* 데이터 구조라고 부릅니다. 숫자가 매겨진 공간(사람들이 뽑은 번호표에 의해 실현되는) 외에도 두 개의 카운터(counter; 계수기)가 필요한데, 하나는 사용 가능한 공간을 세기 위해서, 다른 하나는 다음 순번을 확인하기 위해서 사용됩니다.

데이터 모음을 데이터 구조로 나타내면 그것에 접근해서 계산을 수행할 수 있습니다. 알고리즘의 효율성을 위해서 데이터 구조의 선택이 중요하며, 때때로 데이터 구조는 가용 공간과 같은 다른 고려 사항의 영향을 받기도 합니다. 셜록 홈즈가 용의자 리스트 같은 사건에 대한 정보를 관리할 때, 그는 근본적으로 데이터 타입과 데이터 구조를 사용합니다. 계속해서 『바스커빌가의 개』 이야기를 이용해서 이러한 개념을 설명해 보도록 하겠습니다.

04 탐정의 수첩: 사실을 좇는 소품

계산은 몇 단계만으로는 처리될 수 없는 많은 양의 데이터를 처리해야 할 때 특히 유용합니다. 이런 경우에 적절한 알고리즘은 모든 데이터의 체계적 처리를 보장하며, 많은 경우에 효율성도 함께 보장합니다.

3장에서 논의한 기호는, 표상이 어떻게 개별적인 정보에 대해서 작동하고 어떻게 이런 표상이 계산의 일부가 될 수 있는지를 설명했습니다. 예를 들어 헨젤과 그레텔이 조약돌 사이를 이동하는 것은 마지막 조약돌에서 집으로 가기 전까지는 그들이 위험에 처해 있다는 것을 의미합니다. 그러나 기호의 모음이 그 자체로 기호라고 해도, 이런 모음을 가지고 어떻게 계산을 해야 하는지는 명확하지 않습니다. 헨젤과 그레텔의 경우에 각각의 조약돌은 하나의 위치에 대한 기표이며 모든 조약돌의 모음은 위험에서 안전으로 가는 경로를 나타냅니다. 그러나 어떻게 이 모음을 만들고 체계적으로 이용할 수 있을까요? 데이터 모음의 관리는 두 가지 질문을 제기합니다.

우선 어떤 순서로 데이터가 모음에 삽입되고, 검색되고, 제거될까요? 그 대답은 물론 그 모음과 연관된 계산 작업에 달려 있겠지만, 우리는 어떤 모음에 있는 요소에 접근하는 특정한 방식이 계속 발생한다는 것을 알아낼 수도 있습니다. 이런 데이터 접근 방식을 *데이터 타입(data type)*이라고 합니다. 예를 들어 헨젤과 그레텔은 조약돌이 놓인 순서의 역순으로 조약돌을 방문하게 되는데 이러한 접근 방식을 *스택(stack)*이라고 부릅니다.

둘째로, 어떻게 하면 접근 방식, 혹은 데이터 타입이 더욱 효과적으로 지원될 수 있도록 모음을 저장할 수 있을까요? 여기에 대한 대답은 다양한 인자에 따라 달라집니다. 예를 들어 얼마나 많은 요소가 저장될 수 있는지, 이러한 개수를 미리 알 수 있는지, 각 요소들을 저장하기 위해서는 얼마나 많은 공간이 필요한지, 각 요소는 같은 크기인지 등이 영향을 미칩니다. 모음을 저장하는 특정한 방식을 *데이터 구조(data structure)*라고 부릅니다. 데이터 구조는 모음에 대한 계산을 할 수 있도록 만들어 줍니다. 하나의 데이터 타입은 여러 가지 데이터 구조로 구현될 수 있는데, 이것은 특정한 접근 방식이 다양한 데이터 저장 방식을 통해서 구현될 수 있다는 것을 의미합니다. 데이터 구조 간에는 모음에서 특정한 계산을 얼마나 효율적으로 지원할 수 있는지에 따른 차이가 있습니다. 또한, 하나의 데이터 구조는 여러 가지 데이터 타입을 구현할 수 있습니다.

이 장에서는 몇 가지 데이터 타입과 그것들을 구현하기 위한 데이터 구조, 그리고 이를 계산에 어떻게 사용하는지를 설명하도록 하겠습니다.

유력한 용의자

범죄의 범인이 알려진 경우(아마도 목격자가 있거나 범인이 자백한 경우)라면, 셜록 홈즈의 기술이 필요하지는 않을 것입니다. 그렇지만 용의자가 여러 명인 경우, 우리는 그들의 범죄 동기와 알리바이, 그리고 수사를 위한 다른 자세한 정보들이 필요합니다.

『바스커빌가의 개』에서 용의자는 모티머 박사, 잭 스태플튼 그리고 그의 누이로 추정되는 베릴(나중에 그의 아내로 밝혀집니다), 탈옥수인 셀던, 프랭크랜드씨 그리고 작고한 찰스 바스커빌가의 하인인 배리모어 부부입니다. 왓슨이 바스커빌가의 저택에 방문하기 위해 집을 떠나기 전, 셜록 홈즈는 왓슨에게 모든 관련된 정보를 보고하되 제임스 데스몬드씨는 용의자에서 제외하라고 지시합니다. 왓슨은 홈즈에게 배리모어 부부도 제외하자고 제안하는데 셜록 홈즈는 이렇게 대답합니다.

아니, 안돼, 그 부부는 용의자 리스트에 남겨 둬야 해.[1]

이 짧은 대화는 두 가지 사실을 보여 줍니다.

우선, 셜록 홈즈가 데이터 구조에 대해서 전혀 몰랐다 하더라도, 그는 그중 하나를 사용하고 있습니다. 왜냐하면 셜록 홈즈는 용의자 리스트(목록)를 가지고 있는 것처럼 보이기 때문입니다. *리스트(list)*는 데이터 항목을 서로 연결해서 저장하는 간단한 데이터 구조입니다. 리스트는 이런 데이터 항목에 접근하고 각 항목을 조작하는 독특한 방법을 제공합니다. 둘째로 용의자 리스트는 고정된 것이 아니며, 새로운 용의자가 추가되면 커지고 용의자가 혐의를 벗으면 줄어듭니다. 데이터 구조에 항목을 추가하거나, 제거하거나, 항목을 변경하려면 한 단계 이상의 작업을 수행하는 알고리즘이 필요하며, 특정한 데이터 구조가 각 작업에 적합한지는 그 수행 시간을 통해서 확인할 수 있습니다.

리스트는 그 단순함과 다양한 용도로 인해서 컴퓨터 과학 분야와 그 밖의 다양한 분야에서도 가장 널리 사용되는 데이터 구조입니다. 리스트는 해야 할 일 목록, 쇼핑 목록, 독서 목록, 위시리스트 및 순위 정보와 같은 형태로 일상적으로 사용되고 있습니다.

리스트에서 항목의 순서는 중요하며, 통상 한쪽 끝에서 시작해서 다른 끝으로 하나씩 각 항목에 접근하게 됩니다. 리스트는 대부분 세로로 쓰이고 한 줄에 한 항목씩, 가장 첫 번째 항목을 가장 위에 기입합니다. 그러나 컴퓨터 과학자들은 리스트를 가로로 쓰고, 각 항목은 좌측에서 우측으로 보여 주며, 각 항목을 화살표로 연결해서 표기합니다. 이 화살표는 각 항목의 순서를 나타냅니다.[2] 이러한 표기법을 사용하면 셜록 홈즈는 다음과 같이 용의자 리스트를 작성할 수 있습니다.

모티머 → 잭 → 베릴 → 셸던 → …

이 화살표는 *포인터(pointer)*라고 불리며 리스트의 각 항목을 명시적으로 연결합니다. 이것은 리스트를 변경하는 데에 중요한 요소입니다. 셜록 홈즈의 용의자 리스트가 모티머 → 베릴로 되어 있고 잭을 둘 사이에 넣고 싶다고 가정해 봅시다.

만약 각 항목들이 세로로 적혀 있고 항목 간에 빈 공간이 없다면, 그는 새로운 표기 방법을 사용해서 추가된 항목의 위치를 표현해야 합니다. 그 간단한 대안은 항목을 똑같이 갖춘 완전히 새로운 리스트의 사본을 하나 더 작성하는 것입니다. 하지만 그렇게 하면 시간과 공간이 많이 낭비될 것입니다. 이러한 방식은 최악의 경우 최종적인 리스트를 만드는 데 걸리는 시간과 공간을 2차로 만들 것입니다.

잭 〉 모티머
베릴

포인터는 기입되는 항목을 인접한 항목과 연결함으로써, 새로운 항목을 아무 곳에나 기입해도 리스트 내의 적절한 위치에 둘 수 있는 유연성을 제공합니다. 예를 들어 우리는 잭을 리스트의 제일 끝에 놓고, 모티머로부터 나오는 포인터가 잭을 향하게 하고, 잭으로부터 베릴로 연결되는 포인터를 추가할 수 있습니다.

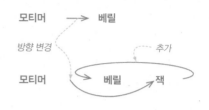

이야기에서는 리스트상의 용의자 순서가 임의적이고 아무런 의미가 없지만, 우리는 리스트를 만들려면 어쩔 수 없이 항목들 간의 순서를 선택해야만 한다는 것을 알 수 있습니다. 리스트는 항목들이 특정한 순서를 유지하도록 하는 속성을 가지고 있습니다.

리스트상의 항목들은 리스트에 기입된 순서에 따라서 검토해야 합니다. 따라서 셀던이 용의자인지 확인하려면 리스트의 첫 항목부터 시작해서 포인터가 가리키는 항목들을 하나씩 따라가 봐야 합니다. 얼핏 생각하면 셀던이라는 이름이 적힌 항목을 리스트에서 바로 찾아낼 수 있을 것 같지만, 이런 일은 짧은 리스트에서만 가능합니다. 우리의 시야는 제한돼 있기 때문에 긴 리스트에서 특정한 항목을 바로 찾아내는 것은 불가능하며, 따라서 한 번에 하나씩 리스트를 훑어 볼 수밖에 없습니다.

리스트는 한 페이지에 하나의 항목이 담겨 있는 링 바인더로 비유할 수 있습니다. 이런 링 바인더에서 특정한 항목을 찾으려면 페이지를 하나씩 넘겨봐야 하며, 어디에든 새로운 페이지를 끼워 넣을 수 있습니다.

리스트가 가지는 중요한 속성 중 하나는 리스트에서 어떤 항목의 위치를 찾는 데 걸리는 시간이 리스트상에서의 해당 항목의 위치에 따라 달라진다는 점입니다. 이 예에서는 네 번째에서 셀던을 찾을 수 있습니다. 일반적으로 임의의 어떤 항목을 찾을 때 그 항목이 제일 마지막에 존재한다면, 전체 리스트 훑어봐야 할 수도 있습니다. 2장에서 논의한 실행 시간 복잡도 개념을 다시 상기해 보면, 리스트는 *선형* 알고리즘인데 왜냐하면 시간 복잡도가 리스트의 항목 수에 비례하기 때문입니다.

이미 말했듯이, 셜록 홈즈의 수첩에 용의자가 일정한 순서로 적혀 있는지는 알 수 없고, 셀던이란 이름이 베릴이란 이름 뒤에 적혀 있다는 것도 그다지 의미가 없습니다. 왜냐하면 리스트의 용도는 누가 용의자에 포함되어 있는지를 기억하기 위한 것이기 때문입니다. 중요한 것은 누구의 이름이 적혀 있는가 하는 것입니다.[3] 그렇다면 리스트는 용의자를 기록하는 데에는 별로 적당하지 않은 것일까요? 아닙니다. 이것은 단지 리스트상의 어떤 정보들이(예를 들어 항목의 순서) 모든 일에 필요하지는 않다는 것뿐입니다. 이런 사실은, 리스트란 그저 용의자 데이터를 표현하기 위한 하나의 데이터 구조에 지나지 않으며, 같은 목적을 위해서(포함된 항목을 추가하고 제거하고 찾아보는 작업을 수행할 수만 있다면) 다른 표현 방식을 선택할 수도 있음을 말해 줍니다. 이런 작업들은 데이터를 가지고 무엇을 해야 하는지에 대한 요건을 나타냅니다.

이렇게 데이터의 요건을 여러 가지 작업의 모음으로 표현한 것을 컴퓨터 과학에서는 *데이터 타입*이라고 부릅니다. 용의자 데이터에 대한 요건은 항목을 추가하고, 제거하고, 찾아보는 것입니다. 이런 데이터 타입은 *집합(set)*이라고 부릅니다.

집합은 다양한 곳에 적용할 수 있는데, 이는 집합이 어떤 문제나 알고리즘과 관련된 조건자(predicate)에 대응될 수 있기 때문입니다. 예를 들어, 용의자의 집합은 "용의자인가?"라는 조건자에 대응되며, 임의의 사람들에게 이를 적용했을 때 이 조건자가 적용되는 인물이 집합의 원소인 경우인지를 따져보면, "셸던은 용의자이다"와 같은 문장의 진위를 판단할 수 있게 됩니다. 헨젤과 그레텔이 사용한 조약돌을 따라가는 알고리즘 또한 "방문한 적이 없는 빛나는 조약돌을 찾으세요"라는 지침에서 이런 조건자를 사용하고 있는 것입니다. 여기에서의 조건자는 "방문한 적이 없는"이고, 이것은 조약돌에 적용되며 처음에는 원소가 하나도 없다가 조약돌을 방문할 때마다 하나씩 늘어나는 집합으로 표현될 수 있습니다.

데이터 타입은 데이터에 대해서 어떤 작업을 수행해야 하는지를 설명하는 반면, 데이터 구조는 이런 요건을 만족시키기 위한 구체적인 표상을 제공합니다. 데이터 타입은 데이터 관리 작업에 대한 서술로, 데이터 구조는 그런 작업을 해결하는 방안으로 생각하면 됩니다(이 뒤에 나오는 연상기호를 통해 이 두 용어의 의미를 쉽게 이해할 수 있을 것입니다: 데이터 타입(type)은 해야 할 일(task)을, 데이터 구조(structure)는 그 해결 방법(solution)을 설명합니다). 데이터 타입은 데이터 구조에 비해 데이터 관리에 대해 더 추상적으로 서술하고 있으며, 일부 세부 사항을 나타내지 않음으로써 간결하고 일반적인 서술이 가능합니다. 『바스커빌가의 개』에서 집합 데이터 타입을 사용하면, 그 세부 구성을 자세히 나타내지 않고서도, 용의자 모음을 관리하는 작업을 나타낼 수 있습니다. 헨젤과 그레텔 이야기에서 방문한 조약돌을 기억하기 위해서 집합 데이터

타입을 사용하면, 그것만으로 충분히 알고리즘을 기술할
수 있습니다. 하지만 데이터 타입이 규정하는 동작을 실제
로 수행하기 위해서 컴퓨터는 구체적인 데이터 구조를 이
용해야 하며, 이 데이터 구조는 각 동작이 어떻게 작동하

는지를 규정하고 있어야 합니다. 또한, 알고리즘을 위한 구체적인 데이터 구조가 선정되어야만
알고리즘의 실행 복잡도를 결정할 수 있습니다.

하나의 데이터 타입은 여러 가지 데이터 구조로 구현이 가능하기 때문에 어떤 데이터 구조를
선정해야 할지가 문제가 됩니다. 어떤 사람은 데이터 타입에 대한 작업을 가장 빠르게 처리할 수
있는 데이터 구조를 써서 알고리즘이 최대한 빠르게 실행되기를 바랄 수도 있습니다. 그러나 모
든 데이터 구조가 모든 동작이 빠르게 실행될 수 있도록 지원하는 것은 아니기 때문에, 이 결정
은 쉬운 일이 아닙니다. 게다가 데이터 구조에 따라 필요한 공간도 달라집니다. 이런 상황은 어
딘가로 이동해야 하는 상황에서 어떤 차량을 고를지 결정하는 것과 비슷합니다. 자전거는 환경
친화적인 데다 연비는 모든 이동 수단 가운데서 단연 최고일 것입니다. 그렇지만 상대적으로 느
리고, 한두 사람만을 태울 수 있으며, 이동 거리도 제한적입니다. 여러 사람을 태워야 하거나 장
거리 이동을 해야 한다면 버스나 승합차가 필요합니다. 실어야 할 물건이 많다면 트럭을, 편안한
이동에는 세단을 고를 것이고, 50대의 남성이라면 어쩌면 스포츠카를 고르고 싶을지도 모르겠
네요.

어떻게 집합 데이터 타입을 구현할 것인지에 대한 질문으로 돌아와서, 리스트의 대안으로 잘
알려진 데이터 구조인 배열(array)과 이진 탐색 트리(binary search tree)를 사용할 수 있습니다.
이진 탐색 트리는 5장에서 다룰 예정이므로 여기서는 배열에 초점을 맞추도록 하겠습니다.

만약 리스트가 링 바인더와 같다면, 배열은 고정된 페이지를 가지고 각 페이지를 식별할 수
있는 수첩과도 같습니다. 배열 데이터 구조에서 각 항목은 셀(cell; 작은방)이라고 부르며 셀의 식
별자는 인덱스(index; 색인)라고 부릅니다. 셀을 식별(혹은 색인)하기 위해서는 통상 숫자를 사
용하지만, 어떤 페이지를 바로 찾을 수 있도록만 해 준다면 문자나 이름 같은 식별자를 사용
할 수도 있습니다.[4] 배열 데이터 구조가 중요한 이유는 개별 셀에 빠르게 접근할 수 있기 때문입
니다. 배열이 얼마나 많은 셀을 가지고 있든지 간에, 셀에 접근하는 데에는 한 단계만 필요합니
다. 데이터 구조의 크기와 상관없이 한 단계 혹은 단지 몇 단계가 필요한 이런 작업을 *고정 시간*

(constant time)*에 수행된다고 말합니다.

수첩으로 집합을 표현하기 위해 우리는 각 페이지에 꼬리표가 달려 있고, 각 꼬리표에는 잠재적인 집합의 원소들이 적혀있다고 상상해 보겠습니다. 따라서 『바스커빌가의 개』에 나오는 용의자들을 나타내기 위해서는 각 페이지의 꼬리표에 모티머, 잭 등의 모든 잠재 용의자의 이름을 적어야 합니다. 또 그 수첩에는 원칙적으로는 잠재적 용의자인 데스몬드나 다른 사람들에 대한 페이지도 들어 있습니다. 이는 실제 용의자만을 넣어 두었던 링 바인더 때와는 좀 다릅니다. 이제 셀던을 용의자에 추가하고 싶으면 "셀던"이라고 적힌 페이지에 적당한 표시를 해 둡니다(예를 들어 +나 "맞음"이라고 적어둘 수 있습니다). 어떤 사람을 용의 선상에서 제외하고자 한다면 그 사람의 페이지로 가서 표시한 것을 지우면 됩니다(아니면 −나 "아님"이라고 적을 수도 있습니다). 누군가가 용의자인지 아닌지를 확인하려면 각자에 배당된 페이지로 가서 뭐라고 적혀 있는지를 보면 됩니다. 배열도 같은 방식으로 작동하며, 우리는 인덱스를 사용해서 배열의 셀에 직접 접근하고 그 내용을 읽거나 수정합니다.

+	−	+	+	+	…
모티머	데스몬드	잭	베릴	셀던	…

배열과 리스트의 차이점은, 배열에서는 특정 셀을 즉시 찾을 수 있는 반면 리스트에서는 특정 항목을 찾기 위해 처음부터 전체 항목을 훑어야 한다는 점입니다(해당 항목이 리스트에 존재하지 않는 경우에는 리스트의 끝까지 찾아야 하죠).

수첩에서는 어떤 페이지든 바로 열어볼 수 있기 때문에(그리고 배열에서도 셀에 바로 접근할 수 있어서), 요소를 더하거나 삭제하거나 용의자를 찾는 세 가지 작업은 용의자의 수와 상관없이 항상 같은 시간 안에 수행할 수 있으며, 이것이 최선입니다 − 이보다 더 빠르게 수행할 수는 없습니다. 리스트 데이터 구조는 용의자를 확인하고 삭제하는 데 걸리는 시간이 요소의 수에 선형적으로 증가하기 때문에 배열의 낙승입니다. 그러면 리스트는 아예 고려할 필요도 없는 것 아닐까요?

---

* 실행 시간이 일정하다는 뜻

배열은 그 크기가 고정되어 있다는 것이 문제입니다. 수첩에 페이지 수가 정해져 있어서 나중에 더 늘릴 수가 없는 것과 같습니다. 이는 두 가지 결과를 가져옵니다. 우선 애초에 모든 잠재 용의자를 포함할 수 있을 정도로 충분히 큰 수첩을 골라야 합니다. 그중 대부분이 실제 용의 선상에 오르지 않는다고 하더라도 말이지요. 따라서 우리는 많은 공간을 낭비할 수밖에 없으며, 수백, 수천 명이나 되는 잠재 용의자를 담기 위해서는 커다란 책을 가지고 다녀야 합니다. 실제로는 용의자의 모음은 아주 작고, 어떤 경우에도 용의자 수는 기껏해야 열 명 남짓밖에 되지 않을 수도 있는데도 말이지요. 이것은 또한 수첩의 꼬리표를 만드는 시간이 오래 걸릴 수도 있다는 것을 의미합니다. 모든 잠재 용의자의 이름을 모든 페이지에 적어 두어야 하니까요. 둘째로 - 그리고 이것이 더 심각한 문제입니다만 - 사건을 해결하기 시작한 시점에는 누가 잠재 용의자인지 분명하지 않을 수 있다는 것입니다. 실제로 『바스커빌가의 개』에서도 이야기가 진행됨에 따라 새로운 잠재 용의자가 확인되고 있습니다. 이런 정보의 부족은 초깃값 설정이 불가능하기 때문에 수첩을 사용할 수 없게 만듭니다.

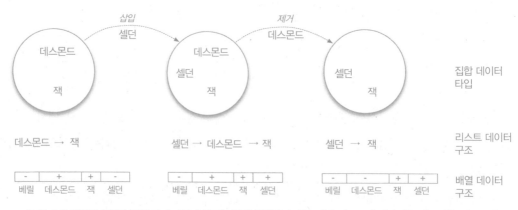

[그림 4.1] 데이터 타입은 여러 가지 데이터 구조를 통해 구현될 수 있습니다. 리스트에 데이터를 넣는 것은 리스트의 제일 앞에 데이터를 덧붙이기만 하면 되지만, 삭제하려면 우선 리스트를 훑어서 삭제하려는 데이터를 찾아야 합니다. 배열에서는 어떤 요소에 의해서 색인된 셀에 직접 접근해서 표시를 변경함으로써 데이터의 삽입이나 삭제가 이루어집니다. 배열을 사용하면 속도가 빨라지지만, 리스트는 공간 사용이 더 효율적입니다.

덩치가 큰 배열이 가진 약점은 민첩한 리스트에서는 장점이 됩니다. 리스트는 시간에 따라 필요한 만큼 키우거나 줄일 수 있으며, 필요 이상의 요소를 저장하지 않습니다. 집합 데이터 타입을 구현하기 위한 데이터 구조를 선택하기 위해서는 다음과 같은 균형을 염두에 두어야 합니다: 배열은 집합의 동작을 매우 빠르게 구현할 수 있도록 하지만, 잠재적으로 공간을 낭비할 가능성이 있고 어떤 경우에는 맞지 않을 수 있습니다. 반면 리스트는 배열보다 공간 효율적이고 모든 경우에 적용할 수 있지만, 어떤 동작을 구현하기에는 덜 효율적일 수 있습니다. 그림 4.1에 이런 경우를 요약해 두었습니다.

정보의 수집

용의자를 특정하는 것은 살인 사건을 푸는 첫 번째 단계에 지나지 않습니다. 용의자를 추리기 위해서 셜록 홈즈와 왓슨 박사는 살인의 동기나 잠재적인 알리바이와 같은 용의자들과 관련된 정보를 수집해야 합니다. 예를 들어 셀던의 경우, 그가 탈출한 죄수라는 사실이 이런 정보에 포함될 수 있습니다. 이런 추가적인 정보는 대응되는 용의자와 함께 저장되어야 합니다. 셜록 홈즈가 수첩을 이용한다면, 용의자의 이름이 적힌 페이지에 관련 정보를 적어둘 수 있을 것입니다.

집합 데이터 타입이 지원하는 동작으로는 그런 일을 할 수 없지만 동작을 조금 변경해서 요소를 더하거나 찾을 수 있도록 하면 가능합니다. 우선 요소를 삽입하려면 두 가지 정보가 필요한데, 바로 정보를 식별하기 위한 *열쇠(key)*와 열쇠에 연결된 부가적인 정보입니다. 용의자 정보에 대한 열쇠는 용의자의 이름입니다. 그다음에는 용의자 정보를 찾거나 삭제하기 위해서 열쇠만 입력하면 됩니다. 삭제의 경우에는 이름과 저장된 모든 추가적인 정보가 제거되며, 누군가를 찾는 경우에는 그 이름과 관련해서 저장된 정보가 결괏값으로 반환됩니다.

집합 데이터 타입을 확장하는 것은 별것 아닌 것 같아 보여도 중요합니다. 이렇게 기능이 확장된 데이터 타입을 *사전(dictionary)*이라고 부르는데, 실제의 사전과 같이 키워드에 기반한 검색을 가능하게 해 주기 때문입니다. 『바스커빌가의 개』 초반에 셜록 홈즈가 모티머 박사의 이력을 알아내기 위해 의료인 명부를 활용했던 것이 이런 사례입니다. 사전은 기호의 집합으로, 각 열쇠는 관련하여 저장된 정보에 대한 기표로 볼 수 있습니다. 사전 데이터 타입은 전통적인 책으로서의 사전과 두 가지 측면에서 다릅니다. 우선 인쇄된 사전의 내용은 고정되어 있지만, 사전 데이터 타입은 새로운 정의를 추가하거나, 더 이상 쓸모가 없는 내용을 삭제하거나, 기존의 내용을 갱신할 수 있습니다. 둘째로, 인쇄된 사전의 항목들은 열쇠에 의해서 가나다순으로 정렬되어 있지만, 사전 데이터 타입은 꼭 이럴 필요는 없습니다. 인쇄된 사전에 있어서 항목들의 순서는 중요한데, 왜냐하면 항목의 수가 많아지면 특정한 페이지로 바로 접근하는 것이 불가능해지기 때문입니다. 페이지별로 반달색인**을 만들게 되면 표현해야 하는 항목이 너무 많아져서 크기를 아주 작게 만들어야 할 텐데, 페이지가 아주 많다면 이것은 현실적으로 불가능합니다. 열쇠를 정렬하면 사용자가 사전을 찾을 때 탐색 알고리즘을 이용할 수 있습니다(5장 참조).

이런 열쇠의 정렬이나 내용의 고정과 같은 물리적 사전의 제약 사항은 전자사전에는 적용되지 않습니다. 위키피디아[5]는 폭넓게 사용되고 있는 동적 사전으로, 사용자는 사전의 활용뿐 아니라 내용을 확장하고 수정하는 것 또한 가능합니다. 사실 위키피디아의 모든 내용은 그 사용자에 의해 수록된 것이며, 그 자체로 크라우드소싱***의 놀라운 성공 사례이자 협업이 가지는 위력에 대한 증거입니다. 만약 셜록 홈즈와 왓슨이 요즘 같은 시대에 『바스커빌가의 개』에 나오는 사건을 다루게 되었다면, 그들은 편지를 주고받는 대신에 위키(wiki)[6]를 써서 용의자와 사건에 대한 정보를 관리했을 것입니다.

사전 데이터 타입의 동적인 특성은 용의자 정보의 삽입과 삭제에 국한되지 않으며, 정보의 갱신 또한 가능하게 합니다. 예를 들어 탈옥수인 셀던이 엘리자베스 배리 모어의 오빠라는 사실은 셀던이 용의자가 되기 전까지는 확인되지 않았기 때문에, 사전상에 이미 존재하는 그에 대한 페이지에 나중에 추가로 기입해야 합니다. 그렇지만 어떻게 이렇게 할 수 있을까요? 우리는 사전에 대해서 항목의 추가, 제거, 탐색이라는 세 가지 동작만 수행할 수 있는데, 어떤 열쇠를 가진 항목이 사전에 이미 저장되어 있다면 어떻게 정보를 갱신할 수 있을까요? 우리는 동작들을 결합함으로써 이 목적을 달성할 수 있습니다. 열쇠를 이용해서 항목을 찾고, 반환된 정보를 받아서 필요한 대로 수정하고, 기존의 항목을 사전에서 삭제한 다음, 마지막으로 수정된 정보를 다시 추가하는 것입니다.

우리는 비슷한 방법으로 집합 데이터 타입에 새로운 동작을 추가할 수 있습니다. 예를 들어, 만약 셜록 홈즈가 찰스 경의 죽음으로 인해 득을 보는 사람들이 누구인지 알고 있다면, 이 정보를 이용해서 몇몇 용의자의 살해 동기 정보를 추가하고자 할 겁니다. 이렇게 하기 위해서 그는 수혜자 집합과 용의자 집합의 교집합을 계산할 수 있습니다. 아니면 그는 수혜자 중 용의자 집합에 속해 있지 않은 사람을 새로운 용의자로 추가하고 싶을 수도 있습니다. 이런 작업을 위해서 그는 두 집합의 차이를 계산할 겁니다. 집합 데이터 타입이 모든 요소를 반환하는 동작을 수행

**   thumb index; 페이지마다 종이를 파내거나 돌출시켜서 자모 표시를 해 두는 것

***   crowdsourcing; 일반 대중의 자발적 자원을 활용하는 것

할 수 있다면, 두 집합의 교집합이나 차이를 계산하는 알고리즘은 단순히 하나의 집합 안에 있는 모든 요소를 하나씩 확인해서, 그것이 다른 집합에 포함되어 있는지를 확인하면 됩니다. 만약 포함되어 있다면 해당 요소는 교집합에 포함되는 것으로 확인됩니다. 만약 포함되지 않는다면, 해당 요소는 두 집합 사이의 차이에 해당하게 됩니다. 이런 계산은 조건자의 결합에 해당되며, 꽤나 일반적입니다. 예를 들어 용의자와 수혜자 집합 간의 교집합은 "용의자이자 수혜자인가?"라는 조건자에 대응되며, 두 집합 간의 차이는 "수혜자이면서 용의자가 아닌가?"라는 조건자에 대응됩니다.

마지막으로 우리는 실제로 계산을 수행하기 위해서 사전을 구현하는 데이터 구조가 필요합니다. 사전 데이터 타입과 집합 데이터 타입 간의 차이는 오직 추가적인 정보를 항목에 연결한다는 점이기 때문에, 집합을 위한 데이터 구조 대부분을 확장해서 사전을 구현할 수 있습니다. 집합의 각 요소를 명시적으로 표현하는 대부분의 데이터 구조가 여기에 해당하는데, 왜냐하면 이런 경우라면 단순히 새로운 정보를 열쇠에 덧붙이기만 하면 되기 때문입니다. 이것은 반대로, 사전을 구현하기 위한 데이터 구조라면 어떤 것이든 집합을 구현하는 데에도 사용될 수 있다는 것을 의미합니다. 이런 경우 집합의 구현을 위해서는 그저 비어 있거나 의미 없는 정보를 열쇠와 함께 저장해 두면 됩니다.

순서가 중요한 이유

3장에서 언급했듯이, 계산은 그것이 다루는 표상의 수준에 따라서 그 결과가 달라질 수 있습니다. 이처럼 셜록 홈즈와 왓슨은 용의자 집합이 그들의 수사 현황을 정확하게 반영하고 있기를 바랍니다. 특히 그들은 용의자 집합을 (잘못된 조사로 인한 시간 낭비를 줄일 수 있도록) 최소화하기를[7] 바람과 동시에 (살인자를 놓치지 않기 위해서) 필요한 만큼 충분히 크게 만들고 싶어 할 것입니다. 그러나 용의자를 추가하거나 용의 선상에서 제외하는 순서는 그다지 중요하지 않습니다.

다른 작업에서는 데이터 표상의 항목 순서가 중요합니다. 예를 들어, 작고한 찰스 경의 상속인을 생각해 보세요. 상속 순위의 첫 번째냐 두 번째냐에 따라서 유산 상속액의 차이가 백만 파운드나 벌어집니다. 이 정보는 누가 부자가 되고 누가 그렇지 않은가를 판단하게 할 뿐만 아니라,

홈즈와 왓슨에게 용의자들의 잠재적 살해 동기에 대한 단서도 제공해 줍니다. 실제로 살인자 스태플턴은 상속 2순위이기 때문에 1순위인 헨리 경을 살해하려고 합니다. 상속의 순위는 중요하지만 그 순서는 언제 상속인이 되었냐 하는 것과는 무관합니다. 예를 들어 유증자에게 아이가 태어나면, 상속 순위가 마지막이 되는 것이 아니라 사촌 같은 사람들보다는 상속 순위에서 앞서게 됩니다. 요소의 순서가 입력된 시간이 아닌 어떤 다른 기준에 의해서 결정되는 데이터 타입을 *우선순위 큐(priority queue)*라고 합니다. 이 이름은 큐 내부에서 요소의 위치가 어떤 우선순위에 의해서 결정된다는 것을 말합니다. 이런 우선순위의 예로 앞서 나온 상속인과 유증인과의 관계나 응급실에서 환자의 부상 심각성 등을 들 수 있습니다.

반면에 편입된 시간이 모음에서의 위치를 결정하는 경우, 요소가 추가된 순서대로 삭제되는 데이터 타입을 *큐(queue; 대기열)*라고 하며 역순으로 제거된다면 *스택(stack; 층층이 쌓인 것)*이라고 부릅니다. 슈퍼마켓이나 커피숍, 공항의 보안검색대를 통과할 때 큐(대기열)를 거쳐야 합니다. 사람들은 대기열의 한쪽 끝에서 시작해서 다른 쪽 끝으로 나오며, 줄에 들어선 순서대로 응대를 받습니다. 그리고 같은 순서로 줄에서 나가게 됩니다. 따라서 큐 데이터 타입은 선착순 정책을 시행하고 있습니다. 각 요소가 큐에 들어가고 나오는 이 순서는 선입선출(FIFO; first in, first out)이라고 불리는데, 먼저 들어간 것이 먼저 나온다는 뜻입니다.

이와 달리 스택에서는 요소들이 들어온 순서와 반대의 순서로 나가게 됩니다. 이에 대한 좋은 예로는 책상 위에 층층이 쌓아 둔 책이 있습니다. 다른 책을 보려면 가장 나중에 놓인 가장 위에 있는 책을 가장 먼저 치워야 합니다. 비행기에서 창가 좌석에 앉게 되면 스택의 맨 아래에 놓인 것과 같습니다. 화장실에 갈 때, 가운데 자리에 앉은 사람이 창가 자리에 앉은 사람보다 나중에 자리에 앉았지만 자리에서 먼저 일어나 나가야 하고, 그 사람조차도 가장 마지막으로 자리에 앉은 복도 좌석 쪽 사람이 일어나서 자리에서 나갈 때까지 기다려야 합니다. 헨젤과 그레텔이 조약돌을 놓고 다시 조약돌을 찾아갈 때의 순서도 스택의 또 다른 예입니다. 이 경우에는 마지막에 놓은 조약돌에 가장 먼저 가야 합니다. 만약 닫힌 경로에 갇히지 않도록 알고리즘을 개선한 경우라면, 마지막에 놓은 조약돌을 가장 먼저 집어야 합니다.

처음에는 스택 데이터 타입을 데이터 처리에 사용하는 것이 이상해 보일 수도 있지만, 스택은 정렬된 상태를 유지하는 데 정말 유용합니다. 헨젤과 그레텔에게 조약돌의 스택은 체계적으로 방문했던 곳을 찾아갈 수 있도록 해 줌으로써 궁극적으로 집까지 갈 수 있게 해 줍니다. 같은 방법으로 테세우스도 아드리아네가 준 실의 도움으로 미노타우로스의 미로를 탈출합니다. 실을 풀어서 한 뼘씩 스택에 추가하고, 미로에서 나올 때는 스택에서 빼내기 위해서 실을 조금씩 감습니다. 일상에서 무언가를 하고 있던 중에 전화가 울리고 곧이어 현관 벨이 울렸다면, 우리는 마음 속에서 이런 일들을 스택에 넣고, 마지막 일(현관문 열기)을 우선 처리하고 돌아가서 바로 전에 두고 온 일(전화 받기)을 시작합니다. 따라서 어떤 요소가 스택에 들어오고 나가는 순서는 후입선출(LIFO; last in, first out)이라고 불리며, 나중에 들어간 것이 먼저 나온다는 뜻입니다. 그리고 이 각각에 주어진 별명들을 완성하기 위해, 우선순위 큐에서 요소들이 우선순위에 따라서 들어가고 나오는 순서를 상입선출(HIFO; highest (priority) in, first out), 즉 상위 우선순위가 먼저 빠져나온다는 의미로 부르겠습니다.

집합과 사전 데이터 타입에서 했던 것처럼, (우선순위) 큐와 스택 데이터 타입을 구현하는 데 어떤 데이터 구조를 사용할 수 있을지 확인해 보겠습니다. 스택이 리스트로 구현될 수 있다는 것은 쉽게 알 수 있습니다. 요소의 추가와 제거를 항상 리스트의 제일 앞에서 하도록 하면 후입선출의 순서를 구현할 수 있으며, 이렇게 하는 데에는 고정 시간이 소요됩니다. 이와 유사하게 리스트의 끝에 요소를 추가하고 제거는 앞에서부터 하게 되면 큐의 선입선출 동작을 얻어낼 수 있습니다. 큐와 스택은 배열을 통해서도 구현 가능합니다.

큐와 스택은 요소가 데이터 구조 안에 있는 동안에 그 순서를 유지하며, 따라서 요소가 빠져나가는 양상도 예측 가능합니다. 공항 보안 검색대에서 줄을 서서 기다리는 것은 보통 지루한 일입니다. 사람들이 줄에 끼어들기 시작하거나 우수 고객들을 위한 특별 대기열이 있다면 상황은 좀 더 재미있어질 것입니다. 이런 행동은 우선순위 큐 데이터 타입에 반영되어 있습니다.

집안 내력

찰스 바스커빌 경의 상속자들은 우선순위 큐의 좋은 사례입니다. 큐****에서 각 상속자의 위치를 결정하는 우선순위 기준은 사망한 찰스경과 얼마나 가까웠는가 하는 것입니다. 그러나 이 거리는 어떻게 결정될까요? 통상적인 간단한 상속 규칙에 따르면 사망자의 자식들은 나이 순서대로 상속에 가장 우선합니다. 망자의 재산이 통째로 한 사람에게 상속된다고 가정하면, 망자에

**** 여기서는 상속 순위

게 자식이 없는 경우에는 형제자매가 그 나이순으로 상속 순위를 이어받고, 그 자손들에게로 상속 순위가 이어집니다. 형제자매가 없는 경우의 상속은 고모, 삼촌 그리고 그 자식들로 이어집니다.

이 규칙은 알고리즘적으로 설명할 수 있습니다. 우선, 선조/후손의 관계에 따라 모든 가족 구성원을 트리(tree) 데이터 구조로 표현합니다. 그리고 그 트리를 훑으면서 리스트에서의 위치가 상속 우선순위를 반영할 수 있도록 가족 구성원의 리스트를 구성합니다. 이렇게 구성한 순위는, 이후 상속인의 우선순위 큐를 위한 기준으로 사용될 것입니다. 하지만 모든 상속자를 정확하게 정렬했다면 왜 우선순위 큐 같은 것이 필요할까요? 사실 필요 없습니다. 우선순위 큐는 처음에 완벽한 가계도를 알 수 없거나, 아이가 태어난다든지 하는 변경이 생겼을 때에만 필요합니다. 이런 경우라면 가계도가 바뀌기 때문에, 기존의 트리에서 진행한 계산은 정확한 상속 순위를 반영하지 못할 것입니다.

『바스커빌가의 개』에 나온 정보에 따르면 작고한 휴고 바스커빌에게는 네 명의 아이가 있었습니다. 찰스는 장자라서 휴고로부터 상속을 받았습니다. 차남인 존은 헨리라는 이름의 아들이 있고 막내아들인 로저는 스태플턴이라는 아들이 있습니다. 이야기에는 휴고 바스커빌에게 엘리자베스라는 딸이 있었다고 되어 있는데, 아마도 막내딸이었던 것 같습니다. 이 트리에서 이 이름들을 노드(node)라고 부르며, 가계도에서와 같이 노드 B(아래 그림에서 존과 같은)가 그 위에 있는 노드 A(아래 그림에서 휴고와 같은)에 연결되어 있다면 B를 A의 자식(child)이라고 부르고 A를 B의 부모(parent)라고 부릅니다. 트리에서 부모 노드가 없는 최상단의 노드는 뿌리(root)라고 부르며 자식 노드가 없는 노드를 잎(leaf)이라고 부릅니다.

바스커빌 가계도(가족 트리)에 적용되는 상속 규칙에 따라 찰스, 존, 로저, 엘리자베스는 일정한 순서에 따라서 상속을 받아야 합니다. 규칙에는 자식이 형제보다 먼저 상속을 받아야 한다고

되어 있기 때문에, 헨리의 순서가 로저보다 먼저이고 스태플턴의 순위가 엘리자베스보다 우선합니다. 다시 말해서 상속 순위는 다음과 같습니다.

휴고 → 찰스 → 존 → 헨리 → 로저 → 스태플턴 → 엘리자베스

상속 순위를 계산하기 위해서는 트리의 각 노드에 방문한 다음, 그 자식 노드를 방문하는 순서대로 순회해야 합니다. 이런 이동 방식에 따르면 장남의 장자를 차남보다 (그리고 그 자식들보다) 먼저 방문하게 됩니다. 트리에서 어떤 노드의 상속 순위를 계산하는 알고리즘은 다음과 같이 설명할 수 있습니다.

노드 N의 상속 순위 리스트를 계산하려면, 모든 자식 노드의 상속 순위 리스트를 계산해 추가한 다음 (자식 노드의 나이순으로), 노드 N을 그 결과의 제일 앞에 둡니다.

이 설명에 따르면 자식 노드가 없는 노드의 상속 순위 리스트는 단순히 해당 노드만으로 구성되므로, 해당 트리의 상속 순위 리스트는 그 뿌리 노드의 상속 우선순위를 계산함으로써 얻을 수 있습니다. 이 알고리즘이 그 설명 안에서 자기 자신을 참조하고 있다는 것은 좀 이상해 보일 수도 있습니다. 이런 설명을 *재귀적*이라고 합니다(12, 13장 참조).

다음은 어떻게 이 알고리즘이 작동하는지를 예제 트리를 실행함으로써 보여 주겠습니다. 예제 트리에는 몇 명이 더 포함되었습니다. 헨리에게 잭과 질이라는 두 명의 아이가 있고 메리라는 동생이 있다고 가정해 봅시다.

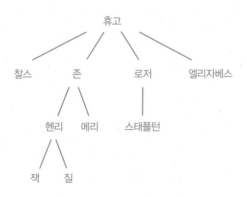

만약 우리가 이 트리의 휴고 노드에 대해서 알고리즘을 실행하는 경우, 휴고의 자식들에 대한 상속 순위 리스트를 계산해야 합니다. 장자부터 시작하면, 찰스는 자식이 없으므로 찰스의 상속 순위 리스트에는 찰스 자신밖에 들어 있지 않습니다. 존의 상황은 좀 더 재미있습니다. 존의 상속 순위 리스트를 계산하기 위해서 우리는 우선 헨리와 메리의 상속 순위 리스트를 구해서 붙여야 합니다. 헨리의 상속 순위 리스트는 그의 자식들과 그 자신으로 구성되어 있고, 메리는 자식이 없기 때문에 그녀의 상속 순위 리스트에는 그녀 혼자 있습니다. 지금까지 계산된 상속 순위 리스트는 다음과 같습니다.

노드	상속 순위 리스트
찰스	찰스
존	존 → 헨리 → 잭 → 질 → 메리
헨리	헨리 → 잭 → 질
메리	메리
잭	잭
질	질

어떤 노드의 상속 순위 리스트는 그 노드 자신으로 시작되며, 자식 노드가 없는 노드의 상속 순위 리스트는 해당 노드 자체만이 포함됩니다. 그리고 헨리와 존의 상속 순위 리스트는, 자식 노드를 가지는 노드의 상속 순위 리스트가 그 자식들의 상속 순위 리스트를 뒤에 붙여서 만들어질 수 있다는 것을 보여 줍니다. 로저와 엘리자베스의 상속 순위 리스트도 비슷한 방식으로 계산할 수 있습니다. 휴고의 네 자식들의 상속 순위 리스트를 이어 붙이고 제일 앞에 그 자신을 추가하면 다음과 같이 정렬된 상속인 리스트를 얻을 수 있습니다.

휴고 → 찰스 → 존 → 헨리 → 잭 → 질 → 메리 → 로저 → 스태플턴 → 엘리자베스

이 상속 알고리즘은 *트리 순회(tree traversal)*라고 불리며, 알고리즘이 체계적으로 트리의 모든 노드를 방문하는 사례입니다. 진행이 위에서 아래로, 뿌리에서 잎으로, 부모에서 자식으로 이어지기 때문에 이것을 *전위 순회(preorder traversal)*라고도 부릅니다. 도토리를 찾기 위해 나무 사이를 뛰어다니는 다람쥐를 떠올려 보세요. 미처 찾아내지 못한 도토리가 없도록 하기 위해서,

다람쥐는 나무의 모든 가지에 가 봐야 합니다. 그러기 위해서 다람쥐는 여러 가지 전략을 구사할 수 있습니다. 한 가지 방법은 나무를 몇 단계로 나누어서 오르면서 각 구간 안에 있는 모든 가지를 훑으며 올라가는 것입니다. 또 다른 방법으로는, 다른 가지로 옮겨가기 전에 각 가지를 높이와 상관없이 그 끝까지 가 볼 수도 있습니다. 두 전략은 모두 모든 가지를 훑어서 모든 도토리를 찾을 수 있도록 해 줍니다. 둘의 차이는 가지를 방문하는 순서에 있습니다. 다람쥐는 어쨌거나 도토리만 모으면 되기 때문에 이런 차이는 별로 중요하지 않겠지만, 상속과 관련해서는 첫 번째 사람이 모든 재산을 다 얻기 때문에 가계도에서 각 노드에 방문하는 순서는 중요합니다. 상속 알고리즘의 전위 순회는 다람쥐의 예에서 본 두 번째 종류의 트리 순회에 해당합니다. 즉 다른 가지로 옮겨 가기 전에 각 가지의 끝까지 가는 것과 같습니다.

데이터 타입과 이를 구현한 데이터 구조의 주된 용도는 계산의 특정 시점에서의 데이터를 모아서 나중에 사용할 수 있도록 하는 것입니다. 모음에서 개별적인 항목을 찾아보는 것은 이렇게 중요하고 빈번하게 사용되는 동작이기 때문에, 컴퓨터 과학자들은 이러한 동작을 효율적으로 지원하는 데이터 구조가 어떤 것인지 조사하기 위해 많은 노력을 기울여 왔습니다. 이 주제는 5장에서 심화해서 알아보겠습니다.

더 알아보기

『바스커빌가의 개』에 나온 예는 어떻게 기호가 표상으로 작동하고, 어떻게 데이터 타입과 데이터 구조를 통해 데이터의 모음을 조직화하는지를 보여 줍니다.

셜록 홈즈 이야기에는 지문, 발자국, 필체 분석과 같은 기호와 그 해석에 대한 내용이 많이 나옵니다. 『바스커빌가의 개』에도 몇 가지 기호에 대한 내용이 더 나옵니다. 예를 들어 모티머 박사의 지팡이에 나 있는 긁힌 자국은 걸을 때 지팡이를 사용한다는 것을, 개가 문 자국은 모티머 박사가 애완용 개를 키우고 있다는 것을 보여 줍니다. 또는 헨리 경이 받은 발신자 불상의 메시지를 세심하게 살펴본 후에, 셜록 홈즈는 활자를 보고 글자들이 *타임즈* 신문에서 오려낸 것이라고 결론 내리며, 잘린 자국의 크기를 보고 작은 가위가 사용되었을 것이라고 생각합니다. 탐정은 어떤 기호가 여러 가지로 해석할 수 있거나, 혹은 무시된 경우에 다른 결론을 내릴 수도 있습니다. 실제로 피에르 바야르의 책 『*셜록 홈즈가 틀렸다(Sherlock Holmes Was Wrong)*』에서 셜록 홈즈가 『바스커빌가의 개』에서 엉뚱한 사람을 살인자로 지목했다고 말합니다. 물론 다른 탐정 소설, 영화 및 *형사 콜롬보*나 *CSI* 같은 유명 TV 시리즈에서도 기호와 표상, 그리고 그것들이 미제 사건의 결론을 계산하기 위해서 어떻게 사용되는지에 대한 사례가 나옵니다.

움베르토 에코의 『*장미의 이름(The Name of the Rose)*』은 14세기 한 수도원에서 벌어진 살인 사건에 대한 이야기로, 이야기 속에 기호학을 녹여내고 있습니다. 살인 사건 조사를 맡은 주인공, 바스커빌가의 윌리엄은(이 이름은 실제로 셜록 홈즈 이야기에 대한 기표입니다) 기호에 대한 열린 해석을 통해서 이야기 속의 사건들에 대한 분석을 독자의 몫으로 돌립니다. 보다 최근에 나온 댄 브라운의 인기 소설 『*다빈치 코드(The Da Vinci Code)*』와 『*로스트 심벌(The Lost Symbol)*』에도 많은 기호가 등장합니다.

조나단 스위프트의 『*걸리버 여행기(Gulliver's Travels)*』에서는 라가도의 학술원에서 단어와 기호가 단지 어떤 사물을 의미하는 것에 지나지 않기 때문에, 그것을 사용하지 않는 연구를 한다는 이야기가 나옵니다. 단어를 말하는 대신에 사람들이 표현하고자 하는 대상을 가지고 다니면서 제시하는 것입니다. 스위프트의 이런 풍자는 언어의 의미를 나타내는 데에 있어서 기호가 얼마나 중요한 역할을 담당하는지를 잘 보여 줍니다. 이와 유사하게, 루이스 캐롤의 책 『*이상한 나라의 앨리스(Alice's Adventures in Wonderland)*』와 『*거울나라의 앨리스(Through the*

Looking-Glass)』에는 기호로서의 단어의 전통적인 역할을 흔드는 교묘한 말장난들이 담겨 있습니다.

스택 데이터 타입을 이용하면 리스트에 있는 항목의 순서를 뒤집을 수 있습니다. 우선 스택에 항목을 집어넣고 그것들을 다시 꺼내면, 집어넣은 것과 역순이 됩니다(후입선출). 이런 기능의 용도 중 하나는 돌아갈 길을 찾는 것으로, 헨젤과 그레텔이 이렇게 길을 찾았고, 그리스 신화 *테세우스와 미노타우루스*에서 테세우스가 미로에서 나오는 길을 찾을 때에도 이렇게 했으며, 『*장미의 이름*』에서 앗소가 도서관의 미로에서 나오는 길을 찾을 때에도 같은 방법을 사용했습니다. 또 다른 용도는 시간의 흐름과 반대로 이야기가 전개되는 영화 『*메멘토(Memento)*』를 이해하기 위해서 사용하는 것입니다. 마음속 스택에 영화 장면들을 하나씩 집어넣고 영화에 나온 순서와 반대 순서로 꺼내면 사건이 시간 순서에 따라 정돈됩니다.

앞서 나온 『*바스커빌가의 개*』의 사례처럼, 트리를 이용해서 가족 관계를 표현하는 것은 불필요해 보일 수도 있습니다만, 엄청난 대가족이 나오는 이야기에서라면 이런 표상 없이 관계를 파악하는 것은 매우 어렵습니다. 예를 들어 TV 시리즈 『*왕좌의 게임(Game of Thrones)*』으로 더 잘 알려진 조지 R. R. 마틴의 연작 소설인 『*얼음과 불의 노래(Song of Ice and Fire)*』에는 스타크 가문, 래니스터 가문, 그리고 타르가리엔 가문에 대한 세 개의 큰 가계도가 나옵니다. 그리스 신화나 고대 스칸디나비아 신화도 큰 가계도를 가집니다.

문제 해결과 한계

인디아나 존스

분실물 센터

몇 달 전에 작성해 두었던 쪽지가 어디에 있는 것일까요? 방금 다시 얘기가 나온 그 프로젝트에 대해 종이에 적어 둔 것까지는 기억이 나는데 말입니다. 종이를 두었을 만한 곳은 전부 찾아보았습니다 – 최소한 그랬다는 생각이 듭니다만 아직 찾지는 못했습니다. 당신은 자신이 몇 곳을 반복적으로 찾아보고 있다는 것을 알아차립니다 – 아마 처음 찾을 때 충분히 주의 깊게 살펴보지 않았나 봅니다. 그 와중에, 전에는 아무리 찾아도 찾을 수 없었던 쪽지를 발견합니다. 이럴 수가.

이 이야기가 익숙한가요? 저는 분명 이런 상황을 경험해 본 적이 있습니다. 한 번도 아니고 여러 번 말이지요. 무언가를 찾는 일은 의심할 여지도 없이 어려운 일이고, 찾지 못하면 절망하게 되지요. 전능해 보이는 구글 검색 엔진이 있는 요즘에도, 적절한 검색어를 알지 못하거나 검색어가 너무 일반적이어서 너무 많은 검색 결과가 나온다면 인터넷에서 원하는 정보를 찾기는 어렵습니다.

운이 좋게도 우리는 데이터의 홍수 속에서 무력한 희생자가 될 필요는 없습니다. 무언가를 효과적으로 찾기 위한 도전은 찾아야 될 공간을 정돈하면 해결할 수 있습니다. 결국 어머니께서 방을 치우라고 하신 말씀이 맞았던 거네요.[1] 탐색 영역을 효과적으로 정돈하려면 다음의 원칙을 따라야 합니다: (1) 공간을 서로 중복되지 않는 영역으로 나누고 찾을 대상을 이 안에 둡니다. (2) 찾을 대상을 이 공간 안에서 어떤 규칙에 따라 배치합니다.

예를 들어, 이러한 분할의 원칙에 따라 모든 책은 책장에, 모든 논문은 파일 서랍에, 모든 쪽지는 링 바인더에 넣을 수 있습니다. 이후에 쪽지를 찾고 싶다면 파일 서랍이나 책꽂이가 아닌 링 바인더만 찾아보면 되겠지요. 분할은 찾아야 할 공간을 효과적으로 제한하고, 다루기 쉬운 크기로 만들기 때문에 중요합니다. 이런 원칙을 여러 단계에 걸쳐 적용하면, 한 곳에 좀 더 집중해서 탐색할 수 있습니다. 예를 들어 책은 제목에 따라서 분류할 수 있고, 논문은 작성 연도에 따라 분류할 수 있습니다.

물론 분할을 위해서 두 가지 중요한 조건을 만족해야 합니다. 우선 검색 공간을 세분하기 위해 사용하는 범주들에 대해서 찾고자 하는 항목이 그중 어디에 속해 있는지를 식별할 수 있어야만 합니다. 예를 들어 프란츠 카프카의 『변신(Metamorphosis)』이라는 책을 찾고 있다고 생각해 봅시다. 그 책을 "소설" 칸에 두었나요 아니면 "철학" 칸에 두었나요? 아니면 그 책을 곤충학책들과 함께 두었을 수도 있고, 헐크나 X맨과 같은 변신 히어로로 만화와 같이 두었을 수도 있습니다. 둘째로 이 전략은 검색 구획이 항상 정확하게 관리되어야만 작동합니다. 예를 들어 쪽지를 링 바인더에서 꺼내 사용한 뒤, 바로 다시 링 바인더에 집어넣지 않고 책상 위에 두거나 책꽂이에 끼워 두었다면, 다음에 필요해서 찾으려고 해도 링 바인더 안에서는 찾을 수 없을 것입니다.

순서를 유지하는 것은 검색을 지원하는 두 번째 원칙으로, 사전의 사용부터 손에 든 카드 패까지 다양한 경우에 적용할 수 있습니다. 검색 대상 간에 순서가 있으면 더 쉽고 빠르게 검색을 할 수 있습니다. 정렬되어 있는 모음을 검색하기 위해 쉽게 적용할 수 있는 방법으로 *이진 검색 (binary search)*이 있습니다. 이진 검색에서는 우선 모음의 가운데에 있는 항목을 짚은 다음, 찾고 있는 항목이 그것보다 작다면 그 왼편을, 크다면 그 오른편을 찾아봅니다. 또한, 분할과 정렬의 원칙을 결합하면, 경우에 따라 도움이 되는 유연성을 확보할 수도 있습니다. 예를 들어 책꽂이의 책은 저자 이름으로 정렬하고, 논문은 작성 일자에 따라, 쪽지는 주제에 따라서 정리할 수 있습니다.

두 가지 원칙을 잘 들여다보면 둘 사이에 관련이 있다는 것을 알 수 있습니다. 특히 대상의 순서를 유지한다는 생각은 검색 공간을 분할한다는 생각을 엄격하고 재귀적으로 적용하는 것을 의미합니다. 정렬되어 있는 각 요소들은 모음 공간을 보다 작은 요소와 더욱 큰 요소로 양분하며, 이렇게 나뉜 영역들은 다시 같은 방식으로 조직됩니다. 정렬된 상태를 유지하려면 실제로 노력이 필요합니다. 계산의 관점에서 재미있는 질문 하나는, 검색을 더욱 빠르게 만들면 순서를 유지하기 위한 노력이 정당화되는가 하는 것입니다. 여기에 대한 대답은 모음이 얼마나 크고 얼마나 자주 검색이 필요한지에 달려 있습니다.

검색은 사무실에서만 필요한 것이 아닙니다. 부엌, 차고, 취미생활을 위한 작업실 같은 여러 환경에서도 모두 똑같은 도전과 좌절, 그리고 알맞은 해결책이 필요합니다. 검색은 또한 일반적으로 필요하지 않을 것 같은 상황에서도 자주 필요합니다. 5장에서는, 영화 『마지막 성전(The Last Crusade)』에서 성배를 찾는 인디아나 존스의 모험을 통해, 몇 가지 명백한 검색의 사례뿐 아니라 이게 검색이었나 싶은 사례도 함께 살펴볼 것입니다.

05 완벽한 데이터 구조를 찾아서

4장에서 논의한 데이터 타입들은 데이터 모음에 접근하는 특정한 방식을 담아내고 있습니다. 데이터 모음은 매우 커질 수도 있기 때문에, 어떻게 효율적으로 관리할지에 대한 실질적인 고민이 필요합니다. 앞서 우리는 데이터 구조마다 특정한 동작에 대한 효율성이 다르다는 것과, 각각의 공간적인 요구 사항이 어떻게 다른지를 살펴보았습니다. 데이터 모음을 만들고 변형하는 것도 중요한 일이지만, 모음 안에서 특정한 항목을 찾아내는 것은 아마 가장 빈번하게 요구되는 작업일 것입니다.

우리는 항상 어떤 것을 찾고 있습니다. 많은 경우에 이것은 무의식적으로 벌어지지만, 때때로 고통스러운 자각이 따르기도 합니다. 예를 들어 자동차 열쇠를 찾는 것과 같은 일상적인 일이 고통스러운 탐색이 될 수도 있습니다. 더 많은 곳을 뒤져야 하고 더 많은 항목을 찾아야 할수록, 원하는 것을 찾는 일은 더 어려워집니다. 우리는 수년에 걸쳐서 물건을 잔뜩 쌓아두는 경향이 있습니다 – 수렵 채집하던 원시인의 후손이란 증거인지도 모르겠습니다. 우리는 우표, 동전, 스포츠 카드와 같은 수집품 이외에도, 책이나 사진, 옷 따위를 잔뜩 모읍니다. 어떤 때에는 이런 것들이 취미나 열정의 부산물로 생기기도 합니다 – 저 개인적으로도 깜짝 놀랄 정도로 많은 공구를 모아 둔 주택 개조광들을 몇 명 알고 있습니다.

만약 책장이 주제에 따라 가나다순으로 정리되어 있거나, 사진 파일로 모아 둔 사진들에 촬영 장소와 시간 태그가 포함되어 있다면, 특정한 책이나 사진을 쉽게 찾을 수 있을 것입니다.

그러나 항목의 수가 방대하고 어떤 형태로 정돈되어 있지 않다면 검색은 고된 작업이 됩니다.

전자적으로 저장된 정보의 경우에는 상황이 훨씬 더 나쁩니다. 기본적으로 저장 공간에 한계가 없기 때문에 저장된 데이터의 크기는 급속도로 증가합니다. 예를 들어 유튜브에는 매 분당 300시간의 동영상이 업로드되고 있습니다.[1]

검색은 실생활에서 중요한 문제이며, 컴퓨터 과학에서도 중요한 주제입니다. 알고리즘과 데이터 구조를 이용하면 검색 절차를 현저하게 빠르게 만들 수 있습니다. 그리고 데이터에 통하는 기술들은 때로 물리적인 물건을 저장하고 꺼내는 데에도 사용될 수 있습니다. 사실 자동차 열쇠를 굳이 찾을 필요가 없도록 해 주는 굉장히 간단한 방법이 하나 있습니다 ― 이 방법을 잘 따라만 한다면 말이지요.

빠른 검색의 열쇠

『마지막 성전』에서 인디아나 존스는 두 가지 중요한 탐색을 시작합니다. 그는 우선 아버지 헨리 존스 시니어를 찾고, 이후에 아버지와 함께 성배를 찾으려고 합니다. 고고학 교수로서 인디아나 존스는 검색에 대한 몇 가지 지식을 가지고 있습니다. 실제로 강의 중에 그는 학생들에게 다음과 같이 설명합니다.

고고학이란 어떤 사실을 찾는 일이다.

고고학적인 유물을 찾는 일이나 사람을 찾는 일은 어떻게 이루어질까요? 찾고자 하는 물건의 위치를 알고 있다면 굳이 찾을 필요가 없을 것입니다. 그저 그 위치에 가서 물건을 찾으면 되니까요. 그렇지 않은 경우라면 검색 절차는 *검색 공간*과, 검색 공간을 한정시킬 수 있는 잠재적 *단서* 혹은 *열쇠(key)*에 좌우됩니다.

『마지막 성전』에서 인디아나 존스는 성배에 대해 적혀 있는 부친의 수첩을 베니스에서 발송된 소포로 받고, 이것을 계기로 탐색을 시작하게 됩니다. 인디아나 존스는 수첩의 발송지를 단서로 하여 첫 검색 공간을 현저하게 한정할 수 있습니다 ― 지구 전체에서 하나의 도시로 말이지요. 이 예에서의 검색 공간은 글자 그대로 2차원의 기하적 공간을 말하지만, 일반적으로 검색 공간이란 보다 추상적인 개념입니다. 예를 들어 어떤 항목의 모음을 나타내는 데이터 구조는 특정한 항목을 찾기 위한 검색 공간으로 볼 수 있습니다. 셜록 홈즈의 용의자 리스트도 특정한 이름을 찾기 위한 하나의 검색 공간인 셈입니다.

리스트는 검색을 하기에 얼마나 적합할까요? 4장에서 논의했듯이 리스트에서 원하는 항목을 찾기 위해서, 혹은 리스트에 특정 항목이 없다는 것을 확인하기 위해서는, 최악의 경우 리스트에 있는 모든 항목을 검사해야만 합니다. 즉, 이는 리스트에서 특정 항목을 검색하는 경우라면, 검색 공간을 축소하기 위한 어떤 단서도 사용할 수가 없다는 것을 의미합니다.

리스트가 왜 검색에 적합한 데이터 구조가 아닌지를 이해하기 위해서, 단서가 어떻게 작동하는지 자세히 들여다보는 것이 좋겠습니다. 2차원 공간에서 단서는, 요소를 포함하고 있을 가능성이 있는 "내부"에서 요소를 포함하지 않는 것이 확인된 "외부"를 분리하는 경계를 제공합니다.[2] 마찬가지로, 단서를 활용한 데이터 구조는 경계에 대한 정의를 제공하고 데이터 구조를 구분하여, 구분된 부분 중 하나만이 검색의 대상이 되도록 제한해야 합니다. 단서나 열쇠는 찾고 있는 대상과 연결되어 있는 정보입니다. 열쇠는 반드시 현재의 검색과 연관된 요소를, 무관한 요소와 구분해 주는 경계를 확인해 줄 수 있어야 합니다.

리스트의 각 항목은 해당 항목의 앞에 있는 항목과 뒤에 있는 항목을 나누는 경계입니다. 그러나 리스트의 중간에 있는 항목에 바로 접근할 수가 없고 항상 리스트의 끝에서 끝까지 순회해야 하기 때문에, 리스트의 항목을 통해서는 외부와 내부를 효과적으로 구분할 수가 없습니다. 리스트의 첫 번째 항목을 생각해 보세요. 이 항목이 우리가 찾고 있던 항목이 아니라면 어쨌거나 남아 있는 리스트의 모든 항목을 뒤져 봐야만 하기 때문에, 검색의 대상에서 자기 자신 외에 어떤 다른 항목도 배제할 수가 없습니다. 그다음으로 리스트의 두 번째 항목을 검사할 때에도 같은 일이 벌어집니다. 두 번째 항목이 우리가 찾던 것이 아니라면 또다시 남아 있는 모든 항목에 대해 검색을 계속해야만 합니다. 물론 두 번째 항목은 첫 번째 항목을 확인할 필요가 없는 "외부"로 정의하지만, 우리는 이미 그 항목을 확인했기 때문에 검색에 드는 노력을 전혀 줄여 주지 못합니다. 이것은 리스트의 다른 모든 항목에 대해서도 마찬가지입니다. 외부로 정의된 항목들은 외부를 정의하는 항목에 도달하기 전에 이미 검사가 되어 있습니다.

인디아나 존스는 베니스에 도착한 후에 도서관에서 탐색을 계속합니다. 도서관에서 책을 찾는 일은 경계와 열쇠에 대한 개념을 잘 설명해 줍니다. 서가의 책들을 저자의 성에 따라서 모아 두었다면, 대부분의 경우에 책장에 꽂혀 있는 첫 번째 책과 마지막 책의 저자의 이름이 책장마다 붙어 있을 것입니다. 이 두 개의 이름은 책장에서 찾을 수 있는 저자명의 범위를 알려 주며, 두 이름 사이에 있는 저자들이 쓴 책과 다른 책들을 구분하는 경계를 설정합니다. 도서관에서 아서 코난 도일(Arthur Conan Doyle)이 쓴 『바스커빌가의 개』를 찾는다고 가정해 봅시다. 우선 저자의 성을 열쇠로 사용하여, 그 성을 포함하는 범위를 가진 책장을 확인합니다. 일단 책장을 특정하고 나면, 그 책장에서 책을 찾아 나가면 됩니다. 이 검색은 두 단계로 이루어지는데, 첫 단계는 책장을 찾는 것이고 다음 단계는 책장에서 책을 찾는 것입니다. 이 전략은 검색 공간을 저자 이름을 경계로 하여 보다 작고 중복되지 않은 공간(책장)으로 나누기 때문에 잘 작동되는 전략입니다.

책장은 여러 가지 방법으로 찾을 수 있습니다. 간단한 방법 하나는 Doyle(도일)이 포함된 저자 범위를 가지는 책장을 찾을 때까지 책장을 하나하나 확인하는 것입니다. 이런 접근 방식은 책장을 리스트처럼 다루는 것이며, 결과적으로 리스트와 동일한 한계를 가집니다. Doyle을 찾는 것은 그다지 오래 걸리지 않겠지만, Yeats(예이츠)*를 찾는 것은 훨씬 더 오래 걸릴 것입니다.** 실제로 Yeats를 A 책장부터 찾아 나가는 사람은 거의 없을 것이고, 대신 Z 근처에서 시작하여 맞는 책장을 좀 더 빨리 찾아낼 것입니다. 이런 접근 방식은, 모든 책장이 그 책장에 꽂힌 책들의 저자명에 따라 정렬되어 있다는 가정에 기반을 두고 있습니다. 만약 책장이 26개가 있다면 (그리고 책장마다 알파벳 하나가 배정되어 있다면) Yeats는 25번째 책장에서, Doyle은 네 번째 책장에서 찾을 수 있습니다. 달리 말해서 이런 식으로 정렬된 책장들은 알파벳으로 색인되고, 각 셀이 각 책장에 대응되는 배열처럼 다룰 수 있습니다. 물론 도서관에 26개 책장만 있을 리는 없지만 이 방식은 책장 수가 얼마나 되든 상관없이 적용할 수 있습니다. Yeats를 찾으려면 전체 책장의 마지막에서 1/13쯤 되는 곳에 있는 책장에서 시작하면 됩니다. 이 경우의 문제점은 같은 글자로 시작되는 이름을 가지는 작가의 수가 글자에 따라서 크게 달라진다는 점입니다(예를 들어 S로 이름이 시작되는 작가가 X로 이름이 시작되는 작가보다 많습니다). 다르게 말하면 책장마다 책의 분포가 균일하지 않다는 뜻이고, 따라서 이 전략은 정밀하지 않습니다. 따라서 일반적으로는 책장을 찾아서 왔다 갔다 해야만 합니다. 작가 이름의 분포 정보를 통해서 탐색의 정밀도를

---

* 노벨 문학상을 수상한 아일랜드의 시인
** 알파벳에서 D는 앞에서 네 번째이지만 Y는 끝에서 두 번째이기 때문

향상시킬 수 있겠지만, 간단한 전략만으로도 검색할 필요가 없는 많은 수의 책장을 "외부"로 충분히 제외해 낼 수 있습니다.

책장 안에서 책을 찾는 데에도 여러 가지 방법이 있습니다. 책을 한 권씩 찾을 수도 있고, 책장을 찾는 데 썼던 전략과 유사한 방법을 적용해서 주어진 책장의 작가 범위 내에서 찾고 있는 책의 위치를 추정해 볼 수도 있습니다. 이 2단계 탐색은 전반적으로 아주 잘 작동하며, 책을 한 권씩 찾아보는 우직한 방법보다 훨씬 빠릅니다. 개인적으로 코밸리스*** 공공 도서관에서 『바스커빌가의 개』를 찾는 실험을 해 보았습니다. 정확한 책장을 찾는 데 다섯 단계, 책장에서 책을 찾는 데는 다시 일곱 단계가 걸렸습니다. 당시 도서관의 소설 부문에는 책장이 36개에 총 44,679권의 책이 있었으니, 하나씩 찾아보는 것에 비해서는 훨씬 나은 결과인 것 같습니다.

인디아나 존스가 아버지를 찾아 베니스로 떠난 것도 비슷한 전략에 기반합니다. 이 경우는 세계 전체를 하나의 배열로, 각 지리적인 위치를 셀로, 도시의 이름을 색인으로 생각해 볼 수 있습니다. 수첩이 담겨 있는 소포의 발신 주소는 "베니스"로, 색인된 하나의 셀을 선택할 수 있도록 하는 단서입니다. 마침 인디아나 존스도 베니스에서 도서관을 탐색하는데, 책을 찾는 것은 아니고 십자군 기사 중 하나였던 리차드 경의 무덤을 찾고 있었습니다. X 표시가 된 바닥의 타일을 부수고 무덤을 찾는 장면은 이전 장면에서 그가 학생들에게 얘기한 내용과는 사뭇 모순됩니다.

현실에서는 위치를 알려 주는 X 표시 같은 것은 절대 없다.

빠른 검색을 하기 위한 열쇠는 검색 공간을 효과적으로 빠르게 좁힐 수 있는 구조를 사용하는 것입니다. 열쇠에 의해 구분되는 "내부"는 작아질수록 좋은데, 왜냐하면 검색이 빠르게 수렴되기 때문입니다. 책 찾기의 경우에는 하나의 주요한 좁히기 단계에 의해 구분되는 두 개의 검색 단계가 존재합니다.

단어 맞추기 놀이로 살아남기

검색은 예상치 못한 상황에서 그 형태를 감추고 우리에게 다가옵니다. 『마지막 성전』의 끝부분에 인디아나 존스는 태양의 사원에 도착합니다. 그곳에서 그는 성배가 있는 방에 들어가기 전

*** 오레곤 주의 도시

에 세 가지 시험을 통과해야만 합니다. 그중 두 번째 시험은 깊은 구멍 위에 석판이 얹혀 있는 바닥을 지나가는 것입니다. 여기서 문제는 몇 개의 석판만이 안전하고, 나머지 석판은 디디면 바스러져서 소름 끼치는 죽음을 맞이하게 된다는 것입니다. 바닥에는 50여 개의 석판이 불규칙하게 깔려 있는데 각각의 석판에는 알파벳 문자가 새겨져 있습니다. 고고학자의 삶이란 참 고달파 보이네요. 어떤 날은 바닥을 깨부숴야 하고, 또 어떤 날은 무슨 수를 써서든 그걸 피해야 한다니 말이죠.

딛기에 안전한 석판을 고르는 것은 쉬운 일이 아닙니다. 제약 사항이 없다면 엄청난 경우의 수를 가지기 때문이죠. 그것은 1 다음에 0이 열다섯 개나 따라오는, 자그마치 1조 개 이상의 경우의 수를 가집니다. 안전하게 지나가기 위해 디뎌야 하는 석판을 어떤 순서로 디뎌야 할지 알아내기 위한 단서는, 석판에 새겨진 글자로 여호와를 뜻하는 단어인 *Iehova*를 만드는 것입니다.[****] 기본적으로 이 정보만으로도 수수께끼는 해결할 수 있지만, 정확한 석판의 순서를 알아내려면 여전히 고민이 필요합니다. 그리고 가능한 경우의 수를 체계적으로 줄이기 위해서는 놀랍게도 *검색*이 필요합니다.

이 작업은 보글(Boggle) 게임을 하는 것과 비슷합니다. 보글 게임은 격자에 놓인 글자들을, 이웃하는 글자들과 한 줄로 연결해서 의미를 가지는 단어를 만들어야 합니다.[3] 인디아나 존스의 경우에는 이미 만들 단어를 알고 있기 때문에 과제가 훨씬 단순해 보입니다. 하지만 보글에는 연속된 글자들이 반드시 인접해야 한다는 제약이 있지만, 석판 지나

가기에는 이런 제약이 없어서 보다 많은 경우의 수를 고려해야 하기 때문에, 인디아나 존스의 머리를 아프게 만듭니다.

이 문제를 이해하기 위해서 바닥에 깔린 석판이 여섯 줄이고 각 줄에는 여덟 개의 다른 글자가 들어 있다고 생각해 봅시다. 총 48개의 석판이 있겠네요. 만약 각 줄에서 하나의 석판만이 맞는 석판이라면 여섯 줄에서 석판을 하나씩 선택하는 전체 조합은 $8 \times 8 \times 8 \times 8 \times 8 \times 8 = 262,144$개가 되고 그만큼의 경로가 존재하게 됩니다. 이 중에서 하나만이 맞는 길입니다.

인디아나 존스는 이제 길을 어떻게 찾을까요? 그는 단서를 보고 첫 번째 줄에서 *I*를 찾아서

[****] Jehova, Yehova 등 여호와에 해당하는 다양한 언어와 철자가 있는데 이 중 영화에서 정답으로 쓰인 철자는 Iehova

그 석판을 딛습니다. 이렇게 첫 번째 석판을 식별해 낸 것 자체가 여러 단계를 거치는 하나의 검색 과정입니다. 석판에 새겨진 글자가 알파벳순으로 되어 있지 않다면, 인디아나 존스는 글자 *I*를 찾을 때까지 석판을 하나씩 살펴봐야 합니다. 글자가 있는 석판에 간 후, 그다음 줄에서 다음 철자인 e를 찾고, 이런 식으로 계속 이어갑니다.

이렇게 하나씩 찾아가는 것을 보고 리스트에서 항목을 찾는 것을 떠올렸다면, 정확합니다. 여기서 벌어지는 일이 바로 그것이지요. 차이가 있다면, 각 줄마다 단서의 글자를 찾기 위해서 리스트 검색이 반복적으로 이루어진다는 점입니다. 바로 이러한 점 때문에 이 방법이 강력한 것입니다. 검색 공간(전체 262,144개에 달하는 경로)에 어떤 일이 벌어졌는지 생각해 보세요. 첫 번째 줄에 있는 각각의 석판은 각각 하나의 시작점이며, 다음에 이어지는 다섯 줄의 석판들의 조합에 의해 생기는 32,768개 경로로 이어질 수 있습니다. 인디아나 존스가 첫 번째 석판에 *K*라고 새겨져 있는 것을 보았다면, *I*라고 새겨져 있지 않기 때문에 당연히 그 석판을 딛지 않을 것입니다. 이 하나의 결정으로 전체 검색 공간에서 *K* 석판에서 시작될 수 있는 32,768개에 달하는 잠재 경로를 한꺼번에 덜어내게 됩니다. 첫째 줄에서 석판을 하나 제외할 때마다 같은 수의 잠재 경로가 줄어듭니다.

인디아나 존스가 맞는 석판을 찾으면, 잠재 경로의 소거는 훨씬 더 극적으로 변합니다. 그 석판에 올라서는 순간 첫 번째 줄에서의 의사 결정이 완료되고, 검색 공간은 그 즉시 남아 있는 다섯 줄의 석판에 의해 형성되는 32,768개의 잠재 경로로 줄어들기 때문이죠. 총 일곱 번의 결정에 의해(첫 번째 줄에 있는 여덟 개의 석판 중 *I* 석판이 제일 마지막에 있는 경우) 인디아나 존스는 전체 검색 공간을 1/8로 줄입니다. 그리고 계속해서 두 번째 줄에서 e를 찾습니다. 또다시 최대 일곱 번의 판단 이후에 검색 공간은 1/8로 줄어들어, 총 4,096개의 잠재 경로가 남습니다. 인디아나 존스가 마지막 줄에 도착하면 여덟 개의 선택지만 남고, 다시 최대 일곱 번의 결정만 내리면 경로를 완성할 수 있습니다. 다시 말해 이 검색은 262,144개의 잠재 경로로부터 하나의 경로를 찾아내는 데에 최악의 경우에도 $7 \times 6 = 42$ 단계(그리고 여섯 번의 이동)만을 거치는, 놀라운 효율을 보여 줍니다.

관계가 없어 보이지만, 사실 인디아나 존스가 해결한 이 도전 과제는 헨젤과 그레텔의 문제와 약간 비슷합니다. 두 경우 모두 주인공은 안전한 곳으로 가는 길을 찾아야 하고, 두 경우 모두 표시가 되어 있는 위치들을 연결하여 경로를 찾아야 합니다. 단지 헨젤과 그레텔의 경우에는 그것이 조약돌이었고, 인디아나 존스의 경우에는 글자인 것뿐입니다. 그렇지만 잠재 경로들 중에서 다음에 이동해야 하는 위치를 찾는 과정은 다릅니다. 헨젤과 그레텔은 다음에 찾아야 하는 조약돌을 고를 필요가 없지만(전에 찾았던 것인지 아닌지는 확인해야겠지요), 인디아나 존스는 특정한 글자를 찾아야만 합니다. 두 사례는 다시 한번 계산에 있어서 표상의 중요성을 강조합니다. 인디아나 존스의 도전에서는 석판에 대한 기표(글자)를 이으면, 그 자체로 경로에 대한 기표(*Iehova*라는 단어)가 되고 있음을 보여 줍니다. 게다가 *Iehova*라는 단어가 경로를 의미한다는 사실은, 단어를 찾는 간단한 계산이 어떻게 현실에서 의미가 있고 중요할 수 있는지를 보여 줍니다.

인디아나 존스가 단서로 주어졌던 단어를 석판 격자에서 찾는 방법은 사전에서 단어를 찾는 방법과 똑같습니다. 사전에서 단어를 찾을 때, 우선 찾고자 하는 단어의 첫 글자와 같은 글자로 시작되는 단어가 포함된 페이지로 대상을 추립니다. 그리고 나서 두 번째 글자까지 일치하는 페이지로 대상을 줄이고, 이런 식으로 최종적인 단어를 찾습니다.

인디아나 존스가 상당히 효율적인 검색을 할 수 있게 만들어 준, 이 석판 격자 뒤에 숨겨져 있는 데이터 구조를 더 잘 이해하기 위해서, 트리를 이용해서 검색 공간을 정리하는, 단어와 사전을 표상하기 위한 또 다른 방법을 살펴보겠습니다.

사전과 함께 셈하기

4장에서 우리는 트리 데이터 구조에 대해 살펴보았으며, 가계도(가족 트리)를 이용해서 상속자의 상속 우선순위 리스트를 계산했습니다. 이때의 계산은 전체 트리를 순회했고 트리의 모든 노드에 방문해야만 했습니다. 트리는 어떤 모음 내의 검색을 지원하는 데에도 탁월한 데이터 구조입니다. 이런 경우의 검색은 트리의 노드를 사용하여 경로를 찾아 내려가서 원하는 요소를 찾게 됩니다.

인디아나 존스의 석판 건너기로 다시 돌아가 봅시다. 영화에서 그는 첫 번째로 안전하지 못한 석판을 딛는 바람에 거의 죽을 뻔합니다. 그는 여호와를 뜻하는 또 다른 단어인 *Jehova*의 철자를 사용해서 *J* 석판을 딛는데, 이 석판은 그의 발아래에서 바스러져 내립니다. 존스는 단서가 되는 단어가 정확히 어떤 철자인지 알지 못하기 때문에, 이 도전 과제는 처음에 생각했던 것보다 사실 좀 더 까다로운 문제라는 것을 알 수 있습니다. 추가로 여호화를 뜻하는 단어는 *I*와 *J*로 시작하는 철자 말고도 *Y*로 시작하는 것도 있습니다. 게다가 원칙적으로 후보군에는 *Yahweh*와 *God*과 같은 단어도 있습니다. 이 단어들이 모두 단서일 가능성이 있고, 인디아나 존스와 그의 아버지는 이들 중 하나가 석판 함정을 건너기 위한 경로를 알려 준다고 확신하고 있다고 생각해 봅시다.

이제 어떤 타일을 디뎌야 할지를 결정하기 위해서 어떤 전략을 구사해야 할까요? 만약 모든 단어들이 똑같은 가능성을 가지고 있다면, 더 많은 단어에 사용된 글자를 선택하는 것이 성공 확률이 높을 것입니다. 설명을 위해 우선 *J*를 선택했다고 가정해 봅시다(실제로 영화에서도 그랬고요). *J*는 여호와를 의미하는 다섯 개 단어(Jehova, Iehova, Yahweh, God, Yehova) 중 딱 한 단어에만 들어 있기 때문에 석판이 무너져 내리지 않을 확률은 1/5, 즉 20%입니다. 반면에 *v*는 세 개의 단어에 들어 있으므로 60%의 확률을 가집니다. 세 단어 중 어느 하나가 맞다면 *v*가 새겨진 석판은 안전할 것입니다. 그리고 모든 단어가 동일한 확률을 가지고 있다고 했으므로 *v* 석판을 선택하면 생존 확률도 3/5으로 증가합니다.[4]

따라서 좋은 전략은 우선 5개 단어에서 각 글자들이 발생하는 빈도를 계산한 후 가장 높은 발생 빈도를 가지는 석판에 올라서는 것입니다. 이렇게 글자를 그 발생 빈도와 연결한 그림을 *히스토그램(histogram)*이라고 합니다. 인디아나 존스는 글자 히스토그램을 계산하기 위해서 각 글자마다 빈도를 세는 카운터(counter; 계수기)를 사용해야 합니다. 모든 단어의 글자 하나하나를 훑으면서, 확인되는 글자마다 각각 연결된 카운터의 숫자를 증가시킵니다. 서로 다른 글자에 대해서 카운터를 운영하는 것은 사전 데이터 타입을 통해서 해결할 수 있습니다(4장 참조).

이 적용 사례에서 열쇠는 각 글자이고, 열쇠에 저장되는 정보는 각 글자의 발생 빈도입니다.

이런 사전을 구현하기 위해서 글자를 색인으로 하는 배열을 사용할 수도 있지만, 여기서는 11 개의 글자만 나오고 있기 때문에 50%나 되는 배열의 저장 공간을 낭비하게 됩니다. 그 대신 리스트를 사용할 수도 있습니다. 그렇지만 이 경우에는 그다지 효율이 좋지 않습니다. 알파벳 순서로 단어를 찾아보면서 이 부분을 살펴보겠습니다. *God*이란 단어부터 시작해서 각 글자를 카운터 초깃값 1과 함께 리스트에 추가해 보죠. 그러면 다음의 리스트를 얻을 수 있습니다.

G:1 → o:1 → d:1

*G*를 추가하는 데는 한 단계가 걸리지만 *o*는 *G* 다음에 추가해야 하므로 두 단계가 걸립니다. *d*는 *G*와 *o* 다음에 추가해야 하므로 세 단계가 걸립니다. 하지만 이렇게 하는 대신에 글자를 리스트의 앞에다 추가할 수 있지 않을까요? 불행히도 글자를 추가하기 전에 해당 글자가 리스트에 들어 있는지를 확인해야 하기 때문에 그렇게는 할 수 없습니다. 결국 새로운 글자를 추가하기 전에 리스트에 있는 전체 글자를 확인해야만 합니다. 만약 어떤 글자가 이미 리스트에 들어 있다면 리스트의 항목을 추가하는 대신 그 카운터 값을 증가시킵니다. 이렇게 우리는 첫 단어에서 이미 $1 + 2 + 3 = 6$단계를 거치게 됩니다.

다음 단어인 *Iehova*에서는 *I*, *e*, *h*를 삽입하는 데 각각 4, 5, 6단계가 필요하며, 여기까지 총 21단계를 거칩니다. 다음 글자인 *o*는 리스트에 이미 들어 있으므로 해당 글자를 찾아내서 카운터 값을 2로 바꾸는 데까지는 2단계밖에 걸리지 않습니다. *v*와 *a*는 새로운 글자이므로 리스트의 끝에 추가하기 위해 $7 + 8 = 15$단계가 필요합니다. 현재 여기까지 글자 리스트를 생성하기 위해 총 38단계가 걸렸고 그 내용은 다음과 같습니다.

G:1 → o:2 → d:1 → I:1 → e:1 → h:1 → v:1 → a:1

*Jehova*라는 단어에 대해서 카운터를 업데이트하려면 *J*를 추가하는 데 9단계, 나머지 글자들에 대한 카운터 값을 증가시키는 데 각각 5, 6, 2, 7, 8단계가 필요하며, 이를 모두 더하면 처음부터 여기까지 총 75단계가 됩니다. 마지막 두 단어인 *Yahweh*와 *Yehova*를 각각 40단계와 38단계를 거쳐 처리하고 나면 총 153단계가 소요되며 다음의 리스트를 얻게 됩니다.

G:1 → o:4 → d:1 → I:1 → e:4 → h:4 → v:3 → a:4 → J:1 → Y:2 → w:1

*Yahweh*에서 두 번째 *h*는 합산하면 안 되는데, 왜냐하면 한 단어에 대해 두 번 카운트하면 단어별 글자의 발생 빈도가 실제와 달라지기 때문입니다(이 경우에는 80%가 100%로).[5] 완성된 리스트를 살펴보면 *o*, *e*, *h*, *a*가 맞는 단어에 포함되어 있을 확률이 모두 80%이므로 이 글자들부터 시작하는 것이 안전합니다.

최소가 항상 최적은 아니다

리스트로 사전을 구현했을 때의 가장 큰 단점은, 리스트의 끝에 위치한 항목에 반복적으로 접근할 때 높은 접근 비용이 발생한다는 것입니다.

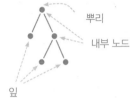

이진 검색 트리 데이터 구조는 검색 공간을 더 균일하게 나누어 빠른 검색이 가능하도록 함으로써 이 문제를 해결합니다. 이진 트리는 각 노드가 최대 2개의 자식 노드를 갖는 트리를 말합니다. 이미 언급되었듯이 자식 노드가 없는 노드를 *잎(leaf)* 이라고 부르며, 자식 노드가 있는 노드를 *내부 노드(internal node)* 라고 부릅니다. 또한, 부모가 없는 노드를 트리의 *뿌리(root)* 라고 부릅니다.

그림 5.1에 나온 이진 트리를 살펴봅시다. 왼쪽은 노드가 하나인 가장 간단한 구조의 트리로, 뿌리 노드는 동시에 잎 노드이기도 하며 글자 G가 들어 있습니다. 이 트리는 사실 트리(나무)같아 보이지 않습니다. 마치 항목이 하나뿐인 리스트가 리스트처럼 보이지 않는 것처럼요. 가운데 있는 트리는 뿌리에 글자 o가 담긴 자식 노드를 하나 가지고 있습니다. 오른쪽 트리에서 자식 노드 d는 자식 노드 a와 e를 가지고 있습니다. 여기서 우리는 어떤 노드로부터 부모 노드로의 연결을 제거하면 그 노드가 새로운 트리의 뿌리가 되는 것을 볼 수 있습니다. 이런 트리를 그 부모의 *하위 트리(subtree)* 라고 합니다. 이 예에서는 뿌리가 d이고 a와 e를 자식으로 가지는 트리와 뿌리로 o를 가지는 단일 노드 트리가 모두 노드 G의 하위 트리입니다. 이는 트리가 태생적으로 재귀적 데이터 구조이며, 트리는 하나의 노드이거나, 하나 혹은 두 개의 하위 트리를 가지는 (그리고 각 하위 트리의 뿌리는 해당 노드의 자식인) 노드로 정의될 수 있음을 보여 줍니다. 트리의 이러한 재귀적 구조에 대해서는 4장에서 가계도 트리를 순회하는 재귀적 알고리즘으로 다룬 바 있습니다.

[그림 5.1] 이진 트리의 세 가지 예. 왼쪽: 하나의 노드로 구성된 트리 / 가운데: 단일 노드의 오른쪽 하위 트리를 가지는 트리 / 오른쪽: 뿌리가 두 개의 하위 트리를 가지는 트리 / 세 트리 모두 이진 검색 트리의 속성을 가집니다. 즉, 왼편의 하위 트리에 포함된 값은 뿌리보다 작고 오른편의 하위 트리에 포함된 값은 뿌리보다 큽니다.

이진 검색 트리의 요점은 내부 노드를 경계로 하여 자식 노드를 두 종류로 분류하는 것으로, 경계 노드보다 작은 값을 가지는 노드는 왼쪽의 하위 트리에, 큰 값을 가지는 노드는 오른쪽 하위 트리에 들어 있습니다.

값이 이렇게 정돈되어 있으면 다음과 같이 검색을 수행할 수 있습니다: 만약 우리가 트리에서 특정한 값을 찾고자 한다면 우선 그 값을 뿌리와 비교합니다. 만약 그 값이 뿌리와 일치한다면 원하는 값을 찾은 것이고 검색은 끝납니다. 반면 두 값이 다르고 찾으려는 값이 뿌리보다 작다면, 그다음 검색은 왼쪽 하위 트리로 한정할 수 있습니다. 오른쪽 하위 트리에 있는 노드는 살펴볼 필요가 없는데, 왜냐하면 이 노드에 포함된 값은 뿌리보다 크다는 것을 이미 알고 있고 당연히 찾고자 하는 값보다도 클 것이기 때문입니다. 각각의 경우에 내부 노드는 "내부"(왼편의 하위 트리)와 "외부"(오른편의 하위 트리)를 구분하는 경계를 나타냅니다. 마치 인디아나 존스가 아버지를 찾을 때, 성배 수첩이 들어 있던 소포의 발신 주소가 부친을 찾아야 할 장소를("내부") 나타냈던 것과 같습니다.

그림 5.1의 세 트리는 모두 이진 검색 트리입니다. 트리는 글자를 그 알파벳 순서에 따라 비교할 수 있도록 값으로 저장합니다. 이런 트리에서 어떤 값을 찾으려면 찾으려는 값을 노드에 있는 값과 비교한 다음, 결과에 따라 오른쪽이나 왼쪽의 하위 트리로 비교를 이어가게 됩니다.

그림 5.1의 오른쪽 트리에 e가 들어 있는지 찾는다고 해 봅시다. 일단 트리의 뿌리에서 시작해서 e와 G를 비교합니다. e는 알파벳 순서에서 G보다 앞에 있으므로 G보다 작습니다. 따라서 검색은 이 트리에서 G보다 작은 값이 모여 있는 왼쪽 하위 트리로 이어집니다. e를 왼쪽 하위 트리의 뿌리인 d와 비교하면 e가 더 크기 때문에 이제 검색은 노드가 하나뿐인 오른쪽 하위 트리로 이어집니다. e를 이 노드와 비교하면 검색이 성공적으로 종료됩니다. 우리가 다른 값, 예를 들어 f를 검색했다면($f>e$), e 노드까지는 똑같이 진행되겠지만 e가 오른쪽 하위 트리를 가지고 있지 않으므로, 이 트리에는 f가 포함되어 있지 않다는 결론과 함께 검색은 e 노드에서 종료됩니다.

모든 검색이 트리 내부의 경로에서 진행되므로, 어떤 요소를 찾기 위해 혹은 어떤 요소가 트리에 들어 있는지를 찾기 위해 걸리는 시간은 뿌리에서 잎으로 가는 가장 긴 경로에서 걸리는 시간보다는 적게 걸립니다. 그림 5.1의 오른쪽에 있는 트리를 보면, 다섯 개의 요소를 포함하고 있고, 잎까지의 경로는 2 또는 3밖에 되지 않습니다. 이는 최대 3단계만 거치면 어떤 요소라도 찾을 수 있다는 뜻입니다. 반면, 다섯 개의 항목을 가지는 리스트였다면 마지막 항목까지 검색해야 하므로 항상 5단계가 필요했을 것입니다.

이제 이진 검색 트리를 사용해서 만든 사전 데이터 구조를 이용하여 글자 히스토그램의 계산을 진행할 준비가 되었습니다. *God*이란 단어부터 시작해서 각 글자를 카운터 초깃값 1과 함께 트리에 추가해 보겠습니다. 그러면 다음과 같은 트리를 얻을 수 있는데, 여기에는 각 글자가 트리에 입력된 순서를 반영하고 있습니다.

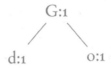

이 예에서 *G*를 집어넣는 것은 리스트에서 했던 것처럼 한 단계면 끝나지만, *o*와 *d*를 추가하는 것은 둘 다 *G*의 자식이기 때문에 두 단계가 걸립니다. 따라서 첫 단어에서 이미 리스트보다 한 단계가 줄어듭니다(트리는 1 + 2 + 2 = 5단계가 걸리는 반면 리스트는 1 + 2 + 3 = 6단계가 필요합니다).

다음 단어인 *Iehova*의 경우 *o*와 *h*는 각 2단계와 4단계가, 나머지는 각 글자마다 3단계가 걸립니다. 리스트에서 했던 것과 같이 *o*에 대해서 새로운 요소를 만들어 내는 대신 기존 요소의 카운트를 하나 증가시킵니다. 따라서 이 단어의 처리에 18단계가 걸리므로 첫 단어인 *God*부터 지금까지 총합 23단계가 됩니다. 리스트 데이터 구조를 사용했을 때에는 38단계였다는 것을 상기해 보세요. *Jehova*라는 단어에 대해서는 *J*만 추가되어(4단계) 트리의 구조는 거의 바뀌지 않습니다. 나머지 글자들(e, h, o, v, a)은 3 + 4 + 2 + 3 + 3 = 15단계에 걸쳐서 업데이트되어 최종적으로 38단계가 됩니다. 리스트의 경우에는 여기까지 75단계가 걸렸습니다.

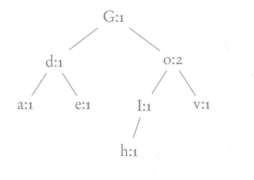

Iehova를 추가한 이후

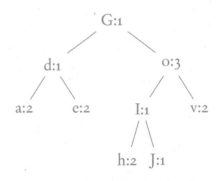

Jehova를 추가한 이후

마지막으로 *Yahwe(h)*와 *Yehova*는 각각 19단계가 필요하며 이 둘을 더하면 총 76단계를 거친 아래와 같은 트리를 얻을 수 있습니다. 이는 리스트 데이터 구조를 썼을 때의 153단계의 절반 수준입니다.

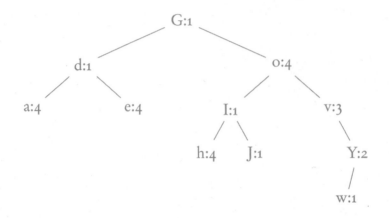

이진 검색 트리는 리스트와 같이 동일한 사전을 구현하고 있지만, 검색과 업데이트가 더 빠르게 실행될 수 있는 형태를 가지고 있습니다 - 최소한 일반적으로는 그렇습니다. 리스트와 트리의 공간적인 형태 차이는 둘 사이의 효율의 차이를 보여 줍니다. 리스트의 길고 좁은 구조로 인해 검색은 긴 거리를 이동하고, 불필요한 항목까지 검토해야 합니다. 반면 트리의 넓고 얕은 형태는 검색 경로를 효율화하며, 검토 대상이 되는 항목과 순회 거리를 줄여 줍니다. 하지만 리스트와 이진 검색 트리를 공정하게 비교하려면 몇 가지 사항을 추가로 고려해야 합니다.

효율성은 균형에 달려 있다

컴퓨터 과학에서는 서로 다른 데이터 구조를 비교할 때, 특정한 리스트나 트리에서 소요되는 정확한 단계 수를 세는 방법을 사용하지 않습니다. 왜냐하면 이런 방법은 작은 데이터 구조의 경우에 특히 잘못된 인상을 줄 수 있기 때문입니다. 게다가 종전의 경우와 같이 간단한 분석조차도 비교 대상이 된 동작들이 가지는 복잡도가 엄밀하게 같지 않기 때문에, 실행에 걸리는 시간도 균일하지 않습니다. 예를 들어 리스트에서 비교 작업을 수행하려면 두 요소가 같은지에 대해서만 확인하면 되지만, 이진 검색 트리는 이후 검색을 이어서 진행하게 될 하위 트리를 결정하기 위해 두 요소의 크기를 비교해야 합니다. 이는 153개의 리스트 연산이 76개의 트리 연산보다 단순하고 빠르게 수행될 수도 있음을 의미하며, 따라서 우리는 이 두 숫자를 직접 비교하는 것에 너무 큰 의미를 부여하면 안 됩니다.

대신에 우리는 데이터 구조가 커지고 복잡해지면서 생기는 연산의 실행 시간 증가를 고려합니다. 우리는 2장에서 몇 가지 사례를 살펴본 바 있습니다. 리스트에 새로운 항목을 추가하거나 기존 항목을 검색하는 데 걸리는 실행 시간이 선형이고, 따라서 항목의 추가나 검색에 걸리는 최대 시간이 리스트의 크기에 비례한다는 것은 이미 알고 있습니다. 이러한 사실 자체는 그리 나쁘지 않지만 만약 이런 동작이 연속적으로 수행되어야 한다면, 누적 실행 시간은 2차가 되기 때문에 이런 상황은 피해야 합니다. 헨젤이 새로운 조약돌을 가지러 매번 집에 가야 했던 이전의 예를 상기해 보시기 바랍니다.

그렇다면 트리에 요소를 추가하고 기존 요소를 검색하는 데 걸리는 실행 시간은 어떨까요? 앞서 나온 검색 트리는 11개의 노드를 가지며, 검색과 항목 추가에 세 단계에서 다섯 단계가 걸립니다. 사실 요소를 찾고 추가하는 데 걸리는 시간은 트리의 높이에 달려 있으며, 트리의 높이는 대부분 전체 요소의 수보다 훨씬 작습니다. 균형(balanced) 트리, 즉 뿌리로부터 잎까지의 모든 경로가 같은 거리를 가지는 트리에서는, 그 높이가 노드 수의 로그(logarithmic) 값이 됩니다. 다시 말해 트리의 노드 수가 두 배가 되어야 높이가 1이 증가한다는 뜻입니다. 예를 들어 15개의 노드를 가지는 균형 트리는 높이가 4이고, 1,000개 노드를 가지는 균형 트리는 높이가 10이며, 1,000,000개 노드를 가지는 균형 트리는 높이가 20이면 충분합니다. 로그 실행 시간은 선형 실행 시간보다 훨씬 우수하기 때문에, 사전의 크기가 많이 커지면 트리 데이터 구조가 리스트 대비 더 나은 선택지가 됩니다.

다만 이 분석은 균형 이진 검색 트리에 대한 것입니다. 항상 균형 트리가 만들어지도록 할 수 있을까요? 만약 그럴 수 없다면, 균형 트리가 아닌 경우의 실행 시간은 어떻게 될까요? 앞서 본 마지막 트리는 잎 노드 e까지 경로의 길이가 3인 반면 w까지의 거리는 5이기 때문에 균형 트리가 아닙니다. 트리에 입력되는 글자의 순서는 중요하며, 이 순서에 따라 다른 트리가 만들어질 수 있습니다. 예를 들어 doG라는 단어에 있는 순서대로 글자를 추가하면 우리는 다음과 같은 이진 검색 트리를 얻게 되는데 이 트리는 전혀 균형이 잡혀 있지 않습니다.

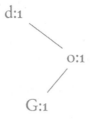

이 트리는 심한 불균형이고, 심지어는 리스트와 다를 것이 없습니다. 그런데 이 트리는 그다지 특이한 예외적인 사례도 아닙니다. 3글자(d, o, G)를 조합해서 만들 수 있는 6개의 글자 조합 중에서 2개는 균형 트리가 만들어지지만(*God*와 *Gdo*), 나머지 네 개는 리스트가 만들어집니다. 다행히도 검색 트리에 요소 추가 후 트리 모양이 틀어지면 균형을 잡아주는 기술이 있습니다. 다만, 여기에는 요소 추가 작업 비용이 들어갑니다. 비용 증가는 여전히 로그 수준으로 유지될 수 있기는 하지만요.

마지막으로 이진 검색 트리는 순서가 있는, 즉 임의의 두 요소 간의 크기를 비교할 수 있는 요소에만 적용할 수 있습니다. 크기 비교는 트리에서 요소를 찾거나 저장하기 위한 경로를 결정할 때 필요합니다. 그러나 몇몇 종류의 데이터에 대해서는 이런 비교가 불가능합니다. 예를 들어 퀼트(누빔) 패턴에 대한 정보를 기록한다고 해 봅시다. 당신은 각 패턴에 어떤 천조각과 도구가 필요한지, 만드는 것은 얼마나 어려운지, 만드는 데 시간이 얼마나 걸리는지 등을 기록하고 싶습니다. 이진 검색 트리에 이러한 정보를 저장하려면 패턴들 간에 어떤 것이 작고 큰지를 어떻게 결정할 수 있을까요? 패턴들이 가지는 천조각의 수가 다르고 천조각의 모양이나 색깔도 다르기 때문에, 이러한 패턴의 순서를 어떻게 결정해야 할지는 명확하지 않습니다. 그렇다고 불가능한 일도 아닙니다. 예를 들어 패턴을 구성하는 부분으로 분해하고 특징(천 조각의 수나 색상, 모양 등)을 목록화해서 패턴을 표현한 후 패턴들 간의 특징 목록을 비교할 수 있습니다. 하지만 이런 방식에는 노력이 필요하고, 그다지 현실적이지 않습니다. 따라서 이진 검색 트리는 퀼트 패턴에 대한 사전으로는 그다지 적합하지 않은 것 같습니다. 그러나 리스트는 여전히 퀼트 패턴에 대한 사전으로 사용할 수 있습니다. 패턴이 같은지 다른지만 리스트를 통해서 결정하면 되므로, 이 방법은 이진 검색 트리로 순서를 매기는 것보다 쉽습니다.

요약하자면, 이진 검색 트리는 사람들이 이미 자연스럽고 쉽게 사용하고 있는 방법을 통해 검색 문제를 작게 분해합니다. 사실, 이진 검색 트리는 체계화되고 완성된 결과라고 할 수 있습니다. 결과적으로 이진 검색 트리는 리스트보다 훨씬 더 효과적으로 사전을 표현할 수 있습니다. 그러나 트리는 균형을 보장하기 위한 노력이 필요하며, 모든 종류의 데이터에 적용할 수 없습니다. 책상, 사무실, 주방 또는 차고를 정리해 봤다면 알고 있을 것입니다. 물건을 사용한 후에 제자리에 두고 주기적으로 정돈하려는 노력을 기울이면, 정돈되지 않은 채로 쌓여 있는 물건들을 뒤지는 것보다 물건을 찾는 일이 훨씬 쉬워진다는 것을요.

트라이를 써 봅시다 (Try a Trie)

단어에서 글자의 빈도를 나타내는 히스토그램을 구하는 데 리스트보다 이진 검색 트리가 효율적인 방편임을 보았습니다. 그렇지만 이는 인디아나 존스의 석판 건너기 문제를 해결하기 위한 계산의 한 부분일 뿐입니다. 이제 남은 계산은 어떤 철자 순서로 석판을 디뎌야 안전하게 석판을 건널 수 있는지 식별하는 것입니다.

우리는 이미 각 여덟 개의 글자로 구성된 여섯 줄의 석판 격자에 262,144개의 경로가 존재함을 확인한 바 있습니다. 각각의 경로는 하나의 단어에 대응하기 때문에 경로와 단어와의 연결을 표현하기 위해 사전을 사용할 수 있습니다. 리스트를 사용하면 단서로 주어진 단어인 *Iehova*가 제일 마지막에 있을 경우, 이 단어를 찾는 데 시간이 오래 걸리므로 효율적이지 않습니다. 균형 이진 트리는 트리의 가장 긴 경로가 18단계로, 상대적으로 단어를 빨리 찾을 수 있으므로 리스트보다 균형 이진 트리가 훨씬 나은 선택입니다. 하지만 우리는 그런 균형 트리를 가지고 있지 않으며, 균형 트리를 만들려면 많은 시간이 소비됩니다. 글자가 들어 있는 검색 트리와 같이 우리는 모든 요소를 하나씩 추가해야만 합니다. 그리고 그러기 위해서는 트리의 뿌리에서 잎까지 반복적으로 순회해야만 합니다. 자세히 분석해 보지 않아도 이런 트리를 만드는 데 선형 이상의 시간이 걸린다는 것은 분명합니다.[6]

그렇지만 추가적인 데이터 구조를 사용하지 않아도 디뎌야 하는 석판의 순서를 꽤 효과적으로 알아낼 수 있습니다(42단계 이내로). 어떻게 가능할까요? 그 해답은 글자가 새겨진 석판으로 구성된 바닥 그 자체가 하나의 데이터 구조이고, 이것이 인디아나 존스가 수행해야 하는 종류의 검색을 특히 잘 지원한다는 점에 있습니다. 이런 데이터 구조를 *트라이(trie)*라고 부르는데,[7] 어떤 면에서는 이진 검색 트리와 비슷하지만 중요한 차이를 가지고 있습니다.

인디아나 존스가 석판을 고를 때마다 검색 공간이 1/8로 줄어들었었죠. 이는 균형 이진 검색 트리에서 하위 노드로 갈 때마다 검색 공간이 절반으로 줄어드는 것과 유사합니다. 이진 검색 트리는 2개의 가지 중 하나를 선택함으로써 트리에 있는 나머지 절반의 노드가 검색에서 제외됩니다. 같은 식으로, 하나의 석판을 제외하면 검색 공간의 1/8이 줄어들고 하나의 석판을 고르면 검색 공간이 이전 크기의 1/8로 줄어듭니다. 하나의 석판을 선택한다는 것은 일곱 개의 석판을 제외하는 것이므로 전체 검색 공간의 7/8이 줄어드는 것과 같습니다.

하지만 여기에서는 이진 검색 트리에서 일어났던 일과는 다른 일이 벌어지고 있습니다. 이진 검색 트리에서 노드는 각각 하나의 항목을 저장합니다. 이에 비해 트라이는 각 노드에 하나의 글자만 저장하고, 다른 문자로 이어지는 경로를 통해 단어를 나타냅니다. 이진 검색 트리와 트라이의 차이점을 이해하기 위해 다음의 예를 생각해 보죠. 우리가 나타내고 싶은 단어 집합이 *bat*, *bag*, *beg*, *bet*, *mag*, *mat*, *meg*, *met*라고 합시다. 이 단어들로 균형 이진 검색 트리를 만들면 다음과 같습니다.

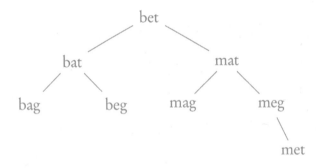

이 트리에서 *bag*이란 단어를 찾기 위해서는 뿌리에 있는 단어인 *bet*와 비교하고, 그 결과로 왼편의 하위 트리로 검색을 이어갑니다. 이 비교 작업은 두 단어의 첫 두 글자를 비교하는 두 단계에 걸쳐 이루어집니다. 다음으로 우리는 *bag*을 왼쪽 하위 트리의 뿌리인 *bat*와 비교하고, 결과에 따라 검색은 다시 그 왼쪽 하위 트리로 이어집니다. 이번 비교에는 두 단어의 세 글자 모두를 비교하는 세 단계가 필요합니다. 마지막으로 *bag*을 트리에서 가장 왼쪽에 있는 노드와 비교하면 검색이 성공적으로 완료됩니다. 이 마지막 비교에는 세 단계가 걸리고 전체 검색에 모두 여덟 번의 글자 비교를 거치게 됩니다.

똑같은 단어의 집합을 2 × 3의 격자로 된 판으로 표현할 수 있는데, 여기서 각 줄은 모든 단어의 상응하는 위치에서 나올 수 있는 글자를 담습니다. 예를 들어 모든 단어는 b 혹은 m으로 시작되기 때문에, 첫 번째 줄에는 이 두 글자를 담을 두 개의 판이 필요합니다. 같은 방식으로 두 번째 줄에는 a와 e를 담을 두 개의 판이 필요하며, 마지막 줄은 g와 t를 담을 판이 필요합니다.

b	m
a	e
g	t

　여기서 어떤 단어를 찾아내는 작업은 글자판을 한 줄씩 체계적으로 이동함으로써 이루어집니다. 찾으려는 단어의 각 글자들은 모든 줄을 왼편에서 오른편으로 훑으면서 찾습니다. 예를 들어 bag이라는 단어를 찾으려고 하는 경우, 우선 첫 번째 글자인 b를 첫 번째 줄에서 찾습니다. 이는 한 단계로 찾을 수 있습니다. 다음으로 두 번째 줄에서 두 번째 글자인 a를 찾는데 이것도 한 단계를 거칩니다. 마지막으로 g를 세 번째 줄에서 찾으면 검색이 성공적으로 끝나며, 이것도 한 단계만 거치면 됩니다. 이 검색에는 총 세 번의 비교가 수행됩니다.

　격자판에서의 검색은 이진 검색 트리보다 적은 단계가 소요되는데, 이것은 우리가 모든 글자별로 한 번씩만 비교하면 되었기 때문입니다. 그에 비해 이진 트리는 단어의 첫 번째 글자를 반복적으로 비교했습니다. 단어 bag의 경우는 모든 글자를 한 번에 찾아냈기 때문에 최선의 경우에 해당됩니다. 반면 met는 모든 글자가 각 줄의 마지막에 담겨 있기 때문에 여섯 단계가 걸립니다. 그렇지만 우리는 모든 판을 최대 한 번씩만 검사하기 때문에 이보다 더 오래 걸리지는 않습니다(참고로 met를 이진 검색 트리에서 검색하는 데에는 2 + 3 + 3 + 3 = 11단계가 걸립니다). 이진 검색 트리에서 최선의 경우는 단어 bet를 찾는 경우로, 이 단어는 단지 세 단계만 거치면 됩니다. 하지만 뿌리에서 거리가 멀어질수록 이진 검색은 점점 더 많은 계산을 해야 합니다. 대부분의 단어들이 뿌리에서 거리가 먼 트리의 잎 쪽에 위치해 있기 때문에[8], 일반적으로 우리는 단어의 첫 부분에 대한 검색을 반복적으로 진행해야 합니다. 이를 통해 트라이에서의 검색이 대부분의 경우에 이진 검색 트리보다 빠르다는 것을 알 수 있습니다.

　이 격자판의 예에서는 트라이가 표로 표현될 수 있지만 그럴 수 없는 경우도 있습니다. 이 예에서는 모든 단어가 같은 길이를 가지고 있고 단어들의 각 위치에 같은 글자가 들어갈 수 있었기 때문에 잘 동작했던 것입니다. 하지만 우리가 bit나 big 같은 단어를 표현하고 싶다고 가정해 봅시다. 두 번째 줄에는 글자 *i*를 위한 판이 하나 더 필요한데 이렇게 되면 직사각형 모양이 깨지게 됩니다. 두 단어를 더해 보니 예제에 일반적으로는 존재하지 않는 규칙성이 있었음을 알 수 있습니다.

예제의 단어들은 같은 길이의 서로 다른 글자에 같은 글자를 뒤에 더할 수 있도록 특별히 선정해서, 서로 정보를 공유할 수 있도록 한 것입니다. 예를 들어 *ba*와 *be*는 모두 *g*나 *t*를 뒤에 붙여서 단어를 완성할 수 있는데, 이는 두 개의 글자 뒤에 올 수 있는 글자를 *g*와 *t* 두 글자를 가지고 있는 한 줄을 통해 표현할 수 있다는 것을 의미합니다. 그러나 이것은 *bit*와 *big*에서는 유효하지 않습니다. *b*는 *a, e, i*로 이어질 수 있지만, *m*의 뒤에는 *a, e*밖에 올 수 없으며, 이것은 뒤에 올 글자를 두 가지로 나누어서 다루어야 한다는 것을 의미합니다.

따라서 트라이는 통상 각 노드가 하나의 글자만을 담고 있는 특별한 종류의 이진 트리로 표현되는데, 왼쪽의 하위 트리는 단어에서 다음에 오는 글자를, 오른쪽의 하위 트리는 대체될 글자(그리고 그다음에 이어 올 글자)를 표현합니다. 예를 들어 *bat, bag, beg, bet*에 대한 트라이는 다음과 같습니다.

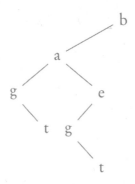

뿌리에 오른쪽 가지가 없기 때문에 모든 단어는 *b*로 시작됩니다. 뿌리 *a*를 가지는 하위 트리로 연결되는 *b*의 왼쪽 가지는 뒤에 올 수 있는 글자들로 이어집니다. *b* 뒤에 이어서 올 수 있는 글자는 *a*나 *e*로 시작되는데, *e*는 *a*의 오른쪽 가지에 위치해서 *a* 대신 올 수 있다는 것을 표현합니다. *ba*나 *be*의 뒤에 *g*나 *t*가 올 수 있다는 것은, 뿌리가 *g*이고 오른쪽에 자식 *t*를 가지는 하위 트리로 이어지는, *a*의 왼쪽 가지에 의해서 표현됩니다. *a*와 *e*의 왼편 하위 트리의 모양이 같다는 것은 둘이 공유될 수 있다는 것을 의미하는데, 이것은 격자판에서 한 줄의 판으로 표현될 수 있습니다. 이런 공유가 가능하기 때문에 트라이는 일반적으로 이진 검색 트리보다 작은 공간을 요구합니다.

이진 검색 트리에서 개별 노드는 완전한 열쇠를 가지고 있는 데 비해, 트라이에 저장된 열쇠는 트라이의 각 노드에 나뉘어서 저장됩니다. 트라이의 뿌리로부터 이어지는 연속되는 노드들은 어떤 열쇠의 서두(prefix)를 나타내며, 격자판의 경우 선택한 판들이 최종 경로의 서두에 해당합니다. 이것이 트라이가 *프리픽스 트리(prefix tree)*라고 불리는 이유입니다. 인디아나 존스가 맞닥뜨린 석판 바닥 건너기 문제에 대한 트라이 데이터 구조를 그림 5.2에 볼 수 있습니다.

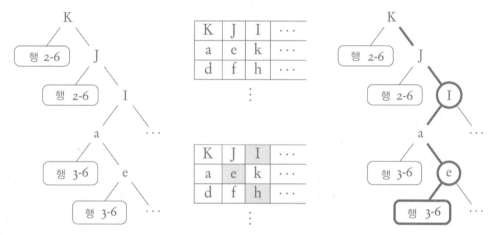

[그림 5.2] 트라이 데이터 구조와 검색이 이루어지는 방식. 왼쪽: 왼쪽의 하위 트리는 부모 노드의 글자 다음에 올 수 있는 글자를 나타내고(모서리 둥근 사각형) 오른쪽 하위 트리는 부모 노드의 대체값을 나타냅니다. / 가운데 위: 왼쪽에 있는 트라이를 격자판으로 나타냈습니다. 공통되는 하위 트리는 한 줄의 판을 통해 공유됩니다. / 가운데 아래: lehova의 철자의 앞부분을 나타내는 세 글자판 / 오른쪽: 선택한 글자판들이 트라이에서 나타내는 경로를 굵은 선으로 표시했습니다. 동그라미 친 노드들이 선택된 글자판을 나타냅니다.

이진 검색 트리나 리스트와 같이 트라이는 나름의 장점과 단점을 가지고 있습니다. 예를 들어 트라이는 연속된 요소로 분리할 수 있는 열쇠에 대해서만 동작합니다. 인디아나 존스가 마지막 장면에서 성배를 얻을 수 없었던 것처럼, 데이터 구조의 성배도 존재하지 않습니다. 최선의 데이터 구조는 항상 그 상세한 용도에 따라 결정됩니다.

우리는 인디아나 존스를 보면서, 단서가 되는 단어를 찾거나 정확한 석판으로 뛰어오르는 것은 어려운 일이라고 생각하고, 단서의 글자에 대응하는 것이 어떤 석판인지 알아내는 것은 그다지 어려운 일이 아니라고 생각합니다. 그런 일은 너무나 뻔해서 군이 생각할 필요도 없어 보이는 데, 이것이 바로 우리가 효율적인 알고리즘의 실행을 얼마나 자연스럽게 받아들이고 있는지를 보여 줍니다. 헨젤과 그레텔, 셜록 홈즈, 인디아나 존스의 모험과 그들의 생존 전략은 모두 핵심적인 계산의 원칙에 기반하고 있습니다.

그리고 마지막으로, 자동차 열쇠를 어떻게 하면 잃어버리지 않을 수 있는지 여전히 궁금하다면, 그 비결은 아주 간단합니다: 집에 오면 항상 열쇠를 같은 곳에 두세요. 이 위치가 바로 열쇠를 찾는 열쇠입니다. 하지만 아마 이미 아는 얘기일 것 같네요.

채비하기

만약 당신이 교사라면 업무의 상당 부분이 담당 학생들의 시험이나 작문 등을 평가하는 일일 것입니다. 이 일은 각 시험 결과를 단순히 읽고 점수 매기는 일에 그치지 않습니다. 예를 들어 점수를 최종적으로 결정하기 전에 점수의 분포나 그래프가 어떻게 될지 알고 싶을 수도 있습니다. 게다가 일단 점수가 결정되면 학급 성적표에 입력해야 하고 마지막으로 시험지를 학생들에게 돌려줘야 합니다. 어쩌면 이런 일들은 일종의 순서 매기기를 이용해서 보다 효과적으로 수행될 수 있습니다.

학급 성적표에 성적을 입력하는 것을 생각해 봅시다. 이런 간단한 일에 대해서라도 실행 시간 성능이 다른 세 가지 알고리즘을 생각해 볼 수 있습니다. 우선 쌓여 있는 시험지들을 하나하나 살펴보면서 점수를 하나하나 입력하는 방법이 있습니다. 시험지를 시험지 더미에서 꺼내는 것은 고정 시간이 걸리지만, 학급 성적표에서 학생의 이름을 찾는 일은 로그 시간이 걸립니다. 물론 학생들의 이름이 정렬되어 있고 검색에 이진 검색을 활용한다는 가정하에 말이지요. 학급 성적표에 점수를 기입하기 위한 시간을 모두 더하면 *선형 로그(linearithmic)* 시간이 걸리며,[1] 이것은 2차인 경우보다는 낫지만 선형인 경우만큼 좋지는 않습니다.

둘째로 학급 성적표의 이름을 하나씩 훑으면서 그 학생의 시험지를 시험지 더미에서 찾을 수 있습니다. 여기서도 학생들의 이름을 가져오는 것은 고정 시간이 걸리지만 어떤 학생의 시험지를 리스트에서 찾는 일은 평균적으로 리스트의 절반 정도를 순회해야 하므로 2차 실행 시간이 걸립니다.[2] 따라서 이 알고리즘을 사용하면 안 됩니다.

세 번째 방법은 시험지를 우선 이름순으로 정렬한 후에 학급 성적표에서 이름을 찾는 일과 시험지를 찾는 일을 병렬로 진행하는 것입니다. 정렬된 시험지와 학급 성적표의 이름 순서는 서로 들어맞기 때문에 성적을 입력하는 것에는 고정 시간만이 걸립니다. 작업에 걸리는 전체 시간은 성적을 입력하는 선형 시간과 성적표의 리스트를 정렬하는 데 걸리는 선형 로그 시간의 합입니다. 따라서 마지막 알고리즘 또한 선형 로그 실행 시간을 가집니다. 그렇지만 첫 번째 방법보다 낫지도 않은데 애초에 뭐 하러 시험지를 정렬하는 수고를 더해야 할까요? 사실 이 마지막 방법에는 정렬에 걸리는 시간을 선형 로그 시간보다 빠르게 할 수 있는 경우가 있기 때문에 세 가지 방법 중 마지막 방법이 성능을 향상시키는 방법이자 가장 효율적인 방법이 될 수 있습니다.

시험 점수의 그래프를 그리고 난 후에 할 작업은 점수 분포를 만드는 것, 즉 점수를 나타내는 점과 해당 점수를 얻은 학생의 수를 연결하는 것입니다. 이 작업은 앞서 인디아나 존스의 글자 히스토그램 계산과 비슷합니다. 리스트를 이용해서 히스토그램을 계산하는 것은 2차 실행 시간이 걸리지만 이진 검색 트리를 이용하면 선형 로그 시간이 걸립니다. 따라서 후자를 이용해야 합니다. 히스토그램을 구하는 또 다른 방법은 시험지를 점수에 따라 정렬하고 정렬된 시험지 뭉치를 훑으면서 같은 점수가 얼마나 나오는지 세는 것으로, 이는 정렬 리스트에서 시험지들이 같은 점수끼리 모여 있기 때문에 가능합니다. 점수를 학급 성적표에 입력하는 앞서의 경우와 같이 정렬 자체는 실행 시간을 증가시키기보다는 잠재적으로 실행 시간을 줄여 줍니다. 그러나 점수 범위가 작은 경우에는 상황이 다릅니다. 이런 경우에는 점수의 배열을 만들고 그 내용을 업데이트하는 쪽이 아마 더 빠를 것입니다.

마지막으로 학생들에게 시험지를 돌려주는 작업은 당황스러울 정도로 느린 일이 될 수 있습니다. 어떤 학생의 앞에서 그 학생의 시험지를 뒤지는 모습을 상상해 보세요. 이진 검색을 사용해도 이 작업은 너무 오래 걸립니다. 많은 수의 학생들에 대해서 검색을 반복하면 매우 느린 작업이 됩니다(시험지를 하나씩 건네줄 때마다 양이 조금씩 줄기는 하겠지만요). 대안은 시험지를 학생들이 앉은 자리에 맞춰서 정렬해 두는 것입니다. 만약 자리마다 번호가 매겨져 있고 자리표를 가지고 있다면(아니면 그냥 누가 어디 앉는지를 알고 있다면) 시험지를 자리 번호에 따라 정렬해 둘 수 있습니다. 이렇게 하면 시험지를 나눠 주는 작업이 학급 성적표에 점수를 입력했을 때처럼 선형 알고리즘이 되고, 학생들의 자리와 시험지 묶음을 같은 순서로 병렬로 순회하면서 시험지를 한 단계로 건네줄 수 있습니다. 이 경우에 정렬에 선형 로그 시간이 걸린다 해도 그럴 만한 가치가 있는데, 왜냐하면 중요한 수업 시간을 낭비하지 않을 수 있기 때문입니다. 이것은 *사전계산(precomputing)*의 예로, 사전계산이란 알고리즘에 필요한 데이터를 알고리즘의 수행 전에 계산해 두는 것입니다. 이는 우편 배달부가 우편물을 배달하기 전에 하는 일과 같고, 장 보러 가서 마트에 상품이 진열된 위치에 따라서 쇼핑 목록을 정돈할 때 하는 일과도 같습니다.

정렬은 생각보다 더 일반적인 일입니다. 한 묶음의 항목들을 정렬하는 것 외에도 우리는 주기적으로 해야 할 일의 순서를 그 연관 관계에 따라서 결정해야 합니다. 옷 입는 알고리즘을 생각해 보세요. 신발을 신기 전에 양말을 신고, 바지를 입기 전에 속옷을 입어 두어야 하죠. 가구를 조립하거나 기계를 수리하고, 서류를 작성하는 등 대부분의 일들이 정확한 순서를 필요로 합니다. 심지어 유치원생들조차 그림을 이야기의 순서대로 정렬하라는 문제를 해결하고 있습니다.

06 좋은 정렬 방식을 골라내기

정렬(sorting)은 계산의 주요한 사례입니다. 정렬은 많은 곳에 사용되고 있을 뿐 아니라 컴퓨터 과학의 몇몇 기본 개념을 설명하는 데 유용합니다. 우선 실행 시간과 공간 요구 사항이 다른 여러 정렬 알고리즘은 어떤 문제를 어떻게 계산할지 결정할 때 효율성이 얼마나 중요한지를 보여 줍니다. 둘째로 정렬은 최소 복잡도가 알려진 문제입니다. 다시 말해 어떤 정렬 알고리즘을 수행할 때 몇 단계를 거쳐야 하는지 그 *하한*을 알고 있다는 의미입니다. 따라서 정렬은 컴퓨터 과학 분야에서 계산의 속도에 있어서 원칙적인 한계가 확인되었음을 알려 줍니다. 한계에 대해서 알고 있으면 연구 활동을 더욱 생산적으로 할 수 있습니다. 셋째로 문제의 복잡도와 해결책의 복잡도를 구분함으로써 *최적해(optimal solution)*의 개념을 이해할 수 있습니다. 마지막으로 정렬 알고리즘 중 몇 가지는 *분할 정복(divide-and-conquer)* 알고리즘의 예입니다. 이런 알고리즘은 입력을 작은 부분으로 나누고 재귀적으로 처리한 뒤 그 개별 결과를 결합해서 원래 문제에 대한 해결책을 만들어 냅니다. 분할 정복 원리의 간결함은 재귀적인 속성과 수학적 귀납법과의 관계에서 유래합니다. 이것은 문제 해결에 매우 효과적이며 문제 분해가 가진 힘을 보여 줍니다.

5장에서 언급했듯 정렬의 용도 중 하나는 검색을 지원하고 가속하는 것입니다. 예를 들어 정렬되지 않은 배열이나 리스트에 포함된 요소를 검색하는 데에는 선형 시간이 걸리지만, 정렬된 배열에서는 이진 검색을 사용해서 로그 시간에 해결할 수 있습니다. 이렇게 한 시점에 수행해 둔 계산(여기서는 정렬)은 보존해 두었다가 향후 다른 계산(예를 들어 검색)을 가속하기 위해 사용할 수 있습니다. 보다 일반화하면, 계산은 저장할 수 있고 데이터 구조를 통해 재사용될 수 있는 자원입니다. 이런 데이터 구조와 알고리즘 간의 상호작용은 둘이 얼마나 밀접한 관계인지 보여 줍니다.

우선 해야 하는 것부터 먼저

인디아나 존스는 평소에 대학교수로 일하고 있습니다. 이는 그가 시험 점수를 매기는 일을 해야 한다는 뜻입니다. 따라서 그는 정렬 작업과 관련이 있습니다. 게다가 고고학자로서 물리적으로 실재하는 유물들을 관리해야 하고 탐사 중에 작성한 기록과 관찰물을 정리해야 합니다. 사무실의 문서와 마찬가지로 이것들도 정렬해 두면 크게 도움이 되는데, 왜냐하면 순서대로 되어 있으면 무언가를 찾는 일을 더 효율적으로 수행할 수 있기 때문입니다. 인디아나 존스의 모험들 중에서는 정렬의 다른 용도도 나오는데, 이는 그가 복잡한 일을 어떻게 수행하면 좋을지 계획을 수립할 때마다 나타납니다. 계획이란 여러 가지 일들을 적절한 순서로 정리한 것입니다.

인디아나 존스 시리즈 중 1편인 『레이더스(Raiders of the Lost Ark)』에서는 십계명이 들어 있는 성궤를 찾는 이야기가 나옵니다. 소문에 따르면 성궤는 고대 도시 타니스의 밀실 안에 묻혀 있습니다. 성궤를 찾기 위해 인디아나 존스는 영혼의 우물이라 불리는 이 밀실을 찾아야 합니다. 밀실의 위치는 비밀의 방에 있는 타니스의 모형 안에서 발견할 수 있습니다. 특수한 황금 원판을 비밀의 방의 특정한 곳에 갖다 대면 햇빛이 타니스 모형 안에 있는 영혼의 우물을 비추며, 그 위치를 알려 줍니다. 황금 원판은 인디아나 존스의 은사이자 멘토였던 레이븐우드 교수가 가지고 있었으나, 나중에 그의 딸인 마리온 레이븐우드에게 넘깁니다. 따라서 성궤를 찾기 위해 인디아나 존스는 다음과 같은 몇 가지 일들을 처리해야만 합니다.

- 영혼의 우물 위치 찾기 (우물)
- 비밀의 방 찾기 (비밀)
- 황금 원판 구하기 (원판)
- 원판으로 햇빛 비추기 (햇빛)
- 황금 원판을 가진 사람 찾기 (마리온)

이러한 일들을 처리하기 위해서 인디아나 존스는 여러 장소를 여행해야만 합니다: 네팔에 가서 마리온 레이븐우드를 찾고, 성궤가 숨겨진 영혼의 우물이 있는 이집트의 타니스로 가야 합니다.

여기 나온 일들의 올바른 순서를 찾는 것은 어려운 일이 아닙니다. 컴퓨팅의 관점에서 관심을 가질 만한 사항은 이 문제를 풀기 위해서는 어떤 알고리즘이 존재하는지, 이런 알고리즘의 실행 시간은 어떻게 되는지 같은 것들입니다. 일의 순서를 정하기 위해서 아마 대부분의 사람들은 두 가지 방법을 사용할 것입니다.

이 두 방법은 모두 비정렬 리스트에서 시작해서 리스트가 정렬될 때까지 반복적으로 요소를 이동합니다. 두 방법의 차이는 비정렬 리스트에서 정렬 리스트로 요소가 어떻게 이동되는지에 따라서 설명할 수 있습니다.

[그림 6.1] 선택 정렬은 비정렬 리스트에서 가장 작은 요소를 반복적으로 찾아서(세로 막대의 왼쪽) 정렬 리스트(오른쪽)에 추가합니다. 각 요소는 이름에 의해서가 아니라 각각이 나타내는 일의 종속성에 따라 정렬됩니다.

그림 6.1에 나온 첫 번째 방법은 비정렬 리스트에서 가장 작은 요소를 찾고, 이를 정렬 리스트에 더하는 작업을 반복하는 것입니다. 행동을 비교하기 위해서, 어떤 행위가 다른 행위보다 먼저 수행될 때 더 작은 것으로 간주합니다. 결과적으로 가장 작은 행위는 어떤 다른 행위보다 우선하는 것이어야만 합니다. 처음 모든 요소를 검토하기 전에는 정렬 리스트는 비어 있습니다. 첫 번째로 해야 할 일이 네팔로 가는 것이기 때문에 네팔이 가장 작은 요소이고 정렬 리스트에 추가하기 위해 첫 번째로 선택해야 하는 요소가 됩니다. 다음 단계는 원판을 가진 사람, 즉 마리온을 찾는 일입니다. 그다음, 인디아나 존스는 원판을 구해서 타니스로 가고, 비밀의 방을 찾아냅니다. 이 순서는 그림 6.1의 마지막에서 두 번째 줄에 표현돼 있습니다. 마지막으로 인디아나 존스는 원판을 이용해서 햇빛을 모아, 성궤가 숨겨진 영혼의 우물의 위치가 드러나도록 해야 합니다.

이렇게 얻어진 정렬 리스트는 인디아나 존스의 계획을 나타냅니다.

그림이 보여 주듯이 이 알고리즘은 비정렬 리스트가 완전히 비워질 때 끝나는데, 왜냐하면 모든 요소가 정렬 리스트로 이동되었기 때문입니다. 이러한 정렬 알고리즘은 비정렬 리스트에서 반복적으로 요소를 선택하기 때문에 *선택 정렬(selection sort)*이라고 부릅니다. 이 방법은 정확히 반대로도 작동하는데, 반복적으로 *가장 큰* 요소를 찾아서 정렬 리스트의 *가장 앞*에 추가하면 됩니다.

어쩌면 뻔해 보일 수도 있지만, 어떻게 리스트에서 가장 작은 값을 찾아낼 수 있을까요? 간단한 방법 하나는 첫 번째 요소의 값을 기억하고 있다가 두 번째, 세 번째와 비교하고 이렇게 더 작은 값을 발견할 때까지 반복하는 것입니다. 이렇게 리스트의 끝에 도달할 때까지 각 요소의 값을 비교하고 작은 값을 기억하는 것을 반복합니다. 이 방법은 최악의 경우에 가장 작은 요소가 리스트의 가장 끝에 있을 수 있기 때문에 리스트의 길이에 대해 선형 시간이 소요됩니다.

선택 정렬을 할 때 가장 어려운 것은 비정렬 리스트에서 가장 작은 값을 찾아내는 것입니다. 각 단계를 거치면서 비정렬 리스트의 크기가 하나씩 줄어들기는 하지만, 평균적으로 전체 리스트의 절반 정도 되는 리스트를 순회하는 것과 같기 때문에, 2차 실행 시간이 걸립니다. 2장에서 봤던 헨젤이 다음 조약돌을 집에서 가져와야 하는 알고리즘의 경우와 비슷하며, 처음부터 n개의 숫자를 더한 값은 n의 제곱에 비례합니다.[1]

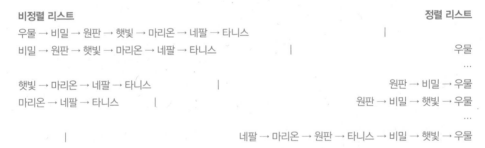

[그림 6.2] 삽입 정렬(insertion sort)은 비정렬 리스트(세로 막대 왼쪽)의 요소들을 순차적으로 정렬 리스트(오른쪽)에 끼워 넣습니다.

또 다른 유명한 정렬 방법은 비정렬 리스트에서 임의의(보통 첫 번째) 요소를 가져와서 정렬 리스트의 적절한 위치에 넣는 것입니다. 요소는 정렬 리스트에서 이 요소의 값보다 *작은* 값 중, 가장 큰 값 *다음*에 삽입됩니다. 즉 삽입 단계에서는 정렬 리스트를 순회하면서 삽입될 요소의 앞에 오는 값을 찾게 됩니다.

이 방법을 사용할 때 어려운 것은 요소의 선택보다
는 요소의 삽입 쪽이며, 이에 따라서 그 이름도 *삽입 정
렬(insertion sort)*(그림 6.2참조)이라고 불립니다. 삽입
정렬은 카드 게임을 하는 사람들이 좋아하는 정렬 방식
입니다. 딜러가 돌린 카드를 집어 들어서 손에 들고 있
던 이미 정렬되어 있는 패에 순서에 맞춰 끼워 넣는 것
이 이와 같습니다.

삽입 정렬과 선택 정렬의 차이는 햇빛 항목이 비정렬 리스
트에서 정렬 리스트로 옮겨질 때 가장 잘 나타납니다. 그림 6.2에서 볼 수 있듯이 요소는 비정렬
리스트에서는 검색할 필요도 없이 간단히 제거되고, 정렬 리스트를 훑으면서 적절한 위치, 즉 비
밀과 우물 사이의 위치를 찾아서 그곳에 삽입됩니다.

이 예에서는 두 알고리즘의 실행 시간 사이에 큰 차이가 있습니다. 선택 정렬은 선택한 모든
요소에 대해서 하나의 리스트를 완전히 순회해야 하지만, 삽입 정렬은 삽입 대상이 되는 요소
가 정렬 리스트의 모든 다른 요소보다 큰 경우에만 리스트의 끝까지 요소를 검토하게 됩니다. 최
악의 경우, 정렬의 대상이 되는 리스트가 애초에 정렬되어 있다면 모든 요소들은 정렬 리스트의
가장 마지막에 삽입됩니다. 이런 경우라면 삽입 정렬은 선택 정렬과 같은 실행 시간을 가집니다.
반면에 리스트가 역순으로 정렬되어 있다면, 즉 큰 요소부터 작은 요소의 순서로 정렬되어 있다
면 모든 요소는 정렬 리스트의 가장 앞에 삽입될 것이고, 이 경우 삽입 정렬의 실행 시간은 선형
이 됩니다. 누군가는 삽입 정렬이 평균적으로 2차 실행 시간을 가지는 것으로 볼지도 모릅니다.
하지만 삽입 정렬은 경우에 따라서는 선택 정렬보다 훨씬 빠르며 결코 더 느리지는 않습니다.

왜 두 정렬 방식이 비슷하게 동작하는 데도 경우에 따라 삽입 정렬의 실행 시간이 더 빠를까
요? 가장 중요한 차이는 삽입 정렬에서는 그 자체를 위한 계산의 결과가 정렬에 활용된다는 점
입니다. 새로운 요소를 삽입할 때 이미 정렬 리스트로 삽입하기 때문에, 삽입 정렬에서는 전체
리스트를 검사할 필요가 없습니다. 반면 선택 정렬은 항상 정렬 리스트의 뒤에 요소를 덧붙이는
데다 선택의 과정을 통해 정렬이 실현되지 않기 때문에 항상 비정렬 리스트를 모두 검사해야 합
니다. 이 비교는 컴퓨터 과학의 중요한 설계 원칙인 *재사용*의 사례를 보여 주고 있습니다.

일단 효율성은 차치하고, 계획을 짜는 문제에서 두 정렬 방법 중 어떤 것이 더 적절할까요? 두 방법 모두 이상적이지는 않습니다. 왜냐하면 이 예제의 가장 어려운 부분은 정렬 작업이 아니라 어떤 작업이 다른 작업에 선행해야 하는지를 결정하는 것이기 때문입니다. 만약 요소 간의 정확한 순서를 확신할 수 없다면, 선택 정렬은 첫 번째 단계부터 잠정적인 가장 작은 요소가 다른 모든 요소와 비교하여 큰지 작은지를 결정해야 하기 때문에 그리 좋은 선택지는 아닐 것입니다. 삽입 정렬은 첫 번째 단계에서 비교 없이 임의의 요소를 선택할 수 있고, 단일 요소를 가지는 정렬 리스트를 얻을 수 있기 때문에 좀 낫습니다. 그러나 이후의 단계에서는 리스트가 커짐에 따라서 선택된 요소의 정확한 위치를 찾기 위해 점점 더 많은 요소와 비교해야만 합니다. 삽입 정렬의 초기에는 선택 정렬에 비해 어려운 비교 작업이 적다고는 해도, 여전히 요소 간의 비교가 꼭 필요합니다. 정렬을 수행하는 주체가 요소 간의 비교를 좀 더 잘 통제할 수 있는 방법은 없을까요?

좋을 대로 나누세요

어려운 결정은 뒤로 미루고 쉬운 작업부터 시작할 수 있는 정렬 방법이 있다면 좋을 텐데요. 숨겨진 성궤를 찾기 위한 인디아나 존스의 계획에서 영혼의 우물과 비밀의 방이 타니스에 있다는 것은 분명합니다. 따라서 이 둘과 연결된 일이라면 반드시 타니스로 이동하는 단계 이후에 수행되어야 하며 다른 일들은 그 전에 수행되어야 합니다.

리스트의 요소들을 *피벗(pivot)*이라 불리는 구분자의 앞과 뒤로 나누는 작업을 통해 우리는 지금 막 하나의 비정렬 리스트를 두 개의 비정렬 리스트로 나누었습니다. 이렇게 하면 우리는 무엇을 얻을 수 있을까요? 아무것도 아직 정렬되지 않았지만 우리는 두 가지 중요한 목표를 달성했습니다. 우선 우리는 하나의 긴 리스트를 정렬하는 문제를 두 개의 보다 짧은 리스트에 대한 문제로 나누었습니다. 문제를 단순화하는 것은 많은 경우 문제를 해결하기 위한 중요한 단계입니다. 두 번째로, 두 개의 하위 문제들을 해결하고 나면, 즉 두 개의 비정렬 리스트를 정렬하고 나면, 둘을 이어 붙여서 하나의 정렬 리스트를 구할 수 있습니다. 다시 말해서 하위 문제로 분해함으로써 두 개의 하위 문제로부터 전체 문제에 대한 해결책을 구성할 수 있습니다.

이것이 가능한 이유는 두 개의 비정렬 리스트가 만들어진 방식 때문입니다. 타니스보다 작은 요소의 리스트를 S라고 하고 타니스보다 큰 요소의 리스트를 L이라고 해 봅시다. 여기서 우리는 S의 모든 요소가 L의 모든 요소보다 작다는 것을 알 수 있습니다(하지만 S와 L은 아직 정렬되기 전입니다). 우선 리스트 S와 L이 정렬되고 나면 S, 타니스, L을 이어 붙인 리스트 또한 정렬되어 있을 것입니다. 따라서 이제 해야 할 일은 S와 L을 정렬하는 것입니다. 그리고 나서는 결과를 서로 잇기만 하면 됩니다. 그렇다면 어떻게 이 두 개의 리스트를 정렬할까요? 어떤 방법이든 상관없습니다. 나누고 합치는 방법을 재귀적으로 적용하거나, 리스트가 적당히 작다면 선택 정렬이나 삽입 정렬 같은 간단한 방법을 사용할 수도 있습니다.

1960년 영국의 컴퓨터 과학자 토니 호어(공식적인 이름은 찰스 앤터니 리처드 호어 경)가 *퀵 정렬(quick sort)*이라고 불리는 이 정렬 방법을 고안해냈습니다. 그림 6.3은 퀵 정렬이 인디아나 존스가 성궤의 위치를 찾는 데 어떻게 작동하는지를 보여 줍니다. 첫 번째 단계로, 타니스를 피벗으로 해서 비정렬 리스트를 두 개의 리스트로 분리합니다. 그다음, 두 개의 비정렬 리스트를 정렬합니다. 두 리스트는 각각 세 개의 요소만을 가지고 있기 때문에 어떤 알고리즘을 쓰더라도 간단히 정렬할 수 있습니다.

우물 → 비밀 → 원판 → 햇빛 → 마리온 → 네팔 → 타니스

| 원판 → 마리온 → 네팔 | 타니스 | 우물 → 비밀 → 햇빛 |
| 네팔 → 마리온 → 원판 | 타니스 | 비밀 → 햇빛 → 우물 |

네팔 → 마리온 → 원판 → 타니스 → 비밀 → 햇빛 → 우물

[그림 6.3] 퀵 정렬은 리스트를 두 개의 하위 리스트로 나누는데, 각각은 선택한 피벗 요소보다 작은 요소와 큰 요소를 담고 있습니다. 이 두 리스트가 정렬된 이후에는 그 결과를 피벗 요소와 함께 서로 이어서 최종적으로 정렬 리스트를 얻어 냅니다.

설명을 위해서 타니스보다 작은 요소를 가지는 하위 리스트를 퀵 정렬을 써서 정렬해 봅시다. 우리가 네팔을 구분자로 사용한다면, 네팔보다 큰 요소를 모았을 때 비정렬 리스트인 원판 →마리온을 얻을 수 있습니다. 네팔보다 작은 요소는 없기 때문에 작은 쪽 리스트를 위한 별도의 작업은 불필요합니다. 앞서의 두 개 요소를 가진 리스트를 정렬하기 위해서는 두 요소를 비교하고 그 위치를 바꾸기만 하면 되고, 최종적으로 마리온→원판의 정렬 리스트를 얻을 수 있습니다. 마지막으로 비어 있는 리스트인 네팔과 마리온→원판을 이으면 정렬된 하위 리스트인 네팔→마리온→원판을 얻을 수 있습니다. 이 정렬 방식은 우리가 다른 요소를 피벗으로 선택하더라도 똑같이 동작합니다. 우리가 원판을 선택했다면 하나의 빈 리스트와 정렬이 필요한 두 개의

요소를 가진 리스트를 얻을 것이고, 마리온을 선택했다면 각각 하나씩의 요소를 가진 두 개의 정렬 리스트를 얻을 수 있습니다. 타니스보다 큰 요소를 가지는 하위 리스트의 정렬도 이와 유사하게 진행됩니다.

하위 리스트가 정렬되고 나면, 우리는 타니스를 가운데 두고 하위 리스트들을 이어서 최종적인 결과를 얻을 수 있습니다. 그림 6.3에서 볼 수 있듯이 퀵 정렬은 놀랄 정도로 빠르게 결과에 수렴합니다. 하지만 항상 그럴까요? 일반적으로 퀵 정렬의 실행 시간은 어떨까요? 어쩌면 애초에 피벗으로 타니스를 고른 것이 운이 좋았던 것일 수도 있습니다. 타니스는 리스트를 똑같은 크기의 두 개의 리스트로 나누니까요. 만약 우리가 항상 이런 성질을 가지는 피벗을 고를 수만 있다면 하위 리스트는 항상 절반의 크기가 될 것이고 분할 횟수는 최초 리스트의 길이의 로그에 비례하게 될 것입니다. 이 사례와 다른 일반적인 경우의 퀵 정렬의 전반적인 실행 시간에 대해서 이런 사실이 의미하는 바는 무엇일까요?

하나의 리스트를 두 개로 나누는 첫 번째 단계에는 리스트의 모든 요소를 검사해야 하기 때문에 선형 시간이 걸립니다. 두 개의 하위 리스트를 나누는 다음 단계도 선형 시간이 걸리는데, 이는 두 리스트에 들어 있는 요소의 수를 합하면 원래의 리스트보다 하나가 작기 때문입니다.[2] 그리고 각 단계는 이전 단계에 비해 하나의 요소가 줄어들기 때문에 나누는 데 선형 시간이 소요되며, 이런 양상은 계속됩니다. 각 단계마다 선형 시간을 누적하기 때문에, 퀵 정렬의 실행 시간은 하위 리스트를 나누는 단계의 수에 달려 있습니다. 일단 원래의 리스트가 완전히 분해되어 단일 요소들로 나누어지고 나면, 분할 프로세스는 이 요소들이 정확한 순서로 되어 있는지를 확인하고 그것들을 하나의 정렬 리스트로 단순히 이어 붙일 수 있도록 해 줍니다. 이 과정에는 다시 선형 수준의 부하가 걸리며, 퀵 정렬에 걸리는 총 실행 시간은 모든 단계에서의 선형 시간의 합이 됩니다.

최선의 경우 모든 하위 리스트를 절반으로 나눌 수 있다면, 총 분할 단계는 전체 요소 수의 로그가 됩니다. 예를 들어 어떤 리스트가 100개의 요소를 가지고 있으면 7개의 단계가, 1,000개의 요소를 가지고 있으면 10단계가 걸리며 백만 개의 요소를 가진 경우는 20단계가 걸리게 됩니다.[3] 이것은 백만 개의 요소를 가지고 있는 경우에 선형 시간이 걸리는 리스트 탐색 작업을 20번만 반복하면 된다는 뜻입니다. 이것은 수천만 개 수준의 요소에 대한 실행 시간에 있어서, 수백, 수천억 단계가 필요한 2차 실행 시간의 경우보다 훨씬 낫습니다. 이렇게 실행 시간이 입력의 크기와 그 로그값의 곱에 비례하는 경우를 *선형 로그(linearithmic)*라고 부릅니다. 이것은 선형 실행 시간만큼 좋지는 않지만 2차 실행 시간에 비해서는 훨씬 낫습니다(그림 6.4 참조).

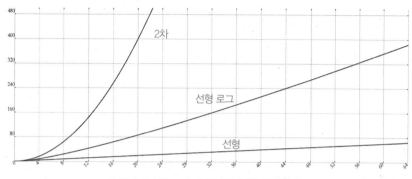

[그림 6.4] 선형 로그, 선형, 2차 실행 시간의 비교

퀵 정렬은 최선의 경우 선형 로그 실행 시간을 가집니다. 그러나 만약 우리가 피벗을 현명하게 고르지 못한다면 상황은 꽤나 달라집니다. 예를 들어 우리가 타니스 대신 네팔을 첫 번째 피벗으로 골랐다면 작은 값을 가지는 하위 리스트는 비어 있을 것이고 큰 값을 가지는 하위 리스트는 네팔을 제외한 모든 다른 요소를 가지고 있을 것입니다. 다음 하위 리스트를 나누기 위해 마리온을 골랐다면, 똑같이 하나의 하위 리스트는 비어 있고 다른 하나는 나누려고 했던 하위 리스트에서 하나를 제외한 모든 요소를 가지고 있을 것입니다. 이런 경우에 퀵 정렬은 선택 정렬과 똑같이 작동한다는 것을 알 수 있을 것입니다. 즉 가장 작은 요소를 비정렬 리스트에서 반복적으로 제거하는 것과 같습니다. 그리고 이 경우에는 퀵 정렬도 선택 정렬과 같이 2차 실행 시간을 가지게 됩니다. 퀵 정렬의 효율은 피벗의 선택에 달려 있습니다. 만약 우리가 항상 가운데 있는 요소를 찾을 수 있다면 분할 프로세스는 리스트를 균등하게 나눌 것입니다. 하지만 좋은 피벗을 어떻게 찾을 수 있을까요? 항상 좋은 피벗을 찾는 것을 보장할 수는 없지만, 무작위 요소를 선택하거나 처음, 중간, 마지막 요소의 중간값을 선택하면 퀵 정렬은 평균적으로 잘 작동합니다.

피벗의 중요성과 그 영향성은 5장에서 효과적인 검색을 위한 핵심 사항에 대해서 설명하기 위해 사용했던 경계의 개념과도 밀접하게 관련되어 있습니다. 검색의 경우에 경계의 목적은 검색 공간을 내부와 외부로 나누고 내부를 최소화함으로써 남은 검색을 쉽게 만들어 주는 것이었습니다. 정렬의 경우, 경계는 정렬 공간을 균등하게 나누어서 나뉜 부분을 분해를 통해 충분히 단순화해야 합니다. 따라서 피벗이 잘 선택되지 않으면 퀵 정렬의 실행 시간은 악화됩니다. 그러나 퀵 정렬이 최악의 경우에 2차 실행 시간을 가진다고 하더라도, 평균적으로 퀵 정렬은 선형 로그 실행 시간을 가지며, 실제로는 좋은 성능을 냅니다.

가장 좋은 것은 아직 오지 않았다

퀵 정렬보다 더 빠른 정렬 방법이 있을까요? 예를 들어 최악의 경우에도 선형 로그, 혹은 보다 나은 실행 시간을 가지는 알고리즘 말이지요. 네, 있습니다. 이 알고리즘은 *병합 정렬(merge sort)*이라고 부르며, 헝가리계 미국인 수학자인 존 폰 노이만에 의해서 1945년에 발명되었습니다.[4] 병합 정렬은 비정렬 리스트를 두 개로 나누며, 문제를 작게 나눈다는 점에서 퀵 정렬과 유사합니다. 하지만 병합 정렬은 이 과정에서 요소를 비교하지 않습니다. 그저 리스트를 두 개로 똑같이 나눕니다. 이 두 개의 하위 리스트가 정렬되고 나면 두 리스트의 요소를 서로 하나씩 비교해 가면서 하나의 정렬 리스트로 병합합니다. 두 하위 리스트의 첫 번째 요소를 비교한 다음 둘 중 작은 것을 꺼내는 일을 반복하는 것입니다. 두 개의 하위 리스트가 정렬되어 있으므로 최종적으로 병합된 리스트가 정렬되는 것 또한 보장합니다. 하지만 어떻게 분할된 두 개의 하위 리스트를 정렬할 수 있을까요? 이것은 두 리스트에 병합 정렬을 재귀적으로 적용함으로써 실현됩니다. 병합 정렬은 그림 6.5에 설명하였습니다.

[1]	우물 → 비밀 → 원판 → 햇빛 → 마리온 → 네팔 → 타니스	
[2] 우물 → 비밀 → 원판 → 햇빛	|	마리온 → 네팔 → 타니스
[3] (우물 → 비밀 | 원판 → 햇빛)	|	(마리온 → 네팔 | 타니스)
[4] ((우물 | 비밀) | (원판 | 햇빛))	|	((마리온 | 네팔) | 타니스))
[5] (비밀 → 우물 | 원판 → 햇빛)	|	(네팔 → 마리온 | 타니스)
[6] 원판 → 비밀 → 햇빛 → 우물	|	네팔 → 마리온 → 타니스
[7]	네팔 → 마리온 → 원판 → 타니스 → 비밀 → 햇빛 → 우물	

[그림 6.5] 병합 정렬은 리스트를 같은 크기를 가지는 두 개의 하위 리스트로 나누고, 정렬된 결과를 하나의 정렬 리스트로 병합합니다. 괄호는 리스트가 병합되어야 하는 순서를 나타냅니다. 4번 행에서 단일 요소의 리스트가 얻어지면 분해 작업이 완료됩니다. 5번 행에서 단일 요소 리스트 세 쌍이 병합되어 두 개의 요소를 가지는 리스트가 되고 6번 행에서 이것들이 다시 병합되어 4개의 요소를 가지는 리스트와 3개의 요소를 가지는 리스트로 병합됩니다. 이 둘은 마지막 단계에서 병합되어 최종적인 결과가 만들어집니다.

퀵 정렬과 병합 정렬은 전자적인 컴퓨터를 프로그램 하기에는 훌륭한 알고리즘이지만, 이 둘을 사용하려면 상당한 양의 정보를 기록해 둬야 할 필요가 있기 때문에 보조적인 도움 없이 사람의 기억력만으로는 쉽게 사용할 수가 없습니다. 특히 큰 리스트의 경우 두 알고리즘 모두 많은 수의 작은 리스트들을 관리해야만 하며, 퀵 정렬의 경우에는 이 리스트들의 올바른 순서 또한 유지되어야 합니다. 따라서 리스트의 크기가 커서 보다 효율적인 알

고리즘을 요구하지 않는 이상, 인디아나 존스도 우리와 마찬가지로 삽입 정렬 같은 정렬 방법을 고수해야 할 것입니다(어쩌면 요소의 선택을 영리하게 해서 좀 보완할 수도 있겠네요). 리스트의 크기가 큰 경우의 예를 들어보겠습니다. 학부과정 강의를 할 때 학생 수가 많으면 저는 항상 변형된 *버킷 정렬(bucket sort)*을 사용해서 시험지를 이름순으로 정렬합니다. 우선 시험지를 학생 이름의 첫 글자에 따라서 여러 개의 뭉치(이것을 *버킷*이라 부릅니다)로 나누고, 각 버킷을 삽입 정렬을 이용해서 정렬합니다. 모든 시험지를 버킷에 넣고 나면 버킷을 알파벳 순서로 추가하여 정렬 리스트를 만듭니다. 버킷 정렬은 계수 정렬(counting sort)과도 비슷합니다(여기에 대해서는 나중에 논의하겠습니다).

　표면적으로 병합 정렬은 퀵 정렬보다 복잡해 보이지만 이것은 퀵 정렬의 설명에서 몇 가지 단계가 생략되어 있기 때문입니다. 하지만 여전히 리스트가 점점 길어진다면 반복적으로 병합하는 것은 비효율적으로 보입니다. 그러나 이 직관은 사실이 아닙니다. 병합 정렬에서 분해는 체계적이며 항상 리스트의 크기를 절반으로 만들기 때문에 전반적인 실행 시간 성능은 꽤 좋습니다. 최악의 경우에도 병합 정렬은 선형 로그 실행 시간을 가집니다. 이것은 다음과 같이 볼 수 있습니다: 우선 리스트가 항상 절반으로 나뉘기 때문에 리스트를 분할하는 횟수는 요소의 수에 로그를 취한 값입니다. 둘째로 각 단계마다 병합에 걸리는 시간은 선형인데 왜냐하면 각 요소를 한 번씩만 처리하기 때문입니다(그림 6.5 참조). 마지막으로 병합 또한 각 단계에서 한 번만 발생하기 때문에, 모두 합하면 선형 로그 실행 시간을 얻을 수 있습니다.

　병합 정렬은 퀵 정렬과 몇 가지 유사성을 가집니다. 구체적으로, 두 알고리즘은 리스트를 나누는 단계와 이후에 작은 리스트들을 재귀적으로 정렬하는 단계, 마지막으로 정렬된 하위 리스

트를 긴 정렬 리스트로 결합하는 단계를 가지고 있습니다. 사실 퀵 정렬과 병합 정렬은 모두 분할 정복 알고리즘의 사례로써, 둘 다 다음의 일반적인 지침을 구현하고 있습니다.

만약 문제가 단순하다면 바로 해결한다.

그렇지 않은 경우

⑴ 문제를 하위 문제로 분해한다.

⑵ 하위 문제를 해결한다.

⑶ 하위 문제의 해결책을 결합하여 원래 문제의 해답을 만든다.

단순하지 않은 문제를 해결하는 경우를 보면 분할 정복이 어떻게 동작하는지 알 수 있습니다. 첫 번째 단계는 *분할(divide)* 단계입니다. 이 단계에서는 문제의 복잡도가 줄어듭니다. 두 번째 단계는 하위 문제에 같은 방법을 재귀적으로 적용하는 것입니다. 만약 이렇게 얻어진 하위 문제가 충분히 작다면 그것들을 바로 해결합니다. 세 번째 단계는 *병합(merging)* 단계로, 원래 문제의 해결책을 하위 문제의 해결책으로부터 구성하는 단계입니다.

퀵 정렬은 모든 요소에 대한 비교가 이루어지는 분할 단계에서 대부분의 작업을 수행합니다. 두 개의 리스트에 들어있는 요소들이 피벗에 의해 분리되도록 함으로써, 병합 단계에서는 단순히 리스트를 이어 붙이도록 합니다. 반면에 병합 정렬의 분할 단계는 매우 단순하고 어떤 비교도 포함하지 않습니다. 병합 정렬에서 대부분의 작업은 병합 단계에서 이루어지며, 이때 정렬 리스트들은 서로 지퍼를 채우듯이 합쳐집니다.

탐색은 끝났다 : 앞으로 더 이상의 정렬 알고리즘은 없다

병합 정렬은 지금까지 논의된 것 중 가장 효율적인 정렬 방식입니다. 하지만 이보다 더 빨리 정렬할 수 있을까요? 그럴 수도 있고 아닐 수도 있습니다. 일반적으로 더 빠른 정렬은 불가능하지만, 정렬의 대상이 되는 요소에 대한 어떤 가정들에 기반해서 정렬의 성능을 향상시킬 수는 있습니다. 예를 들어, 만약 우리가 정렬해야 하는 리스트에 1부터 100까지의 숫자만이 들어 있다는 것을 알고 있다면, 잠재적으로 리스트에 담겨 있을 가능성이 있는 값들을 저장하기 위해 셀이 100개인 배열을 만들 수 있습니다. 이 방법은 알파벳 글자마다 시험지 뭉치를 두었던 이전의 버킷 정렬과 유사합니다. 여기서는 각 배열의 셀이 시험지 뭉치에 대응되어 특정한 숫자를 담습니다. 배열의 셀들은 1부터 100까지 색인되어 있습니다. 우리는 각 셀의 인덱스 i를 이용해서 i가 얼마나 리스트에서 많이 나타나는지 셀 수 있습니다. 우선 정렬하고자 하는 리스트에 어떤 값이 담겨있는지 모르기 때문에 모든 셀에 0을 저장합니다. 다음으로 리스트를 훑으면서 발견되는 요소 i에 대해서, 인덱스 i를 가지는 셀의 값을 1 증가시킵니다. 마지막으로 배열의 인덱스가 증가하는 순서로 배열을 탐색하면서, 셀 값이 나타내는 횟수만큼 인덱스를 결과 목록에 내보냅니다. 예를 들어 정렬하고자 하는 리스트가 4→2→5→4→2→6이었다면, 리스트를 훑고 나서 다음과 같은 배열을 얻을 수 있습니다.

0	2	0	2	1	1	0	…	셀 값(카운터)
1	2	3	4	5	6	7	…	인덱스

배열을 탐색하면서 우리는 리스트에 1이 없었다는 것을 알 수 있습니다. 왜냐하면 해당 카운터가 0이기 때문입니다. 따라서 1은 정렬된 결과 리스트에 포함되지 않습니다. 반면 2는 2번 나왔기 때문에 리스트에 두 번 집어넣습니다. 이런 식으로 계속하면 결과로 2→2→4→4→5→6의 리스트를 얻을 수 있습니다. 이 방법은 정렬하고자 하는 리스트에 어떤 요소가 얼마나 많이 들어있는지 배열을 통해 세고 있기 때문에 *계수 정렬*이라고 불립니다. 계수 정렬의 실행 시간은 리스트와 배열을 탐색하는 데 걸리는 시간을 합친 것입니다. 각 단계가 관련된 데이터 구조(리스트와 배열)의 크기에 선형이기 때문에, 계수 정렬은 리스트나 배열 중 더 크기가 큰 쪽의 크기에 선형인 실행 시간을 가집니다.

계수 정렬의 단점은 공간 낭비가 심할 수 있다는 점입니다. 앞서의 예에서는 1에서 6까지의 인덱스만 사용되었고 인덱스 7에서 100까지의 모든 셀은 한 번도 사용되지 않았습니다. 게다가 계수 정렬은 요소들이 배열의 인덱스로 사용될 수 있고, 요소의 범위를 알고 있으며, 그 범위가 너무 넓지 않은 경우에만 쓸 수 있습니다. 예를 들어 이름 리스트에는 계수 정렬을 사용할 수 없는데 이름은 연속된 글자들로써 배열의 인덱스로 사용할 수 없기 때문입니다.[5] 문자열 리스트를 정렬하기 위한 용도로는 다른 특화된 알고리즘들이 있습니다. 예를 들어 트라이 데이터 구조(5장 참조)는 문자열을 정렬하는 데 사용될 수 있습니다. 다만 이런 방법들은 나름대로 정렬의 대상이 되는 요소들에 일정한 속성을 요구합니다.

이것이 최선이다

데이터의 특별한 속성을 활용하지 않고는 병합 정렬보다 빠르게 정렬할 수는 없습니다. 처음에는 이런 사실이 실망스러울지 몰라도, 이것은 달리 말하면 우리가 가장 빠른 알고리즘을 찾았다는 의미이므로 좋은 소식이기도 합니다. 즉, 병합 정렬은 정렬 문제를 해결하기 위한 가능한 최선의 해결책입니다. 따라서 이것은 *최적 알고리즘(optimal algorithm)*입니다. 컴퓨터 과학 연구자들은 이 문제를 해결된 것으로 간주하고, 그 밖의 다른 문제를 푸는 데 시간과 에너지를 쓸 수 있죠.

병합 정렬의 최적성은, 연관되어 있지만 분명히 구분되는 두 가지 사실에 기반하고 있습니다. 병합 정렬은 선형 로그 실행 시간을 가지며, 일반적인 경우에 대하여 다른 모든 정렬 알고리즘들 또한 적어도 선형 로그 실행 시간을 가져야 합니다. 이 두 번째 부분은 병합 정렬의 최적성에 대한 결론의 근거가 되며, 같은 이유로, 모든 다른 정렬 알고리즘의 최적성에 대한 결론 – 최악의 경우 선형 로그 실행 시간을 가져야 한다는 – 에 대한 근거도 됩니다. 알고리즘과 데이터 구조 설계의 궁극적인 목표는 문제에 대한 최적의 알고리즘, 즉 최악의 실행 시간 복잡도가 그것이 해결하는 문제에 내재된 복잡도와 부합하는 알고리즘을 찾는 것입니다. 이러한 알고리즘이라면 어떤 것이든 그 문제의 성배라고 생각할 수 있습니다. 『마지막 성전』에서의 인디아나 존스와 같이, 존 폰 노이만은 정렬에 있어서의 성배를 병합 정렬에서 찾아냈습니다.[6]

알고리즘의 실행 시간과 문제의 복잡도를 구분하는 것은 중요합니다. 문제의 복잡도는 정확한 해결책이 *최소한* 그 정도의 단계를 거쳐야 한다는 것인 반면, 알고리즘의 실행 시간은 특정한 알고리즘이 실행에 *최대* 그 정도의 단계가 걸릴 수 있다는 것을 의미합니다. 문제의 최소 복잡도에 대한 표현을 문제의 *하한(lower bound)*이라고 부릅니다. 하한은 문제가 요구하는 최소한의 작업을 가능하게 해 주고, 그에 따라서 문제에 내재된 복잡도를 특징지을 수 있도록 해 줍니다. 이것은 두 점 사이의 기하학적인 거리 개념과도 유사하며, 두 점을 잇는 모든 경로에 대한 하한을 제공합니다. 이런 경로들은 최단거리 대비 길어질 수는 있지만, 그 거리보다 짧아질 수는 없습니다. 정렬의 하한과, 관련된 정렬 알고리즘의 한계에 대해서 실망을 느낄 수도 있지만 이러한 지식이 주고 있는 정렬 문제에 관한 깊은 통찰로 위안을 삼기를 바랍니다. 이것을 다른 분야의 비슷한 결과들과 비교해 보세요. 예를 들어 물리학에서 우리는 빛보다 빠르게 여행할 수는 없으며 무에서 에너지를 만들어 낼 수 없다는 것을 알고 있습니다.

그렇지만 어떻게 정렬의 하한에 대해서 확신할 수 있을까요? 어쩌면 누구도 아직 생각하지 못한 선형 로그 시간보다 실제로 빠르게 동작하는 알고리즘이 있을 수도 있습니다. 이것을 반증하는 것은 쉬운 일이 아닙니다. 왜냐하면 그러기 위해서 이미 존재하는 알고리즘이든 앞으로 만들어질 알고리즘이든, 모든 알고리즘이 일정한 최소한의 단계를 수행해야 한다는 것을 보여야 하기 때문입니다. 정렬의 하한에 대한 근거는 특정한 길이를 가지는 가능한 리스트의 수를 세고[7] 이 중 정렬 리스트를 찾아내기 위해 수행해야 하는 비교의 수가 선형 로그임을 보입니다.[8] 모든 알고리즘은 이러한 최소한의 비교를 수행해야 하므로 어떤 알고리즘이라도 최소한 선형 로그 수의 단계가 필요하다는 점에 부합하며, 결과적으로 하한이 증명됩니다.

알고리즘의 실행 시간과 하한에 대한 추론은 알고리즘을 실행하는 컴퓨터의 능력에 대한 가정에 기반하고 있습니다. 예를 들어 전형적인 가정 중 하나는 알고리즘의 각 단계가 순차적으로 실행되며 하나의 계산 단계를 수행하기 위해서는 하나의 시간 단위가 소요된다는 것입니다. 이런 가정은 이 장에서 논의했던 정렬 알고리즘에 대한 분석의 근저에도 깔려 있습니다. 그러나 만약 우리가 비교를 병렬로 수행할 수 있다고 가정한다면 분석은 바뀌며 실행 시간과 하한에 대해서도 다른 결론을 얻게 될 것입니다.

계산의 보존

인디아나 존스는 모험을 떠나기 위해 꽤 잘 준비하고 있는 것 같아 보입니다. 항상 모자와 채찍을 가방에 챙기는 걸 보면 말이지요. 하지만 모든 단계에 대해 포괄적인 계획을 세우는 대신에 모험의 다음 단계가 필요할 때 그 직전에 결정하는 식으로 접근할 수도 있습니다. 미리 계획을 세우는 것과 매 순간 안에서 살아가는 두 접근 방식 모두 각각의 장점과 단점이 있습니다. 북극으로 가는 여행이라면 아마존에 가는 것과는 다른 옷과 장비가 필요합니다. 이런 경우라면 미리 계획하는 것이 좋을 것입니다. 반면에 계속해서 바뀌는 상황은 미리 세운 계획을 쓸모없게 만들고 계획을 위해 노력한 보람을 앗아갑니다. 특히 모험을 하는 중이라면 예상치 못한 일들이 생기기 마련이고 많은 경우 예상했던 것과 다른 행동을 취해야 할 것입니다.

만약 인디아나 존스의 잃어버린 성궤를 찾기 위한 전략이 다음에 할 일을 필요할 때마다 결정하는 것이었다면, 이는 근본적으로 선택 정렬을 수행하는 것입니다. 그는 남아 있는 다음에 할 일들 중에서 가장 작은 일을 항상 찾을 텐데, 왜냐하면 여기서 *가장 작은(smallest)*의 의미는 "다른 모든 일보다 먼저 해야 할 일"을 의미하기 때문입니다. 기존에 논의한 바와 같이 선택 정렬은 2차 알고리즘이라서 그다지 효율적인 방법이 아닙니다. 인디아나가 병합 정렬과 같은 선형 로그 정렬 알고리즘을 써서 미리 계획을 세운다면 성궤를 찾는 일을 훨씬 더 잘 수행할 수 있을 것입니다. 미리 정보를 계산해 두는 이러한 전략을 *사전계산(precomputation)*이라 부릅니다. 숨겨진 성궤를 찾는 계획에서 사전계산하는 정보는 개별적인 단계가 아니라 각 단계를 적절한 순서로 정리하는 것입니다.

순서에 대한 정보는 정렬 리스트에 보관됩니다. 사전계산의 중요한 측면은 계산에 드는 노력이 어떤 한 시점에 소비되고 그 결과는 나중에 사용된다는 점입니다. 사전계산된 결과는 데이터 구조에 – 이 경우에는 정렬 리스트에 – 보존됩니다. 이 정렬 리스트는 정렬을 통해 충전되는 계산의 배터리처럼 동작합니다. 알고리즘에 의해 정렬 리스트를 만들기 위해 소비된 실행 시간은 데이터 구조 배터리를 충전하는 데 사용되는 에너지의 양에 대응됩니다. 이 에너지는 다음으로 가

장 작은 요소를 찾거나 하는 계산에 동력을 공급합니다. 여기서 동력을 공급하는 것은 속도를 향상시키는 것을 의미합니다: 정렬 리스트 배터리가 없으면 다음으로 가장 작은 요소를 찾는 데 선형 시간이 걸리고, 배터리가 있으면 고정 시간이 걸립니다.

어떤 방법은 데이터 구조 배터리를 충전하는 데 보다 효과적이며, 이것은 여러 가지 정렬 알고리즘이 가지는 서로 다른 실행 시간에 반영됩니다. 예를 들어 삽입 정렬이 병합 정렬보다 덜 효율적이고 병합 정렬이 최적의 정렬 알고리즘이라는 사실은 정렬 리스트 배터리를 충전하기 위한 가장 효율적인 방법이 있다는 것을 의미합니다. 그 에너지가 한 번만 쓰일 수 있는 전기적인 배터리와 달리 데이터 구조 배터리는 한 번 충전되면 재충전할 필요 없이 계속해서 사용할 수 있다는 특성을 가지고 있습니다. 데이터 구조를 반복적으로 사용할 수 있는 환경에 있다면 사전계산이라는 수고에 대한 강력한 보상을 받게 되는데, 이는 그 비용이 여러 번의 사용을 통해 경감되기 때문입니다. 반면에 데이터 구조 배터리는 제대로 동작하기 위해 반드시 완전히 충전되어야 합니다. 거의 정렬된 리스트로는 충분하지가 않은데 왜냐하면 가장 작은 요소가 가장 앞에 있는

것이 보장되지 않으므로 잘못된 결과를 만들어 낼 수 있기 때문입니다. 근본적으로 이것은 데이터 구조 배터리가 두 가지 상태를 가지고 있다는 것을 의미합니다: 완전히 충전되어 유용하거나, 그렇지 않거나.

사전계산은 대단한 생각 같아 보입니다. 겨울을 대비해 도토리를 모으는 다람쥐처럼 말이지요. 하지만 많은 경우에 사전계산의 수고가 보상받을 수 있을지는 명확하지 않습니다. 우리는 미리 무언가를 해 두는 것이 득이 되는 많은 경우를 알고 있습니다. 하지만 이것은 항상 보장되지는 않으며 오히려 불리한 일이 될 수도 있습니다. 만약 비행기 표를 일찍 사거나 호텔을 취소 불가 요금으로 미리 예약해 둔다면 싸게 살 수는 있겠지만, 몸이 아파서 여행을 취소하게 되면 돈을 날리게 될 수도 있고 미리 사둔 바람에 더 좋은 기회를 놓칠 수도 있습니다.

이와 같은 경우에 미리 행동하는 것 혹은 사전계산의 가치는 미래에 대한 불확실성 때문에 의문스러워집니다. 사전계산의 이점은 미래 사건의 특정한 결과에 종속되기 때문에, 여기에는 미래를 확신하는, 다소 낙관적인 계산에 대한 사고방식이 반영되어 있습니다. 하지만 만약 당신이 미래에 대해서 회의적이라면 어떨까요? 당신은 어쩌면 소득 신고서를 일찍 제출하는 사람은 피학적인 변태라고 생각하며, 국세청이 망할 수도 있고 자신이 그사이에 죽을지도 모르니 항상 만기가 임박해서 신고서를 작성하는 쪽이 좋다고 생각할 수도 있습니다. 그렇지만 벤자민 프랭클린처럼 만약 당신이 세금은 죽음과 같이 확실한 것이라고 확신한다면 사전계산도 신중한 일로 볼 수 있습니다.

미래에 대한 회의적인 태도는 계산의 순서를 결정하는 완전히 다른 전략을 요구합니다. 다시 말해, 비싼 연산을 더 이상 피할 수 없을 때까지 미루는 전략 같은 것입니다. 여기에서의 기대 혹은 예상은 비싼 연산을 필요 없게 만드는 어떤 일이 발생할지도 모른다는 것이고 따라서 그 실행 시간을(그리고 잠재적으로 다른 자원들도) 절약하자는 것입니다. 실제 삶에서는 이런 행동을 늑장 부린다고 하는데, 컴퓨터 과학에서는 이것을 느긋한 *계산법(lazy evaluation)*이라고 부릅니다. 느긋한 계산법은 저장된 계산에 의해서 얻은 정보가 더 이상 필요가 없어진 경우에 계산에 드는 노력을 아낄 수 있게 해 줍니다. 인디아나 존스의 모험 중에도, 예상치 못한 사건들과 문제들로 인해 초기의 계획이 변경되고 폐기되어야만 하는 상황은 꽤 자주 발생합니다. 이런 경우에 계획을 만들기 위해 들인 노력은 모두 헛수고가 됩니다. 애초에 계획을 짜지 않았다면 이런 노력을 아낄 수 있었을 텐데 말입니다.

사전계산을 옹호하는 사람들의 모토는 "제때 한 땀으로 아홉 땀을 아낀다"(A stitch in time saves nine)라거나 "일찍 일어나는 새가 벌레를 잡는다"임에 비해, 느긋한 계산법의 투사는 "그렇지만 치즈를 먹는 것은 두 번째 쥐다"라고 응수할지도 모릅니다. 느긋한 계산법은 노력을 낭비하지 않는다는 측면에서는 매력적이지만, 어떤 동작을 피할 수 없게 되었을 때 사전계산을 해 두는 것보다 더 오랜 시간이 걸리거나 혹은 주어진 시간보다도 더 많은 시간이 필요해질 수 있다는 것이 문제입니다. 구체적으로 여러 가지 지연된 동작들이 동시에 한꺼번에 수행될 필요가 발생하면 심각한 자원 문제가 생길 수 있습니다. 따라서 전반적으로 좀 더 분별 있는 전략은 해야 할 일을 시간에 걸쳐 똑같이 나누어 두는 것입니다. 이렇게 하면 사전계산에 약간의 노력이 낭비될 수도 있지만, 느긋한 계산법 전략이 가져올 수 있는 위기상황을 피할 수 있습니다.

점심 먹기

오늘은 수요일입니다. 당신은 매주 수요일마다 동료들과 함께 나가서 점심을 먹습니다. 이번에는 새로운 이탈리안 레스토랑을 개척해 보기로 마음을 먹었는데, 막상 도착해 보니 오늘은 전산 문제로 신용카드 결제가 안 되고 현금만 받는다고 합니다. 주문하기 전에 같이 온 사람들이 현금을 얼마나 가지고 있나 확인합니다. 이제 어떤 음식을 주문할지가 문제입니다. 음식들(전채요리, 메인요리, 곁들일 음식과 음료)은 함께 온 사람 모두가 먹을 수 있고 각자의 기호를 최대한 만족시켜야 하는 데다가, 가지고 있는 전체 현금을 넘으면 안 됩니다. 물론 돈이 충분하다면 문제가 되지 않을 수도 있지만, 요즘에는 직불카드, 현금카드나 스마트폰 결제가 보편화되어서 사람들이 현금을 잘 가지고 다니지 않기 때문에, 이런 상황은 충분히 생길 수 있습니다.

당신은 주문할 음식을 어떻게 고르겠습니까? 모든 사람들이 선호하는 음식부터 주문하기 시작할 수도 있습니다. 만약 그렇게 해도 예산 내로 주문이 가능하다면 문제는 해결됩니다. 하지만 주문한 음식의 총액이 보유한 현금을 넘으면 어떡하나요? 이런 경우, 비슷하지만 가격이 저렴한 음식을 시키거나 전채요리나 음료를 빼서 한도 내로 금액을 맞출 것입니다. 이것을 잘 해결하려면 각자의 선호를 기반으로 주문한 메뉴의 전반적인 가치를 판단할 수 있어야 합니다. 여기에서 *가치*란 특정한 메뉴 선정에 대해서 함께 온 사람들이 느끼는 만족도의 총합을 의미합니다.

쉬운 일은 아니지만, 일단 우리가 음식의 가치를 판단할 수 있다고 가정해 봅시다. 이제 해야 할 일은 예산 내에서 최대의 가치를 돌려줄 수 있도록 점심을 주문하는 것입니다. 한 가지 좋은 방법은 점진적으로 가치와 비용을 타협해 가는 것입니다. 그러나 이 전략도 보기처럼 쉽지만은 않습니다. 영희가 전채요리를 포기하는 것보다 철수가 음료를 포기하는 쪽이 나을 수도 있지만 이렇게 선택하는 것이 전체적으로 나은 가치를 돌려주는지는 확실치 않습니다. 왜냐하면 영희의 전채요리가 철수의 음료보다 비싸서, 영희가 포기하면 수미가 좀 더 좋아하는 메인요리를 시킬 수도 있기 때문입니다. 이렇게 되면 철수와 수미의 선호의 합이 영희의 만족보다 가치가 높을 수도 있습니다. 이렇게 세부적으로 들어가면 어떤 것을 어떤 순서로 바꾸어야 할지가 불분명해집니다.

우리는 이렇게 제한된 예산 안에서 여러 가지를 선택해야 하는 상황에 자주 맞닥뜨립니다. 휴가 계획을 짜면서 돈이 더 드는 것을 할까 덜 드는 것을 할까 고민할 때에도, 여행을 가면서 어떤 옵션을 넣을까 생각할 때에도, 새 차나 전자제품을 살 때에도 그렇습니다. 그렇게 보이지 않을 수도 있지만 일반적으로 이런 문제는 해결하기 어렵습니다. 지금까지 알려진 모든 알고리즘은 이런 문제를 푸는 실행 시간이 선택해야 하는 항목의 수에 대해 기하급수적으로 증가합니다. 예를 들어 10cm × 10cm 냅킨에 가능한 주문 내역을 모두 적어본다고 해 봅시다. 냅킨 한 장에는 10가지의 주문 내역을 적을 수 있습니다. 10가지 메뉴 중에서 각자 1개에서 4개까지 선택할 수 있고(이것만으로 한 사람당 5,860가지 선택지가 생깁니다), 함께 점심을 먹는 사람이 다섯이라면 가능한 전체 주문 내역을 적기 위해서는 지구 표면을 열세 번 덮을 수 있을 정도로 많은 냅킨이 필요합니다.

점심 선택 문제는 두 가지 특징을 가지고 있습니다: (1)고려해야 하는 선택지의 수가 매우 빠르게 증가하며, (2) 알려진 알고리즘들은 모든, 혹은 대부분의 선택지를 검토해야만 동작합니다. 이런 문제들을 풀기 *어려운(intractable)* 문제라고 하는데, 이는 아주 단순한 경우를 제외하고는 알고리즘의 실행에 너무 많은 시간이 걸려서 사용하는 것이 현실적이지 않습니다.

하지만 그렇다고 해서 점심을 주문하거나, 휴가를 계획하거나, 종종 우리가 만족하는 다른 선택을 하지 못하게 되지는 않습니다. 우리는 *근사 알고리즘(approximation algorithm)*이라고 불리는 효율적인 방법을 사용해서, 정확한 해결책은 아니지만 충분히 좋은 해결책을 찾아낼 수 있습니다. 예를 들어 점심 주문하기 문제를 위한 매우 간단한 근사 알고리즘은, 예산을 모든 사람이 똑같이 나눈 다음 각자가 예산에 맞게 주문하도록 하는 것입니다.

또한 최적의 선택지를 찾는 것이 어렵다는 점 자체를 활용할 수도 있습니다. 예를 들어 보험회사는 고객들에게 감당치 못할 정도로 많은 선택지를 제공함으로써, 최선의 선택을 어렵게 만들어 더 많은 돈을 벌어들일 수 있습니다.

07 풀기 어려운 과제

    이전 장들에서 논의된 알고리즘은 다양한 실행 시간을 보여 주었습니다. 예를 들어 비정렬 리스트에서 가장 작은 요소를 찾는 작업은 선형 시간이 걸리고 정렬 리스트에서는 고정 시간이 걸립니다. 또한, 비정렬 리스트에서는 특정한 요소를 찾는 데에 선형 시간이 걸리고, 정렬된 배열이나 균형 이진 검색 트리에서는 로그 시간이 걸립니다. 두 경우에 차이를 만드는 것은 모두 데이터 구조를 정렬해 두는 사전계산입니다. 하지만 같은 입력에 대해서라도 알고리즘이 다른 경우에는 다른 실행 시간 결과를 가져올 수 있습니다. 예를 들어 선택 정렬은 2차 알고리즘이고 병합 정렬은 선형 로그 실행 시간을 가집니다.

    2차 실행 시간을 가지는 알고리즘은 실제로 사용하기에 너무 느릴 것입니다. 3억 명이나 되는 전체 미국인의 이름을 정렬한다고 생각해 보세요. 초당 10억 개의 연산을 수행하는 컴퓨터라면 선택 정렬에 9천만 초 혹은 2년 10개월이나 되는 시간이 걸리기 때문에 현실적으로 사용하기 어렵습니다. 반면에 선형 로그 알고리즘인 병합 정렬은 같은 작업을 10초 이내에 해결할 수 있습니다. 하지만 적당한 수준의 입력을 처리하는 경우에는, 실행 시간 복잡도에 대해서 크게 걱정할 필요는 없을지도 모릅니다. 게다가 컴퓨터는 매년 빨라지니까요.

    비유를 위해 이동의 목적에 따라 교통수단을 선택하는 것을 생각해 보겠습니다. 출근하기 위해서는 자전거, 혹은 버스를 타거나 운전을 할 것입니다. 대서양을 건너는 데에는 이런 방법을 쓸 수 없으므로 크루즈나 비행기를 이용해야 할 것입니다. 쪽배를 타고 노를 저어서 대서양을 건너는 것도 원칙적으로 불가능하지는 않지만 걸리는 시간(그리고 소요되는 다른 자원)을 고려하면 이 선택지는 현실적으로 불가능합니다.

이와 유사하게 계산 문제 중에도 원칙적으로는 해답이 존재하지만 실질적으로 수행하는 데 너무 오랜 시간이 걸리는 것들이 있습니다. 이 장에서는 이런 사례들을 논의해 보겠습니다. 오직 *지수(exponential)* 실행 시간, 즉 입력의 크기가 증가하면 그 실행 시간이 지수적으로 증가하는 알고리즘으로만 풀 수 있는(현재까지는) 문제들을 제시해 보죠. 지수 실행 시간을 가지는 알고리즘은 아주 작은 입력 외에는 실질적으로 사용할 수가 없는데, 이런 사실을 통해 하한과 더 빠른 알고리즘의 존재 여부에 대한 질문이 왜 중요한지를 알 수 있습니다. 이 질문은 아직까지 결론 나지 않은 컴퓨터 과학 분야의 유명한 문제인 P = NP 문제*의 핵심입니다.

정렬의 경우와 같이, 컴퓨터 과학의 한계를 보여 주는 결과는 일견 실망스러워 보일 수 있지만 꼭 그렇게 볼 필요는 없습니다. 어떤 문제에 대해서 효율적인 알고리즘을 개발할 수 없다고 하더라도, 그 문제 자체를 포기해 버려야 하는 것은 아니기 때문입니다. 특히 이런 문제에 대해서는 *근사 알고리즘(approximation algorithm)*을 생각해 내서 정확하지는 않더라도 충분히 괜찮은 해답을 계산할 수 있습니다. 게다가 어떤 문제가 현실적으로 풀리지 않는다는 정보는 때때로 다른 문제를 푸는 데에 활용될 수도 있습니다.

입력의 크기가 커지면 2차 알고리즘과 선형 알고리즘 간의 차이가 벌어지기는 하지만 2차 알고리즘은 작은 입력에 대해서라면 잘 동작할 것입니다. 예를 들어 10,000개의 요소에 대해 선택 정렬을 수행한다면, 초당 10억 개 연산을 수행하는 컴퓨터의 경우 0.1초가 걸립니다. 이런 경우에 실행 시간은 거의 알아차리기도 힘들 정도이지만, 입력의 크기가 10배만 증가해도 알고리즘의 실행 시간은 100배나 증가하게 됩니다. 즉, 100,000개의 요소를 가지는 리스트의 정렬에 걸리는 시간은 10초 정도로 커지게 됩니다. 이 정도의 실행 시간이라면 사용자가 시스템과 상호작용하면서 즉각적인 응답을 기대하는 상황에서는 아마도 사용할 수 없을 것입니다. 그러나 다음 세대의 컴퓨터라면 이런 상황을 해결함으로써 알고리즘을 다시 사용할 수도 있습니다. 기술적 진보는 2차 알고리즘의 저변을 충분히 확대할 수 있습니다. 하지만 불행하게도 지수 실행 시간을 가지는 알고리즘에 대해서는 이런 효과를 기대할 수 없습니다.

---

* P는 다항 시간 내에 답을 구할 수 있는 문제, NP는 문제의 답이 맞는지 확인하는 데 다항식의 시간만큼 걸리는 문제.

한 쪽으로 중심 싣기

영화 『레이더스』 초반에 인디아나 존스는 금으로 된 조각상을 찾기 위해 동굴을 탐사합니다. 이 조각상을 위해 그는 탐험을 하는 것이지요. 조각상은 저울 위에 놓여 있는데, 저울은 조각상을 들어 올리면 온갖 치명적인 덫이 작동되도록 만들어져 있습니다. 이 보호 장치의 작동을 피하기 위해서 인디아나 존스는 조각상을 꺼낸 후, 그 대신 모래주머니를 올려놓습니다. 모래주머니의 무게가 조각상에 가깝기를 바라면서요. 이런, 주머니가 너무 무거워서 덫이 작동됐습니다. 이제 죽음의 동굴에서 탈출하는 박진감 넘치는 장면이 이어집니다.

만약 인디아나 존스가 조각상의 정확한 무게를 알고 있었고, 모래주머니의 무게를 정확하게 맞출 수 있었다면 동굴에서 나오는 장면은 그다지 극적이지 못했을 것입니다. 하지만 저울이 없었기 때문에 다른 방법으로 무게를 가늠해야만 했습니다. 다행히도 양팔 저울을 만드는 것은 그리 어렵지 않습니다. 기본적으로는 막대기만 있으면 되며, 막대기 한쪽에는 모래주머니를 매달고 다른 쪽에는 정확한 무게의 추를 달아서 나무가 수평이 될 때까지 모래주머니를 채우면 됩니다. 인디아나 존스가 조각상과 정확히 무게가 같은 추를 가지고 있지 않다면, 그는 몇 가지 물건들을 조합해서 조각상 무게에 가까운 무게를 만들어야 합니다. 이것은 그리 어렵지 않아 보입니다. 만약 조각상이 42온스이고(2.6파운드 혹은 1.2kg) 인디아나 존스가 각각 5, 8, 9, 11, 13, 15온스의 물건들을 가지고 있다면, 몇 가지 조합을 시험해 본 후에 5, 9, 13, 15온스짜리 물건들의 조합으로 정확하게 42온스를 만들어 낼 수 있을 것입니다.

하지만 이렇게 몇 가지 조합을 시험해 보려면 정확히 어떻게 해야 하고 시간은 얼마나 걸릴까요? 이 예에서는 가장 무거운 물건의 무게가 조각상 무게의 절반보다 작기 때문에 조각상의 무게를 맞추려면 최소한 3개 이상의 물건을 사용해야 합니다. 그러나 3개의 물건을 어떻게 골라야 할지, 아니면 4개나 5개의 물건이 필요하지는 않은지 등이 명확하지 않습니다. 게다가 알고리즘은 어떤 발생 가능한 상황에서도 작동해야 하므로, 임의의 무게뿐만 아니라 임의의 개수의 서로 다른 무게를 가지는 임의의 물건들도 다룰 수 있어야 합니다.

이 계량 문제를 푸는 간단한 방법은 체계적으로 모든 물건의 조합을 구성해서, 모든 조합에 대해 목표하는 무게와 같은지를 확인하는 것입니다. 이 전략은 다음의 두 가지 단계가 반복적으로 실행되기 때문에 *생성-검사(generate-and-test)*라고도 불립니다: (1) 잠재적인 해결책을 *생성(generate)*하고, (2) 해당하는 잠재 해결책이 진짜로 해결책인지를 *검사(test)*합니다. 앞선 사례에서는 물건들의 조합을 만들어 내는 단계가 생성 단계에 해당하고, 이 물건들의 무게를 더해서 목표하는 무게와 같은지를 비교하는 단계가 검사 단계에 해당합니다. 생성 단계를 체계적으로 반복해서 모든 가능한 경우가 포함되도록 하는 것이 중요한데, 그렇지 않으면 알고리즘이 해답을 놓칠 수도 있습니다.

생성-검사 방법의 실행 시간은 얼마나 많은 물건의 조합이 만들어질 수 있는가에 달려 있습니다. 얼마나 많은 조합이 존재하는지를 이해하기 위해서, 사용 가능한 물건들로부터 어떻게 특정한 조합을 만들어 내는지를 생각해 보겠습니다. 우선 임의의 조합, 예를 들어 5, 9, 11을 선택합니다. 우리는 이 조합에 어떤 물건이 포함되어 있는지 확인할 수 있습니다. 예를 들어 5는 포함되어 있고, 8은 포함되어 있지 않으며, 9와 11은 조합에 포함되어 있지만 13과 15는 포함되어 있지 않습니다. 달리 말해서 특정한 조합은 각 요소를 포함할지 제외할지를 결정함으로써 만들어낼 수 있고, 이 결정은 요소 간에 서로 독립적입니다.

물건을 조합하는 과정은 답안 각각에 체크 박스가 붙어 있는 설문 문항을 채우는 것과 비교할 수 있습니다. 문항의 답안들에 체크 표시를 해서 선택한 상태가 하나의 조합에 해당합니다. 결과적으로 조합의 가짓수는 답안에 체크할 수 있는 가짓수와 똑같습니다. 여기서 확인할 수 있는 점은 각각의 체크 박스는 서로 간에 독립적으로 체크할 수 있다는 것입니다.

따라서 모든 가능한 조합의 가짓수는 사용 가능한 선택지의 수를 곱한 것과 같습니다. 여기서는 대상을 선택하느냐 선택하지 않느냐(혹은 체크하느냐 체크하지 않느냐)의 두 가지 선택지가 있습니다. 인디아나 존스는 여섯 개의 물건을 선택할 수 있으므로 조합의 가짓수는 2를 여섯 번 곱한 것, 즉 $2 \times 2 \times 2 \times 2 \times 2 \times 2 = 2^6 = 64$가 됩니다.[1] 생성-검사 알고리즘은 모든 조합을 검사해야 하기 때문에, 실행 시간 또한 같은 속도로 증가합니다. 게다가 조합별로 선택된 물건의 무게를 더하고 목표하는 무게와 같은지를 확인해야 하기 때문에 추가적인 시간이 소요됩니다.

실행 시간이 폭발할 때

64개의 조합만 보면 결과가 그리 나빠 보이지 않습니다. 하지만 여기서 중요한 것은 알고리즘의 실행 시간이 큰 크기의 입력에 대해서 얼마나 빠르게 증가하느냐는 것입니다. 2장에서 설명한 바와 같이 증가율은 특정한 문제나 컴퓨터의 성능 같은 요소와는 관계없는 독립적이고 일반적인 특성이기 때문에, 알고리즘의 실행 시간은 절대 시간보다는 증가율로 측정합니다.

이런 특징은 실행 시간이 좋지 않은 알고리즘을 사용하기 위한 변명으로 사용되기도 합니다. 변명의 논지는 다음과 같습니다: "이 알고리즘은 실행하는 데 몇 분이나 걸린다는 건 인정하지만 나중에 빠른 컴퓨터가 나오면 이런 문제가 해결될 겁니다." 이 논지는 어느 정도는 타당합니다. 무어의 법칙에 따르면 컴퓨터의 성능은 18개월마다 2배로 빨라진다고 하니 말이죠.[2]

컴퓨터의 실행 시간이 절반이 되면, 2차 알고리즘은 1.4배 더 큰 입력을 처리할 수 있게 됩니다.[3] 그러면 이제 지수 알고리즘의 경우를 생각해 봅시다. 실행 시간을 2배까지 늘릴 수 있다면 입력을 얼마나 키울 수 있을까요? 지수 알고리즘은 입력이 하나 증가하면 알고리즘의 실행 시간이 2배가 되며, 결과적으로 기껏해야 요소를 하나 더 다룰 수 있게 된다는 것을 의미합니다. 달리 말하자면 입력 하나 늘리자고 컴퓨터 속도를 2배로 만들어야 한다는 뜻입니다.

알고리즘의 실행 시간이 너무 빨리 2배가 되어 버리기 때문에, 몇 가지 고정된 요소로 계산 능력을 증가시키는 수준의 기술 향상 정도로는, 지수 알고리즘으로 대단히 큰 입력을 처리할 수 있도록 하기에 부족합니다. 속도 증가의 배수를 10배쯤으로 더 키우더라도 큰 차이를 만들지 못합니다. 이 정도라면 2차 알고리즘은 3배나 큰 입력을 처리할 수 있게 되는 데 비해서 지수 알고리즘은 고작 요소 3개를 더 처리할 수 있게 될 뿐입니다. 왜냐하면 3개의 요소로 인해 증가하는 시간은 $2 \times 2 \times 2 = 2^3 = 8$배가 되기 때문입니다.

표 7.1은 처리하는 입력의 크기에 따라 지수 알고리즘과 다른 알고리즘 간에 생기는 엄청난 격차를 보여 주고 있습니다. 지수 알고리즘이 아닌 경우 입력의 크기가 1,000개보다 커져야 인지할 수 있을 정도의 실행 시간을 보이기 시작합니다. 지수 알고리즘은 입력의 크기가 20개 미만이면 잘 동작합니다만 입력이 100개가 되면 4천억 세기, 즉 우리 우주의 나이보다 2,900배나 되는 시간이 걸립니다.

입력 크기	실행 시간			
	선형	선형 로그	2차	지수
20				0.001초
50				13일
100				
1,000				
10,000			0.1초	
100만	0.001초	0.002초	16분	
10억	1초	30초	32년	

[표 7.1] 초당 10억 단계를 수행할 수 있는 컴퓨터에서 입력 크기에 따른 실행 시간 추정

주: 비어 있는 셀은 실행 시간이 100만분의 1초보다 작은 경우로, 인지하기에 너무 짧은 시간이기 때문에 실질적으로 중요하지 않습니다. 회색 셀들은 실행 시간이 가늠하기 어려울 정도로 큰 경우입니다.

지수적 증가가 가지는 이런 압도적인 효과는 핵폭탄의 폭발에 비유할 수 있습니다. 핵폭탄은 원자핵이 분열할 때 나오는 극소량의 에너지를 이용하는데, 그 엄청난 파괴력은 이런 핵분열이 매우 빠른 시간 동안에 벌어지기 때문에 생깁니다.[4] 매번 원자핵이 분열할 때마다 두 개(혹은 그보다 많은)의 핵분열로 바로 이어지며, 핵분열의 지수적인 증가와 그때 나오는 에너지가 핵폭탄의 엄청난 파괴력을 만들어 냅니다.

또 다른 비유로 체스를 발명한 농부의 이야기가 있습니다. 왕은 체스의 발명에 너무 기뻐서 농부에게 어떤 소원이든 들어주겠다고 했습니다. 농부는 체스판의 첫 번째 격자에 쌀 한 톨, 두 번째에는 두 톨, 세 번째에는 네 톨, 이런 식으로 전체 체스판이 덮일 때까지 쌀을 달라고 했습니다. 지수적 증가의 속성을 알지 못한 왕은 소원이 쉬워 보여 소원을 들어주겠다고 했습니다. 물론 왕은 그 약속을 지킬 수 없었습니다. 왜냐하면 체스판을 다 덮으려면 1조의 18조 배나 되는 쌀알을 준비해야 하는데, 이것은 2014년 세계 쌀 생산량을 모두 합친 것의 500배를 넘는 양이기 때문입니다.

지수 알고리즘과 비(非)지수 알고리즘이 다룰 수 있는 입력의 크기가 엄청난 격차를 가지기 때문에, 현실적인(practical) 알고리즘(알고리즘이 지수 실행 시간보다 작은 경우)과 비현실적인

(impractical) 알고리즘(알고리즘이 지수 실행 시간 혹은 그보다도 큰 경우)을 구분할 만한 충분한 이유가 있습니다. 지수 실행 시간을 가지는 알고리즘은 작은 입력에 대해서가 아니라면 결

과를 계산하는 데 너무 오랜 시간이 걸리기 때문에 문제에 대한 현실적인 해결책이라고 생각할 수 없습니다.

운명 공동체

계량 문제를 푸는 데에 생성-검사 알고리즘은 상대적으로 작은 입력(30개 혹은 그보다 작은)에 대해서만 적용할 수 있습니다. 따라서 앞서의 인디아나 존스의 문제에서는 이 알고리즘을 충분히 적용할 수 있습니다. 그렇지만 실행 시간이 지수적으로 증가하기 때문에 입력의 크기가 100개 이상이 되면 절대 사용할 수 없습니다. 이 알고리즘이 지수 실행 시간을 가진다고 해서, 비지수적 실행 시간을 가지는 보다 효율적인 알고리즘이 없다는 이야기는 아닙니다. 하지만 현재로서는 그런 알고리즘은 알려진 바가 없습니다.

지수(혹은 그보다 큰) 실행 시간을 가지는 알고리즘으로만 풀 수 있는 문제를 풀기 어려운 (intractable) 문제라고 합니다. 우리는 계량 문제를 풀기 위한, 지수 실행 시간을 가지는 알고리즘만 알고 있기 때문에, 이 문제가 풀기 어려운 문제로 보일 수도 있지만 확실히는 알지 못합니다. 어쩌면 비지수 알고리즘이 아직 발견되지 않은 것일지도 모릅니다. 만약 우리가 비지수 알고리즘이 존재하지 않는다는 것을 증명할 수 있다면 이 문제가 풀기 어려운 문제임을 알 수 있을 것입니다. 하한을 확인하면 확실해질 것입니다.

하지만 왜 이런 고민을 해야 할까요? 컴퓨터 과학자들도 그냥 이 문제는 묻고 다른 연구를 하는 쪽이 좋지 않을까요? 하지만 이 계량 문제와 많은 다른 문제들은 다음의 두 가지 흥미로운 속성을 가지고 있습니다: 첫째, 문제를 해결하기 위한 유일하게 알려진 알고리즘이 지수 실행 시간을 가지며, 둘째, 이 문제들 중 어떤 하나라도 풀 수 있는 비지수 알고리즘이 발견된다면, 그 즉시 다른 모든 문제에 대한 비지수 알고리즘도 찾아낼 수 있습니다. 이런 특별한 모임에 포함된

문제들을 *NP-완전(NP-complete)*[5] 문제라고 부릅니다. 많은 현실의 문제들이 사실 NP-완전 문제이며, 모두가 잠정적으로 풀기 어려운 문제들이기 때문에 NP-완전 문제는 중요합니다.

『*크리스탈 해골의 왕국(The Kingdom of the Crystal Skull)*』에서 인디아나 존스의 동료인 맥은, 크리스탈 해골의 사원에서 보물을 챙깁니다. 그는 보물들을 가능한 한 많이 가져가는 동시에 전체의 가치를 최대화해야 합니다. 이 문제와 앞서의 계량 문제, 점심 주문 문제는 모두 배낭 문제의 예입니다. 배낭 문제라는 이름은 제한된 용량을 가지는 배낭에 가능한 한 많은 짐을 싸는 동시에, 가방에 싼 짐의 어떤 값이나 유용성을 극대화할 수 있도록 하는 것에서 유래한 것입니다. 계량 문제에서 배낭은 저울이고 제한 요소는 측정된 무게입니다. 짐 싸기는 저울에 물건을 올려놓는 것과 같고, 최적화하려고 하는 목표는 목표 중량에 가능한 한 가깝게 만드는 것입니다. 맥의 보물 선택 문제에서 제한 요소는 그가 옮길 수 있는 양이고, 짐을 싸는 것은 보물을 고르는 것이며, 최적화 목표는 보물들의 전체 가치를 최대화하는 것입니다. 점심 고르기에서 제한 요소는 보유 현금이고, 짐을 싸는 것은 음식을 고르는 것이며, 최적화 목표는 고른 음식들이 돌려주는 가치를 극대화하는 것입니다.

공교롭게도 맥과 인디아나 존스는 둘 다 실패합니다. 맥은 보물을 고르는 데 너무 시간을 들이다가 사원이 무너져 내려 죽고, 인디아나 존스는 모래주머니 때문에 치명적인 덫을 작동시키게 되어서 고생 끝에 간신히 목숨을 건집니다. 풀고자 하는 문제가 NP-완전 문제여서 둘 다 실패한 것인지는 확실치 않지만 풀기 어려움(intractability)을 상기하는 데는 좋은 것 같습니다.

배낭 문제와 그 사례들은 NP-완전 문제 중 하나에 지나지 않습니다. 또 다른 잘 알려진 예로 여행하는 외판원 문제가 있습니다. 이 문제는 몇 개의 도시를 일주하는 여정의 거리를 최소화할 수 있도록 여정을 짜는 것입니다. 가장 쉬운 방법은 가능한 모든 여정을 만든 다음 가장 거리가 짧은 것을 찾는 것입니다. 이 알고리즘도 지수 복잡도를 가지지만 계량 문제보다 훨씬 상황이 나쁩니다. 예를 들어 계량 알고리즘은 20개 입력을 1밀리세컨드에 해결할 수 있지만, 20개 도시를 일주하는 여정을 계산하는 데는 77년이 걸립니다. 최적의 일주 여정을 찾는 것은 외판원 문제 이외에도 통학 버스의 경로를 짜는 것부터 크루즈 선의 항로를 결정하는 데까지 많은 활용처를 가지고 있습니다. 많은 다른 최적화 문제들도 NP-완전 문제입니다.

NP-완전 문제의 흥미로운 특성은 모두가 풀기 어려운 문제이거나, 모두가 비지수 실행 시간을 가지는 알고리즘으로 풀 수 있거나 둘 중 하나라는 점입니다. 어떤 문제가 NP-완전 문제인지 확인하는 방법은 그 해결책이 NP-완전 문제로 확인된 다른 문제에 대한 해답으로 비지수 시간 내에 변형될 수 있음을 입증하는 것입니다. 이런 해답의 변형을 *환산(reduction)*이라 부릅니다. 환산은 한 문제의 해답을 다른 문제에 대한 해답으로 변형함으로써 문제를 해결하는 아주 기발한 방법입니다. 환산은 꽤나 자주, 그리고 때로는 알아차리지 못한 채로 벌어집니다. 인디아나 존스는 안전한 석판을 찾는 문제를 *Iehova*의 철자로 환산했고, 셜록 홈즈는 용의자에 대한 정보를 관리하는 작업을 사전을 활용하는 것으로 환산했습니다.

환산 자체도 계산이며, 다른 계산과 결합해서 손쉽게 계산 필살기를 늘려 줍니다. 예를 들어 리스트에서 가장 작은 요소를 찾는 문제는 리스트를 정렬하는 것으로 환산한 다음에 정렬된 리스트의 첫 번째 요소를 취해서 해결할 수 있습니다. 특히 환산은 입력(여기서는 비정렬 리스트)을 특정한 형태로(여기서는 정렬 리스트) 변형해서 다른 알고리즘(여기서는 첫 번째 요소를 취하는)이 동작할 수 있게 합니다. 정렬 다음에 첫 번째 요소를 취하는 두 계산의 결합은 임의의 리스트에서 최솟값을 찾는 원래의 문제에 대한 해결책을 만들어 냅니다. 그러나 환산의 실행 시간을 따져보는 것은 중요합니다. 예를 들어 정렬 단계에서 선형 로그 시간이 걸리므로 환산에 의해서 얻은 방법은 그냥 리스트에서 최솟값을 찾으면 얻어지는 선형 실행 시간에 미치지 못합니다. 따라서 이 환산은 효율성이 떨어지는 알고리즘을 만들어 내기 때문에 그다지 유용하지 않습니다.[6] 그러므로 NP-완전 문제 간의 환산 또한 비지수 알고리즘을 통해서 수행되어야 합니다. 왜냐하면 얻어진 해결책이 비지수 실행 시간을 가지더라도 환산이 지수 실행 시간을 가지면 최종적인 실행 시간이 지수적으로 되기 때문입니다.

모든 NP-완전 문제 사이에 비지수적 환산을 할 수 있다는 것은 엄청난 효과를 가집니다. 누군가 바퀴를 발명한 다음에는 모든 사람이 쓸 수 있게 되었듯이, NP-완전 문제에 대한 해답은 모든 NP-완전 문제를 해결할 수 있게 해 줍니다. 그리고 이런 사실을 통해 다음의 유명한 등식으로 요약된 질문이 도출됩니다.

P = NP?

이 문제는 오스트리아계 미국인 논리학자인 쿠르트 괴델에 의해 제기되었고 1971년 캐나다계 미국인 컴퓨터 과학자인 스티븐 쿡에 의해서 정리되었습니다. 이 질문은 비지수(혹은 다항) 시간에 풀릴 수 있는 문제 집합 P가, 다항 시간 내에 *검증될* 수 있는 문제 집합인 NP와 같은가 하는 것입니다. NP-완전 문제의 지수 하한을 찾는 것을 위 등식의 질문에 넣어 보면 그 답은 "아니오"가 됩니다. 반면에 NP-완전 문제 중 어떤 문제의 비지수 알고리즘을 찾는 것에 대한 답은 "예"입니다. 많은 실제 문제에 있어 그 해결 가능 여부는 P = NP 질의에 대한 답이 어떠한지에 달려 있으며, 그래서 이 질의가 무척 중요한 것입니다. 이 문제는 수십 년 동안 컴퓨터 과학자들을 괴롭혀 왔으며, 아마도 컴퓨터 과학에서 아직 해결되지 않은 가장 중요한 문제일 것입니다. 오늘날 대부분의 컴퓨터 과학자들은 NP-완전 문제야말로 진정 풀기 어려운 문제이며 이 문제를 풀 수 있는 어떤 비지수 알고리즘도 존재하지 않는다고 믿고 있습니다만, 누구도 사실 그에 대한 확실한 대답을 알지 못합니다.

열반의 오류

알고리즘의 실행 시간이 도저히 감당할 수 없을 정도로 크다는 사실은 확실히 실망스러울 수 있습니다. 어떤 문제에 대한 답은 있는데, 그 답을 얻기 위한 비용이 너무 큰 것이죠 - 그리스 신화에서 눈 앞에 있는 과일에 영원히 닿지 못하는 탄탈루스의 이야기 같네요. 그러나 NP-완전 문제에 대한 이런 실망스러운 사실에 체념할 필요는 없습니다. 비효율적인 알고리즘에 대응하는 방법들도 있고, 이런 한계들이 가지는 놀라운 장점도 있기 때문입니다.

만약 문제에 대한 해답을 찾는 것이 너무 오래 걸린다면, 손을 떼고 포기해 버리거나 상황을 최대한 이용해서 정확하지는 않더라도 충분히 쓸 만한 근사 답안을 찾으려고 할 수도 있습니다. 예를 들어 우리가 생계를 위해 일을 하고 있다면, 수입의 일부를 은퇴 후를 위해 저축할 수 있습니다. 이는 괜찮은 계획 같아 보입니다. 논란의 여지는 있지만 더 나은 계획은 복권에 당첨되어 바로 은퇴하는 것입니다. 하지만 이 계획은 현실에서는 거의 실현되지 않기 때문에 앞서의 괜찮은 계획에 대한 실질적인 대안이 아닙니다.

지수 알고리즘은 정확한 해답을 돌려주기는 하지만, 입력의 크기가 크다면 은퇴를 위해 복권을 사는 것만큼이나 비현실적입니다. 따라서 그 대안으로 효율적인 비지수 알고리즘을 찾아볼 수 있습니다. 그 알고리즘 - 근사 알고리즘 - 은 아마도 (항상) 완벽한 해답을 계산해 내지 못하겠지만, 실제로 충분히 사용할 만한 근사 해답을 돌려줄 것입니다. 일하면서 저축하는 것이 복권에 당첨되는 것에 대한 근사 해답이라고 할 수도 있겠습니다. 그다지 좋은 근사 해답은 아닌 것 같아 보이긴 하지만요.

일부 근사 알고리즘은 정확한 해답에서 일정한 비율 이내에 있는 결과가 계산되는 것을 보장해 줍니다. 예를 들어 인디아나 존스는 계량 문제를 풀기 위해 무거운 물건부터 시작하여 점점 가벼운 무게의 물건을 추가하는 방법을 써서 근사 답안을 선형 로그 시간에 찾을 수 있습니다. 이 방법을 쓰면 최적해에서 최대 50% 이내의 오차가 보장됩니다. 이 방법은 정밀도가 떨어져서 그다지 좋진 않지만 다른 많은 경우에 근사 답안들은 최적해에 매우 가깝고 또 그 비용도 저렴합니다 – 싼 게 비지떡인 거죠(실행 시간에 있어서).

계량 문제에서 단순한 알고리즘은 우선 물건들을 무게에 따라 정렬해야 합니다. 그리고 나서 목표하는 무게보다 작은 첫 번째 물건을 찾고, 목표한 무게가 될 때까지 물건을 추가합니다. 15부터 시작해서 13, 11을 추가하면 총 39가 됩니다. 다음 무게인 9를 더하면 목표 무게를 넘기 때문에 다음의 물건을 시도해 봅니다. 8과 5도 너무 무겁기 때문에 근사 해답은 15, 13, 11의 조합이 되고, 이는 최적해에서 3이 적습니다. 다시 말해 이 해답은 최적해에서 7% 범위 내에 있습니다.

가능한 한 가장 큰 값을 반복적으로 선택하는 이런 전략은 항상 눈앞의 기회를 취하기 때문에 *탐욕 알고리즘(greedy algorithm)*이라고 부릅니다. 탐욕 알고리즘은 단순하며 많은 경우에 잘 작동하지만, 앞서의 경우와 같은 몇몇 문제들에 대해서는 정확한 해결책을 놓칩니다. 앞선 계량 문제의 경우는 9를 기다리지 않고 11을 취한 것이 탐욕스러운 동작이며, 이 때문에 최적해를 얻을 수 없게 되었습니다. 탐욕 알고리즘은 선형 로그 실행 시간을 가지므로(최초의 정렬 단계 때문) 상당히 효율적입니다.

근사 알고리즘에 대해 확인해 봐야 하는 중요한 사항 중의 하나는 최악의 경우에 얼마나 정확도가 높은 결과를 돌려주는가 하는 것입니다. 탐욕스러운 계량 알고리즘은 항상 최적해의 50% 이내의 결과를 얻을 수 있습니다.[7]

근사 해답이란 문제에 대해 충분히 좋은 해답입니다. 근사 해답은 최적해보다는 좋지 않지만 아무런 해답이 없는 것보다는 낫습니다. 『*인디아나 존스: 마궁의 사원(Indiana Jones and the Temple of Doom)*』에서 인디아나 존스와 두 동료는 비행기가 곧 산에 추락하게 되는 상황에 마주합니다. 두 조종사는 비행기를 이미 버렸고 남아 있는 연료를 방출해 버렸는데 낙하산은 하나도 남아 있지 않습니다. 인디아나 존스는 고무 보트를 써서 낙하산의 효과를 근사함으로써 사람들을 땅에 내려서 문제를 해결합니다. 아무리 엉성하더라도 근사 알고리즘을 가지고 있는 것이 아무런 실질적인 알고리즘을 가지고 있지 않은 것보다는 낫습니다.

전화위복으로 삼아라

근사 알고리즘은 지수 알고리즘의 비효율성을 개선할 수 있습니다. 물론 이것만으로도 좋은 소식이지만 좋은 것이 더 있습니다. 어떤 문제에 대한 해답이 효율적으로 계산될 수 없다는 것이 죠. 예를 들어 계량 문제를 풀기 위해서 사용한 생성–검사 알고리즘은 숫자 자물쇠의 비밀번호를 잊어버렸을 때 우리가 자물쇠를 열기 위해서 해야 하는 일과 유사합니다. 우리는 모든 조합을 다 시험해 봐야 하고, 번호 세 개짜리 다이얼 자물쇠의 경우에는 조합이 $10 \times 10 \times 10 = 1,000$개나 됩니다. 1,000개의 조합을 다 시험해 보는 데 오랜 시간이 걸린다는 것은 숫자 자물쇠를 써서 가방이나 락커를 보호하는 것이 유효하다는 이야기와 다름없습니다. 물론 자물쇠를 부술 수도 있지만 이것은 문제를 푸는 것이라기보다는 피하는 것에 가깝겠지요.

1,000개의 조합을 전자식 컴퓨터로 계산하는 것은 간단한 일이지만 사람은 이를 계산하는 데 오랜 시간이 걸립니다. 이를 보면 효율이라는 개념은 상대적이며, 컴퓨터의 능력에 따라 달라짐을 알 수 있습니다. 그러나 알고리즘의 실행 시간은 입력의 증가에 따른 알고리즘의 실행 시간 증가에 관한 것이기 때문에, 빠른 컴퓨터로는 입력이 조금만 증가해도 발생하는 실행 시간의 엄청난 증가를 감당할 수가 없습니다. 이러한 사실은 암호학에서 메시지를 안전하게 주고받기 위해 사용되고 있습니다. https://로 시작되는 웹사이트에 접속할 때마다, 웹브라우저의 주소창에 자물쇠 모양이 표시되는데 이것은 해당 웹사이트로의 안전한 통신 채널이 만들어졌다는 것을 의미합니다.

암호화된 메시지를 주고받는 방법 중의 하나는 메시지를 암호화(encoding)하고 해독(decoding)할 때 두 개의 연관된 키(key), 즉 공개키(public key)와 개인키(private key)를 사용하는 것입니다. 통신의 모든 참여자는 모두 이런 한 쌍의 키를 가지고 있습니다. 공개키는 모두에게 공개되어 있지만 각자의 개인키는 각 참여자들 본인만 알고 있습니다. 두 개의 키는, 공개키로 암호화된 메시지가 연관된 개인키를 통해서만 해독될 수 있는 관계를 가지고 있습니다. 따라서 누군가의 공개키를 써서 메시지를 암호화하면 누구나 그 공개키를 알고 있더라도 메시지의 수신자에게 안전하게 전달할 수 있게 됩니다. 메시지의 수신자만이 개인키를 알고 있기 때문에 수신자만이 메시지를 해독할 수 있습니다. 예를 들어, 당신이 인터넷을 통해 은행 구좌의 잔액을 확인하고 싶다면, 웹 브라우저를 통해 공개키를 은행의 컴퓨터로 보내고, 은행의 컴퓨터는 이 공개키로 잔액을 암호화해서 브라우저에 다시 보내 줍니다. 이 메시지는 암호화되어 있기 때문에 다른 사람은 해독할 수 없습니다. 오직 당신만이 개인키를 이용해서 브라우저에서 해독할 수 있습니다.

만약 우리에게 인터넷이 없어서 같은 일을 우편으로 해결해야 했다면, 앞서의 작업은 당신만 열 수 있는 상자의 자물쇠를 열어서 은행에 보내는 것과 비슷합니다. 은행에서는 종이에 잔액을 적어서 상자에 넣고 자물쇠를 채워서 다시 돌려보내며, 상자를 받으면 가지고 있는 열쇠로 자물쇠를 열고 잔액을 확인합니다. 누구도 상자를 열 수 없기 때문에 정보는 보호되고 이동되는 중에 아무나 볼 수 없습니다. 이 예에서 자물쇠를 열어 놓은 상자는 공개키에 해당하고, 은행에서 잔고를 적은 종이를 상자에 넣는 작업은 메시지를 암호화하는 것에 해당합니다.

암호화된 메시지는 개인키를 알지 못하는 사람이 해독하려면 큰 숫자의 소수 인수를 계산해야 하기 때문에, 이 메시지는 허용되지 않은 접근으로부터 실질적으로 안전합니다. 소수 인수를 계산하는 것이 NP-완전 문제인지는 알려지지 않았지만, 현재 이것을 풀 수 있는 비지수 알고리즘은 알려진 바 없고, 따라서 푸는 데에 너무 오랜 시간이 걸립니다. 이렇게 어떤 문제를 푸는 것이 어렵다는 사실은 허용되지 않은 접근으로부터 전송되는 정보를 보호하는 데에 사용될 수 있습니다.

사실 이것은 그리 새로운 것이 아닙니다. 해자, 울타리, 벽, 그리고 다른 보호 장치들은 모두 이런 원칙에 기반하고 있습니다. 하지만 이러한 많은 보호 장치는 뚫릴 수 있습니다. 요즘에 암호화된 메시지를 주고받는 것은 소수 인수분해를 위한 비지수 알고리즘이 존재하지 않기 때문에 안전하다고 여겨지고 있습니다. 하지만 누군가가 비지수 알고리즘을 찾아낸다면 그런 안전함은 그 즉시 사라져 버리고 말 것입니다. 반대로 만약 누군가가 이 문제의 지수적 하한을 확인한다면 암호화된 메시지가 안전하다는 것을 확신할 수 있게 될 것입니다. 지금은 우리의 무지 덕분에 이런 방법이 통하고 있습니다.

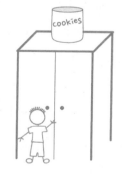

더 알아보기

인디아나 존스의 모험은 보통 유물, 장소, 사람에 대한 탐색과 관련이 있습니다. 때때로 여정 중에 확보한 어떤 물건이나 정보가 탐험을 이끌어 주기도 하며, 이런 경우에 여정은 순간순간 변화합니다. 이러한 이야기에서는 여러 장소를 탐색하게 되는데 이 장소들이 마지막 목표를 위한 탐색 경로가 됩니다. 『내셔널 트레져(National Treasure)』나 댄 브라운의 『다빈치 코드(The Da Vinci Code)』 같은 영화도 이런 패턴을 따르고 있습니다.

이전에는 탐색이라면 항상 보물 지도가 있었습니다. 이 경우, 경로는 처음부터 명확하며 탐색의 목표는 지도에 나온 지형지물을 현실 세계에서 찾는 것이었습니다. 로버트 루이스 스티븐슨의 책 『보물섬(Treasure Island)』 덕분에 보물 지도라는 것이 유명해졌습니다. 보물 지도는 특정한 위치를 찾기 위한 알고리즘인데, 이 알고리즘은 여러 가지 방법으로 제시될 수 있습니다. 어떤 이야기에서는 보물 지도가 보물을 찾기 위한 직접적인 지침을 담고 있기도 하며, 어떤 이야기에서는 해독하거나 해결해야 하는 단서나 암호, 수수께끼를 담고 있는 경우도 있습니다. 이런 보물 지도는 문제를 풀기 위한 알고리즘이라기보다는 문제 그 자체입니다. 예를 들어 영화 『내셔널 트레져』에서 보물 지도는 독립선언문의 뒤쪽에 숨겨져 있고, 지도에 추가적인 단서를 보여 주는 안경의 위치를 암호로 표시하고 있습니다.

또한, 영화 『내셔널 트레져』에도 인디아나 존스의 석판 문제와 유사한 수수께끼가 나옵니다. 주인공 벤 게이츠는 키보드에 눌렸던 글자키를 보고 입력되었던 암호를 추론해야만 합니다. 이것은 단어의 바른 순서를 찾는 문제입니다. 글자의 순서를 바꾸면 다른 단어나 문구가 되는 것을 아나그램*이라고 합니다. 아나그램을 푸는 것은 정렬 문제와는 다르고 모든 가능한 글자 조합으로부터 특정한 어떤 것을 찾아내는 것입니다. 아나그램은 『해리 포터(Harry Potter)』 시리즈에도 나오는데, "I am Lord Voldemort(나는 위대한 볼드모트다)"라는 문장은 그의 본명인 Tom Marvolo Riddle의 아나그램이며, 영화 『스니커즈(Sneakers)』에서 암호 해독 장치인 "Setec Astronomy(세텍 천문학)"는 "too many secrets(비밀이 너무 많아)"의 아나그램입니다.

그림 형제의 동화 『신데렐라(Cinderella)』 – 독일어로는 아셴푸틀 – 에는 나쁜 계모가 아셴푸틀에게 잿더미에서 작은 렌즈콩을 골라내라고 시키는 장면이 나옵니다. 이것은 버킷 정렬의

----

* 철자 순서를 바꾼 말

간단한 사례입니다. 때때로 이야기 속의 사건들은 시간의 순서가 뒤죽박죽되어 있고, 이런 경우 시간순으로 정렬해야 할 필요가 있습니다. 이런 극단적인 사례로 영화 『메멘토(Memento)』가 있는데, 이 영화 속 대부분의 이야기는 시간을 역행하면서 전개됩니다. 비슷한 상황이 영화 『이터널 선샤인(Eternal Sunshine of the Spotless Mind)』에서도 나옵니다. 영화에서 두 연인은 헤어진 후에 각자에 대한 기억을 지우는 처치를 받습니다. 서로에 대한 기억은 그 시점부터 시간을 거스르면서 나옵니다. 영화 『밴티지 포인트(Vantage Point)』는 미국 대통령 암살 시도까지 이어지는 사건들을 서로 다른 시점에서 보여 줍니다. 각각의 설명은 부분적이지만 이것들이 하나하나 세부적인 사실을 덧붙이면서 관객들은 영화의 스토리를 이해할 수 있게 됩니다.

데이비드 미첼의 책 『클라우드 아틀라스(Cloud Atlas)』에는 몇 가지 이야기가 서로 포개져 있습니다. 완전한 이야기를 얻기 위해서는 책의 각기 다른 부분의 순서를 바꾸어야 합니다. 순서 맞추기의 재미있는 사례 중 하나는 훌리오 코르타사르의 『돌차기 놀음(Hopscotch)』에도 나오는데, 이 책은 두 가지 방법으로 책의 각 장을 읽을 수 있게 되어 있습니다.

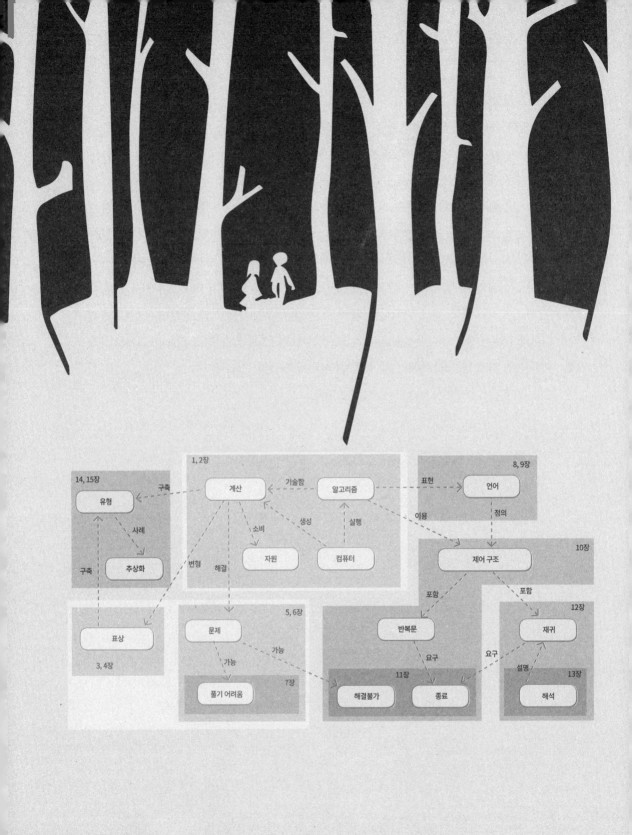

Part 2 언어

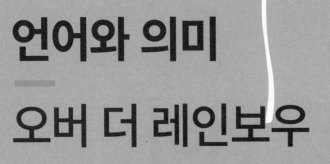

언어와 의미
—
오버 더 레인보우

의사의 지시 사항

점심을 먹고 나서는 병원 진료 예약이 되어 있습니다. 진찰을 받은 후 의사는 처방전과 혈액 검사를 받기 위한 양식을 작성해 주었습니다. 당신은 양식을 검사실에 가져가서 피를 뽑은 후 약국에 처방전을 가져갑니다. 이제는 혈액을 가지고 여러 가지 검사를 수행하는 검사실의 검사원이나, 처방전대로 약을 짓는 약사 모두 의사의 지시 사항에 따라 알고리즘을 수행하고 있다고 해도 전혀 이상하게 들리지 않을 것입니다. 이 시나리오에서 눈여겨볼 만한 점은 알고리즘을 정하는 사람과 수행하는 사람이 서로 다르다는 점입니다.

이런 역할의 분담은 알고리즘이 *언어*로 기록되어 있기 때문에만 가능한 일입니다. 의사가 약사를 직접 불러서 지시할 수도 있겠지만, 이렇게 하면 둘이 동시에 일을 해야 하기 때문에 절차가 복잡해졌을 것입니다. 알고리즘을 기록된 형태로 표현함으로써 그들은 각자 독립적으로 서로 다른 시간에 일을 할 수 있게 됩니다. 게다가 일단 한 번 기록하고 나면 처방전은 여러 번에 걸쳐서 사용될 수 있습니다.

알고리즘의 정의와 그 실행을 분리하려면 그 언어가 의미하는 바를 정확히 해야만 합니다. 의사와 약사는 처방전이 무엇이고, 그 내용은 어떠하며 각 항목이 의미하는 바가 무엇인지에 대해서 공통의 견해를 가져야만 합니다. 환자의 건강이 여기에 달려 있으니까요. 예를 들어 투여량 정보는 그 단위가 혼동되어서는 안 됩니다. 만약 의사와 약사가 복용량을 서로 다른 단위로 생각하고 있다면 이런 모호함 때문에 약제 투여의 효과가 나타나지 않는 수준으로 미미하거나, 위험할 정도로 높게 나타날 수 있습니다. 의사와 검사원 사이에도 마찬가지로 합의가 필요합니다.

약사와 검사원은 의사에 의해 주어진 알고리즘을 실행해야만 하는 컴퓨터입니다. 그들은 의사의 지시 사항을 읽고 이해할 수 있어야만 지시 사항을 수행함으로써 의사의 목적대로 환자를 도울 수 있습니다.

기록된 알고리즘을 수행하는 첫 번째 단계는 구문 분석(parse), 즉 그 기본 구조를 추출하는 것입니다. 이 구조를 통해 알고리즘의 주요소(처방전의 경우라면 약제의 이름, 복용량과 복용 빈도 등)와 그 상호 관계(약제의 양이 매 복용량에 대한 것인지 약제의 총량에 대한 것인지 등)에 대한 정보를 확인할 수 있습니다. 이런 구조가 확인되고 나면, 알고리즘을 표현하고 있는 언어가 의미하는 바는 약사와 검사원이 해야 할 일을 가리키게 됩니다. 이 구문 분석 과정은 그 자체로 어떤 문장의 구조를 추출하는 하나의 알고리즘입니다.

혈액 검사를 지시하거나 처방전을 짓는 데 사용되는 언어는 서로 많이 다릅니다. 그 내용만이 아니라 외형 또한 다릅니다. 처방전은 통상 일련의 약제명과 복용량, 복용 빈도 등이 기록되어 있는 반면, 보통의 혈액 검사지 양식에는 몇 가지 사항에 대한 체크 박스가 들어 있습니다. 이런 언어의 형식은 많은 경우 관습에 의해 만들어진 것이지만 어떤 언어적 목적을 더 잘 달성하기 위해서 의도적으로 설계한 것일 수도 있습니다. 예를 들어 체크 박스가 있는 양식은 언어의 내부 구조를 반영하고, 주문 사항을 적고 해석하는(그리고 청구하는) 작업을 단순화하며, 잠재적인 혼동을 피할 수 있도록 합니다. 이런 양식은 기본 검사와 종합 검사 등이 중복으로 선택되지 않도록 할 수도 있습니다.

언어는 컴퓨터 과학에서 중심적인 역할을 담당하고 있습니다. 언어 없이는 계산이나 알고리즘, 혹은 그 속성에 대해서 논할 수 없습니다. 많은 영역에서 고유한 용어와 정의를 가지는 특수한 언어들이 개발되었습니다. 컴퓨터 과학자들은 언어를 사용할 뿐 아니라 언어학자나 철학자들이 하듯이 언어 그 자체를 공부하기도 합니다. 특히 컴퓨터 과학자들은 어떻게 언어가 정확하게 정의될 수 있고, 언어에 어떤 기능이 포함되어야 하며, 어떻게 새로운 언어를 설계할 수 있는지에 대한 질문들에 답하고 있습니다. 또한 언어를 규정하고 분석하고 통역하기 위해 형식주의를 공부하고, 이런 작업을 자동화하기 위한 알고리즘을 개발합니다.

철학자 루드비히 비트겐슈타인은 "나의 언어의 한계가 나의 세계의 한계다."[1]라는 유명한 글을 남겼습니다. 8장에서는 음악의 언어를 사용해서 컴퓨터 과학과 관련된 언어의 개념들을 설명하고, 이 세상에서 언어를 적용하는 것이 가지는 몇 가지 한계를 보이도록 하겠습니다.

08 언어의 프리즘

우리는 언어가 작동할 때마다 벌어지는 복잡한 작동 방식을 몰라도 매일 어려움 없이 언어를 사용하고 있습니다. 이것은 걷는 것과도 비슷합니다. 일단 배우고 나면 우리는 쉽게 물에서 걷고, 모래를 헤쳐 나가고, 계단을 오르고, 장애물을 넘을 수 있습니다. 이런 행동을 똑같이 따라 하는 로봇을 만들려고 하면 이런 작업이 얼마나 복잡한지 알 수 있으며, 기계가 언어를 사용할 수 있도록 가르치려고 시도해 보면 이것이 얼마나 어려운 일인지 실감할 수 있습니다. 애플의 시리를 쓰면서 절망했던 적이나 구글에서 찾으려고 하는 것을 찾을 수 없었던 적이 있지 않나요? 기계가 지능을 가지는지 평가하기 위한 튜링 테스트는 이런 상황을 완벽하게 반영하고 있습니다. 이 테스트는 사용자가 대화를 통해서 기계와 사람을 구분하지 못하면, 그 기계가 지능을 가지고 있다고 판정합니다. 다시 말해, 언어적인 능숙도가 인공지능에 대한 기준으로 사용됩니다.

언어의 현상은 철학, 언어학, 사회학 등의 많은 학문 영역에서 연구되어 왔으며, 따라서 언어가 무엇이냐에 대한 하나의 합의된 정의는 존재하지 않습니다. 컴퓨터 과학자의 관점에서 언어란 *의미를 전달하는 정확하고 효과적인 수단*입니다. 3장에서 어떻게 기호가 표상의 기반을 형성하는지, 그리고 부호를 그것이 나타내는 개념과 연결함으로써 어떻게 계산에 의미를 부여하는지를 보인 바 있습니다. 기호는 개별적인 개념을 표현할 수 있는 데 비해, 언어는 기호의 유의미한 결합을 문장으로 정의하고 이런 개념들 간의 관계를 표현할 수 있습니다. 기호와 언어는 둘 다 표상이지만 기호는 특정 담론을 위한 관심의 대상을 표현하는 데에나 적합할 뿐, 계산을 알고리즘으로 표현하기 위해서는 언어가 필요합니다.

이 장에서는 언어가 무엇이며 어떻게 언어를 정의할 수 있는지를 설명합니다. 우선 언어가 어떻게 알고리즘을, 그리고 결국 계산을 표상하는지 보이도록 하겠습니다. 이것은 컴퓨터 과학에서 언어가 중요한 주제임을 설명해 줍니다. 그러고 나서 어떻게 언어가 문법을 통해 정의될 수 있는지를 보이겠습니다.

언어는 문장으로 구성되어 있습니다. 문장이 단순히 부호나 단어의 나열인 것으로 생각하는 경우가 많지만, 이것은 너무 편협한 관점입니다. 이것은 마치 어떤 그림을 보면서 개별적인 사물만 인식하고 그 상호 관계를 무시하는 것과 같습니다. 남자와 개, 나뭇가지가 그려진 그림을 생각해 봅시다. 개가 나뭇가지를 물고 남자에게 가고 있는지 아니면 나뭇가지에 몸을 지탱하고 있는 남자를 개가 물고 있는지 등에 대한 상황은 중요합니다. 이와 유사하게, 언어를 구성하는 각 문장은 그 의미를 구성하는 데 중요한 역할을 하는 내부 구조로 되어 있습니다. 이런 측면을 설명하기 위해서, 어떻게 문법이 단어의 연속으로 나타나는 문장의 외양(*실체 구문; concrete syntax*)뿐 아니라 내재된 *구조(추상 구문; abstract syntax)*를 정의하는지 그 예를 보이도록 하겠습니다.

❋❋❋

이 장은 계산 그 자체에 대한 내용보다는 계산에 대한 설명, 또는 계산에 대한 설명을 기술하는 것에 대한 내용입니다. 이것은 무슨 의미일까요? 알고리즘은 계산을 설명해 놓은 것입니다. 하지만 이 장은 개별적인 알고리즘에 대한 것이 아닙니다. 이 장은 어떻게 알고리즘을 설명할지에 대한 이야기입니다. 이런 설명들이 결과적으로 하나의 언어 체계가 된다는 것이 드러납니다.

자동차나 꽃이 무엇인지를 설명해야 한다면, 어떤 개별적인 차나 꽃에 대해서 이야기하기보다는 차나 꽃이 일반적으로 가지는 속성, 말하자면 차나 꽃의 핵심에 대해서 말할 것입니다. 개별적인 차나 꽃의 종류에 대해서도 사례로써 언급할 수 있지만, 모든 차와 꽃에 대해서 이야기하려면 차나 꽃이 무엇인지에 대한 *모델(model)*을 만들어야 합니다. 모델은 모든 차와 꽃의 *유형(type)*을 정의합니다(14장 참조).

템플릿(형판; template)이란 고정된 구조 속에 몇 가지 가변적인 요소를 가지고 있는 것으로, 이들의 고유한 구조는 대부분 고정되어 있기 때문에 차와 꽃에 대한 효과적인 모델이 될 수 있습니다. 템플릿은 스프레드시트나 혈액 검사 항목을 나열하는 양식 등 일부 알고리즘에는 적합하지만 템플릿 기반의 모델은 일반적으로 알고리즘을 기술하기에는 너무 유연성이 부족하고 충분한 표현이 어렵습니다. 임의의 알고리즘을 설명하기 위해서는 언어가 유연성을 제공해야 합니다.

이 장에 나오는 이야기에서 언어는 그 자체로 중요한 역할을 담당합니다. 언어의 개념을 학습하기 위해서 음악에 대해 이야기해 보죠. 음악적 언어는 단순하며 구조화되어 있어서 이를 통해 설명하려는 개념들을 쉽게 이해할 수 있습니다. 음악 분야는 고유한 표기법을 사용하고 있지만 누구나 이해할 수 있어서 바로 음악적 언어에 대해서 이야기해도 그다지 생소하지 않을 것입니다.

음악을 언어로 보는 관점은 그리 새로운 것이 아닙니다. 예를 들어 천문학자인 요하네스 케플러는 그 기원이 피타고라스까지 거슬러 올라가는 음악적 개념들을 통해 항성의 공전 주기가 따르는 법칙을 설명한 바 있습니다. 프랜시스 고드윈은 소설 『달세계의 인간(Man in the Moone)』(1638)에서 달에 사는 사람들이 소통을 위해 음악적 언어를 사용하는 장면을 묘사한 바 있습니다. 영화 『미지와의 조우(Close Encounters of the Third Kind)』에는 사람들이 외계인과 대화하기 위해 오음계를 사용하는 장면이 나옵니다. 음악은 고도로 구조화되어 있으면서도 실제적이고 문화를 초월하는 매체이기 때문에 언어의 개념을 설명하기에 제격입니다.

멜로디에서 음표를 취하세요

"오버 더 레인보우(Over the Rainbow)"는 20세기 미국에서 가장 유명한 노래 중 하나입니다.[1] 이 곡은 영화 『오즈의 마법사(The Wizard of OZ)』를 위해 해롤드 알렌[2]이 작곡했습니다. 영화의 도입부에서 도로시 분의 주디 갈랜드는 머리 아픈 일이 없는 곳이 어디 없을까 생각하다가 이 노래를 부릅니다.

만약 이 책이 오디오북이거나 유튜브 동영상이었다면 음악을 바로 들려 드렸을 텐데 아쉽네요. 그런데 음악도 없는데 어떻게 이 음악에 대해서 이야기를 할 수 있을까요? 그 대신에 선율을 만들어 낼 수 있는 이 곡에 대한 표상을 보여 드릴 수는 있습니다. 오늘날 폭넓게 사용되는 이러한 표상을 *표준기보법(standard music notation)* 혹은 *오선기보법(staff notation)*이라고 부릅니다. 노래의 일부를 이 표기법으로 나타내 보았습니다.

Some - where o - ver the rain - bow way up high

악보 보는 법을 몰라도 너무 걱정하지 마세요. 이 장에서 필요한 개념들에 대해서 설명해 드릴 테니까요. 지금은 저 콩나물같이 생긴 기호들이 선율을 나타내는 각각의 음표이고, 그 수직적인 위치가 음의 높이를 나타내며, 음의 길이는 음표에 붙은 가지의 모양과 음표의 타원에 색이 칠해져 있는지를 가지고 나타낸다는 것만 알고 있으면 됩니다. 음의 높낮이와 장단은 멜로디를 구성하는 기본 요소입니다. 노래를 부르거나 들으면서 악보를 따라가다 보면, 각 음표와 그 전반적인 표기법의 의미를 잘 이해할 수 있습니다.

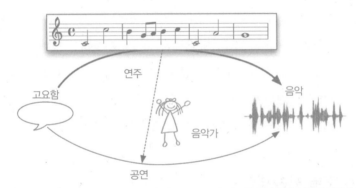

[그림 8.1] 악보(알고리즘)를 연주(실행)하면 고요함을 음악으로 바꿔주는 공연(계산)이 만들어집니다. 이 공연은 음악가(컴퓨터)에 의해 만들어지며, 여기에는 곡이 쓰여진 음악적 표기법(언어)을 이해하는 어떤 사람이나 기계가 해당합니다. 46페이지의 그림 2.1을 함께 참고하세요.

악보는 음악을 표기하는 언어로 된 하나의 문장으로 생각할 수 있습니다. 또한, 이 악보는 음악을 만들어 내기 위한 알고리즘을 기술한 것입니다. 이 언어를 이해하는 사람이라면 누구라도 이 문장을 실행할 수 있고, 이때 음악가는 컴퓨터가 됩니다. 그림 8.1은 이런 비유를 보여 주고 있습니다. 생성된 계산은 소리에 대한 표상을 만들어 내는데 이것은 여러 가지 형태가 될 수 있습니다. 가수라면 자신의 성대를 움직일 것이고, 피아니스트, 기타리스트, 바이올리니스트라면 각각 건반과 해머, 손가락, 혹은 활을 이용해서 현이 진동하거나 멈추도록 할 것입니다.

음악적 표기(악보)가 놀라운 점은, 그 선율을 한 번도 들어 보지 못한 사람일지라도 정확히 그 멜로디를 재현할 수 있도록 해 준다는 것입니다. 작곡가 해롤드 알렌이 이 선율을 만들고 악보로 기록한 다음에는, 주디 갈랜드에게 악보를 보내는 것만으로 그녀가 제대로 노래를 부르도록 하기에 충분합니다. 악보가 없다면 음악을 공유하기 위해서 녹음을 하거나 전하려는 상대의 앞에서 연주해서 그 음악을 기억하고 다시 연주할 수 있도록 하는 수밖에 없습니다. 만약 당신이 전화 게임을 해 본 적이 있다면 이런 과정이 얼마나 신뢰하기 어려운지 알고 있을 것입니다.[3]

오선기보법의 형태를 잘 살펴보면 그것이 얼마나 임의적인지를 알 수 있습니다. 음표가 그 수직적 위치를 통해 음의 높낮이를 가리키는 인덱스 기호(3장 참조) 같은 것이기는 하나, 왜 군이 오선인지, 음표는 왜 타원형인지, 음표에 붙은 가지의 길이와 방향은 왜 그렇게 해야만 하는지 특별한 이유가 없어 보입니다. 음표는 다르게 표현할 수도 있습니다. 사실, 때때로 다르게 표기되기도 합니다.

예를 들어 기타를 위한 태블러추어 악보(타브 악보)는 매우 다른 표현 방식에 기반하고 있습니다. 이 악보는 개별 기타 줄을 어떻게 건드려야 하는지를 직접적으로 보여 줍니다. 즉, 음표의 추상적 개념을 다루지 않습니다. 줄 위의 숫자는 줄을 튕길 때 줄의 어디를(어떤 프렛을) 눌러야 하는지를 나타냅니다. 이 악보의 장점은 그 직접성에 있습니다. 악보가 있으면 초보자들은 추상적인 음표에 대해서 배울 필요 없이 빠르게 곡을 연주할 수 있게 됩니다. 단점은 악보가 음표의 정확한 길이를 나타낼 수 없다는 점입니다. 게다가 이 악보는 한 종류의 악기에만 사용할 수 있습니다.

태블러추어 악보는 기타의 물리적 구조를 반영하고 있으므로 덜 임의적입니다. 예를 들어 기타는 보통 여섯 개의 줄을 가지고 있기 때문에, 악보도 횡으로 여섯 줄이 있고 이 줄들 위에만 숫자를 표기할 수 있습니다. 반면에 일반적인 악보의 오선은 임의로 결정된 것이며 필요한 경우 선을 추가할 수 있습니다. 실제로 164페이지의 오선 악보에 있는 가장 첫 음표가 바로 이런 사례로, 보조선이 사용되고 있습니다.

태블러추어 악보와 오선 악보는 음악을 표현하기 위한 두 개의 다른 언어입니다. 각 언어는 어떤 종류의 부호를 사용할지, 이들을 어떻게 조합할 수 있는지를 규정하는 일련의 규칙을 정의하고 있습니다. 이 규칙은 언어의 *구문 규칙(syntax)*을 정의하며 제대로 된 언어적 요소인 *문장(sentence)*을 비문으로부터 구분합니다. 이 규칙에 따르지 않는 표기법은 어떤 것이든 알고리즘을 적절하게 수행할 수 없습니다. 예를 들어, 음수를 태블러추어 악보에 사용하는 것은 말이 되지 않습니다. 기타 연주자는 그런 표기를 해석할 수 없으므로 뭘 해야 할지 알 수 없습니다. 마찬가지로 앞서의 오선 악보에 여러 선에 걸쳐 있는 음표가 있었다면 주디 갈랜드도 어떤 음을 불러야 하는지 알 수 없었을 것입니다.

음악 연주자는 악보가 모호하지 않고 명확해야만 음악을 재현할 수 있습니다.[4] 이것은 악보가 다른 알고리즘적 표기법들과 마찬가지로, 명확하게 해석될 수 있는 실행 가능한 단계를 효과적으로 표상해야 함을 뜻합니다. 따라서 음악적 언어의 효과를 보장하기 위해서 우선 그 언어에서 어떤 것을 문장으로 간주할지에 대한 엄밀한 정의가 필요합니다.

문법 규칙

어떤 언어의 구문 규칙은 그 언어로 문장을 구성하기 위한 규칙들의 집합, 즉 *문법(grammar)*에 의해 정의될 수 있습니다. 한국어나 영어와 같은 자연어를 이용해서 구문 규칙을 설명하면 그 설명이 길고 부정확해질 수 있기 때문에, 그다지 좋은 대안이 아닙니다. 이러한 이유로 수학의 방정식이나 물리학 법칙들이 자연어 문장이 아닌 특수한 표기법에 의해 표현되는 것입니다. 실제로 많은 과학과 기술 분야에서는 해당 영역의 고유한 개념들에 대한 효과적인 의사소통을 위해 독자적인 용어나 표기법을 만들어 왔습니다. 마찬가지로 언어 연구의 영역에서도 그것이 언어학이든 컴퓨터 과학이든, 언어를 정의하는 특수한 표기법이 있는데 이것이 바로 문법입니다.

언어를 설명하고자 할 때 문제가 되는 것 중 하나는 어떻게 유한한 방법을 통해서 무한한 문장들을 표현할 수 있는가 하는 점입니다. 과학 분야에서 몇 가지의 법칙을 통해서 무한한 종류의 사실을 설명해 내야 하는 상황이 이와 비슷합니다. 과학에서의 해결책은 문법의 일부 개념에 대해서 설명하는 데 도움이 됩니다. 예를 들어, 유명한 물리학 방정식인 $E=mc^2$를 생각해 봅시다. 이 방정식은 어떤 물체가 그 질량(m)에 따라 가지는 에너지(E)에 대한 것입니다. 이 방정식이 의미하는 바가 정확히 어떤 것인지는 여기서 중요하지 않습니다. 중요한 것은 이 방정식이 *상수 c*와, 임의의 양수를 나타내는 두 개의 *변수 m, E*를 가진다는 점입니다. 특히 이 방정식에 포함된 두 개의 변수는 물체의 크기나 구조의 복잡도와 상관없이 어떤 물체가 가지는 에너지를 계산할 수 있도록 해 줍니다. 변수를 사용하면 하나의 방정식으로 무한한 개수의 물리적 사실을 표현할 수 있습니다. 방정식에서의 변수는 알고리즘에서의 매개변수(parameter)와 같은 역할을 담당합니다.

방정식과 같이 문법도 상수와 변수를 가지고 있습니다. 이런 상수를 종단자(terminal symbols; terminals)라고 부르며 변수는 비종단자(nonterminal symbols; nonterminals)라고 부릅니다. 왜 이런 이름이 붙었는지는 잠시 후에 명확히 알 수 있을 겁니다. 어떤 언어에서나 문장은 연속된 종단자로 이루어지며 비종단자를 포함하고 있지 않습니다. 비종단자는 문장을 구성할 때 부수적인 역할만을 담당합니다. 오선기보법에서 종단자의 예를 들어 보자면, 오선 위에 표시되는 각각의 음표들과 음표들을 마디로 묶어 주는 세로줄이 여기에 해당합니다. 물론 악보에는 다른 종단자도 포함되어 있지만, 음표와 마디 정도면 문법의 개념을 설명하기 위한 간단한 선율을 정의하기에 충분합니다.

예를 들어 "오버 더 레인보우"의 첫 마디를 구성하는 종단자는 세로줄 ┃ 앞에 있는 ♩와 ♩ 두 개의 음표 기호입니다. 방정식에서의 상수와 같이 종단자는 문장 내에서 고정되어 변하지 않는 부분을 나타내며, 문장은 방정식의 변수를 숫자로 치환했을 때 얻어지는 하나의 과학적 사실에 대응됩니다.

반면에 비종단자는 방정식의 변수처럼 작동하면서 여러 가지 값들을 취할 수 있습니다. 비종단자는 연속된 다른 값(종단자이든 비종단자이든)으로 치환될 수 있습니다. 하지만 이런 치환을 자유롭게 할 수는 없습니다. 무엇을 치환할 수 있는지는 일련의 규칙에 의해서 규정됩니다. 비종단자는 마치 자리 표시자(placeholder)와 같아서, 전형적으로 언어의 특정한 부분을 표현하기 위해 사용됩니다. 치환 규칙은 이런 부분들이 종단자의 배열상에서 어떻게 나타나야 하는지를 정의합니다. 예를 들어 오선기보법을 위한 단순화된 문법에서 음표라는 비종단자가 임의의 음표 종단자를 나타낼 수 있다고 해 봅시다.[5]

이 문법은 몇 가지 규칙으로 구성됩니다. 이런 규칙들은 각각 향후 치환될 비종단자와 치환을 나타내는 화살표, 그리고 비종단자와 교체될 일련의 기호들로 구성됩니다. 교체될 일련의 기호들은 규칙의 우변(RHS; right-hand side)이라고도 불립니다. 간단한 규칙의 예로 음표 → ♩ 가 있습니다. 여기서 우변은 하나의 종단자로 구성되어 있습니다. 문법과 방정식, 알고리즘에서 각각 대응하는 요소들을 표 8.1에 정리해 두었습니다. 문법은 개별 규칙들로 구성되는데, 이는 알고리즘이 개별적인 명령어를 통해 구성되는 것과 매우 유사합니다. 방정식에는 이에 대응되는 요소가 없습니다.

문법	방정식	알고리즘
비종단자	변수	매개변수
종단자	상수, 연산	값, 명령어
문장	사실	변수 없는 알고리즘
규칙		명령어

[표 8.1]

음표는 높낮이와 장단이 서로 다르고 음표 비종단자는 하나뿐이기 때문에, 음표에 대해서는 그림 8.2와 같이 많은 음표 규칙이 필요합니다.[6] 비종단자 음표는 어떤 종류의 음표들을 표현하며, 이 종류는 음표에 대한 규칙들에 의해서 정의됩니다.

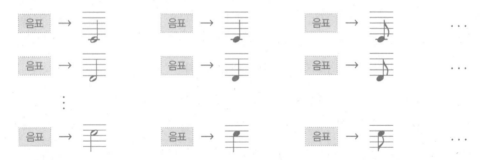

[그림 8.2] 문법 규칙은 음표 비종단자들이 어떻게 치환할 수 있는지를 규정합니다. 비종단자는 임의의 음표를 나타낼 수 있기 때문에 각각의 음높이와 음길이 조합에 대해서 개별적인 규칙이 필요합니다. 각 열은 각 음길이에 대한 음표 구분을 보여 줍니다: 왼편은 2분음표(마디의 절반 동안 계속되는 음표), 가운데는 4분음표, 오른편은 8분음표입니다.

일반적으로 규칙의 우변은 여러 개의 기호를 가질 수 있으며 이 기호는 종단자일 수도, 비종단자일 수도 있습니다. 규칙은 비종단자만을 치환하기 때문에, 종단자로만 구성된 배열 (sequence)은 변경될 수 없습니다. 이것은 왜 *종단자*와 *비종단자*라는 이름이 붙었는지를 설명해 줍니다. 종단자로만 구성된 완결된 배열은, 이런 문법 규칙으로 기술된 언어의 문장입니다. 반면에 비종단자가 포함된 배열은 완결된 것이 아니며, 언어의 문장에 해당하지도 않습니다. 이러한 배열은 이후 비종단자의 치환에 의해서 얻어지는 모든 종류의 문장을 일반화하여 기술하고 있기 때문에 *문형(sentential form)*이라고 불립니다. 문형은 일부 변숫값에 상수를 대입한 방정식이나, 일부 매개변숫값이 입력값으로 치환된 알고리즘과 유사합니다.

문형은 멜로디를 정의하는 규칙에서도 발견할 수 있습니다. 비종단자 멜로디는 문법으로 형성할 수 있는 모든 멜로디를 나타냅니다. 우선 멜로디를 다음의 세 가지 규칙으로 정의해 볼 수 있습니다(각각의 규칙에는 참조를 위해 이름을 붙였습니다).

멜로디	→	음표 멜로디	(새 음표)
멜로디	→	음표 ▎ 멜로디	(새 마디)
멜로디	→	음표	(끝 음표)

첫 번째 규칙인 '새 음표'는 멜로디가 어떤 음표로 시작돼서 다른 멜로디로 이어진다는 것을 의미합니다. 처음에는 이상해 보일지 모르지만 멜로디가 연속된 음표라는 것을 생각해 보면 이 규칙은 어떤 음표의 배열이 하나의 음표로 시작해서 다른 음표의 배열로 이어진다는 것을 말하고 있음을 알 수 있습니다. 이 규칙은 우변으로 치환하려고 하니 우변에 치환의 대상이 되는 기호가 포함되어 있어서 이상해 보입니다. 이런 규칙을 *재귀적(recursive)*이라고 합니다. 재귀적 규칙은 목적한 대로 치환을 수행하지 않는 것처럼 보입니다. 그래서 우리가 멜로디에 대해서 재귀적 규칙만을 가지고 있다면 문법에서 비종단자를 제거할 수 없기 때문에 문제가 됩니다. 하지만 세 번째 규칙인 '끝 음표'는 재귀적이지 않기 때문에, 이 규칙을 사용하면 언제든 멜로디 비종단자를 음표 비종단자로 바꿀 수 있고, 음표 비종단자는 이후에 종단자 음표 기호로 바꿀 수 있습니다. '끝 음표' 규칙 대신에 우변이 비어 있는 다음과 같은 규칙을 사용할 수도 있습니다.

멜로디	→		(끝 멜로디)

이 규칙은 멜로디를 비어 있는 기호의 배열(아무것도 없는)로 바꾸라는 것입니다. 이런 규칙은 멜로디 비종단자를 문형에서 효과적으로 제거할 수 있습니다.

재귀적 규칙들은 일반적으로 반복해서 적용함으로써 여러 개의 기호를 만들어 내는 데에 사용됩니다.

두 번째 규칙인 '새 마디'는 첫 번째 규칙과 비슷하게 음표 비종단자를 반복해서 만들어 낼 수 있습니다. 하지만 추가로 한 마디의 끝이자 다른 마디의 시작을 나타내는 세로줄 종단자 ╪를 만들어 냅니다.

멜로디 같은 비종단자에서 시작하여 문법 규칙의 적용을 통해 반복적으로 비종단자를 대체함으로써, 우리는 일련의 기호를 만들어 낼 수 있습니다. 예를 들어 "오버 더 레인보우"의 첫 마디는 다음과 같이 만들어 낼 수 있습니다.

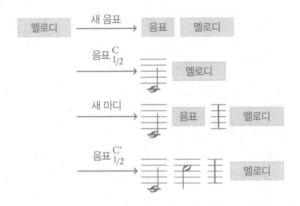

각 줄에서 화살표 위에 적힌 글씨는 어떤 규칙을 적용했는지를 나타냅니다. 예를 들어 첫 번째로는 '새 음표' 규칙이 첫 번째 음표 비종단자를 만들어 내기 위해 적용되었습니다. 다음에 이 비종단자는 노래의 첫 번째 음표를 나타내는 종단자로 바로 교체되었습니다. 그림 8.2에 나오는 여러 규칙 중 여기에서 적용된 규칙은 음의 높이와 길이를 나타내는 첨자를 통해 표시됩니다(음표에서 C는 음높이를, 1/2는 음표가 전체 마디의 절반 동안 지속된다는 것을 의미합니다). 다음 과정으로 '새 마디' 규칙을 사용해서 다음 음표 비종단자를 만들어 내고, 뒤따르는 세로줄 종단자를 통해 마디를 끝냅니다. 음표 비종단자는 다음 단계에서 다시 음표 종단자로 치환됩니다.

이처럼 어떤 규칙을 사용할지에 따라 만들어지는 멜로디가 결정됩니다. 규칙을 적용하는 순서는 상당히 유연합니다. 예를 들어 규칙 '음표'와 '새 마디'의 순서를 바꾸어도 같은 문형을 얻을 수 있습니다.

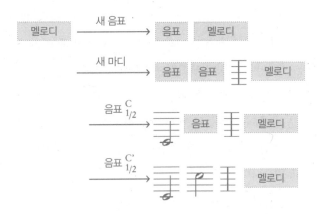

두 음표 비종단자의 치환 순서를 바꾸어도 마찬가지로 같은 결과를 얻을 수 있습니다.

세 번째 규칙(끝 음표든 끝 멜로디든 둘 중 하나)을 적용하면 남아있는 멜로디 비종단자를 제거함으로써 그 이상으로 규칙을 적용하는 것을 끝낼 수 있습니다(끝 음표를 적용하면 음표 규칙을 하나 더 적용해서 음표 비종단자를 제거해야 하기는 합니다). 만들어진 종단자의 배열은 이 언어의 문장이며, 처음 멜로디 비종단자에서 마지막 문장에 이르기까지의 연속된 문형과 규칙의 적용을 유도(derivation)라고 합니다. 이러한 유도 과정이 존재해야만 종단자의 배열이 그 언어의 문장이 되는 것이며, 어떤 문장이 어떤 언어에 포함되는지를 결정하는 것은 거기에 필요한 유도 과정을 찾아내는 일로 귀착됩니다. 하나의 유도 과정은 그 결과가 되는 종단자의 배열이 그 언어의 요소임을 증명합니다.

문법은 하나의 비종단자를 시작 기호(start symbol)로 지정하며, 이것을 통해 그 문법이 정의하는 문장의 주요 범주를 나타냅니다. 이런 비종단자는 또한 문법에 명칭을 부여합니다. 예를 들어 여기서 문법의 목표는 멜로디를 정의하는 것이기 때문에 이 문법에서 시작 기호는 멜로디여야 하고 이 문법을 멜로디 문법이라고 부를 수 있습니다. 멜로디 문법에 의해 정의되는 언어는 멜로디 시작 기호로부터 유도될 수 있는 모든 문장의 집합체입니다.

구조는 나무에서 자란다

어떤 특정한 영역에서 하나 이상의 언어가 사용되는 것은(음악에서 오선기보법과 태블러추어 기보법이 있는 것처럼) 이상해 보일 수 있고, 그래야 하는 특별한 이유가 있는지 궁금할 수도 있습니다. 어쩌면 표준 표기법으로 단 하나의 언어만 있는 것이 낫지 않을까요? 음식이나 옷, 휴가철 여행지 같은 것들은 다양하면 좋겠지만 여러 가지 언어로 작업해야 한다는 것은 종종 번거롭고 힘이 드는 일입니다. 번역이나 설명이 필요할 수도 있고 오해나 실수로 이어질 수도 있습니다. 바벨탑 이야기에서는 여러 가지 언어가 존재하게 된 것이 신이 내린 벌에 따른 것이라고 나옵니다. 에스페란토어와 같은 공통어를 만들고자 하는 노력은 너무 많은 언어가 있어서 생기는 문제를 해결하기 위함입니다. 또한, 언어 표준화 기구들은 기술적 언어들의 다양화를 제어하기 위해서 지속적으로 노력하고 있습니다.

이런 수고에도 불구하고 왜 많은 언어가 있어야 할까요? 종종 새로운 언어는 특별한 용도를 위해 도입되곤 합니다. 예를 들어, HTML이나 자바스크립트는 인터넷에서 정보를 표현할 수 있도록 도와주는데, 이것은 수많은 사업이나 조직에 엄청나게 유용한 일입니다. 음악 분야에서 태블러추어 기보법은 기타 연주자들에게, 특히 오선기보법을 모르는 사람들에게 유용합니다. 프로그램 가능한 음악 기기들(시퀀서나 드럼머신 같은)의 도래에 따라 MIDI(Musical Instrument Digital Interface) 언어가 개발되어, 신디사이저에게 음악을 만들어 내도록 제어 메시지를 인코딩할 수 있게 되었습니다. 다음은 "오버 더 레인보우"의 첫 부분을 MIDI 버전으로 바꿔본 것입니다.

4d54 6864 0000 0006 0001 0002 0180 4d54 …

이 표현 방식은 신디사이저를 제어하는 데는 효과적일지 몰라도 그다지 사용자 친화적이지는 않습니다. 숫자나 글자가 의미하는 것이 무엇인지, 이것을 통해 표현되는 음악과도 어떻게 연관되는지 보통 사람들은 알 수 없습니다. 사람들에게는 오선 악보나 태블러추어 악보가 편하고, 신디사이저로 음악을 연주하길 원할 때 악보를 MIDI로 변환해 주는 것이 편합니다. 또한, 오선 악보와 태블러추어 악보 사이에도 변환이 필요할 수 있습니다. 물론 우리는 이런 언어 간의 변환이 알고리즘을 통해 자동적으로 이루어지기를 바라며 그 표현하는 바, 즉 음악이 의미의 손실 없이 다른 쪽으로 전달되기를 바랍니다.

서로 다른 표기법 사이의 변환은 *추상 구문(abstract syntax)*이라고 불리는 중간적 표현을 통해서 가장 잘 수행될 수 있습니다. 문장의 문자나 보이는 *외양*을 정의하는 *실체 구문(concrete syntax)*과 달리, 추상 구문은 문장의 *구조*를 계층화된 형태로 보여 줍니다. 오선 기보법으로 표현된 어떤 곡의 실체 구문은 연속된 음표와 세로선 그리고 다른 기호들로 표현되는데, 이러한 실체 구문은 어떤 곡이 가지는 계층적 구조를 보여 주기에는 적합하지 않습니다. 구조를 표현하기 위해서는 우리가 4장과 5장에서 각각 가계도와 사전을 나타내기 위해 사용한 트리를 사용할 수 있습니다. 추상 구문은 *추상 구문 트리(abstract syntax tree)*를 통해 표현됩니다.

실체 구문에서 추상 구문 트리로의 변환은 두 단계로 이루어질 수 있습니다. 우선 실체 구문의 기호의 배열을, 기호 간의 계층적 관계를 나타낼 수 있는 *파스 트리(parse tree)*로 바꿉니다. 그다음으로 파스 트리를 추상 구문 트리로 단순화합니다. 파스 트리는 문장을 유도하면서 구성할 수 있습니다. 유도의 각 단계에서 비종단자가 관련된 규칙의 우변으로 치환되었던 것을 상기해 보세요. 이제 비종단자를 우변으로 대체하는 대신, 우변의 각 기호를 노드로 만들고 비종단자를 가지로 연결합니다. 이렇게 하면 각 유도 단계마다 트리의 끝단에 있는 비종단자에 새로운 노드가 추가되면서 추상 구문 트리가 확장됩니다. 앞서의 유도 과정을 따르면 다음과 같은 순서로 트리를 얻을 수 있으며, 이로부터 어떻게 규칙을 적용하여 아래로 트리를 확장하는지를 알 수 있습니다.

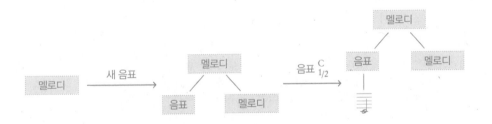

이 두 단계는 간단하면서 단도직입적입니다. 다음의 두 단계는 파스 트리가 노래의 구조를 보여 주지 못하기 때문에 다소 예상치 못한 결과로 이어집니다. 파스 트리는 어떻게 멜로디가 구성되어 있는지, 어떻게 마디가 음표들로 구성되어 있는지를 보여 주지 못합니다.

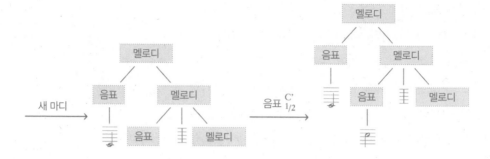

이런 구조적인 불완전성은 앞서 문법을 정의한 방식에서 기인합니다. 그 규칙들은 멜로디를 단순히 연속된 음표로 확장합니다. 따라서 파스 트리는 마디에 대해서 당연히 아무것도 표현할 수 없습니다. 문법 정의를 바꿔서 마디를 감안하도록 만들면 이 상황을 해결할 수 있습니다. 그림 8.3은 이렇게 조정된 파스 트리와 추상 구문 트리를 부분적으로 보여 주고 있습니다. 컴퓨터 과학에서 트리는 뿌리가 위로 가고 잎이 아래로 가도록 뒤집어서 그립니다. 비종단자는 가지에 위치하고, 종단자는 트리의 잎이 됩니다.

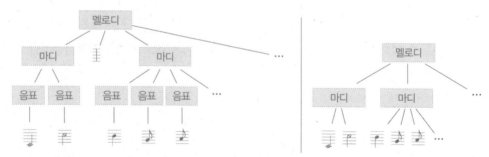

[그림 8.3] 멜로디의 구조를 구문 트리로 표현하였습니다. 구문 트리는 유도의 구조적 결과를 담아 내지만 어떤 규칙이 어떤 순서로 적용되었는지 같은 세부 사항은 무시합니다. 왼쪽: 유도 과정 중의 모든 정보를 담고 있는 파스 트리 / 오른쪽: 구조적으로 유의미한 정보만을 담고 불필요한 세부 사항은 생략되어 있는 추상 구문 트리

그림에서 파스 트리는 유도 과정을 트리로 바꿔서 나온 결과입니다. 여기에는 유도 과정의 모든 세부 사항이 담깁니다. 심지어 변환에 불필요한 정보까지 포함됩니다. 반면에 추상 구문 트리는 문장 구조에 있어 중요하지 않은 종단자와 비종단자를 무시합니다. 예를 들어 세로줄 종단자는 마디 비종단자에 의해 음표들이 마디 단위로 이미 묶여 있으므로 중복된 정보를 담고 있습니다. 음표 비종단자 또한 각각 음표 종단자로 확장되므로 불필요합니다. 음표 종단자를 마디 비종단자의 자식 노드로 바로 붙여도 구조적으로 같은 정보가 포함되므로, 음표 비종단자를 제거해

도 됩니다. 파스 트리와 추상 구문 트리는 둘 다 뿌리 노드가 멜로디 비종단자이고, 모든 잎 노드는 종단자로 되어 있는 공통적인 구조를 공유하고 있습니다. 추상 구문 트리는 문장의 구조를 보다 직접적으로 반영하며 분석과 변환의 기초가 됩니다. 또한 문장의 의미를 정의하는 데에도 사용됩니다.

어떤 문장에 대해서 파스 트리나 추상 구문 트리를 구성하는 과정을 *파싱(parsing)*이라고 부릅니다. 그림 8.4는 문장과 구문 트리, 파싱 사이의 관계를 표현하고 있습니다. 파싱도 하나의 계산으로, 이를 위한 몇 가지의 알고리즘이 존재합니다. 문법은 어떤 문장이 어떤 언어에 속하는지에 대한 명확한 정의를 제공하는데, 파싱에도 어떤 문장을 구문 트리로 바꾸기 위한 전략이 필요합니다. 파싱의 어려운 점은 문장을 분석할 때 어떤 문법 규칙을 선택할지 정하는 일입니다. 어떤 문법에 기반한 문장을 파싱하는 데에는 여러 가지 전략이 존재합니다. 우리는 이미, 문법의 시작 기호로부터 시작해서 반복적으로 규칙을 적용하여, 비종단자를 확장하고 점진적으로 구문 트리를 구성하는 *하향식 파싱(top-down parsing)*이라 불리는 방법을 살펴보았습니다. 이런 과정은 문장이 트리의 잎에 있는 종단자의 연속으로 나타날 때까지 반복됩니다. 반면에 *상향식 파싱(bottom-up parsing)*은 문장에서 규칙의 우변을 찾아서 규칙을 거꾸로 적용하는 방식입니다. 목표는 부합하는 규칙의 왼편에 있는 비종단자를 트리의 부모 노드로 추가함으로써 구문 트리를 구성하는 것입니다. 이 과정은 하나의 뿌리 노드를 얻을 때까지 반복됩니다.

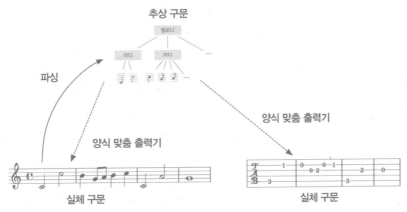

[그림 8.4] 파싱은 문장의 구조를 확인하고 그것을 구문 트리로 나타내는 과정입니다. 양식 맞춤 출력기는 구문 트리를 문장으로 바꿔 줍니다. 추상 구문 트리는 어떤 종단자들이 생략되어 있기 때문에(예를 들어 세로줄) 양식 맞춤 출력기는 구문 트리의 잎단에서 종단자들을 그냥 가져오기만 해서는 안 되고, 일반적인 문장 규칙을 적용해서 부수적인 종단자를 추가해야 합니다. 파싱 화살표는 태블러추어 기보법에는 생략되어 있는데, 이는 기보법의 모호성 때문에 고유한 추상 구문 트리를 만들어 낼 수 없기 때문입니다.

이와 반대의 과정으로, 구문 트리를 실체 구문으로 바꾸는 절차를 *양식 맞춤 출력기(pretty printing)*라고 합니다. 이것은 대부분 단도직입적인 계산인데, 왜냐하면 문장의 구조가 이미 주어져서 실체적 표현을 만들기 위한 안내로 참조될 수 있기 때문입니다.

파싱과 양식 맞춤 출력기가 있으니 우리는 언어 간의 변환에 필요한 도구를 모두 갖췄습니다. 같은 추상 구문을 가지는 두 언어 간의 변환은 한 언어의 문장을 파싱해서 다른 언어에 양식 맞춤 출력기를 적용함으로써 이루어집니다. 예를 들어, 그림 8.4에서 오선기보법에서 태블러추어로의 변환을 위해 우선 오선기보법의 문장을 파싱한 다음 얻어진 추상 구문 트리를 태블러추어로 양식에 맞추어 출력하는 과정을 확인할 수 있습니다. 동일한 추상 구문을 가지지 않는 언어 간의 변환을 위해서는 추상 구문 트리 사이의 추가적인 변환이 필요합니다.

문장의 의미란 문장의 구조에 따라 달라지며 이런 구조는 추상 구문 트리에 나타나기 때문에, 파싱은 문장의 의미를 파악하기 위해서 가장 우선적으로 필요한 단계입니다. 이것은 매우 중요한 사항입니다. 문장을 이해하기 위해서는 우선 문장의 구조를 추상 구문 트리 형태로 만들어 봐야 합니다.[7] 이것은 음악을 들을 때에도 마찬가지입니다. 노래 "오버 더 레인보우"를 이해하기 위해서는 소리를 파싱하고 멜로디를 만들어 내는 음표 간의 차이를 구분해 내야 합니다. 또한 음표를 마디마디 묶어 듣는 동시에, 어떤 음이 강조되는지 듣고, 전체 선율을 구성하는 구절을 알아차릴 수 있어야 합니다. 마지막으로 노래의 높은 단계의 구조를 후렴구와 구절로 구분해서 반복과 동기를 알아차릴 수 있어야 합니다.

구문 트리는 문장의 의미로 가는 관문이기 때문에, 파싱이 항상 성공할 수 있는지와 만약 ( ) 문장을 이해하는 것이 어떻게 될지에 대해 의문이 듭니다.[8] 앞의 (비)문장은 구문 트리의 일부가 결여되어 있어 명확한 의미를 전달하지 못하고 있습니다. 하지만 우리가 하나의 문장에 대해서 *여러 개의* 서로 다른 구문 트리를 구성할 수 있다면 어떻게 될까요? 여기에 대해서는 9장에서 살펴보겠습니다.

약국에서의 전화

약을 받아 가기 위해 약국에 왔는데 문제가 생겼습니다. 처방전에 약이 캡슐인지, 액상인지에 대한 제형 정보가 빠져 있습니다. 이 처방전은 모호하며 정확한 내용이 빠져 있기 때문에 알고리즘을 나타낸다고 볼 수 없으며, 약사가 약을 조제하기 위한 일련의 단계들을 충분히 설명하고 있지 않습니다.

모호함은 여러 가지 이유로 발생합니다. 앞서의 경우에는 부족한 정보가 제형에 대한 비종단자에 의해 추상 구문 트리에 반영되며, 여기서 제형은 충분히 설명되지 않습니다. 약사는 의사가 제공한 처방전만으로는 조제를 할 수 없기 때문에 확인을 위해 의사에게 전화를 걸어 확인을 해야 합니다. 모호함이 해결되면 알고리즘을 가지게 되고 약을 성공적으로 조제할 수 있습니다.

의사와 약사 간의 분업이 가능한 것은 조제를 위한 언어를 공유하고 있기 때문입니다. 하지만 이것만으로는 충분하지 않습니다. 둘은 그 언어로 구성된 문장을 같은 방식으로 이해해야만 합니다. 약명이나 복용량의 약자를 사용하면 투여나 조제에 실수가 생길 수 있기 때문에 이 요구 사항을 만족시키는 것은 그리 간단하지 않습니다. 언어에 의미 혹은 *의미체계(semantics)*를 부여할 때는 숙고 없이 문장마다 대놓고 한 가지의 의미만을 배정할 수도 있습니다. 하지만 이런 방법은 무한한 개수의 문장을 가질 수 있는 언어들에 대해서는 전혀 통하지 않으며, 유한한 언어에서도 매우 비현실적인 접근입니다.

의미체계의 정의는 두 단계에 걸쳐서 이루어져야 합니다. 우선 개별적인 단어에 의미를 부여하고, 그다음에는 구성 단어의 의미로부터 문장의 의미를 유도하는 규칙을 만드는 것입니다. 예를 들어, 혈액 검사지 양식에서 각 체크 박스의 의미는 특정한 혈액 검사를 지시하는 것입니다. 이런 체크 박스 모음은 일단의 검사에 대한 지시를 의미하는데, 즉, 개별적인 체크 박스의 의미를 통해 얻은 모든 검사를 이행하라는 것을 의미합니다. 이런 구성적 접근을 위해서는 언어의 구문 정의를 통해 문장 구조를 의미 정의에 사용할 수 있도록 만들어야 하며, 이것은 추상 구문 트리의 형태로 이루어집니다.

혈액 검사와 처방전에 사용된 언어를 보면 언어의 의미체계를 표현하는 방식이 여러 가지 형태를 가질 수 있음을 알 수 있습니다. 예를 들어 처방전은 조제하기 위한 알고리즘을 정의하고,

혈액 검사지 양식은 채혈하고 검사하기 위한 지침을 제공합니다. 이렇게 다른 언어로 표현된 알고리즘을 실행하기 위해서 컴퓨터는 서로 다른 의미체계를 이해해야 하고 그에 따른 작업을 성공적으로 수행하기 위한 기술들을 갖추고 있어야 합니다. 또한, 혈액 검사를 위한 양식에 사용된 언어는 하나의 언어라도 여러 가지 의미체계를 가질 수 있다는 것을 보여 줍니다. 적정량의 혈액을 채혈하고 각종 검사를 수행하기 위한 서로 다른 지침들처럼 말이지요. 이와 같이 같은 언어의 같은 문장이라도 많은 경우 여러 컴퓨터(예를 들어 채혈 전문의와 검사 연구원)에 의해서 다르게 수행될 수 있고, 완전히 독립적인 결과를 만들어 낼 수 있습니다. 이것은 유용하며 분업에 도움이 됩니다.

하나의 언어가 여러 가지 의미체계를 가지는 것의 중요한 쓸모 중 하나는 알고리즘을 분석해서 잠재적인 실수를 발견하고 제거함으로써 계산이 잘못된 결과를 만들지 않도록 하는 데에 사용될 수 있다는 것입니다. 이것은 오타나 문법 오류를 찾고, 내용을 검토하고, 조판 방침을 따르고 있는지를 확인하는 등의 작업을 수행하기 위해 여러 사람이 문서를 읽어 보는 상황에 비유할 수 있습니다. 이런 작업들은 모두 다른 목표를 가지고 있으며 문서가 출판되기 전에 수행됩니다. 마찬가지로 약사도 조제 전에 처방전을 재확인해서 환자에게 생각지도 못한 부작용이 발생하지 않도록 할 수 있습니다.

언어는 모든 곳에 존재합니다. 처방전, 검사 작업, 음악 그리고 다른 수많은 영역과 더불어 컴퓨터 과학 분야 또한 언어로 가득합니다. 수천 개에 이르는 프로그래밍 언어를 굳이 포함하지 않아도 말이지요. 우리는 문법을 설명하기 위한 언어를 이미 보았습니다. 언어 중에는 언어의 의미체계를 정의하기 위한 언어도 존재하며, 이것들은 파서와 양식 맞춤 출력기(pretty printer) 그리고 다른 많은 것들을 정의하기 위해서 사용됩니다. 언어는 데이터와 계산을 표현하기 위한 핵심적인 컴퓨터 과학의 도구입니다. 언어를 효과적으로 사용하려면 정확한 의미체계를 가지고 있어야 합니다. 이것은 처방전의 의미가 명확해야 환자의 건강과 안전이 담보되는 것과 같습니다. 노래 "오버 더 레인보우"를 이용해서 9장에서는 어떻게 언어의 의미체계를 정의하는지, 그리고 이런 정의를 만드는 데 어려운 점들이 무엇인지 살펴보도록 하겠습니다.

09 딱 맞는 음 찾기: 소리의 의미

8장에서 우리는 "오버 더 레인보우"의 악보가 하나의 알고리즘이고, 음악가들이 이를 수행함으로써 음악이 만들어질 수 있다는 것을 보았습니다. 이 알고리즘은 작곡가 해롤드 알렌에 의해 오선기보법으로 쓰였습니다(즉, 고안되고 부호화되었습니다). 이 언어의 구문은 문법에 의해서 정의되며, 이에 따라 문장의 모양은 악보로, 그 내부 구조는 추상 구문 트리로 정의됩니다.

또한 우리는 하나의 언어가 여러 가지 문법에 의해서 정의될 수 있다는 것도 보았습니다. 처음에는 이것이 이상해 보이지만, 문법의 차이는 추상 구문의 차이로 이어지며, 음악적 구조에 대한 다른 관점을 나타냅니다. 이런 차이는 중요한데, 왜냐하면 예를 들어 주디 갈랜드가 "오버 더 레인보우"를 부르고 싶다면 우선 음악적 표기에 대한 구문 분석을 통해서 노래의 구조를 알아야 하기 때문입니다. 다시 말해 언어의 의미는 그 추상 구문 위에 구축됩니다.

이는 언어에 상관없이 왜 모호성이 문제가 되는지를 말해 줍니다. 만약 어떤 문장이 하나 이상의 추상 구문 트리를 가질 수 있다면, 의미체계 정의를 적용할 때 어떤 구조를 따라야 할지 분명하지 않습니다. 결과적으로 모호한 문장은 하나 이상의 잠재적인 의미를 가질 수 있으며, 이것이 *모호성(ambiguity)*이 의미하는 바이기도 합니다.

이 장에서는 모호성의 문제를 가까이 들여다보고, 어떻게 문장이 의미체계를 가지게 되는지에 대한 의문에 답해보겠습니다. 중요한 통찰 하나는 언어의 의미체계를 체계적으로 정의하려면 *구성성(compositionality)*이라는 개념이 필요하다는 것입니다. 구성성은 문장의 구조에 의해 정의되는 체계적인 방법으로 요소들의 의미를 결합함으로써 문장의 의미를 얻을 수 있다는 개념입니다. 이것은 언어의 구조가 그 의미를 정의하는 데 있어 중추적 역할을 함을 보여 줍니다.

그 소리는 맞지 않아

음악 표기를 위한 언어는 상당히 간단한 문법으로 정의할 수 있습니다. 하지만 이렇게 간단한 언어라도 어떤 문법 규칙을 사용해야 할지는 명확하지 않습니다. 언어를 어렵게 만드는 것 중의 하나는 *모호성*입니다. 이것은 한 문장이 여러 가지 의미를 가질 수 있다는 것을 의미합니다. 모호성은 두 가지 방법을 통해서 문장에 끼어듭니다. 첫 번째로 언어의 기본적인 단어나 기호가 모호할 수 있는데, 이런 현상을 *어휘적 모호성(lexical ambiguity)*이라고 부릅니다(3장 참조). 두 번째로, 개별적인 단어들은 모호하지 않더라도 어떤 문장 안에서 특정한 순서로 단어들이 조합되었을 때 그 의미가 모호할 수도 있습니다. 이런 경우를 *통사적 모호성(grammatical ambiguity)*이라고 부릅니다. "밥은 앨리스보다 소녀들을 더 많이 알고 있다."는 문장을 한 번 살펴봅시다. 이는 앨리스가 소녀들을 아는 것보다 밥이 소녀들을 더 잘 알고 있다는 이야기일 수도 있고, 밥이 앨리스를 아는 것보다 소녀들을 더 많이 알고 있다는 뜻일 수도 있습니다.

통사적 모호성은 문법이 어떤 문장에 대해서 하나 이상의 구문 트리를 만들어 낼 수 있는 경우에 발생합니다. 음악으로 계속 예를 들어 보겠습니다. "오버 더 레인보우"의 다음 부분을 한번 살펴봅시다. 의아하게도 이 악보에는 세로줄이 빠져 있기 때문에 첫째 음표나 둘째 음표 중 어떤 것을 강조해야 할지 분명하지 않고, 따라서 이 문장(악보)을 모호하게 만듭니다.

만약 이 노래를 알고 있어서 악보대로 불러 본다면, 두 번째 음표를 강조해야 한다는 것을 알수 있습니다. 이 노래를 첫 번째 음표를 강조하며 부르려 해도 아마 쉽지 않을 것입니다. 하지만보통은 마디의 첫 번째 음표를 강조합니다. 따라서 주디 갈랜드가 제대로 된 악보 대신 이런 악보를 받게 된다면 첫 번째 음표를 강조해야 하는 줄 알 수도 있습니다. 이 두 가지 다른 해석 방식은 그림 9.1에 있는 두 개의 추상 구문 트리에 나타나 있습니다. 첫 번째 해석은 앞에서 여덟 개 음표를 첫 마디로 묶고 마지막 음표를 둘째 마디로 보냅니다. 두 번째 해석은 첫 번째 음표를 따로 첫 마디로 묶고, 나머지 여덟 개 음표를 둘째 마디로 묶습니다.

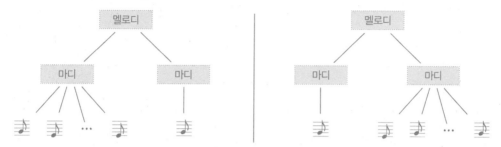

[그림 9.1] 문법의 모호성은 문장이 여러 가지 추상 구문 트리를 가질 수 있도록 만듭니다. 이 트리들은 같은 문장에 대한 것임에도 서로 다른 계층 구조를 나타냅니다. 문장의 구조는 그 의미에 영향을 미치므로, 이런 모호한 문장의 의미를 결정하는 것은 일반적으로 불가능합니다.

문법이 세로줄을 포함하지 않도록 만들면 이 두 가지 구문 트리를 유도할 수 있습니다. 두 추상 구문 트리의 차이는 첫 번째 마디 비종단자를 확장할 때 어떤 규칙을 사용할 것인지의 차이에서 기인하고 있습니다. 그림의 왼편에 있는 트리는 첫 번째 마디 비종단자를 여덟 개의 음표 비종단자로 확장함으로써 얻을 수 있고, 그림 오른쪽에 있는 트리는 이것을 단 한 개의 음표 비종단자로 확장해서 얻을 수 있습니다. 두 트리는 같은 음표의 배열을 표현하고 있지만 그 내부 구조가 다릅니다. 왼쪽의 트리는 "Some"을 강조하는 반면, 오른쪽 트리는 "day"를 강조합니다. 이 음표 배열로는 사실 적절하게 구문을 파악하기 어려운데, 왜냐하면 아홉 개의 8분음표를 모두 더한 시간이 $1\frac{1}{8}$이 되어 한 마디 안에 전부 들어갈 수 없기 때문입니다.

이 문장을 정확하게 표현하기 위해서는 세로줄을 어딘가에 삽입해서 음표들을 두 개의 마디로 나누어야 합니다. 세로줄의 정확한 위치는 첫 번째 음표 다음입니다. 이렇게 되면 두 번째 음표가 강조됩니다.

『오즈의 마법사』에는 언어적인 모호성도 등장합니다. 도로시와 친구들이 에메랄드 시티에 있을 때 사악한 마녀가 마법 빗자루를 타고 하늘에 "포기해라 도로시(Surrender Dorothy)"라고 글씨를 만드는 장면입니다. 이 메시지는 에메랄드 시티의 주민들에게 도로시를 내놓으라는 의미가 될 수도 있고, 도로시에게 항복하라는 의미가 될 수도 있습니다. 후자라면 "포기해라"와 "도로시" 사이에 쉼표가 찍혀 있어야 합니다. 음악 표기법에서 세로줄이 정확한 구조와 어떤 음정을 강조할지를 명확하게 만들어 주는 것처럼, 쉼표와 마침표는 자연어를 기록할 때 이와 동일한 역할을 합니다. 마찬가지로 프로그래밍 언어에서는 구분 기호나 키워드가 이런 역할을 담당합니다.

때때로 언어는 알고리즘을 해석하는 주체에게 어떤 단계
를 수행할지에 대한 자유도를 부여합니다. 예를 들어 다음
과 같은 즉흥 연주 표기(improvisation notation)는 연주자

가 두 번째, 세 번째, 네 번째 음의 높이를 선택할 수 있도록 합니다. 이러한 구조를 사용하는 알
고리즘을 *비결정적(nondeterministic)*이라 합니다. 음악 표기법에서는 즉흥 연주가 가능하게 하
려고 이런 방법을 사용합니다. 즉 연주자가 어떤 곡을 해석하고 연주함에 있어서 보다 많은 자유
도를 부여하는 것입니다. 하지만 비결정성을 모호성과 혼동해서는 안 됩니다. 알고리즘적인 관점
에서 보면, 악보는 연주자가 고유한 높낮이와 길이를 가지는 일련의 음들을 만들어 낼 수 있도록
지침을 제공하고 있습니다. 이에 비해 모호한 표기는 연주자가 무엇을 해야 하는지 알 수 없도록
만듭니다. 이와 같이 비결정성이란 언어의 *기능(feature)*임에 비해서, 모호성이란 언어의 구문 정
의에 있어서 *오류*입니다. 놀라실지도 모르지만 알고리즘에도 실행에 있어서 선택지를 남기는 일
이 꽤 흔합니다. 예를 들어 헨젤과 그레텔의 단순한 길 찾기 알고리즘에서도 다음에 선택해야 하
는 조약돌을 엄밀하게 정의하고 있지는 않습니다.

모호성은 언어에 깊게 뿌리 박혀 있습니다. 이런 점은 언어가 단지 정형화된 문장의 집합일
뿐 아니라 이런 문장을 추상 구문 트리의 형태로 각각의 구조와 짝지어 준다는 점을 상기시켜
줍니다. 모호성은 때때로 음악에서 기발한 효과를 만들어 내기 위해서 사용됨으로써 즐거움을
주기도 합니다. 예를 들어 어떤 멜로디를 우선 들려주고 나중에 같은 멜로디에 다른 리듬을 입히
면 듣는 사람은 같은 곡이 달라지는 모습에 놀라게 됩니다.

다음과 같이 직접 해 볼 수 있습니다(두 사람이 하는 것이 좋으며, 건반이 있다면 혼자서도
할 수 있지만 효과가 반감됩니다). 한 사람이 우선 '솔'과 '미'를 8분음표로 허밍, 혹은 연주(노래
를 하면 너무 어려워지므로 노래는 하지 않습니다)하기 시작합니다. 이때 솔을 강조합니다(이는
잘못된 강조이긴 합니다). 그리고 나서 잠시 후에 다른 사람이 4분음표(예를 들어 '도' 음으로)를
첫 번째 사람이 '미' 소리를 낼 때 맞춰서 허밍하기 시작합니다. 얼마간 반복하고 나면 리듬이 바
뀐 것처럼 느껴지고 노래가 갑자기 "오버 더 레인보우"의
유명한 한 소절처럼 들리기 시작합니다.

모호성은 다른 표기법에서도 나타납니다. 네커의 정

육면체*를 오랫동안 보고 있으면 육면체를 오른쪽에서 내려다보는 것 같았다가 왼쪽에서 올려다보는 것 같았다가, 왔다 갔다 합니다. 여기서도 하나의 시각적 표현이 두 개의 서로 다른 구조로 해석됩니다. 이런 모호성은 문제가 됩니다. 이 육면체의 위쪽의 오른쪽 앞에 있는 꼭짓점을 건드리려고 하면, 이 그림을 어떻게 해석하냐에 따라서 그 위치가 달라집니다.

이와 관련된 그림으로 펜로즈의 삼각형(M. C. 에셔의 그림에서 영감을 받아 만들어진)이 있습니다. 하지만 이 그림에서의 문제는 여러 가지 해석이 가능하다는 점이 아니라, 사람들이 경험해 본 물리적인 실재에 부합하는 어떤 해석도 존재하지 않는다는 점입니다(12장 참조).

모호성은 아주 흥미로운 개념이자 자연어에서는 유머의 원천이기도 합니다. "아버지가 방에 들어가신다"를 "아버지 가방에 들어가신다"로 바꾸면서 말놀이를 하는 것처럼 말이지요. 하지만 모호성은 문장이 의도한 의미를 명확하게 표현하는 것에 방해가 되기 때문에 알고리즘을 표현하는 언어에서는 심각한 문제를 초래합니다. 언어의 구문과 그 의미 사이에는 미묘한 상호작용이 발생합니다. 한편에서는 의미를 파악하기 위해서 언어의 구문을 세심하게 고려해야 하며, 다른 편에서는 구문을 적절하게 정의하기 위해서 의미를 이해해야만 합니다.

의미를 맡아줘

앞서의 모호성에 대한 사례들을 통해, 문장의 구조를 알지 못하면 그 적절한 의미를 이해할 수 없음을 알 수 있습니다. 하지만 문장의 의미는 실제로 어떤 것일까요?

영어와 같은 자연어는 모든 대화에 활용되기 때문에 그 의미가 기반하는 분야를 "이야기할 수 있는 것이면 어떤 것이든"이라고 표현할 수 있을 뿐, 한정하기가 어렵습니다. 음악적 언어의 경우에는 훨씬 쉽습니다. 어떤 문장의 의미, 즉 악곡은, 해당 곡을 연주할 때 들을 수 있는 소리입니다. 언어의 의미에 대한 문제와 그것을 어떻게 정의하면 좋을지에 대해서 더욱 깊게 파고들기 전에, *의미(meaning)*라는 단어가 가지는 두 가지 뜻에 대해서 짚고 넘어가고 싶습니다. 우선 각

---

* 투명한 정육면체의 열 두 모서리를 선으로 표현한 것으로, 보기에 따라 육면체의 방향이 두 가지로 보임

각의 문장이 가지는 의미가 있고, 그다음으로는 언어가 가지는 의미가 있습니다. 저는 이 둘을 구분하기 위해서 *의미체계(semantics)*란 단어는 언어에 대해 이야기할 때, *의미(meaning)*라는 단어는 개별 문장에 대해 이야기할 때 사용합니다.

문장과 언어 그리고 그 의미가 어떻게 서로 연관되어 있는지 그림 9.2에 나타나 있습니다. 요약하면 언어의 의미체계란, 포함된 모든 문장이 가지는 의미에 의해서 만들어지며, 개별 문장의 의미는 그 언어의 대상이 되는 영역에서의 어떤 가치와 연결됨으로써 생겨납니다.

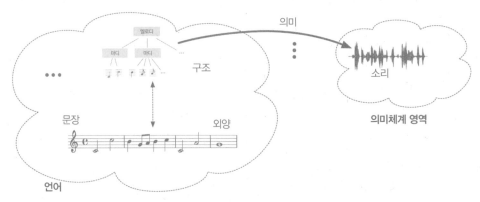

[그림 9.2] 언어의 의미체계는 추상 구문 트리로 표현되는 각 문장 구조를 의미체계 영역의 요소와 연결함으로써 만들어집니다. 의미에 대한 이런 관점을 *표시적 의미론(denotational semantics)*이라고 부르는데, 왜냐하면 이것이 언어의 문장에 그 표시하는 바를 지정하는 것에 기반하기 때문입니다.

음악 언어에서 문장이 가지는 의미는 누군가가 그것을 연주할 때 들을 수 있는 음악 그 자체입니다. 하지만 연주자에 따라서 같은 곡을 다르게 해석할 수 있기 때문에 - 누군가는 노래를 하고, 누군가는 악기를 연주하고, 화성이나 곡의 속도가 달라질 수도 있습니다 - 노래의 의미라고 할 만한 하나의 고유한 소리가 있는 것 같지는 않습니다. 이런 문제는 특정한 악기나 연주자가 하는 연주로 한정하거나, MIDI 신디사이저로 하는 연주를 표준으로 정해서 해결할 수 있습니다. 혹은 "오버 더 레인보우"의 의미는 제대로 곡을 연주할 때 나올 수 있는 모든 소리의 집합이라고 정의할 수도 있습니다. 물론 이런 경우 제대로 연주한다는 것이 어떤 것인지 정해야 하겠죠.

이런 골치 아픈 철학적 논의를 피하기 위해서, 외설의 기준이 무엇이냐는 질문에 대한, 전 미국 대법원 판사 포터 스튜어트의 유명한 답변, "일단 보면 알 수 있습니다(I know it when I see it)"를 참고해 보죠. 『오즈의 마법사』에 나온 "오버 더 레인보우"의 오리지널 버전을 들어 본 적이 있다면, 어떤 연주가 적절한지에 대해서도 일단 들어 보면 알 수 있습니다. 결국 음악은 예술이므로, 정형화된 정의를 통해 완벽하게 나타낼 수 없다고 해도 딱히 놀라거나 신경 쓸 필요는 없습니다. 중요한 점은, "오버 더 레인보우"의 악보가 가진 의미는 그 곡을 잘 알고 있는 사람이 해당 곡에 대한 연주라고 인식할 수 있는 어떤 소리라는 것입니다.

상상할 수 있는 악보를 연주해서, 얻을 수 있는 모든 소리를 모으면, 의미체계 영역을 얻을 수 있습니다. 오선기보법이나 태블러추어처럼, 언어에서 *의미체계* 영역이란 그 언어가 가질 수 있는 모든 문장의 의미를 모아 놓은 것입니다. 의미체계 영역은 분명 거대한 집합이지만 거기에 포함되지 않은 요소들, 예를 들어 자동차나 동물, 사상, 영화, 교통 규칙 등도 많습니다. 따라서 이런 집합은 언어를 유형화하는 데에 유용합니다. 이런 유형화는 그 언어를 사용하는 사람이 그 언어의 문장을 사용해서 나타낼 수 있는 것을 설명함으로써 이루어집니다.

한 언어의 모든 개별적인 문장들과 그 관련된 의미들을 모두 모으면 언어의 의미체계가 구성됩니다. 어떤 언어가 모호하지 않다면 각 문장은 단 하나의 의미만을 가질 것이고,[1] 하나의 문장을 고르면 항상 그 의미를 알아낼 수 있을 것입니다. 모호한 언어라면, 한 문장이 여러 가지 의미를 가질 수 있고, 각각은 서로 다른 의미를 가지는 다중의 구문 트리로 나타날 것입니다. 의미에 대한 이런 관점은 *표시적 의미론*이라고 부르는데, 이것은 문장에 의미를 배정한다는 생각에 기반하고 있습니다. 컴퓨터 과학에는 언어의 의미체계를 정의하는 방법이 몇 가지 더 있지만, 표시적 의미론이 아마도 개중 가장 직관적이며 다른 방법들에 비해 이해하기가 쉽습니다.

언어의 중요한 목적은 의미의 소통에 있지만, 발명된 언어들은 애초에 대상이 되는 명백한 의미체계가 존재하지 않습니다. 따라서 언어가 유용하려면 어떤 의미체계를 가져야 합니다. 대부분의 언어가 무한한 수의 문장으로 구성되기 때문에, 단순히 모든 문장과 그 의미를 나열할 수는 없습니다. 언어의 의미체계를 정의하기 위해서는 뭔가 다른 의미론적인 방법이 있을 것입니다. 이런 의문은 궁극적으로 개별 문장의 의미를 정의하는 알고리즘을 찾는 것으로 귀착됩니다. 언어에 대한 이런 알고리즘적 표시적 의미론의 정의는 두 부분으로 구성됩니다. 첫 번째는 종단자를 의미체계 영역의 기본적인 요소들과 연결하는 것입니다. 앞서의 경우에서는 각각의 음표를 특정한 음높이와 길이를 가지는 소리에 연결했습니다. 두 번째는 일련의 규칙을 통해서 각 비종단자의 의미를 구문 트리의 자식 노드들이 가지는 의미로부터 구성하는 것입니다. 앞서의 예에는 세 가지 비종단자가 있습니다. 비종단자 음표에 대한 규칙은 단순합니다. 각 음표 비종단자는 하나의 자식만을 가지는데 이는 소리가 그 자식이 가지는 소리와 같다는 것을 의미합니다. 마디의 의미는 그 자식의 소리를 나타난 순서대로 이어 붙여서 얻을 수 있습니다. 마지막으로 멜로디의 의미는 마디의 경우와 같은 방법으로, 즉 그 멜로디의 마디가 가지는 의미를 이어 붙임으로써 얻을 수 있습니다.

이 예를 통해 어떻게 문장의 의미가 체계적으로 구성될 수 있는지를 알 수 있습니다. 추상 구문 트리의 잎이 가지는 의미를 결합해서 부모 노드의 의미를 만들고, 다시 그 의미를 결합하고, 이런 반복을 트리의 뿌리에 도달할 때까지 계속합니다. 이런 방식을 가지는 의미체계 정의를 구성적 (compositional)이라고 합니다. 구성적 정의가 매력적인 이유는, 문법이 무한한 언어의 구문을 유한한 수의 규칙을 통해 정의하는 방법을 그대로 따르고 있기 때문입니다. 어떤 언어의 의미체계가 구성적인 방법으로 정의될 수 있는 경우 그 언어도 구성적이라고 합니다. 구성성의 원리는 수학자이자 철학자인 고틀로프 프레게가 언어의 의미체계를 정형적으로 정의하는 방법에 대해 연구하던 중에 찾아냈습니다. 문법에 의해 주어진 무한한 수의 문장에 대한 의미를 유한한 방식으로 기술하기 위해서는, 원칙적으로 어느 정도의 구성성이 필요합니다. 만약 어떤 언어에 구성성이 부족하다면 일반적으로 의미체계를 정의하는 데에 문제가 생기는데, 왜냐하면 임의의 문장이 가지는 의미가 그 요소의 의미를 조합함으로써 얻을 수 없고 모두 개별적으로 표현되어야 하기 때문입니다. 이러한 표현들은 의미를 결정하기 위한 일반 규칙보다 우선하는 예외로서 작동합니다.

여기에서의 단순화된 음악 언어는 구성적이지만 많은 다른 언어들은 그렇지 않거나 부분적으로만 구성적입니다. 영어도 이런 언어 중 하나입니다(그 외에 거의 대부분의 자연어들도 이와 같습니다). 비구성성에 대한 아주 간단한 예로 복합명사를 들 수 있습니다. 소방수는 불을 끄는 (소방) 사람을 의미하지만, 두꺼비집은 두꺼비가 사는 집을 말하는 것이 아니며, 치맛바람도 치마에서 이는 바람을 이야기하는 것이 아닙니다. 또 다른 예로 관용구를 들 수 있는데, "바가지를 긁다"라거나 "콩가루가 되다" 같은 문구들은 그 구성하는 단어의 의미를 조합해서는 제 의미를 얻을 수 없는 것들입니다.

오선기보법도 비구성적 요소를 가지고 있습니다. 예를 들어 붙임줄(tie)은 같은 음높이의 연속된 두 음표를 이어 주는 기호로, 통상 마디의 마지막 음표에서 다음 마디의 첫 번째 음표를 잇습니다. "오버 더 레인보우"의 마지막 소절 "why oh why can't I?"에서 "I"는 두 마디 동안 지속되는 하나의 음표로 불러야 합니다. 멜로디의 의미를 찾는 규칙에 따르면 각 마디의 의미를 알아야만 이것들을 결합할 수 있습니다. 따라서 이 경우는 두 마디 동안

why oh why can't I?

이어지는 하나의 음표가 아니라 한 마디 동안 이어지는 두 개의 음표가 되어버립니다. 따라서 두 마디 사이를 잇는 붙임줄이 붙은 음표의 정확한 의미를 얻기 위해서는, 연결된 음표를 가지는 여러 마디를 묶어서 다루는 규칙이 멜로디의 의미를 찾는 규칙보다 우선해서 적용돼야 합니다.

문장의 의미를 결정하는 규칙은 연주자가 악보를 읽을 때 따르는 규칙과 놀랄 정도로 비슷합니다. 이것은 우연이 아닙니다. 언어에 있어서 표시적 의미론은 그 언어에 포함된 어떤 문장의 의미를 계산하기 위한 알고리즘에 해당하기 때문입니다. 표시적 의미가 주어진 언어를 이해할 수 있는 컴퓨터는 의미체계를 실행할 수 있고 따라서 문장의 의미를 계산할 수 있습니다. 이처럼 의미체계를 실행할 수 있는 컴퓨터를 *해석기(interpreter)*라고 부릅니다. 헨젤과 그레텔을 조약돌을 따라가는 명령에 대한 해석기라고 하면 이상해 보이지만, 주디 갈랜드를 해롤드 알렌의 음악에 대한 해석기라고 하면 별다른 이의가 없을 것입니다. 알고리즘이 반복해서 계산을 할 수 있도록 해 주는 것처럼, 언어 정의는 언어의 문장을 실행하기 위한 컴퓨터를 만드는 데에 사용될 수 있으며, 따라서 언어를 반복해서 실행할 수 있게 해 줍니다. 음악 표기의 경우 음악적 표기법의 의미체계를 이해할 수 있는 사람이라면 누구나 음악적 표기법을 해석하는 방법을 배울 수 있습니다. 다시 말해 의미체계는 강사 없이도 음악가들을 가르칠 수 있게 해주며, 사람들이 스스로 배울 수 있도록 해 줍니다.

해석기와 관련된 의문 하나는 만약 우리가 음악 연주의 녹음본을 만들 수 있다면 어떻게 될 것인가 하는 것입니다. 녹음본도 어떤 곡이 가지는 의미를 포함할 수 있을까요? 그렇지 않습니다. 음악의 녹음본이란 그저 그 음악의 하나의 표상에 지나지 않습니다. "오버 더 레인보우"의 첫 번째 녹음본은 아날로그 레코드로 만들어졌는데, 레코드 표면에는 굴곡이 있어서 이것이 전축의 바늘에 의해 해석되고 음파로 변형됩니다. 나중에 음파는 CD에 디지털로 일련의 비트(0과 1)로 부호화되었고, 레이저에 의해 읽히고 디지털−아날로그 변환기에 의해 해석되어 음파로 재현할 수 있게 되었습니다. 요즘 대부분의 음악은 MP3 같은 소프트웨어 형태로 표현되어 인터넷을 통한 스트리밍을 지원합니다. 그 표현의 방식이야 어떻든 간에 그것은 음악을 어떤 특정한 형태로, 혹은 언어로 표현한 것과 다름없으며, 연주자나 컴퓨터가 언어로 된 명령을 실행해서 의도된 음향 효과를 만들어 낼 필요가 있는 것입니다. 따라서 어떤 곡을 연주하거나 녹음하는 것은 사실, 하나의 언어로부터 다른 언어로 변환하는 한 형태입니다. 이를테면 오선기보법에서 음파의 이진 표현으로 변환하는 것처럼 말이지요.

더 알아보기

이 장에서는 노래 "오버 더 레인보우"를 사용해서, 언어에 포함된 문장들이 각각 그 의미를 이해하는 데에 있어서 중요한 구조를 가지고 있음을 보였습니다. 충분한 음악적 표기가 포함되어 있는 곡이라면 어떤 것이든, 노래의 구조와 표기법이 가진 잠재적인 모호성을 조사하기 위해서 사용될 수 있었습니다. 오선기보법에서 음표와 세로줄, 그리고 다른 구조적인 요소들이 가지는 중요성을 이해하기 위해서는 다른 음악 표기법을 살펴보고 그 한계를 생각해 봐야 할 필요가 있습니다. 특히 기존의 표기법에 대해 체계적인 제약을 두면 새로운 언어가 만들어집니다. 예를 들어 표현 가능한 음표의 음높이에 제약을 두면 *타악기 악보(percussion notation)*가 생기고, 음높이를 무시하면 리듬에 대한 언어가 생깁니다. 만약 우리가 음표의 길이를 두 가지("짧은"과 "긴")로 줄이면 모스 부호를 얻을 수 있습니다. *코드 기호*는 멜로디는 무시하고 곡의 화음이 어떻게 이어지는지를 보여 주는 반면, *화음표*는 코드 기호와 리듬 표기를 통해 곡에서 화음과 리듬이 곡으로 이어지는 양상을 나타냅니다.

오선악보는 일반적인 문자 언어보다 더 시각적이지만 그 문장(즉, 악곡)은 여전히 음표 기호가 그 모양과 위치만 바뀌어 선형적으로 연속되고 있습니다. 이런 원칙은 전통적인 문자 언어가 아닌 많은 표기법의 기초가 되고 있습니다. 예를 들어 범세계적 상징 언어인 *블리스(Bliss)*에서 문장은 일련의 단어로 구성되는데 각 단어는 보다 단순한 기호로 구성된 기호들로 되어 있습니다. 이것은 기호를 그 크기와 표현하고자 하는 의도에 따라 다른 방식으로 결합했던 *이집트의 상형문자*와도 비슷합니다. 블리스와 상형문자는 임의적인 생각을 표현하기 위한 일반적인 언어입니다. 반면 오선악보는 그 적용 분야가 더욱 협소하므로 훨씬 단순합니다. 특수한 목적을 가지는 표기법의 예로 원자 기호로 분자의 조성을 나타내는 *화학 공식*을 들 수 있습니다(예를 들어 물을 나타내는 공식인 H_2O는 물의 모든 분자가 하나의 산소와 두 개의 수소 원자로 구성되어 있음을 나타냅니다).

앞서의 예들은 여전히 대부분 선형적인 표기법들입니다. 즉, 이 언어들에서 문장은 일련의 기호로 되어 있습니다. 시각적 언어는 2차원으로 배치되면 보다 풍부한 표현을 할 수 있습니다. 예를 들어 화학 공식은 분자를 구성하는 원자의 비율만을 나타내고 그 공간적인 배치는 무시합니다. 이에 비해 *구조식*은 원자의 기하학적인 배열을 기술합니다. 이와 비슷하게 *파인먼 도표*

(Feynman diagram)는 물리학에서 사용되는 2차원 언어로 아원자 입자의 움직임을 기술하는 데 사용됩니다.

이런 모든 언어는 정적인 1차원 혹은 2차원 표현을 사용합니다. 다시 말해 누군가가 이 언어로 된 문장의 사진을 찍어서 다른 사람에게 보내면 그 사람은 사진을 해석할 수 있습니다. 또 다른 언어는 이런 상황을 초월해서 시간적인 차원을 활용할 수도 있습니다. 예를 들어 *제스처*도 언어의 한 형태입니다. 몸의 움직임은 사진 한 장으로 담아낼 수 없습니다. 몸의 움직임을 언어로 정의하려면 보통 비디오나 연속된 사진이 필요합니다. 컴퓨터, 태블릿, 휴대전화의 사용자 입력 장치는 손가락으로 쓸어 넘기거나 집는 것 같은 동작을 수행해야 하는 작업으로 해석합니다. 제스처와 더불어서 *라바노테이션(labanotation)*처럼 춤을 표기하는 방법도 존재합니다. 이 언어에서 문장은 댄서에 의해 실행되는 알고리즘이며, 결과로 만들어지는 춤은 계산에 해당합니다. 이와 비슷하게 *종이 접기 방법*도 종이로 어떤 대상을 접기 위한 알고리즘을 기술합니다. 언어는 인간만 사용하지 않습니다. 예를 들어 『*닥터 두리틀의 모험(Adventures of Doctor Dolittle)*』이란 책에서는 동물들이 코와 귀, 꼬리를 움직여서 의사소통을 하는 이야기가 나옵니다. 소설 속이 아니더라도 벌들의 *8자 춤(waggle dance)*이 꽃의 위치를 가리키는 데 사용된다는 것은 잘 알려진 예 중의 하나입니다.

언어의 의미는 문장의 추상 구문을 의미체계 영역의 어떤 값으로 변환해 주는 규칙에 의해 정의됩니다. 의사소통은 소통의 당사자들이 이런 규칙에 대해 합의할 때에만 성공적으로 수행될 수 있습니다. 루이스 캐롤의 책 『*이상한 나라의 앨리스(Alice's Adventures in Wonderland)*』와 『*거울나라의 앨리스(Through the Looking-Glass)*』에서는 이런 규칙을 위반하거나 의사소통의 당사자들 간에 해석이 일치하지 않는 경우에 어떤 일이 일어나는지를 보여 줍니다.

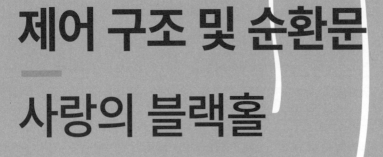

제어 구조 및 순환문

사랑의 블랙홀

습관의 힘

사무실로 돌아와서 첫 번째로 할 일은 몇 통의 편지를 보내는 것입니다. 당신은 고민 없이 편지를 가로로 두 번 접어서 높이를 1/3로 만들어 봉투에 집어넣습니다. 편지지와 봉투의 크기는 항상 고정되어 있고, 이렇게 접으면 봉투에 잘 들어간다는 것은 이미 오래전에 알아냈기 때문에, 이 방법은 항상 잘 통합니다.

이 접는 과정은 어떤 알고리즘 – 기초적인 종이 접기 – 에 의해 표현되는 일종의 계산입니다. 종이 접기 알고리즘은 단순하지만 언어의 여러 측면을 보여 줍니다.

우선 이 알고리즘은 약간 다른 두 가지 방법으로 기술할 수 있습니다. 만약 *접기*가 어떤 종이를 위에서부터 어느 정도를 접는 것을 의미한다면(예를 들어 전체 종이 길이의 1/3 정도), "접기 그리고 접기"라든지 "두 번 접기" 같이 말할 수 있습니다. 이 둘은 큰 차이가 없는 것처럼 보이지만, 반복 작업을 기술하는 근본적으로 다른 두 가지 방법입니다. 첫 번째 방법은 반복해야 하는 동작을 명시적으로 필요한 만큼 나열하는 반면, 두 번째 방법은 동작의 반복 횟수만을 언급하고 있습니다. 이런 차이는 여러 번 접어야 하는 큰 종이의 경우를 보면 분명히 알 수 있습니다. 예를 들어 세 번 접어야 하는 경우, 두 방법은 "접기 그리고 접기 그리고 접기"와 "세 번 접기"로 표현할 수 있습니다. 이제 500번 혹은 그 이상 반복해야 하는 경우를 생각해 보면 어떤 방법이 실용적인지 알 수 있을 것입니다.

첫 번째 기술 방식은 각 단계의 *연쇄 구성(sequential composition)*이며 두 번째는 *순환문(loop)*입니다. 둘 다 알고리즘의 요소인 *제어 구조(control structure)*로써, 알고리즘의 실제 작업을 담당하지는 않지만 다른 단계의 작업을 정돈하기 위해 사용됩니다. 이는 공장에서 작업자와 관리자 사이의 관계와 비슷합니다. 관리자는 직접 생산 작업에 참여하지는 않지만 생산 작업에 직접 참여하는 작업자의 활동을 조정합니다. 제어 구조는 모든 언어에서 알고리즘을 기술하기 위한 핵심적인 요소이며, 그중에서도 특히 순환문(혹은 재귀문)은 간단하지 않은 대부분의 알고리즘에서 사용됩니다.

종이 접기에 사용되는 또 다른 알고리즘이 있는데, 이 알고리즘은 "크기가 맞을 때까지 종이를 접으시오"라고 지시합니다. 이 알고리즘 또한 순환 제어 구조를 활용하는데, 이 경우의 순환문은 앞서의 것과 큰 차이를 가지고 있습니다. 이 경우에는 얼마나 동작을 반복해야 하는지 명시적으로 표현하는 대신에 반복 작업이 끝나기 위해서 만족되어야 하는 조건을 정의하고 있습니다. 이런 알고리즘은 어떤 크기의 종이에도 적용할 수 있기 때문에 앞서의 두 가지 방식에 비해서 범용적이며, 이 방식을 이용하면 보다 일반적인 문제를 풀 수 있습니다. 순환문(혹은 재귀문) 없이는 이 알고리즘을 표현하는 것은 불가능합니다. 반면에 반복 횟수가 고정된 순환문의 경우에는 항상 연쇄적 표현으로 똑같이 나타낼 수 있습니다.

이번에는 보내야 하는 것이 편지 한 통이 아니라 서류 뭉치라고 가정해 봅시다. 종이가 다섯 장 이상이라면 한꺼번에 다 같이 접어서 조그만 봉투에 넣는 대신, 종이를 접지 않고 대봉투에 그냥 넣을 것입니다. 종이를 접을지 말지를 결정하는 것은 *조건문(conditional)*이라는 또 다른 제어 구조의 한 예입니다. 제어 구조는 *조건(condition)*에 따라 두 가지 동작 중 하나를 수행합니다. 앞서의 경우에 조건은 종이가 다섯 장 이상인지 미만인지이고, 이에 따라 종이를 접어서 작은 봉투에 넣을지, 접지 않고 대봉투에 넣을지가 결정됩니다.

조건은 또한 순환문의 반복을 끝내기 위해서도 사용됩니다. 순환문 "세 번 접으시오"를 끝내기 위한 조건은 카운터가 특정한 숫자, 여기서는 3에 도달한 상태로 표현됩니다. 반면, 순환문 "크기가 맞을 때까지 종이를 접으시오"를 위한 조건은 순환문에 의해 변형되는 종이의 특성(크기)을 검사합니다. 후자와 같은 종류의 조건은 보다 일반적인 알고리즘을 표현할 수 있다는 면에서 더 강력합니다. 하지만 이러한 *표현성*을 강화하는 데 따르는 반대급부도 존재합니다. 카운터 기반의 순환문은 종료되리라는 것을 쉽게 알 수 있지만(왜냐하면 카운터는 순환문에서 수행하는 동작과 별개이기 때문입니다), 이렇게 보다 일반화된 순환문에서는 종료 여부가 분명하지가 않으며, 이런 순환문을 사용한 알고리즘이 끝날지를 확신할 수 없습니다(11장 참조).

우리가 하는 일 중 많은 것들이 반복적이며, 대부분 순환문으로 표현할 수 있습니다. 때로 일과 전체가 반복적인 것 같아 보이기도 합니다. 이런 극단적인 사례가 영화 『사랑의 블랙홀 (Groundhog Day)』에 나옵니다. 10장과 11장에서는 이 영화를 통해서 순환문과 다른 제어 구조들을 살펴보도록 하겠습니다.

10 날씨 다시 반복 (Weather, Rinse, Repeat)*

모든 알고리즘은 일정한 언어로 표현되며, 그 언어의 의미에 따라 어떤 계산이 이루어져야 하는지가 결정됩니다. 우리는 여러 가지 언어가 여러 가지 의미를 가질 수 있으며 여러 종류의 컴퓨터에서 사용될 수 있음을 살펴보았습니다. 예를 들어 프로그래밍 언어로 표현된 알고리즘은 전자식 컴퓨터에서 실행되며, 대부분 데이터에 대한 계산으로 나타납니다. 반면에 음악 표기를 위한 언어로 쓰인 알고리즘은 음악가에 의해서 실행되며 소리로 표현됩니다. 이러한 차이에도 불구하고 모든 복잡한 언어들은 두 종류의 지침으로 구성된다는 흥미로운 특징을 가지고 있습니다: (1) 동작(operations)은 직접적인 효과를 만들어 내며, (2) 제어 구조(control structures)는 동작의 순서와 적용, 반복을 조정합니다.

제어 구조는 알고리즘을 구성하는 데 있어 결정적인 역할을 담당할 뿐 아니라, 언어의 표현성을 결정하는 요소이기도 합니다. 다시 말해, 제어 구조의 정의와 언어에 어떤 제어 구조를 포함할 것인지에 따라 어떤 알고리즘을 표현할 수 있는지가 결정되며, 결과적으로 어떤 문제를 풀 수 있는지가 결정됩니다.

이런 제어 구조 중의 하나가 소위 순환문으로, 반복 작업을 기술할 수 있도록 해 줍니다. 우리는 이미 순환문의 사례를 확인한 바 있습니다. 헨젤과 그레텔의 길 찾기 알고리즘이 방문하지

---

* Lather, Rinse, Repeat(거품 내고, 헹구고, 이것을 다시 반복합니다 – 샴푸 사용법에 나오는 표현으로 무한한 반복을 풍자하기 위해 인용되곤 함)의 언어유희

않은 조약돌을 반복적으로 찾아보게 했던 것이나, 선택 정렬에서 리스트의 가장 작은 값을 반복적으로 찾았던 것이 이런 사례입니다. 심지어 음악 표기법도 순환을 표현하기 위한 제어 구조를 가지고 있습니다. 이렇게 폭넓게 순환문을 사용했음에도 불구하고 우리는 그 세부적인 내용은 아직 논의한 바 없습니다. 이 장에서 이런 논의를 해 보려고 합니다. 그라운드호그** 데이(Groundhog Day)를 반복해서 보내는 기상 리포터 필 코너스를 따라가면서, 순환문과 다른 제어 구조들이 어떻게 동작하는지를 설명하도록 하겠습니다. 또한, 순환문을 기술하는 여러 가지 방법과 각각의 방법을 통해 기술된 계산이 어떻게 다른지를 보이도록 하겠습니다.

영원 그리고 또 하루

그라운드호그 데이에 대해서 들어 보셨나요? 미국에는 그라운드호그가 겨울이 6주간 더 이어질지, 아니면 봄이 빨리 올지를 예언하는 전통 행사가 있습니다. 이것은 다음과 같이 진행됩니다: 매년 2월 2일이 되면 그라운드호그 한 마리가 굴에서 나옵니다. 이 녀석은 맑은 날에 나와서 자기 그림자를 보게 되면 굴 안으로 다시 들어가는데, 이는 겨울이 6주간 더 이어진다는 뜻입니다. 구름 낀 날이라면 자기 그림자를 볼 수 없는데, 이는 봄이 빨리 온다는 뜻입니다.

저는 미국 밖에서 자라서 이런 전통에 대해서 1993년 『사랑의 블랙홀(Groundhog day)』이라는 영화를 보고서야 알게 되었습니다. 이 영화의 주인공인 필 코너스는 그라운드호그 데이 행사를 보도하기 위해 펑수토니라는 작은 마을에 방문한, 피츠버그 출신의 오만하고 냉소적인 기상 리포터입니다. 이 영화에서는 필 코너스가 같은 날을 계속해서 다시 보내게 된다는 재미있는 설정을 하고 있습니다. 그는 매일 아침 6시에 라디오에서 흘러나오는 같은 노래로 잠을 깨서 똑같이 반복되는 사건들을 경험해야만 합니다. 영화는 그가 이런 일련의 사건에 대해 반응하는 방식이 매번 달라지면서 이야기가 전개됩니다.

반복은 우리 삶에서 중요한 역할을 하고 있습니다. 어떤 기술을 배우는 것은 그것을 나중에 사용할 수 있다는 기대가 있어야만 의미가 있습니다. 좀 더 일반화하면 모든 과거의 경험은 경험했던 것과 비슷한 환경에 처하게 될 때만 의미가 있습니다. 우리는 매일 여러 가지 일을 반복합니다. 일어나서 옷을 입고, 아침을 먹고, 출근하는 이런 일들을 말이지요. 바로 이어서 여러 번 반

** 땅다람쥐의 일종

복되는 어떤 활동(혹은 어떤 활동들)을 *순환(loop)*된다고 합니다. 한편 반복되는 활동(들)을 순환의 *본체(body)*라고 부르며, 각 순환의 본체가 실행되는 것을 순환의 *반복(iteration)*이라고 말합니다. 술집에서 필은 자신이 처한 상황을 다음과 같이 표현합니다.

필: 한 곳에 틀어박혀서, 매일 매일은 완전히 똑같고, 뭘 해도 달라지는 게 없다면 댁은
어쩌겠어요?
랄프: 그거 전부 딱 내 얘긴데요.

이렇게 둘이 주고받은 이야기를 요약하면 삶이란 다음과 같은 순환이라고 할 수 있습니다.

repeat *일상* until *죽음*

필 코너스의 일상이 그를 미치게 만드는 이유는 — 그리고 그걸 보면서 재미있을 수 있는 이유는 — 모든 일이 전날과 똑같이 벌어지는데, 그가 뭘 해도 아무것도 변하지 않는다는 점 때문입니다. 그렇지 않았다면 마치 단조롭게 반복되는 노래의 후렴구처럼 영화는 금방 지루해졌을 것입니다.

우리의 일반적인 일과는 계속 반복되는 그라운드호그 데이만큼 절망적이지는 않은데, 왜냐하면 어제 한 일이 오늘에 영향을 미치기 때문입니다. 따라서 똑같이 반복되는 것 같아 보이더라도 매일 매일은 다른 맥락을 가지고 펼쳐지며, 모두의 삶이 매일 달라진다고 생각하면 무언가가 계속 변화하면서 나아지고 있다고 느낄 수 있습니다. 이렇게 살펴보니 순환에는 두 가지 종류, 즉 반복하면서 아무런 변화도 만들어 내지 못하는 것과 무언가 다른 결과를 만드는 것이 있는 것 같습니다. 전자의 예로 당신이 태어난 도시의 이름을 출력하는 순환문을 생각해 볼 수 있습니다. 당신이 뉴욕에서 태어났다면 이런 순환문은 "뉴욕" "뉴욕" "뉴욕" …과 같이 똑같은 내용을 계속 출력할 것입니다. 반면에 비가 올지 여부를 보고하는 순환문이라면 네와 아니오가 섞인 결과를 출력할 것입니다 — 체라푼지(Cherrapunji)[1]에 살고 있다면 네만 줄곧 출력할 수도 있겠네요.

결과가 변하는 순환문이라도 매번 실행되는 본체는 동일합니다. 변화는 *변수(variable)*를 통해 얻어집니다. 변수는 실제 세계의 어떤 것을 가리키는 이름입니다. 알고리즘은 이런 변수라는 이름을 통해서 실제 세계와 교류할 수 있습니다. 예를 들어 변수 *날씨*는 '맑음'과 같은 현재의 날씨 상황을 가리킬 수 있으며, 현재의 날씨를 확인하는 알고리즘이라면 이 변수에 접근함으로써 여기에 대응하는 값을 얻을 수 있습니다. 변수 *날씨*는 알고리즘에 의해서 변경될 수 없는 반면 헨젤과 그레텔이 다음에 찾아가야 하는 조약돌을 가리키는 변수 *조약돌*은 매번 조약돌에 방문할 때마다 변경됩니다. 유사한 사례로 선택 정렬에서 리스트의 가장 작은 값을 찾는 명령에는 변수 *가장 작은 값*이 들어 있는데 이것 또한 반복마다 (리스트에 중복된 값이 없다면) 그 내용이 바뀝니다.

순환문이란 순환을 기술하는 것(알고리즘)과 그것에 의해 만들어지는 계산 둘 다를 가리킬 수 있는데, 이쯤에서 계산을 기술하는 것과 그 실행이 어떻게 다른지 상기해 보는 게 좋겠네요. 일기 예보를 위한 순환문은 다음과 같은 형태를 가질 수 있습니다.

repeat *날씨* 보고 until *영원*

이 순환문을 실행하면 일련의 값을 얻을 수 있는데, 이것은 기술된 순환문과는 모습이 매우 다릅니다. 예를 들어 이 알고리즘을 실행하면 다음과 같은 단어열을 얻을 수 있습니다.

비 흐림 맑음 맑음 천둥번개 맑음 …

이 날씨 보고 순환문은 필 코너스가 처한 상황과 같은 종류의 순환을 기술하고 있습니다. 매일 아침 그는 그의 친구인 그라운드호그 펑수토니 필의 예보를 보도할 준비를 해야 합니다(재미있는 것은 필 코너스는 매일 극적으로 다른 행동을 하면서도 – 한 번은 펑수토니 필을 죽이려고까지 했었는데요 – 한 번도 그라운드호그 예보를 보도하는 것은 거르지 않죠). 물론 필 코너스는 자신이 처해 있는 쳇바퀴가 언젠가는 끝나기를 바라고 있습니다. 사실 그는 현재 상황을 다음과 같이 가정하고 있습니다.

repeat *날씨* 보고 until *'무언가 숨겨진 조건'*

그는 처음에는 여기서 탈출하기 위해서 숨겨진 조건을 찾아내려고 노력합니다. 이것은 모든 순환문에 모두 중요한 요소로 종료 *조건(termination condition)*이라고 불립니다. 영화가 끝날

때쯤이 되면, 필이 다른 사람을 배려하고 도와주는 좋은 사람이 되는 것이 종료 조건이라는 것을 알 수 있습니다. 그는 매일 다시 태어남으로써 업을 씻을 기회를 가지게 되는데, 이것이 지옥 같은 그라운드호그 데이에서 벗어날 열쇠입니다.

그라운드호그 데이의 순환은 다음과 같은 일반적인 순환문 형태의 한 예입니다.[2]

repeat 단계 until 조건

여기서 종료 조건은 제일 마지막에 위치해서, 순환문의 본체가 모두 실행된 후에 판정됩니다. 만약 이 조건이 참이면, 순환문은 종료됩니다. 그렇지 않은 경우 본체는 다시 실행되며 이후에 순환문을 계속할지 끝낼지를 결정하기 위해 다시 조건을 확인하는 과정이 반복됩니다.

종료 조건에 순환문의 본체에 의해 변경될 수 있는 변수가 포함되어 있다면, 한 시점에는 거짓이라도 나중에 참으로 바뀔 수도 있습니다. 예를 들어 기름이 다 떨어진 차의 시동을 거는 것은 기름을 다시 채우기 전까지는 성공할 수 없습니다. 따라서 반복되는 동작에 시동 버튼을 누르는 것, 타이어를 걷어차는 것 혹은 마법 주문을 외우는 것만 포함되어 있다면 시동을 걸 수 없을 것입니다. 종료 조건은 이처럼 종료 조건이 언젠가 참이 되는 *종료되는 순환문* (*terminating loops*)과 종료 조건이 언제나 거짓인 *종료되지 않는 순환문*(*nonterminating loops*)을 구분할 수 있게 해 줍니다.

똑같은 일을 반복하면서 다른 결과를 기대하는 것은 미친 짓이라는 말이 있습니다.[3] 따라서 어쩌면 종료되지 않는 순환문을 미친 짓이라고 간주할 수도 있습니다만, 종료되지 않는 것들 중에도 전적으로 유용한 순환문들도 있습니다. 예를 들어 웹 서비스는 요청을 받아서 처리하고 다시 다음 요청을 받아들이기를 영원히 반복하는 순환의 한 사례입니다. 하지만 순환문이 어떤 알고리즘의 일부로써 존재하며 이후에 다른 단계가 있는 경우라면, 이것이 끝나야 알고리즘이 끝나서 이후의 단계가 수행될 수 있으므로 종료되는 것이 바람직할 것입니다.

종료는 순환의 중요한 속성 중의 하나입니다. 어떤 순환이 끝나는지는 종료 조건에 의해서 결정되지만, 순환의 종료에서 핵심적인 것은 순환의 본체가 실제 세계에 미치는 영향으로, 특히 종료 조건을 좌우하는 부분에 어떻게 영향을 미치는지가 중요합니다. 날씨를 보도하는 것은 세상에 변화를 만들지 못하고, 필 코너스의 반복되는 그라운드호그 데이를 끝낼 수 있는 그 알 수 없는 종료 조건에 대해서도 영향을 미치지 못하는 것 같아 보입니다. 필은 절망에 빠져서 여러 가지 형태의 자살을 시도한다거나 펑수토니 필을 다양한 방법으로 죽이는 것과 같은, 더욱 극단적인 행동을 하게 됩니다. 그리고 이를 통해 세상에 영향을 미치고 종료 조건을 참으로 만들 수 있게 되기를 간절히 희망합니다.

통제 원활

그라운드호그 데이가 반복될 때 필 코너스는 본인의 삶을 제어하고 있지 못합니다. 그 반대로 그는 그라운드호그 데이의 순환에 따라 조종되며, 이런 사실을 뼈아프게 자각하고 있습니다. 여기서 순환에 의해 조종된다는 것은, 그가 반복이 언제 끝날지, 언제 탈출할 수 있는지를 제어하고 있는 순환의 본체 안에서 살고 있다는 의미입니다.

순환문은 그 본체가 얼마나 자주 실행되는지를 제어하지만, 순환문의 효과는 그 본체가 수행하는 작업의 결과로 얻게 됩니다. 다시 말해, 순환문은 그 자체로서 직접적으로 가지는 효과는 없고, 단지 그 본체의 작업을 반복함으로써 간접적으로 효과를 발생시킵니다. 일반적으로 알고리즘의 단계들이 얼마나 빈번하게 수행되는지가 중요하며, 결과적으로 순환문은 그 본체의 실행 횟수를 통해 일정한 영향을 미치게 됩니다. 순환문은 종료 조건을 통해서 그 본체의 효과를 제어하기 때문에, 이것을 *제어 구조*라고 부릅니다. 순환문은 일단의 알고리즘 단계들을 반복적으로 수행하기 위한 제어 구조입니다. 또 다른 두 가지 중요한 제어 구조로 연쇄 구성과 조건문이 있습니다.

연쇄 구성은 두 (묶음의) 단계를 정렬된 연쇄적 단계로 연결합니다. 앞에서 *그리고(and)*라는 단어를 이런 용도로 사용했지만 두 단계가 병렬이 아니라 순차적으로 실행된다는 것을 보이기 위해서는 *그리고 나서(andThen)* 혹은 *뒤따라(followedBy)* 같은 단어를 사용하는 것이 낫습니다. 여기서는 간단하고 명료한 표현을 위해서 대부분의 프로그래밍 언어들에서와 같이 세미콜론을 이용해서 두 단계를 연결하도록 하겠습니다. 이런 표기법은 리스트를 적을 때 사용하는 방법과 비슷합니다. 게다가 세미콜론을 이용하면 짧게 쓸 수도 있고, 문자로 표기할 때보다 알고리즘의 실제 작업에 시선이 더 집중됩니다. 예를 들어 *일어나기; 아침먹기*는 우선 일어나고 나서 아침을 먹는 것을 의미합니다. 어떤 사람들은 *아침먹기; 일어나기*를 주말에 선호할 수도 있겠지만, 여기서는

각 단계의 순서가 중요합니다. 연쇄 구성의 일반형은 다음과 같습니다.

단계; 단계

여기서 **단계**는 비종단자이고 모든 간단하거나 복합적인 단계로 대체할 수 있습니다. 특히 **단계**는 다른 단계들의 연쇄적인 구성일 수도 있습니다. 따라서 일어나기와 아침먹기 사이에 샤워하기를 끼워 넣고 싶다면 연쇄 구성을 두 번 사용해서, 첫 번째 **단계**를 *일어나기; 샤워하기*로 확장하고, 두 번째 **단계**를 *아침먹기*로 확장하면, 결과적으로 *일어나기; 샤워하기; 아침먹기*를 만들 수 있습니다.[4]

"접기 그리고 접기"를 통해 종이를 두 번 접었던 예에서 이제 우리는 *접기; 접기*로 적을 수 있으며, ;로 연결된 두 단계는 그 내용이 같습니다. repeat *접기* until *크기가 맞음* 혹은 repeat *세 번 접기*와 같은 순환문을 실행하면 *접기; 접기; 접기*와 동일한 계산 결과를 얻을 수 있는데, 이것은 순환문이 연속적인 작업을 기술하기 위한 도구라는 점을 보여 줍니다. 순환문의 중요한 역할은 반복해야 하는 작업을 한 번만 적고도 임의의 길이를 가지는 연쇄적인 작업을 표현할 수 있다는 것입니다.

*조건문(conditional)*은 두 (묶음의) 단계 중 하나를 조건에 따라 선택적으로 실행합니다. 순환문과 같이 이런 결정에는 조건이 사용됩니다. 조건문의 일반형은 다음과 같습니다.

if 조건 then 단계 else 단계

펑수토니 필(그라운드호그)이 날씨를 예측할 때마다, 이 녀석은 실질적으로 다음과 같은 일기예보 알고리즘을 실행합니다.

if *맑음* then *겨울이 6주 더 지속된다고 발표* else *봄이 일찍 온다고 발표*

이 조건문은 알고리즘이 대안 중 하나를 선택할 수 있도록 합니다. 이 조건문은 펑수토니 필의 연간 순환문과 필 코너스의 일간 순환문의 일부이기도 합니다. 이를 통해 제어 구조를 임의의 방법을 통해서 서로 조합할 수 있다는 것을 알 수 있는데, 다시 말해 조건문이 순환문이나 연쇄 구성의 일부가 되거나, 순환문이 조건문의 선택지나 연속적인 단계 중 하나가 될 수도 있고 이런 식의 조합이 가능하다는 것입니다.

알고리즘의 일반적인 단계들은 게임에서 하나의 동작이나 하나의 수(예를 들어 축구에서 공을 패스하거나 골대로 슛을 찬다든지, 체스에서 말을 움직이는 것 같은)와 같습니다. 제어 구조는 이런 게임에서 전략을 정의합니다. 예를 들어 repeat *패스* until *골대 앞*(리오넬 메시라면 repeat *드리블* until *골대 앞*이 될 수도 있겠네요) 즉, 제어 구조는 기본적인 동작을 조합해서 경기를 만들어 냅니다.

8장에서 본 바와 같이 음악을 표기하기 위한 다양한 표기법이 존재합니다. 이와 유사하게 알고리즘을 위해서도 다양한 표기법이 존재합니다. 프로그래밍 언어 그 자체가 알고리즘 표기법의 사례입니다. 언어마다 제공되는 제어 구조에 큰 차이가 있지만 대부분의 언어는 어떤 형태로든 순환문, 조건문, 연쇄 구성문을 제공하고 있습니다.[5] 제어 구조 간의 차이를 잘 보여 주는 표현 방법의 하나로 순서도가 있습니다. *순서도(flowchart)*는 화살표로 연결된 네모로 알고리즘을 표현합니다. 기본적인 동작들은 네모 안에, 판단이 필요한 경우는 마름모 모양 안에 적습니다. 화살표는 어떻게 계산이 진행되는지를 나타냅니다. 연쇄 구성에서는 이 흐름이 한 상자에서 다른 상자로 이어지는 하나의 경로를 따라가지만, 조건문과 순환문에서는 조건부에서 두 개의 화살표가 나오고 어떤 경로를 따를지는 조건에 따라 결정됩니다. 그림 10.1에서 이러한 순서도를 볼 수 있습니다.

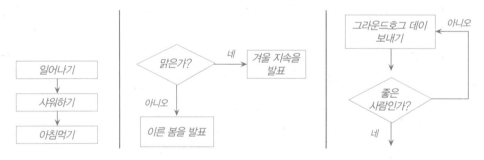

[그림 10.1] 제어 구조를 나타내는 순서도. 왼쪽: 필 코너스가 매일 아침 거치는 일련의 단계들. 가운데: 매년 그라운드호그 데이에 평수토니 필의 결정을 보여 주는 조건문 / 오른쪽: 영화 『사랑의 블랙홀』에서 필 코너스의 삶을 나타내는 순환문. "아니오" 화살표로부터 조건문까지 두 개의 노드를 포함한 하나의 순환 구조가 형성됩니다.

조건문과 순환문은 서로 깜짝 놀랄 만큼 닮았습니다. 둘 다 두 개의 경로를 가지는 조건부를 가지고 있지요. 둘 사이의 유일한 차이점은 순환문에서는 "아니오"의 경로가 가리키는 단계가 이후에 다시 조건부로 이어진다는 점입니다. 이런 순환 구조를 보면 이 제어 구조가 왜 *순환문*이라는 이름을 가지게 되었는지를 알 수 있습니다.

순서도는 *시각 언어(visual language)*입니다. 문자 언어는 알고리즘을 단어와 기호의 선형적인 배열로 표현하는 반면, 시각 언어는 기호를 공간적으로 연결하여 2차원(혹은 3차원) 공간에 표현합니다. 순서도는 상자로 각 동작을, 화살표로 이들 간의 실행 순서를 표현합니다. 순서도는 교통망과 모양이 비슷합니다. 교차로는 실제 동작이 수행되는 곳이고, 이들이 연결되어 한 동작에서 다른 동작으로 이어집니다. 놀이 공원을 돌아다닌다고 생각해 보세요. 공원 자체도 즐거워지기 위한 알고리즘이라고 생각할 수 있습니다. 여러 사람이 각자의 취향이나 이전에 타봤던 경험에 따라서 서로 다른 순서와 횟수로 놀이기구를 타러 갑니다. 아니면 슈퍼마켓에서 각 코너와 진열대 사이에 있는 통로를 떠올려 보세요. 슈퍼마켓은 여러 가지 구매 경험을 위한 알고리즘으로 볼 수 있습니다.

순서도는 1970년대에 많이 사용되었고 때때로 소프트웨어를 위한 문서에 사용되기도 하지만, 요즘에는 프로그래밍을 위한 표기법으로는 거의 사용되지 않습니다. 그 이유 중의 하나는 큰 규모로 작성하기 어렵다는 점 때문입니다. 중간 정도 크기의 순서도조차도 읽기가 쉽지 않습니다. 순서도에서 넘쳐나는 화살표는 스파게티 코드***라고도 불렸습니다. 게다가 제어문과 순환문의 표기가 유사하기 때문에 – 앞에서 우리가 서로의 관계를 이해하는 데에는 도움이 되었지만 – 이 두 제어 구조를 서로 구분하는 것이 어려웠습니다.

여기 나온 제어 구조는 하나의 컴퓨터에서 실행하기 위한 알고리즘에 사용됩니다. 최신 마이크로프로세서는 여러 개의 코어를 가지고 있어서 명령을 병렬로 실행할 수 있습니다. 사람도 마찬가지로 병렬로 계산을 수행할 수 있습니다. 팀으로 작업하는 경우라면 더욱 그렇습니다. 알고리즘에서 이런 병렬화를 활용하기 위해서는 이런 용도를 위해 특별히 만들어진 제어 구조를 사용해야 합니다. 예를 들어 *걷기 ∥ 껌 씹기*라고 써서, 걸으면서 동시에 껌을 씹으라고 명령할 수 있습니다. 이것은 우선 걷고 나서 나중에 껌을 씹으라는 의미의 *걷기; 껌 씹기*와는 다릅니다.

병렬 구성은 어떤 계산을 위해 서로 독립적인 두 개의 계산 결과가 필요할 때 유용합니다. 예를 들어 셜록 홈즈와 왓슨은 많은 경우 범죄를 해결하기 위해 각자 따로 조사를 하곤 합니다. 반

*** 스파게티 면발처럼 얽혀 있다는 뜻

면에 우리는 일어나기와 샤워하기를 동시에 할 수는 없습니다. 이 두 동작은 반드시 엄격하게 순차적으로 수행되어야 합니다(순서도 중요합니다).

병렬 컴퓨팅과 관련된 개념으로, 상호작용하는 에이전트들을 통해서 계산을 수행하는 분산 컴퓨팅이 있습니다. 예를 들어 필 코너스와 방송팀이 그라운드호그의 예언을 보도할 때, 서로 박자를 잘 맞춰서 필 코너스가 말할 때 촬영을 진행해야 합니다. 이러한 협업을 기술하는 알고리즘은 고유한 제어 구조를 가지는데, 특히 메시지를 보내고 받기 위한 것이 이에 포함됩니다.

일반적으로 영역 고유의 언어들, 즉 특수한 응용 분야만을 위한 언어들은 나름의 제어 구조를 가지고 있습니다. 예를 들어 음악 표기법은 반복과 건너뛰기를 위한 제어 구조를 가지고 있으며, 요리를 위한 언어는 조리법마다 다양한 조리법을 표현하기 위한 구조를 포함하고 있습니다. 제어 구조는 기본적인 동작들을 연결해서, 의미 있는 계산을 만들어 내기 위한 보다 큰 알고리즘을 만들 수 있도록 합니다.

순환문은 순환문은 순환문

필 코너스는 그라운드호그 데이의 순환에서 탈출하기 위해서 종료 조건을 발견하기 위한 노력을 계속합니다. 이것은 일반적으로 알고리즘, 특히 그 안에 포함된 순환문을 처리하는 방식과는 좀 다릅니다. 통상적으로 우리는 원하는 계산을 얻기 위해서 알고리즘을 표현하고 실행합니다. 반면 필 코너스는 계산의 일부이며 그 계산을 표현하는 알고리즘이 무엇인지 알지 못합니다. 종료 조건을 참으로 만드는 행동이 무엇인지 탐색하면서, 그는 알고리즘을 역설계(reverse-engineer)****하고자 합니다.

순환문과 그 종료는 계산에서 중요한 역할을 담당합니다. 순환문(그리고 재귀문)은 계산을 다른 차원으로 향상시켜 주기 때문에 아마도 가장 중요한 제어 구조일 것입니다. 순환문이 없다면 우리는 계산을 항상 고정된 수의 단계들로 기술해야만 할 것이고, 이러한 제약 때문에 대부분의 유용한 계산을 할 수 없게 될 것입니다.

순환문의 이런 중요성을 생각해 보면, 그 표현 방식이 다양하다는 것도 그다지 놀랄 만한 일은 아닙니다. 지금까지 사용한 순환문은 repeat 단계 until 조건의 형태였는데, 이것을 *repeat*

**** 평가, 분해 등을 통해 대상의 내용과 구조를 파악하고자 하는 것

문(repeat loop)이라고 부릅니다. 이 순환문은 종료 조건이 무엇인지와는 상관없이 본체가 최소한 한 번은 실행됩니다. 반면에 *while문(while loop)*은 조건이 참인 경우에만 본체를 실행하기 때문에 한 번도 실행되지 않을 수도 있습니다. while문은 다음과 같은 형태를 가집니다.

while 조건 do 단계

두 순환문 모두 조건에 의해서 통제되지만, 조건부가 가지는 역할은 다릅니다. repeat문에서는 조건부가 종료 여부를 결정하지만, while문에서는 (재)진입 여부를 결정합니다. 다시 말해, 만약 조건이 참이면 repeat문은 끝나지만 while문은 계속되고, 조건이 거짓이면 repeat문은 계속되지만 while문은 종료됩니다.[6] 이런 차이를 그림 10.2에서 순서도를 통해 나타냈습니다.

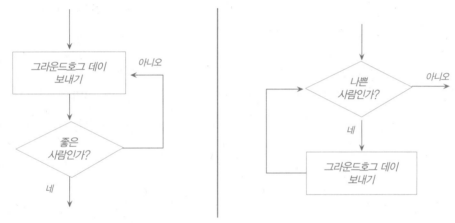

[그림 10.2] 순서도로 나타낸 repeat문과 while문의 차이. 왼쪽: repeat문의 순서도 / 오른쪽: while문의 순서도

둘의 작동 방식이 달라 보이지만, while문으로 repeat문을 표현할 수 있고 그 반대의 경우도 가능합니다. 이렇게 하려면 조건을 반대로 하면 됩니다. 즉, 조건을 변형시켜서 원래의 조건이 거짓이 되는 모든 경우에 참이 되도록 바꾸는 것입니다. 예를 들어 그라운드호그 데이 repeat문에 대한 종료 조건인 "좋은 사람"은, while문에서는 진입 조건인 "안 좋은 사람" 혹은 "나쁜 사람"으로 바뀝니다. 여기에 더해서, 반복 횟수도 같아지도록 유의해야 합니다. 예를 들어, repeat문은 어떤 경우에도 필 코너스가 최소한 한 번은 그라운드호그 데이를 경험하도록 만들지만, while문에는 그가 나쁜 사람일 때에만 진입합니다. 영화에서 필은 나쁜 사람이기 때문에 두 순환문은

똑같이 작동합니다.

언어를 통해 두 순환문 사이의 등가성을 등식으로 표현할 수 있습니다.

repeat 단계 until 조건 = 단계; while not 조건 do 단계

여기서 while문의 앞에 단계가 포함되어 있는 것을 볼 수 있는데, 이는 최소한 그 본체를 한 번은 실행하는 repeat문과는 달리 while문은 그 본체를 한 번도 실행하지 않을 수도 있기 때문입니다. 이런 두 순환문 사이의 차이로 인해 때때로 문제가 생기기도 합니다. 예를 들어서 헨젤과 그레텔의 알고리즘을 생각해 봅시다. repeat문으로 이 알고리즘을 표현하면 다음과 같습니다.

repeat 조약돌 찾기 until 집에 도착

이 알고리즘의 문제는 헨젤과 그레텔이 집에 있을 때 이 알고리즘을 실행하게 되면 집에서는 조약돌을 찾을 수 없기 때문에 이 repeat문이 끝나지 않는다는 것입니다. 사람들은 이렇게 바보 같은 행동을 하기보다는 그냥 순환문을 중단하겠지만, 알고리즘을 그대로 따른다면 계산이 끝나지 않게 됩니다.

또 다른 순환문은 재귀를 이용해서 표현할 수 있습니다. 재귀문에 대해서는 12장에서 자세히 살펴보겠지만 일단 기본적인 개념은 쉽게 이해할 수 있습니다(사실 재귀는 6장에서 분할 정복 알고리즘과 관련해서 설명한 적이 있습니다). 알고리즘을 재귀적으로 표현하기 위해서는 우선 알고리즘에 이름을 부여하고 이후에 그 이름을 그 자신을 정의할 때 사용합니다. 따라서 그라운드호그 데이 순환문은 아래와 같이 기술할 수 있습니다.

그라운드호그 데이 = 그라운드호그 데이를 보내기; if 좋은 사람 then 아무것도 하지 않음 else 그라운드호그 데이

이 정의는 repeat문을 효과적으로 대체할 수 있습니다. 그라운드호그 데이가 지나고 나면 조건문은 종료 조건을 검사합니다. 만약 참이면 계산은 아무것도 하지 않음으로써 종료됩니다. 그렇지 않은 경우 알고리즘은 다시 실행됩니다. 알고리즘의 재귀적 실행은 흐름의 처음으로 돌아가

서 순환문을 재실행하는 것과 같습니다.

지금까지 확인한 모든 순환문(repeat문, while문, 재귀문)은 모두 본체의 실행 전 혹은 후에 조건문을 (재)판정함으로써 제어된다는 공통점을 가지고 있습니다. 순환문의 종료는 본체가 궁극적으로 종료 조건을 만족시키는 효과를 가지느냐에 달려 있습니다(while문이라면 진입 조건을 거짓으로 만들 수 있느냐에 달려 있습니다). 이것은 순환문이 얼마나 반복될지 미리 알 수 없다는 것을 의미하며, 이런 순환문이 종료될지의 여부조차 불투명합니다. 이런 불확정성은 필 코너스가 경험하는 그라운드호그 데이의 순환문에서는 실제로 중요한 부분입니다.

순환문으로 표현되는 계산 중에 순환이 얼마나 많이 실행될지가 분명한 경우도 있습니다. 예를 들어 첫 10개의 자연수의 제곱수를 계산해야 한다면, 제곱 계산을 정확히 열 번만 반복하면 된다는 것을 우리는 분명하게 알 수 있습니다. 또는 봉투에 넣기 위해 종이를 접는 알고리즘을 다시 떠올려 보세요. 그 알고리즘은 정확히 단 두 번만 실행되는 순환문을 통해 표현되었습니다. 이런 경우에 우리는 *for문*을 사용하며, 그 형태는 다음과 같습니다.[7]

for 횟수 times do 단계

이 형식을 종이 접기 순환문에 사용하면 **for 2 times do** *접기*로 표현할 수 있습니다. for문의 장점은 실행되기 전이라 할지라도 얼마나 실행될지 알 수 있다는 점입니다. 다른 순환문들은 이것이 불가능한데 왜냐하면 순환문이 실행되어야만 종료 여부를 알 수 있기 때문입니다. for문은 종료를 보장하는 반면 다른 순환문은 영원히 끝나지 않고 실행될 수도 있기 때문에 이는 엄청나게 중요한 차이입니다(11장 참조).

순환문의 실행 시간은 이와 밀접하게 관련되어 있습니다. 어떤 순환문이 100번 실행된다면 최소한 100단계를 수행할 것입니다. 다시 말해 순환문은 그 반복 횟수에 선형적이며, 어떤 순환문이라도 이것은 마찬가지입니다. 반복 횟수 외에도 본체의 실행 시간을 고려해야 합니다. 순환문의 실행 시간은 본체의 실행 시간에 반복 횟수를 곱한 것입니다. 예를 들어 선택 정렬은 그 본체에 리스트의 최솟값을 찾는 작업을 포함하는 순환문입니다. 여기에서 순환은 리스트의 크기에 선형이며 본체의 실행에는 평균적으로 리스트 길이의 절반 정도 되는 시간이 소요됩니다. 따라서 선택 정렬은 리스트의 크기에 대해 2차 실행 시간을 가집니다.

for문이 다른 순환문에 비해 훨씬 예측 가능하게 작동하는 것처럼 보이는데 왜 for문만 사용하면 안 될까요? 그 이유는 for문이 while문이나 repeat문(그리고 재귀문)에 비해 표현성이 부족하기 때문입니다. 다시 말해서 while문이나 repeat문으로 풀 수 있는 문제들 중에서 for문으로는 풀 수 없는 문제들이 있습니다. 그라운드호그 데이 순환은 시작될 때 얼마나 많은 반복이 필요한지 알 수 없습니다(최소한 필 코너스는 말이죠). for문을 그 카운터를 유지하면서 while문(혹은 repeat문)으로 바꾸는 것은 쉽게 볼 수 있지만, while문이나 repeat문은 종료 전까지 얼마나 많은 반복이 필요한지 알 수 없기 때문에 그 반대의 경우는 어렵습니다.

예측 가능성을 확보하려면 나름의 비용을 치러야 합니다. 모험을 얼마나 하게 될지, 무엇을 찾게 될지를 알 수 없다는 것은 기꺼이 수용할 수 있을지 모르지만, 어떤 계산을 사용하고 거기에 의존해야 한다면 실행 전에 얼마나 시간이 걸릴지는 알아야 할 것입니다 - 특히나 끝나지 않는 계산의 경우라면 말이죠.

절대 멈추지 않는다

편지를 접어서 봉투에 넣은 다음에는, 최근에 한 층 위로 사무실을 옮긴 동료를 환영하러 갈 시간입니다. 그녀의 사무실로 걸어가는 것은 사무실에 도착할 때까지 걸음을 반복하는 알고리즘을 실행한 결과입니다. 하지만 사무실의 위치를 정확히 모른다면 어떡할까요? 그런 경우에는 전 층을 돌아다니면서 사무실에 동료의 이름이 붙어 있는지를 확인해야만 합니다. 설상가상으로, 이사 날짜가 미뤄져서 아직 그녀가 사무실을 옮기기 전이라면요? 그런 경우라면 목표하는 사무실에 도착할 때까지 걷는 이 단순한 알고리즘은 끝나지 않을 것입니다. 사실 그보다는 영원히 반복될 것입니다.

물론 실제로는 그렇게 하지 않을 겁니다. 당신은 아마도 전 층을 찾아본 후에(확신하기 위해 여러 번 찾을 수도 있겠지요), 더 이상 찾기를 포기하고 본인의 사무실로 돌아가는 알고리즘을 실행할 것입니다. 이 알고리즘은 좀 더 복잡한 종료 조건을 가지는데, 사무실을 찾아야 하는 동시에 일정 시간이 지나면 끝나도록 해야 합니다.

끝나지 않는 순환문은 바보 같은 생각처럼 보입니다. 어떤 계산들은 종료되지 않는 순환문을 실행한 결과이긴 하지만(예를 들어 웹 서비스나 단순한 타이머, 카운터 등), 하나의 고정된 결과를 만들어 내는 계산에는 오직 종료되는 순환문만을 사용하는데, 종료되지 않는 순환문으로는 그런 결과물을 구성할 수 없기 때문입니다.

일반적으로 알고리즘은 종료되지 않으면 문제 해결에 적절하게 사용할 수 없기 때문에 종료되어야만 합니다. 따라서 어떤 알고리즘이 실행되었을 때 그것이 종료될지를 미리 알 수 있다면 좋을 것입니다. 알고리즘이 종료되지 않는 단 하나의 이유는 알고리즘이 포함한 순환문 중의 하나가 끝나지 않았기 때문이므로,[1] 알고리즘의 종료 여부를 판정하는 것은 사용된 순환문이 종료될지를 결정하는 일로 귀착됩니다. 이전에 우리가 살펴본 종이 접기를 위한 여러 가지 알고리즘은 모두 종료됩니다. 순환문 *세 번 접기* 같은 경우는 명시적으로 그 반복 횟수를 언급하고 있기 때문에 종료될 것이라는 점을 확실히 알 수 있습니다. repeat문 *크기가 맞을 때까지 접기* 또한 종료되지만, 이런 사실을 바로 알 수는 없습니다. 우리는 종이를 접을 때마다 종이의 크기가 작아진다는 것을 알고 있지만 필요에 따라 접는 방향을 바꿀 수 있다는 점을 감안해야 합니다. 이런 경우 종이를 접다 보면 매번 접을 때마다 크기가 절반이 되기 때문에 결국 봉투보다는 작아질 것입니다. 하지만 얼마나 많이 반복해야 할지는 확실치 않으므로, 알고리즘이 실행에 얼마나 시간이 걸릴지도 분명치 않습니다. 확실한 것은 결국 끝난다는 것뿐입니다.

하지만 이런 상황은 모든 순환문에 일반적으로 적용되지는 않습니다. 동료의 사무실을 찾기 위해 걷는 순환문의 경우, 존재하지 않는 사무실을 찾는 것이 종료 조건이라면, 순환문은 끝나지 않을 것입니다. 존재하지 않는 사무실을 하염없이 찾고 있을 수 없는 이유는 사무실을 찾는 것 말고도 해야 할 중요한 일들이 많이 있기 때문이며, 이 알고리즘이 문제를 풀지 못한다면 버리고 다른 방법을 선택하거나 아예 그 시간에 다른 일을 할 수도 있습니다. 만약 로봇을 프로그래밍해서 이 사무실 찾기 순환문을 실행하고자 한다면, 로봇은 이 일이 여러 가지 해야 할 일 중의 하나일 뿐이라는 사실을 알지 못하기 때문에 영원히 돌아다니게 될 것입니다(중간에 배터리가 다 되거나 누군가가 꺼버릴 수도 있겠네요).

그러면 어떻게 종료되는 순환문과 종료되지 않는 순환문을 구분할 수 있을까요? 이미 보았듯 for문은 고정된 반복 횟수를 가지고 항상 종료되기 때문에 끝난다는 것이 분명합니다. repeat문(그리고 while문)은 종료 조건과 순환문의 본체에서 실행되는 단계들 간의 관계를 따져봐야 합니다. 11장에서는 순환문의 종료 여부를 결정하기 위해서 사용할 수 있는 알고리즘이 있는가 하는 흥미로운 문제에 대해서 살펴보겠습니다.

알고리즘의 실행 시간은 중요합니다. 선형 알고리즘은 2차보다 낫고, 지수 알고리즘은 입력이 작은 경우가 아니라면 현실적으로 사용하기 어렵습니다. 하지만 지수 알고리즘조차도 종료되지 않는 순환문보다는 낫습니다. 알고리즘이 종료되는지에 대한 의문은 결국 순환문이 종료되는지에 대한 질문으로 귀착되며, 이것은 매우 중요합니다. 이 질문은 필 코너스가 그라운드호그 데이 순환의 종료 조건을 찾아내고 이를 만족시키기 위해 간절하게 노력하고 있을 때 그를 괴롭히는 질문이기도 합니다.

11 해피엔딩은 필연이 아니다

순환문과 재귀문은 알고리즘을 강력하게 만듭니다. 순환문은 알고리즘이 임의의 크기와 복잡도를 가지는 입력을 처리할 수 있도록 해 줍니다. 순환문이 없으면 알고리즘은 작고 단순한 입력만 다룰 수 있습니다. 또한, 순환문은 알고리즘을 비상하게 해 줍니다. 알고리즘에 있어 순환문이란 비행기에 있어 날개와도 같습니다. 날개가 없어도 비행기는 움직일 수 있겠지만, 이동 수단으로서의 본래의 가치를 완전히 실현하지 못합니다. 이와 유사하게 순환문 없이도 알고리즘이 표현할 수 있는 계산들이 있기는 하지만, 계산의 진정한 힘은 순환문이 있어야만 실현됩니다. 하지만 이러한 힘은 제어를 필요로 합니다. 『사랑의 블랙홀』의 이야기는, 제어할 수 없는 제어 구조는 축복이 아니라 저주라는 사실을 생생하게 보여 줍니다. 괴테의 시 "마법사의 제자"가 떠올랐을 수도 있습니다(미국에서는 미키마우스 시리즈 중 『판타지아』의 이야기로 더 잘 알려져 있습니다). 순환문을 제어하기 위한 열쇠는 종료 시점을 결정하는 조건을 이해하는 것입니다. 필 코너스는 결국 본인을 둘러싼 순환문을 끝낼 수 있었고, 해피엔딩을 맞을 수 있었습니다. 하지만 이것은 계획에 의한 것이라기보다는 우연히 벌어진 일입니다.

일반적으로 알고리즘은 종료될 것을 기대하고 만들어지기 때문에, 우리는 알고리즘을 실행하기 이전에 모든 순환문이 종료되는지를 알고 싶을 것입니다. 종료 여부를 하나하나 따져보는 것은 번거롭고 복잡한 작업이기 때문에 이상적으로는 이런 작업을 어떤 알고리즘을 통해 해결하고 싶을 것입니다. 어떤 알고리즘이 종료되는지를 판정해 주는 알고리즘을 찾으려는 시도는 컴퓨터 과학에서 유명한 문제로, *정지 문제(halting problem)*라고 불립니다. 11장에서는 이 문제에 대해 설명하며, 이 문제는 실제로 해결할 수 없고, 따라서 그런 알고리즘도 존재하지 않는다는 사실을 보이도록 하겠습니다. 이것은 알고리즘과 계산이 가지는 일반적인 한계를 보여 주는, 놀랄 만한 사실입니다.

『*사랑의 블랙홀*』의 이야기가 전개되면서 벌어지는 사건들은 순환문처럼 보이지만, 대본은 순환문을 포함하고 있지 않습니다. 그 대신에 대본에는 모든 반복적인 행동들에 대해서 그 세부적인 내용이 적혀 있습니다. 따라서 이 이야기의 끝을 결정하는 것은 어렵지 않습니다. 어쨌거나 영화 제작자는 영화를 제작하기 전에 얼마나 되는 길이의 영화를 만들지 결정해야 합니다. 하지만 모든 대본이 미리 결정되어 있는 것이 아니라 즉흥적이라고 생각해 봅시다. 이런 대본에는 종료 조건을 가지는 순환문이 포함될 수 있지만, 이런 『*사랑의 블랙홀*』 즉흥극 버전은 언제 끝날지 알 수 없습니다. 배우들이(관객들도) 지쳐 쓰러지지 않으려면 이 극이 언제 끝날지 미리 알아야 합니다.

통제 불가

펑수토니에서 둘째 날을 보내게 된 필 코너스는 전날과 똑같이 라디오에서 나오는 같은 노래를 들으며 잠을 깨고, 같은 상황에서 같은 사람들을 만나면서, 혹시 같은 날을 두 번 살게 된 것인가 하는 의심을 하기 시작합니다. 그 다음날 통화가 길어지자 필이 이야기합니다.

그럼 내일이 안 오면 어떡해요? 오늘은 안 왔다고요.

[전화 끊김]

그라운드호그 데이의 수 없는 반복 중에 마주치는 모든 사건은 그 전날과 동일합니다. 하지만 필 코너스가 매번 다르게 반응하기 때문에 몇몇 세부적인 내용들은 변합니다. 그는 처음에 이런 상황에 익숙해지면서, 그라운드호그 데이를 반복하면서 확보한 정보를 이용해서 사람들을 이용하고 조종하려고 시도합니다. 프로듀서였지만 나중에 연인이 되는 리타에 대한 모든 것을 알려고 시도하는 모습에서 이런 행동이 특히 두드러집니다.

이런 전략은 최소한 원칙적으로는 잘 먹히는데, 왜냐하면 그는 다른 사람들과 그라운드호그 데이를 경험하는 방식이 근본적으로 다르기 때문입니다. 여기서 가장 중요한 것은, 그는 매일의 반복을 자각하고 있지만 다른 사람들은 그런 사실을 전혀 알지 못한다는 점입니다. 사실 그는 자신이 처한 상황을 다른 사람들, 예를 들어 리타나 정신과 의사에게 얘기하려고 하지만, 그들은 그가 미쳤다고 생각합니다. 다른 사람들과 달리 그는 이전의 반복 중에 벌어진 일을 기억할 수 있기 때문에 그가 처한 현실은 그에게 큰 이점이 됩니다.

알고리즘의 순환문에서도 이와 유사한 일이 벌어집니다. 어떤 것은 순환문의 반복 중에도 변함없이 유지되지만 어떤 것은 변합니다. 예를 들어 리스트에서 어떤 항목을 찾기 위한 순환문에서는(5장 참조), 리스트의 항목과 우리가 찾고자 하는 값은 변하지 않지만, 리스트에서 현재의 위치 그리고 현재 확인하고 있는 값은, 원하는 값을 찾거나 리스트의 끝까지 도달하기 전까지는 실행할 때마다 변합니다.

자세히 살펴보면 순환문의 본체와 종료 조건이 실제 세계의 어떤 *상태(state)*에 접근하고 있음을 알 수 있습니다. 10장에서 설명한 바와 같이 이런 연결은 *변수*에 의해서 실현됩니다. 순환문 본체에 포함된 명령은 변수를 읽고 자신의 변수를 변화시킵니다. 반면 종료 조건은 참이나 거짓의 값을 만들어 내는 변수를 읽어서 순환문을 끝내거나 계속하게 됩니다.

항목을 찾는 알고리즘에서 상태는 검색하려는 리스트와 찾으려는 값, 그리고 리스트에서 현재 탐색 중인 위치에 대한 정보를 포함합니다. 이 논의를 좀 더 명확하게 하기 위해 다음과 같이 비유해 보죠.

최근 다녀온 산행 중에 길가에 핀 꽃의 사진을 찍었는데, 어떤 꽃인지 알고 싶어졌습니다. 일단 꽃에 대한 사진과 정보가 담긴 식물도감에서 이 꽃이 무슨 꽃인지 찾아볼 것입니다. 도감에 특별한 순서가 없다면, 당신이 찾고자 하는 꽃을 찾기 위해 책의 모든 페이지를 살펴봐야 합니다. 찾고자 하는 꽃이 도감에 있는지를 확실하게 찾아보려면, 한 장씩 모든 페이지를 살펴봐야 합니다. 간단한 방법은 첫 번째 페이지에서 시작해서 한 장씩 확인하는 것입니다.

이러한 검색의 상태는 찾고자 하는 꽃의 사진, 도감, 그리고 현재 페이지(책갈피를 꽂아서 확인할 수 있겠네요)로 구성됩니다. 종료 조건은 이 상태를 참조해서 현재 확인 중인 페이지가 책의 마지막까지 도달했는지, 혹은 현재 확인 중인 페이지에 찾고자 하는 꽃의 사진이 있는지를 확인합니다. 둘 중의 어떤 경우라도 순환문은 종료되지만, 후자의 경우만이 성공적인 검색이라고 할 수 있습니다. 현재 페이지에 찾고자 하는 꽃의 사진이 없고 아직 살펴봐야 할 페이지가 남아 있을 때에는 순환문에 페이지를 넘기도록 하는 명령이 반드시 포함되어야 합니다. 이 단계는 '현재 페이지'를 바꿈으로써 순환문의 상태를 변화시킵니다. 페이지 정보는 이 순환문에서 유일하게 변경되는 상태 정보이기도 합니다.

이러한 상태의 변경이 꽃 찾기 검색 알고리즘에서 중요하다는 것은 분명합니다. 왜냐하면 페이지를 넘기지 않으면 도감에서 꽃을 찾을 수 없기 때문이죠(시작한 페이지에서 바로 찾아버린 경우가 아니라면 말이지요).

필 코너스 또한 이렇게 생각해서, 펑수토니 마을 주변의 상황을 바꿈으로써 그라운드호그 데이의 종료 조건이 참이 되게 하여, 무한 반복에서 빠져나오려고 합니다. 하지만 그라운드호그 데이 순환에서는 상태에 관여할 수 있는 정보가 방대할 뿐 아니라 - 모든 마을 사람들(그리고 펑수토니 필)과 그들의 생각과 태도 등을 포함하므로 - 상태가 어떤 정보로 구성되어 있는지도 분명치 않습니다. 따라서 마지막에 이 순환에서 탈출한 것은 어쩌면 요행에 가깝습니다.

사랑의 블랙홀에 나오는 순환에서는 그 실행의 주체와 제어의 규칙이 완전히 허구이기 때문에 - 착한 사람 만들기를 위한 일종의 무한 지옥 - 이것을 계산에 비유하는 것이 적절치 않다고 반박하실 수도 있습니다. 사랑의 블랙홀 이야기는 분명 허구이지만 그 순환에 대한 비유는 적절합니다. 이 영화는 계산이 매우 다양한 상황, 광범위하게 규칙이 바뀌는 상황에서 벌어질 수 있음을 보여 주기도 합니다. 사실 계산은 많은 경우에 가상의 세계와 시나리오를 모사하기 위해서 사용됩니다. 계산에 적용되는 규칙이 논리적이고 일관되기만 하다면, 우리가 상상할 수 있는 계산 시나리오에 한계는 없습니다.

아직 도착하기 전인가요?

1장에서 언급한 대로 알고리즘을 표현하는 것과 그것을 실행하는 것은 완전히 다른 일입니다. 순환문과 그 종료 양상은 이 이슈를 다시 부각시키는데, 이는 순환문의 유한한 표현이 어떻게 무한한 계산을 만들어 낼 수 있는지에 대해 의문이 생기기 때문입니다. 이런 현상은 *순환문 펼치기(loop unfolding)*(그림 11.1 참조)라는, 순환문의 실행을 추적하는 방법을 통해서 이해해 볼 수 있습니다. 도감에서 꽃 사진을 찾는 예에서 순환문 본체는 페이지를 넘기는 동작을 포함하고 있습니다. 순환문 본체를 펼친다는 것은 일련의 "페이지 넘기기" 명령을 만들어 내는 것을 의미합니다.

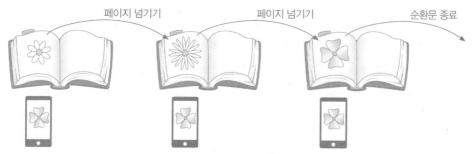

페이지 넘기기　　　　페이지 넘기기　　　　순환문 종료

[그림 11.1] 순환문을 펼치는 것은 그 본체의 사본을 이어 붙이는 것을 의미합니다. 순환문의 반복마다 순환문 본체의 사본이 생겨납니다. 이 그림은 변경되는 상태와 어떻게 그것이 변경되는지를 보여 줍니다. 만약 상태가 변화되지 않고 그 결과로 종료 조건이 만족되지 않는다면, 이 일련의 작업은 끝나지 않고 영원히 계속될 것입니다.

그라운드호그 데이의 경우에는 펼치기를 어떻게 해야 할지 분명치 않지만, 기본적인 방식을 똑같이 적용할 수 있습니다. 필 코너스는 자신의 성격이 지향하는 목표에 따라 매일을 살아가면서, 맞닥뜨리는 일들에 반응합니다. 이러한 행동에 대해서 정확한 설명을 할 수 없기 때문에 이것을 알고리즘이라고 부를 수는 없지만, 그라운드호그 데이 순환의 실행은 여전히 매일의 활동을 펼쳐서 긴 일련의 활동으로 만들고, 이것을 통해 최종적으로 종료 조건을 만족시키게 됩니다. 우리는 어떤 활동이 상태를 바꾸고 종료 조건을 만족시키는지 특정할 수가 없습니다. 도감에서 꽃을 찾았던 예에서는 상태를 바꾸고 탐색 알고리즘을 끝내기 위해 페이지를 넘기는 동작이 필요하다는 것이 명확합니다.

예를 들어 페이지를 앞으로 넘긴 다음 뒤로 넘기는 것을 반복한다고 생각해 봅시다. 이렇게 하면 페이지를 넘기면서 상태는 변화하지만 알고리즘은 종료되지 않을 것입니다(책에 두 페이지 밖에 없다면 모르지만요). 물론 이렇게 할 사람은 없겠지만, 이 예를 통해 상태의 변경만으로는 알고리즘을 종료시키기에 충분하지 않다는 것을 알 수 있습니다. 알고리즘을 종료하기 위해서는 적절한 변경이 필요합니다.

우리는 알고리즘이 종료될 뿐 아니라 올바른 결과도 만들어 내기를 바랍니다. 위의 예에서 정확함이란 찾고 있는 꽃이 있는 페이지에서 멈추거나(도감에 꽃이 수록돼 있는 경우), 도감에서 꽃을 찾지 못하는 경우 마지막 페이지에서 멈추는 것입니다. 하지만 알고리즘을 변형해서 페이지를 한 번에 한 장이 아니라 두 장 이상 넘긴다고 생각해 봅시다. 이 경우 책에 사진이 있다고 해도 놓칠 수 있습니다. 이 알고리즘은 끝나기는 하지만 마지막 페이지에 도달해도 도감에 찾는 꽃이 있는지 없는지를 확신할 수 없습니다.

그라운드호그 데이 순환의 종료 조건은 필 코너스가 좋은 사람이 되는 것이지만 그는 이를 알지 못하기 때문에, 반복을 끝내기 위한 상태 변경을 만들기 위해서 온갖 행동을 합니다. 그는 자살을 시도하기도 하고, 펑수토니 필을 죽이기까지 하지만 모두 소용이 없습니다. 그는 이 순환을 제어할 수 없다는 것을 알게 되자 냉소적이었던 마음을 바꿔 먹고, 매일 다른 사람들을 돕기 위해서 최선을 다합니다. 궁극적으로 그가 좋은 사람이 되자 이 도덕성 검사에서 성공적으로 빠져나오게 됩니다. 그리고 리타가 그의 사랑에 응답하면서 해피엔딩이 더욱 빛나게 됩니다.

필 코너스의 상황은 특히나 어려운데, 이는 눈을 가리고 비행하는 것과 같습니다. 그는 그라운드호그 데이의 순환을 어떻게 끝내는지 알지 못하지만 그 종료 조건을 만족시켜야만 합니다. 게다가 그는 어떤 상태를 변화시켜야 하는지도 알지 못합니다. 정말 난감한 상황입니다. 당연히 알고리즘에서는 종료 조건과 기반이 되는 상태, 순환의 본체에서 벌어지는 일이 상태에 미치는 영향을 모두 확인할 수 있기 때문에 종료 조건을 찾는 일이 훨씬 쉬울 수밖에 없습니다.

끝이 보이지 않아

어떤 알고리즘을 보고 그 알고리즘을 실행할 만한 가치가 있는지, 즉 일정한 시간 내에 결과를 낼 수 있는지를 판단해야 한다고 해 봅시다. 어떻게 하시겠습니까? 당신은 알고리즘이 끝나지 않도록 만드는 유일한 요소가 순환문이라는 것을 알고 있으므로, 우선 알고리즘에 있는 모든 순환문을 확인해 볼 것입니다. 그리고 나서 각 순환문에 대해서 그 종료 조건과 순환문 본체에 있는 명령문 사이의 관계를 따져볼 것입니다. 왜냐하면 순환문의 종료 여부는 그 종료 조건에 달려 있고, 종료 조건에 영향을 미치는 변수들은 순환문의 본체에서 바뀌기 때문입니다. 이런 분석을 통해 특정 순환문이 종료될 수 있는지, 그리고 결과적으로 순환문을 포함하는 알고리즘이 종료될 수 있는지를 따져볼 수 있습니다. 알고리즘이 끝나는지를 확신하기 위해서는 알고리즘 내의 모든 순환문에 대해서 이런 분석을 수행해야만 합니다.

알고리즘에 있어서 종료란 이렇게 중요한 속성이기 때문에 - 이것은 문제를 해결하는 알고리즘과 그렇지 않은 알고리즘을 구분할 수 있게 해 줍니다 - 사용하려고 하는 알고리즘의 종료 속성에 대해서 알 수 있다면 좋을 것입니다. 하지만 알고리즘의 종료 여부를 분석하는 것은 쉬운 일이 아니며, 분석을 위해서는 상당한 시간이 걸립니다. 자연스럽게 이런 작업을 자동화하기 위해, 종료 분석을 자동으로 수행하는 알고리즘, 말하자면 *정지(Halts)* 알고리즘을 만들고 싶어집니다. 알고리즘을 분석하기 위한 알고리즘(8장에서 나온 파싱처럼)이 많이 있으니, 이것도 그렇게 괴상한 생각은 아닌 것 같아 보입니다.

하지만 불행하게도 *정지* 알고리즘을 만드는 것은 불가능합니다. 이 문제가 너무 어렵다거나, 컴퓨터 과학자들의 고민이 부족해서가 아닙니다. 원칙적으로 이 *정지* 알고리즘을 만들어 낼 수 없습니다. 현재에도 불가능하고 앞으로도 절대 불가능합니다. 이런 사실은 종종 *정지 문제의 해결 불가능성*으로 불립니다. *정지 문제(halting problem)*는 컴퓨터 과학의 주요한 문제 중 하나입니다. 이 문제는 1936년 앨런 튜링에 의해서 결정 불가능 문제의 사례로 고안되었습니다.

하지만 어째서 *정지* 알고리즘을 만들 수 없는 것일까요? *정지* 알고리즘에 의해 분석되는 알고리즘은 모두 유한하게 기술되어 있으므로, 유한한 수의 명령만을 검사하여 그것들이 종료 조건을 결정하는 상태에 미치는 영향을 확인하면 될 것 같은데 말이죠.

정지 알고리즘을 정의하는 것이 불가능한 이유를 이해하기 위해, 우선 종료 조건이 분명한 *순환(Loop)*이라는 알고리즘을 만들어 봅시다(그림 11.2 참조). 순환은 몇 개의 매개변수를 입력으로 받아서 그것을 변수 x에 저장합니다. 순환을 숫자 1에 적용하면 – 순환*(1)*로 표기 – 종료 조건이 참이 되기 때문에 변수 x에 숫자 1을 저장하고 멈추게 됩니다(가운데 그림). 다른 숫자의 경우에는 다시 입력을 변수 x에 저장하는 단계로 돌아갑니다. 예를 들어 순환을 숫자 2에 적용하면, 즉 순환*(2)*는, 변수 x에 숫자 2를 저장하는 계산을 만들어 내고, 반복 순환문의 종료 조건은 거짓이기 때문에 순환은 계속해서 반복됩니다(그림 11.2에서 오른쪽 그림).

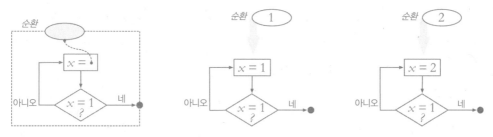

[그림 11.2] 알고리즘 순환*(Loop)*은 인수로 1을 호출하면 종료되지만, 다른 인수를 호출하면 무한히 반복됩니다. 왼쪽: 알고리즘 순환의 정의 / 가운데: 순환을 숫자 1에 대해 적용한 것 / 오른쪽: 순환을 숫자 2에 대해 적용한 것.

정지가 존재하지 않는다는 것을 보이기 위한 방법은 정지가 존재한다고 가정하고 그 가정이 모순됨을 증명하는 것입니다. 이런 방법을 귀류법(proof by contradiction)이라고 부르며, 수학에서 많이 사용합니다.

그런데 정지 알고리즘은 어떻게 생겼을까요? 순환 알고리즘을 통해 본 것처럼 알고리즘의 종료 여부는 일반적으로 그 입력에 달려 있기 때문에, 정지는 두 개의 매개변수가 필요합니다. 하나는 검사할 알고리즘(Algorithm)을 나타내는 매개변수 Alg이고, 또 다른 하나는 알고리즘의 종료 여부를 확인할 입력(Input)을 나타내는 Inp입니다. 이와 같은 알고리즘 정지의 구조는 그림 11.3에서 볼 수 있습니다.[1]

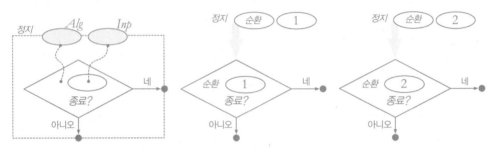

[그림 11.3] 왼쪽: 알고리즘 정지의 구조. 두 개의 매개변수 알고리즘(Alg)과 그 입력(Inp)을 받아서 해당 알고리즘에 해당 입력을 적용한 Alg(Inp)가 종료하는지를 검사합니다. / 가운데: 정지를 순환 알고리즘과 입력 숫자 1에 대해서 적용한 것. 결과는 "yes"입니다. / 오른쪽: 정지를 순환의 입력 숫자 2에 대해서 적용한 것. 결과는 "no"입니다.

알고리즘 정지를 이용해서, 또 다른 알고리즘인 셀피(Selfie)를 정의하고 이것을 이용해서 정지가 존재한다는 가정이 모순임을 보이려고 합니다. 셀피는 정지를 좀 특이한 방법으로 활용하는데, 이 방법은 어떤 알고리즘이 그 자신을 입력으로 받았을 때 종료하는지를 확인하는 것입니다. 만약 그 알고리즘이 종료된다면 셀피는 종료되지 않고, 종료되지 않는다면 셀피가 종료됩니다. 이러한 셀피의 정의를 그림 11.4에 표현했습니다.

자기 자신을 입력으로 받는 알고리즘이라니, 좀 이상해 보일 수도 있습니다만, 이것은 사실 그렇게 이상한 것은 아닙니다. 예를 들어 순환(순환)은 순환을 자기 자신에 적용한 것이며 이는 종료되지 않는데, 왜냐하면 순환은 1을 입력으로 받았을 때만 종료되기 때문입니다. 만약 정지를 자기 자신에 입력으로 주면 어떻게 될까요? 정지(정지)는 종료될까요? 그렇습니다. 정지는 가정에 따라 어떤 알고리즘이라 할지라도 종료 여부와 상관없이 이를 종료해야만 합니다. 따라서 특히 그 자신을 입력으로 받은 경우라면 더더욱 종료되어야 합니다.

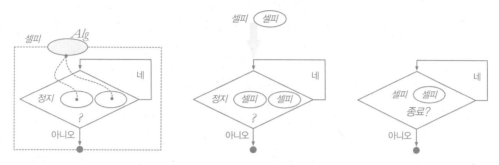

[그림 11.4] 왼쪽: 알고리즘 셀피의 정의. 알고리즘(Alg)을 매개변수로 받아서 해당 알고리즘이 그 자신에 적용되었을 때 종료되는지의 여부를 판정합니다. 이것이 종료된다면 셀피는 종료되지 않습니다. 알고리즘(Alg)이 종료되지 않는 경우에만(정지(Alg, Alg)가 참) 셀피가 종료됩니다. / 가운데: 셀피를 그 자신에 적용하면 모순에 빠지게 됩니다: 셀피를 그 자신에 적용하였을 때 종료된다고 판정된다면, 종료되지 않는 순환에 빠지게 되므로 종료되지 않습니다: 만약 종료되지 않는다고 판정된다면 셀피는 종료됩니다. / 오른쪽: 정지의 정의를 풀어 써 보면 이 역설을 조금 다른 관점에서 볼 수 있습니다.

*셀피*를 왜 이렇게 정의했는지는 *셀피*에 그 자신을 입력으로 주고 실행해 보면 명확해집니다. 사실 이것은 *정지*의 존재 가능성에 의문을 제기하는 역설적인 상황을 만들어 냅니다. *셀피*를 그 자신에 적용한 경우를 보면 어떤 일이 일어나는지 감을 잡을 수 있습니다. 이를 확인하기 위해 *셀피*의 매개변수 *Alg*를 *셀피*로 치환합니다. 그림 11.4의 가운데 그림과 같이 *셀피*에 *셀피*를 적용한 것이 종료되지 않는 경우에만 이 순환이 종료됩니다. 왜냐하면 *정지(셀피, 셀피)*에 의해 셀피에 셀피를 적용한 것이 참이라고 판정되면 이 알고리즘은 다시 종료 조건을 판정하는 단계로 돌아가고, 그렇지 않은 경우에만 종료되기 때문입니다.

이 계산을 순서도로 표현하면 위와 같은 동작을 보일 것입니다. 만약 *셀피*에 그 자신을 적용한 것이 종료된다고 판정된다면, 그것은 끝나지 않고 계속될 것이고, 만약 종료되지 않는다고 판정된다면 멈출 것입니다. 이런 역설은 그림 11.4의 오른쪽 그림처럼 *정지*를 호출하는 대신 그 정의를 적용하면 더욱 분명해집니다. *셀피(셀피)*는 종료될까요, 그렇지 않을까요?

우선 종료된다고 가정해 봅시다. 그렇다면 *정지* 알고리즘 — 어떤 알고리즘이 특정한 입력에 대해서 종료되는지를 정확히 확인해 준다고 가정한 — 은 *셀피(셀피)*가 종료된다고 판정하지만, 이에 따라 *셀피(셀피)*는 조건문의 "네"쪽 분기를 따라서 끝나지 않는 순환에 빠지게 됩니다. 다시 말해 만약 *셀피(셀피)*가 종료된다면, 그것은 종료되지 않습니다. 따라서 종료된다는 가정은 명백히 잘못된 것입니다. 이제 *셀피(셀피)*가 종료되지 않는다고 가정해 봅시다. 이 경우 *정지*는 거짓이라고 판정하는데 이에 따라 *셀피(셀피)*가 조건문의 "아니오"쪽 분기를 따르게 되어 알고리즘이 종료됩니다. 이것은 *셀피(셀피)*가 종료되지 않는다면 종료된다는 의미입니다. 이것도 틀렸습니다.

이와 같이 *셀피(셀피)*가 종료된다면 그것은 무한히 반복될 것이고, 종료되지 않는다면 종료될 것입니다. 즉 어떤 경우라도 역설에 봉착합니다. 이렇게 될 수는 없습니다. 무엇이 잘못된 것일까요? 순환문과 조건문이라는 표준적인 제어 구조를 제외하면, *셀피*라는 알고리즘을 만들 때 우리가 한 것이라고는 *정지* 알고리즘이 어떤 알고리즘이 종료될지를 정확히 결정할 수 있다는 가정을 사용한 것밖에는 없습니다. 이 가정은 모순을 만들어 내므로 분명히 틀렸습니다. 다시 말해 *정지* 알고리즘이 존재한다고 가정했을 때 모순이 생기므로 이것은 존재할 수 없습니다.

이런 추론 방법은 논리적 역설(패러독스)을 떠오르게 만듭니다. 예를 들어 잘 알려진 이발사 패러독스를 변형한 다음과 같은 경우를 생각해 봅시다.[2] 펑수토니 필은 자기 그림자를 보지 못하는 그라운드호그들의 그림자만을 볼 수 있다고 가정해 봅시다. 이런 경우 펑수토니 필은 자신의 그림자를 볼 수 있을까요? 볼 수 있다면 그는 자기 그림자를 볼 수 없는 그라운드호그에 속하지 않게 되는데, 이 녀석은 이런 부류의 그라운드호그의 그림자만을 볼 수가 있습니다. 자기 자신의 그림자를 볼 수 없는 그라운드호그에 속하지 않기 때문에(자기 그림자를 볼 수 있기 때문에), 자기 그림자를 볼 수가 없다는 것은 분명히 원래의 가정에 모순이 생깁니다. 이제 그가 자기 그림자를 볼 수 없다고 가정해 봅시다. 이제 그는 자기 그림자를 볼 수 없는 그라운드호그에 속하기 때문에 그 그림자를 볼 수 있고, 다시 모순이 생깁니다. 따라서 어떻게 가정하든 모순에 빠지게 되고 애초의 설명과 같은 그라운드호그는 존재할 수 없습니다. 같은 방법으로 *정지*의 요건에 부합하는 알고리즘 또한 존재할 수 없습니다.

책에서 그림을 찾는 예에서와 같이 우리는 어떤 알고리즘의 종료 여부를 꽤나 분명히 알 수 있습니다. 이것이 알고리즘 *정지*가 존재하지 않는다는 사실을 부정하는 것은 아닐까요? 아닙니다. 그것은 특정한 경우에만 정지 문제를 풀 수 있다는 의미이고, 모든 경우에 적용할 수 있는 한 가지 방법이 있다는 것을 의미하지는 않습니다.

알고리즘 *정지*의 부존재는 놀랍고도 심오한 통찰을 제공합니다. 그것은 알고리즘으로 해결할 수 없는 계산 문제가 존재한다는 것을 말해 줍니다. 다시 말해 세상에는 컴퓨터로는 절대로 풀 수 없는 문제들이 존재합니다. 알고리즘이 존재하지 않는 이러한 문제들을 *계산 불가능*

(uncomputable) 혹은 *결정 불가능(undecidable)*하다고 합니다.[3]

만약 모든 수학적 혹은 계산적 문제를 자동으로 풀 수 있다고 생각했다면 결정 불가능/계산 불가능 문제가 존재한다는 것을 알고 나서 좀 실망했을 수도 있겠습니다. 하지만 이런 경우는 드물며 대부분의 문제에 대해서 알고리즘이 존재하지 않을까요? 불행하지만 그렇지는 않습니다. 사실 압도적으로 많은 문제들이 결정 불가능합니다. 얼마나 많은 문제가 결정 불가능한지는 두 가지 무한성의 개념과 연관되어 있기 때문에 현재로서는 가늠하기 어렵습니다.[4] 이런 차이를 시각화하기 위해서 모든 방향으로 무한히 펼쳐져 있는 2차원의 격자를 상상해 보세요. 각 모눈에는 결정 가능한 문제들을 하나씩 놓을 수 있습니다. 격자의 모눈이 무수히 많기 때문에 결정 가능한 문제들은 엄청나게 많습니다. 하지만 결정 불가능한 문제들은 훨씬 더 많습니다. 너무 많아서 그것들을 격자의 모눈마다 놓을 수도 없습니다. 너무 많아서 2차원 평면에 결정 가능한 문제들과 함께 놓으려고 하면 모눈 사이를 가득 메울 정도로 많습니다. 모눈 몇 개를 떼어서 생각해 보면, 네 개의 결정 가능 문제를 나타내는 네 개의 모눈 안에 모든 공간을 가득 메울 정도로 무한하게 많은 결정 불가능 문제가 존재합니다.

대부분의 문제가 알고리즘적으로 풀리지 않는다는 사실은 슬픈 소식이지만, 이를 통해 컴퓨터 과학이 학문으로써 가지는 근본적인 속성에 대해 깊게 생각해 볼 수 있습니다. 물리학은 공간과 시간, 에너지에 대한 중요한 한계를 보여 줍니다. 예를 들어 에너지 보존에 대한 열역학 제1법칙은 에너지가 생성되거나 소멸할 수 없다는 것이며, 이에 따르면 에너지는 오직 변형될 수 있을 뿐입니다. 또는 아인슈타인의 상대성 이론에 따르면, 정보나 물질은 빛의 속도보다 빠르게 전송될 수 없습니다. 이와 유사하게 결정 (불)가능 문제는 계산의 한계와 범위를 보여 줍니다. 또한 한계를 아는 것은 그 역량을 아는 것만큼이나 중요합니다. "우리는 반드시 우리의 한계를 알아야 한다"는 블레즈 파스칼의 말처럼요.

더 알아보기

영화 『사랑의 블랙홀』은 순환의 여러 가지 측면을 보여 줍니다. 영화에서 가장 중요한 질문은 이런 반복이 끝날 것인가 하는 것입니다. 영화에서 주인공 필 코너스는 이런 반복을 끝내기 위해서 여러 가지 행동을 시도합니다. 영화 『엣지 오브 투모로우(Edge of Tomorrow)』에서도 비슷한 장면이 나옵니다. 빌 케이지라는 이름의 육군 홍보 장교는 외계인의 지구 침공을 보고하던 중에 죽지만, 계속해서 이전 날로 다시 살아나서 같은 하루를 경험합니다. 『사랑의 블랙홀』에서는 매 순환이 정확히 하루가 소요되었던 것과 달리 『엣지 오브 투모로우』에서는 빌 케이지가 매 반복에서 다른 행동을 할 때마다 죽는 시점이 뒤로 미뤄집니다(이 영화는 Live. Die. Repeat.이라는 제목으로도 알려져 있습니다. 순환 알고리즘이라는 것이 분명하네요). 이렇게 과거의 실수로부터 학습해서 보다 높은 단계에 도달하려고 시도하는 양상은, 게임을 반복해서 플레이하는 것과도 비슷합니다. 다크 소울(Dark Souls)이라는 게임에서는 이런 현상을 게임의 한 기능으로 구현했습니다. 켄 그림우드의 소설 『리플레이(Replay)』에도 등장인물들이 삶의 한 부분을 반복해서 사는 장면이 나옵니다. 하지만 끝나는 시점은 항상 같은데 시작하는 시간이 끝나는 시간과 점점 가까워지면서 다시 사는 부분은 점점 짧아집니다. 게다가 사람들은 이런 되살기를 마음대로 할 수도 없습니다. 영화 『소스코드(Source Code)』에서 주인공이 처한 상황도 이와 비슷합니다. 이 영화에서 주인공은 시카고로 가는 통근 기차의 8분여 시간 동안 폭탄 테러를 막으려는 승객이 됩니다. 이런 순환은 바깥에서 통제되는 컴퓨터 시뮬레이션이기 때문에 주인공은 아무것도 할 수가 없습니다.

순환은 그 종료 조건이 만족될 때까지 반복마다 기반 상태를 변화시킴으로써 동작합니다. 오직 일부의 상태만이 모든 반복을 초월해서 이런 작용과 순환의 종료와 연관되어 있습니다. 『사랑의 블랙홀』의 경우, 변경 가능한 유일한 상태는 필 코너스 자신입니다. 다른 것들(물리적 상황, 다른 사람들의 기억 등)은 모두 매번 반복될 때마다 리셋되며 필 코너스는 이를 변화시키지 못합니다. 이런 관점에서 이야기를 분석해 보면 행위의 효과, 사람들의 기억 등에 대한 암묵적인 가정을 알아낼 수 있으며, 따라서 이야기를 이해하는 데 도움이 됩니다. 또 이야기에서 일관성이 없는 부분이나 전개상의 허점을 찾아낼 수도 있습니다.

순환문의 동작이 종료 조건을 참으로 만들 수 있는 상태에 영향을 미치지 못한다면, 순환문은 종료되지 않습니다. 영화 『트라이앵글(Triangle)』은 하나의 커다란 끝나지 않는 순환으로 구성되어 있는 것처럼 보입니다. 하지만 몇몇 인물들이 도플갱어를 가지고 있기 때문에 순환의 구조는 사실 더 복잡하며 몇 개의 서로 얽힌 순환이 존재합니다. 시지프스 신화에서는 종료되지 않는 순환을 명확하게 보여 주고 있습니다. 그리스 신화에 따르면 시지프스는 제우스에게 벌을 받아 영원히 돌덩이를 산 위로 굴려 올리게 됩니다. 산꼭대기에 도달하면 돌은 다시 굴러 내려가고 시지프스는 처음부터 다시 시작해야 합니다. 알베르 까뮈는 『시지프스 신화』에서 시지프스의 이야기를 철학적으로 해석하고 있는데, 이 책에서는 궁극적으로 아무런 의미도 없고 어떤 행위도 영원히 지속되는 효과를 가지지 못하는 세상에서 어떻게 살아야 할지에 대해서 사유하고 있습니다.

재귀
—
백 투 더 퓨처

이것을 다시 읽으시오

당신은 사무실에 돌아왔고 전화를 몇 통 해야 합니다. 전화를 거는 것은 그저 스마트폰을 몇 번 누르거나 음성 인식 전자 비서에게 전화를 걸도록 하면 되지만 컴퓨터의 도움이 없다면 전화 번호부에서 전화번호를 찾아야 합니다. 이럴 때 어떻게 하시나요? 아마도 전화번호부의 첫 장에 서부터 이름을 하나하나씩 찾아 나가지는 않을 것입니다. 즉, 전화번호부를 하나의 리스트처럼 다루지는 않을 것입니다. 그 대신, 전화번호부의 중간 어디쯤을 펼쳐서 찾는 이름이 있는지 볼 것입니다. 운이 좋으면 이름을 바로 찾을 것이고 거기서 끝이 납니다. 그렇지 않다면 펼친 위치의 앞이나 뒤에서 계속 찾아 나갈 것이고, 다시 그 중 가운데를 펼쳐서 전화번호를 찾을 것입니다. 다시 말해 전화번호를 찾기 위해 *이진 검색(binary search)*을 활용하는 것입니다. 이 알고리즘 은 사전에서 단어를 찾거나 도서관의 책장에서 책을 찾는 데에도 사용됩니다.

5장에서 자세히 살펴본 대로, 이 알고리즘은 자신의 일부로 실행되기 때문에 재귀입니다. 이 것은 다른 사람에게 이 알고리즘을 설명하려고 할 때 더 분명해집니다. 첫 단계에 해야 할 일들 을 설명하고 나면(책을 열고, 이름을 찾고, 앞쪽을 찾을지 뒤쪽을 찾을지를 결정하고), 다음 단계 를 위해 똑같은 일들을 반복해서 다시 설명해야 합니다. 예를 들자면 "그러고 나서 이 일들을 계 속 반복하세요"라고 이야기할 수 있을 것입니다. "이 일들"이라는 단어는 반복되어야 하는 작업 을 말합니다. 만약 우리가 이 알고리즘에 이진 검색이라는 이름을 붙인다면, 우리는 이 이름을 명령에 사용할 수 있습니다: "그러고 나서 다시 이진 검색을 반복하세요"와 같이 표현하면 알고리 즘을 반복한다는 것을 나타냅니다. 이진 검색이라는 이름을 이런 방식으로 사용하면 알고리즘의 이름을 그 정의 안에서 사용하게 되는 것이며, 이것이 바로 재귀입니다. 재귀는 이름이나 기호 혹은 다른 방법을 통해 자기 참조, 즉 자기 자신을 그 정의에 활용하는 것입니다.

이런 알고리즘을 실행하면 몇 가지 단계(예를 들어 책의 어떤 페이지를 열거나 이름을 찾아 보는 것 같은)를 몇 번, 혹은 여러 번 반복하게 됩니다. 이런 관점에서 재귀는 알고리즘의 어떤 단계들을 반복하도록 만드는 순환과 유사합니다. 알고리즘에서 순환을 사용할지 재귀를 사용 할지가 중요할까요? 필요한 계산만 고려한다면 어떤 것이라도 크게 상관이 없습니다. 재귀를 사 용해서 표현할 수 있는 계산은 순환을 통해서도 표현할 수 있고, 그 반대도 마찬가지입니다. 하 지만 알고리즘의 이해는 그 표현 방식의 영향을 받습니다. 특히 이진 검색이나 퀵 검색 같은 분할 정복 문제는 많은 경우 재귀로 더 잘 표현되는데, 이때의 재귀는 선형적이지 않기 때문입니다. 즉, 이런 알고리즘은 한 번 이상 재귀적으로 참조됩니다. 반면에 조건이 만족될 때가지 고정된 수의 명령을 반복하는 계산이라면 선형 재귀에 해당하며 많은 경우 쉽게 순환문으로 표현할 수 있습니다.

하지만 재귀는 알고리즘을 표현할 때에만 나타나는 현상은 아닙니다. 일련의 값들은 그 자체로 재귀적일 수 있습니다. 만약 사전을 찾으면서 "99병의 맥주(99 bottles of beer on the wall)*"라는 노래를 부르면, 이 과정이 가지는 재귀적 속성이 두드러집니다. 이 노래에는 두 가지 버전이 있는데, 하나는 맥주병이 하나도 남지 않을 때까지 부르고 나서 멈추는 것이고, 다른 하나는 99병으로 회귀해서 다시 처음부터 시작하는 것입니다. 어느 시점에는 끝나고 마는 마트료시카 인형 같은 물리적인 재귀와는 달리, 언어적 재귀는 영원히 반복될 수 있습니다. 이진 검색은 찾고자 하는 이름을 찾거나 더 이상 페이지가 남지 않아서 끝나겠지만, 끝나지 않는 노래는 그 이름이 말해주듯 끝나지 않습니다 – 만약 알고리즘적으로 엄밀하게 해석한다면 말이지요.

이런 관점을 보여 주는 실험을 하나 해 보겠습니다. 다음의 문장에서 말하는 간단한 작업을 한 번 수행해 보세요.

이 문장을 다시 읽으시오.

만약 지금 이 문장을 읽고 있다면 앞서의 문장에서 지시하는 것을 따르지 않은 것입니다 – 그렇지 않다면 여기까지 내려올 수가 없거든요. 소득 없이 동료의 사무실을 찾아 헤매는 것을 그만두었던 것과 같이, 당신은 알고리즘의 밖에서(여기서는 앞서의 문장을 말합니다) 알고리즘의 실행을 그만두는 결정을 내린 것입니다. 순환문이 끝나지 않게 되기 쉬운 것처럼, 재귀적 표현도 마찬가지입니다. 그리고 종료 여부를 알고리즘으로 확인하는 것은 재귀의 경우에도 순환의 경우와 마찬가지로 불가능합니다.

12장에서는 여러 가지 형태의 재귀를 시간 여행에 비유해서 설명하겠습니다. 시간 여행과 재귀에서의 모순을 자세히 살펴봄으로써 재귀적 표현이란 어떤 것인지 그 의미를 더 잘 이해할 수 있게 될 것입니다.

---

* 벽장 속에 있는 99병의 맥주를 하나씩 꺼내 마셔 맥주병이 하나씩 줄어든다는 내용의 노래로, 주로 긴 여행길이나 할 일이 없을 때 부름

12 제때에 해 두면 제대로 풀린다

*재귀(recursion)*라는 단어는 두 가지 의미가 있어서 개념을 혼동하기 쉽습니다. 하지만 재귀는 연산의 개념을 설명하는 데에 있어서 중요하기 때문에 잘 이해해야 할 필요가 있습니다. 알고리즘에서 재귀는 순환으로 대체될 수 있지만, 재귀는 순환에 비해 보다 근본적인 요소인데, 재귀는 연산뿐 아니라 데이터를 정의할 때도 사용되기 때문입니다. 리스트나 트리 그리고 프로그래밍 문법을 정의할 때 모두 이 재귀라는 개념이 필요하며 이는 순환에 기반한 정의로는 대체될 수 없습니다. 따라서, 누군가가 둘 중에서 하나만을 선택해야 한다고 하면 많은 데이터 구조가 기반하고 있는 재귀를 선택해야 할 것입니다.

재귀를 의미하는 영문 단어인 *recursion*은 "되돌아오다"는 의미를 가진 라틴어 *recurrere*로부터 파생되어, 자기 유사성 혹은 자기 참조의 형태를 의미하게 되었습니다. 이러한 두 가지 사전적 의미는 알고리즘에 있어서 재귀성의 서로 다른 개념으로 이어집니다.

자기 유사성은 하나의 그림 속에 같은 그림이 작게 들어 있는 형태에서 찾아볼 수 있습니다. 예를 들어 TV가 있는 방의 그림이 다시 TV 속에 들어 있고, TV 속 그림의 TV에 다시 TV가 있는 방의 그림이 반복되는 식입니다. 반면 자기 참조는 어떠한 개념의 정의가 이름이나 심볼을 사용해서 해당 개념을 참조하고 있는 경우에 발생합니다. 예를 들어 *자손*의 정의를 생각해 보세요(이 개념은 4장에서 자손을 계산하기 위한 알고리즘을 설명하기 위해서 제시된 바 있습니다). 여러분의 자손은 모두 여러분의 아이들이거나 그 아이들의 자손입니다. 이 경우에는 여러분의 자손이 어떤 사람을 가리키는지 설명하기 위해서 다시 *자*손이라는 단어를 참조하고 있습니다.

이 장에서는 여러 가지 형태의 재귀를 제시하고 자기 유사성과 자기 참조 형태의 재귀 사이의 관계에 대해서 설명하겠습니다. 그러기 위해서 『백 투 더 퓨처(Back to the Future)』라는 3부작 영화와 시간 여행이라는 개념을 사용해서 재귀의 몇 가지 성질을 설명하도록 하겠습니다. 시간 여행은 일련의 사건을 설명하기 위한 하나의 재귀적인 장치로 볼 수 있습니다. 우선 재귀적 정의가 시간 여행 방법과 같다는 관점에서 출발하여, 타임 패러독스 문제와 그것이 어떻게 재귀적 정의가 말이 되도록 만드는 데에 관련이 있는지를 *고정점(fixed point)*이라는 개념을 통해서 설명하겠습니다.

이 장에서는 재귀의 몇 가지 특징에 대해서도 살펴보겠습니다. 예를 들어 앞서 본 TV가 있는 방에서의 재귀는 방 그림의 일부가 다시 방 그림을 포함하고 있다는 점에서 직접적입니다. 게다가 이때의 재귀는 무한한데, 왜냐하면 이러한 포함 관계가 영원히 반복되기 때문에 우리가 아무리 그림을 확대해도 이러한 포함 관계가 끝나지 않기 때문입니다(반복적으로 그림 속 TV 화면을 확대해 봐도 다시 우리가 보고 있던 방 그림이 그 안에서 나타납니다). 이 장에서는 간접적이고 한정적인 재귀 사례와, 이런 사례가 재귀의 개념에 미치는 영향에 대해서 탐색해 보겠습니다.

마지막으로, 어떻게 순환 알고리즘(헨젤과 그레텔의 조약돌 따라가기 알고리즘 같은)이 재귀적으로 기술될 수 있는지를 살펴보고, 순환과 재귀가 긴밀한 관계에 있음을 보이려 합니다. 순환을 활용하는 알고리즘은 항상 재귀를 사용하는 것과 같은 결과가 나오며 그 반대의 경우도 같음을 보임으로써, 순환과 재귀가 동일하다는 것을 보이겠습니다.

이것은 시간에 대한 이야기입니다

시간 여행에 대한 다른 많은 이야기들처럼, 3부작 영화 『백 투 더 퓨처』도 시간 여행을 문제를 해결하기 위한 방법으로 활용합니다. 영화는 기본적으로, 과거로 돌아가 현재의 어떤 문제를 초래한 과거의 사건을 찾아내고 해당 사건을 바로잡음으로써, 다시 현재의 문제가 발생하지 않고 이후의 일들이 다르게 펼쳐지는 이야기입니다. 영화 『백 투 더 퓨처』에서, 과학자 브라운 박사는 1985년에 타임머신을 발명합니다. 그 덕분에 고등학생인 그의 친구 마티 맥플라이는 많은 모험을 경험하게 됩니다. 첫 번째 영화에서 마티는 실수로 1955년으로 돌아가게 되고 부모님의 연애담에 개입하게 되는데, 이것이 형제들의 존재를 위태롭게 만듭니다. 결국 그는 (대부분의) 역사의 흐름을 원래대로 돌려놓고 안전하게 1985년으로 돌아옵니다. 두 번째 영화에서는 마티, 여자친구인 제니퍼, 그리고 브라운 박사가 마티와 제니퍼의 아이들에게 생긴 문제를 해결하기 위해 2015년으로 시간여행을 떠났다 돌아옵니다. 하지만 1985년으로 돌아와 보니 1편에서 악당으로 나왔던 비프 태년이 재력가가 되어 있고, 암울하고 폭력적인 세상이 되어 있으며, 비프는 마티의 아버지를 살해하고 마티의 어머니와 결혼해 있습니다. 비프는 2015년에 가져온 스포츠 연보를 이용해서 스포츠 경기의 결과를 맞힘으로써 재산을 불렸습니다. 그는 2015년에 마티로부터 연보를 훔쳐서, 타임머신을 타고 1955년의 어린 자신에게 돌아가 그것을 건네줍니다. 1985년의 현실을 2015년으로 떠나기 전과 같이 돌려놓기 위해 그들은 다시 1955년으로 돌아가 비프에게서 스포츠 연보를 빼앗으려 합니다.

> 브라운 박사: 시간 연속성이 방해받으면서, 이 대체 현실에 새로운 시간적 사건들이 만들어지고 있어.
>
> 마티: 우리말로 좀 해 주세요, 박사님!

이렇게 다른 시간으로 왔다 갔다 하는 것이 꽤 혼란스럽게 들리는데, 브라운 박사는 타임머신 여행의 인과를 마티에게 설명하기 위해 칠판에 오른쪽과 비슷한 그림을 그려 줍니다.

우리의 현실 경험은 과거로부터 미래로 하나의 흐름으로 이어지기 때문에, 이와 같은 혹은 다른 시간 여행 이야기들을 받아들이기가 쉽지 않습니다. 시간 여행이 가능하다면 이러한 관점이 더 이상 유효하지 않으며, 여러 대체 현실이 존재할 수 있게 됩니다. 그래도 시간 여행이나 대체 현실은 완전히 생소한 것들은 아닙니다. 일단 우리는 매우 제한적이기는 하지만 모두 시간을 여행하고 있습니다. 칼 세이건은 이렇게 말한 바 있습니다. "우리는 모두 시간을 여행한다 – 정확히 초당 1초의 속도로."[1] 대체 현실을 실제로 경험하지는 못하더라도, 미리 계획을 짜거나 과거의 사건을 회상하면서 대체 현실에 대해서 생각해 볼 수도 있습니다.

시간 여행은 매우 흥미로운 주제이지만, 이것이 계산, 특히 재귀와 어떤 관계가 있다는 것일까요? 지금까지 나왔던 이야기와 일상의 활동들에서 알 수 있듯이, 계산이란 컴퓨터(인간, 기계혹은 다른 행위자)에 의해 수행되는 일련의 작업입니다. 따라서 어떤 작업을 수행하기 위해 과거로 여행하는 것은 현재라는 상태를 만들어 내는 일련의 작업 한가운데에 작업들을 끼워 넣는 것과 같습니다. 그 목적은 현실 세계의 어떤 상태를 원하는 형태로 만들어서 현재에 원하는 작업이 가능하도록 만드는 것입니다.

예를 들어, 마티, 제니퍼, 브라운 박사가 2015년에서 1985년으로 돌아왔을 때, 마티는 제니퍼와 함께 오랫동안 계획해 온 캠핑 여행을 떠나고자 합니다. 하지만 돌아온 세상의 폭력적인 상황은 그것을 허락하지 않지요. 그들은 다시 과거로 돌아가서 비프로부터 스포츠 연보를 빼앗아 현재까지 이어지는 일련의 사건들을 그들이 원하는 상태로 만들고자 합니다. 하지만 시간 여행은 거기서 그치지 않습니다. 마티와 브라운 박사가 비프로부터 스포츠 연보를 되찾자마자, 타임머신은 번개를 맞고 박사를 1885년으로 보내 버립니다. 마티는 박사가 1885년으로 보내지고 나서 며칠 후에, 무법자 뷰포드 "미친 개" 태넌에게 살해되었다는 것을 알게 됩니다. 그래서 그는 마티가 1955년에 찾아내도록 박사가 1885년에 오래된 금광에 숨겨둔 타임머신을 타고 박사를 찾아 1885년으로 떠납니다. 1885년으로 돌아간 마티는 브라운 박사가 뷰포드 태넌의 총에 맞지 않도록 돕고 난 후에 간신히 1985년으로 돌아옵니다.

재귀적 알고리즘도 이와 아주 비슷한 일을 하며, 이는 명령어의 흐름에 어떤 명령을 끼워 넣는 것으로 이해할 수 있습니다. 알고리즘의 각 단계는 단순한 명령이거나 다른 알고리즘을 수행하기 위한 명령일 수 있는데, 후자의 경우 삽입의 대상이 되는 알고리즘의 명령을 현재의 명령 흐름에 끼워 넣게 됩니다. 재귀의 경우 이것은 현재 실행 중인 알고리즘 그 자체의 명령어들이, 알고리즘이 호출된 지점에 삽입된다는 것을 의미합니다.

알고리즘의 각 단계를 실행하면 어떤 중간 결과 혹은 효과를 만들어 내기 때문에, 알고리즘을 재귀적으로 실행하면 이러한 중간값이나 효과들을 알고리즘의 호출이 일어난 그 지점에서 활용할 수 있습니다. 즉, 재귀적으로 알고리즘을 호출하는 것은 명령어를 과거로 보내 계산을 수행하여 필요한 결과를 만들어 냄으로써, 현재 시점에 활용 가능하도록 만드는 것입니다.

첫 번째 예로, 마티의 행동을 재귀 알고리즘으로 설명해 봅시다. 마티가 어느 시점에 무엇을 해야 하는지를 표현하는 등식을 사용해서 *하기(ToDo)*라는 알고리즘을 정의할 수 있습니다.[2]

- *하기*(1985) = *하기*(1955); *캠핑가기*

- *하기*(1955) = *스포츠 연보 되찾기*; *하기*(1885); *1985년으로 귀환*

- *하기*(1885) = *박사가 뷰포드 태넌을 피하도록 돕기*; *1985년으로 귀환*

이 알고리즘을 확장해서 2015년으로의 시간 여행을 포함할 수도 있지만, 몇 가지 재귀와 관련된 사항을 설명하는 데에는 이 셋만으로도 충분합니다. 우선, *하기*(1985)의 등식을 보면, 1985년에 해야 할 일에 1955년에 어떤 일들을 처리해야 한다고 되어 있는데, 이는 제니퍼와 함께 캠핑을 가기 위해서는 세상을 다르게 바꿔야만 하기 때문입니다. 이런 요건은 알고리즘 *하기* 에 재귀를 사용해서 표현했습니다. 알고리즘 *하기*의 한 단계가 *하기* 그 자신을 실행한다는 것 입니다. 둘째로, 이렇게 재귀적으로 실행된 *하기*(1955)는 *하기*(1985)의 일부이지만 그 인수가 서로 다릅니다. 이것은 재귀가 반드시 복제의 형태를 띠지는 않는다는 것을 의미합니다(앞서 살펴본 TV가 있는 방의 사진의 경우와는 다릅니다). 이것은 계산의 종료 행동에 있어 중요한 요소입니다.

이 알고리즘이 인수 1985를 받아서 실행되면 어떻게 전개되는지 살펴봅시다. *하기*(1985)의 첫 계산 단계는 *하기*(1955)를 실행하는 것입니다. 이것은 마티가 캠핑을 가기 전에 1955년으로 돌아가서 비프에게서 스포츠 연보를 되찾아야 한다는 것을 의미합니다. 하지만 스포츠 연보를 되찾은 후 1985년으로 귀환하기 전에 *하기*(1885)에 표현된 단계들을 밟아야 합니다. 즉, 그는 1885년까지 더 뒤로 시간 여행을 가서 브라운 박사를 구해야만 합니다. 1985년으로 돌아온 다음에야 오랫동안 계획했던 여자친구와의 캠핑 여행을 떠날 수 있습니다.

세 번째 등식을 가만히 살펴보면, 좀 이상한 것을 볼 수 있습니다. 마티가 *하기*(1885)의 계산을 시작했던 시점인 1955년으로 돌아오는 대신에, 이 알고리즘은 바로 1985년으로 돌아갑니다. 이는 영화 『백 투 더 퓨처』 3편에서 실제로 나오는 장면입니다. 1955년으로 귀환하는 이유가 1985년으로 돌아가기 위해서만이라면 그다지 유용하지 않기 때문에, 이렇게 하는 편이 훨씬 말이 되기는 합니다(대부분의 사람들이 경유 항공편보다는 직항을 선호하듯이 말이지요).

하지만 이것은 재귀가 작동하는 전형적인 방식은 아닙니다. 재귀적 계산이 완료되면 계산이 실행된 지점으로 자동으로 돌아가고, 계산은 바로 그다음부터 이어지게 됩니다. 이 예에서라면 1885년에 갔다가 1955년으로 돌아오게 된다는 의미입니다. 이렇게 작동하는 이유는 재귀적 계산은 일반적으로 어떻게 계산이 이어지는지 알지 못하므로, 중요한 사항을 빠뜨리지 않기 위해서는 재귀가 실행된 시점으로 돌아오는 쪽이 안전하기 때문입니다. 다만 앞의 예에서는 그다음 단계가 1985년으로 돌아가는 것이어서 바로 가도 상관이 없는 것입니다. 두 번 점프할지, 한 번을 할지는 그저 효율의 문제입니다. 『백 투 더 퓨처』에서는 시간 여행을 위한 자속 축전기가 한 번 여행을 할 때마다 엄청난 에너지를 필요로 하므로 이러한 효율의 문제가 중요하죠. 1955년의 브라운 박사는 그가 1985년에 설계한 타임머신을 보고 이렇게 한탄합니다.

내가 어떻게 이렇게 생각이 없을 수가 있지? 1.21기가와트라니! 톰[토머스 에디슨], 내가 어떻게 이 정도나 되는 전력을 만들어 낼 수 있겠나? 이건 불가능해, 안 된다고!

언제라도

브라운 박사의 타임머신을 사용하기 위해서는 시간 여행을 하려고 하는 정확한 날짜와 시간을 입력해야 합니다. 하지만 시간 여행의 목적은 사건 간의 연쇄적인 인과 관계를 변화시키는 것이기 때문에, 바꾸려고 하는 사건이 벌어지기 이전으로 도착하기만 한다면 정확한 날짜와 시간은 사실 크게 중요하지 않습니다. 바꾸고 싶은 모든 사건이 벌어진 날짜와 시간이 담긴 표가 있다고 가정하면, 어떤 시간으로 가야 하는지를 명시적으로 나타내는 대신에, 바꾸고 싶은 인과 관계를 이용해서 *하기* 알고리즘을 다르게 표현할 수 있습니다. 사실 앞서의 *하기*에서 사용된 알고리즘 형태는 직접 건너뛰기(direct jump)라는 꽤나 오래된 방법을 사용하고 있습니다. 이것은 마이크로프로세서의 동작을 프로그래밍하기 위한 저수준 언어에서 사용되는 방법으로, 코드 묶음에 레이블(이름표)을 붙이고 이곳으로 이동하는 점프 명령(jump instruction)을 사용해서 코드들 사이를 이동하는 것입니다. 10장에서 논의한 모든 제어 구조들은 이런 점프를 이용해서 만들 수 있습니다. 하지만 점프를 사용하는 프로그램은 이해하거나 추론하기 어렵고, 특히 점프가 무분별하게 사용되면 종종 스파게티 코드라고 불리는 코드를 만들어 냅니다. 따라서 점프는 컴퓨터 하드웨어를 작동시키는 코드를 표현하기 위한 저수준 언어에서만 사용될 뿐, 알고리즘을 표현하는 방법으로는 더 이상 사용되지 않습니다. 그 대신에 알고리즘에서는 조건문, 순환문, 재귀문을 사용합니다.

명시적 점프가 더 이상 사용되지 않는 제어 구조라면, *하기* 알고리즘은 어떻게 표현해야 할까요? 이 경우에는 일련의 행동을 연도로 표시하는 대신에, 알고리즘이 달성해야 하는 목표를 이용할 수 있습니다. 어떤 알고리즘이 특정한 목표를 가지고 호출되면, 그 목표를 달성하기 위한 등식을 찾아낼 수 있습니다. 게다가 한번 재귀문의 실행이 종료되면 자동으로 그것이 시작된 지점으로 돌아갈 수 있습니다. 영화에서는 시대별 문화를 표현하기 위해 정확한 연도가 중요하지만, 각 단계의 정확한 순서를 구성하기 위해서라면 사건 사이의 인과 관계에 따라 결정되는 상호 간의 선후관계만이 중요합니다. 따라서 앞서의 *하기* 알고리즘을 다음과 같이 목표(*Goal*) 알고리즘으로 대체할 수 있습니다.

- *목표(현재를 살기)* = *목표(세상을 돌려놓기)*; *캠핑 가기*
- *목표(세상을 돌려놓기)* = *스포츠 연보 되찾기*; *목표(박사 구하기)*
- *목표(박사 구하기)* = *박사가 뷰포드 태넌을 피하도록 돕기*

이 알고리즘을 실행하여 전개되는 계산은 시점이 명시적으로 표현되지 않았다는 점과 1985년으로 돌아가는 데 두 단계가 걸린다는 점을 제외하고는 *하기* 알고리즘과 동일합니다.

정확한 시간에

재귀적인 *하기* 알고리즘과 목표 알고리즘을 실행해서 수행되는 계산은 현실 세계의 상태에 영향을 미치지만, 알고리즘이 전개되는 각 단계를 따라가 보는 것만으로는 이를 바로 확인할 수가 없습니다. 재귀적인 실행과 계산 사이의 관계를 보다 명확하게 설명하기 위해서, 리스트에 있는 항목의 개수를 세는 간단한 알고리즘을 한번 살펴봅시다. 구체적인 비유를 위해서 덱(deck; 카드 뭉치)에 있는 카드의 수를 센다고 생각해 봅시다.

이 알고리즘은 두 가지 경우를 구분해야 합니다. 우선 덱이 비어 있다면 카드의 수는 0입니다. 둘째로 덱이 비어 있지 않다면 카드의 수는 맨 위의 카드 한 장을 제외한 덱에 있는 카드의 수에 1을 더한 것과 같습니다. 카드 덱을 리스트 데이터 구조로 표현한다면, 알고리즘도 비어 있는 리스트와 비어 있지 않은 리스트를 구분해야 합니다. 후자의 경우에 이 알고리즘은 리스트의 꼬리(제일 앞에 있는 요소를 제외한 리스트)의 결과에 1을 더합니다. 비어 있지 않은 리스트에 대해서 이 알고리즘을 재귀적으로 호출할 때마다 1이 더해지기 때문에, 이 알고리즘은 리스트에 있는 요소의 개수만큼 1을 더하게 됩니다. 카운트(Count) 알고리즘은 각각 비어 있는 리스트와 비어 있지 않은 리스트를 처리하는 다음과 같은 두 개의 등식으로 표현할 수 있습니다.

- $Count(\ ) = 0$
- $Count(\text{x}{\rightarrow}\text{rest}) = Count(\text{rest}) + 1$

이 두 경우는 등식의 왼편 *Count*에 다른 형태의 인수가 적용되어 있는 것을 보고 구분할 수 있습니다. 첫 번째 등식에서 빈칸은 이 등식이 비어 있는 리스트, 즉 어떤 요소도 포함하고 있지 않은 리스트에 대해서 적용되었다는 것을 보여 줍니다. 두 번째 등식에서 x→rest의 패턴은 비어 있지 않은 리스트를 나타내며, 여기서 x는 첫 번째 요소를, rest는 이 리스트의 꼬리를 나타냅니다. 이 경우 정의는 *Count*(rest)에 의해 리스트의 꼬리에 있는 요소를 계산한 다음, 결과에 1을 더합니다. 이런 식으로 서로 다른 경우를 알고리즘으로 선택하는 것을 패턴 매칭(pattern matching)이라고 부릅니다. 패턴 매칭은 많은 경우 조건문 대신 사용되며, 알고리즘이 고려해야 하는 여러 가지 경우를 명확하게 구분해 줍니다. 패턴 매칭은 또한 데이터 구조에서 알고리즘이 처리해야 하는 부분에 바로 접근할 수 있도록 해 주며, 이렇게 하면 알고리즘을 보다 짧게 정의할 수도 있습니다. 앞서의 예에서 x는 리스트의 첫 번째 요소를 나타내지만 등식의 오른쪽에서는 이것을 사용하고 있지 않습니다. 하지만 rest는 리스트의 꼬리를 나타내기 때문에 *Count*를 재귀적으로 호출하기 위한 인수로 사용할 수 있습니다. 패턴 매칭의 또 다른 장점은 재귀적 정의와 그렇지 않은 것을 명확하게 구분해 준다는 것입니다.

*Count*를 표현하기 위한 재귀 등식은 다음과 같은 가설이라고 생각할 수 있습니다: 만약 우리가 리스트의 꼬리에 있는 요소의 개수를 알고 있다면, 전체 요소의 수는 그 개수에 1을 더한 수입니다. 누군가 덱에서 제일 위에 있는 카드를 뺀 모든 카드의 수를 미리 세 두었고, 메모지에 그 숫자를 적어 두었다고 생각해 보세요. 이 경우에 전체 카드의 수는 메모지에 적힌 숫자에 1을 더하기만 하면 됩니다.

하지만 우리에겐 이런 정보가 없기 때문에, 리스트의 꼬리인 rest에 *Count*를 재귀적으로 적용해서 직접 계산해야 합니다. 그리고 바로 이러한 점이 시간 여행과 관련되어 있습니다. 계산이 수행되는 시점을 한번 생각해 보세요. 만약 우리가 1을 더하고자 한다면, $Count(rest)$의 계산은 이미 계산이 완료되어 있어야 하며, 따라서 이는 과거의 어느 시점에 계산이 시작되었어야 함을 의미합니다. 마찬가지로, 만약 전체 카드의 수를 바로 계산하고 싶다면, 다른 사람에게 제일 위에 있는 카드를 제외한 나머지 카드의 수를 좀 세어 달라고 몇 분 전에 부탁해서 그 결과를 현재 시점에 활용할 수 있도록 할 수 있습니다. 이와 같이 알고리즘을 재귀적으로 호출하는 것은 당면한 시점까지 어떤 계산이 완료될 수 있도록, 과거로 여행을 떠나는 것으로 생각할 수 있습니다.

재귀적 알고리즘의 계산을 살펴보기 위해 마티가 1885년으로 가져간 물건인 카우보이 부츠(B), 무전기 한 쌍(W), 그리고 호버보드(H)를 세 보겠습니다. 이 리스트 B→W→H에 $Count$를 적용할 때, 리스트는 비어 있지 않으므로 두 번째 등식을 사용해야 합니다. 적용을 위해서는 x→rest의 패턴을 리스트에서 찾아내야 하며, 여기서 x는 B에, rest는 W→H에 대응합니다. 그리고 나서 $Count$를 정의하는 등식에 따라, rest에 대한 $Count$의 재귀 호출에 1을 더합니다.

- $Count(B→W→H) = Count(W→H) + 1$

이 덧셈을 하려면 $Count(W→H)$의 결괏값 – 우리는 그 값이 2가 된다는 것을 알고 있습니다 – 이 필요하며, 이 값을 지금 즉시 사용하고 싶다면 관련된 계산을 먼저 수행했어야만 합니다.

타이밍을 정확하게 이해하기 위해서, 덧셈과 같은 기본적인 계산 단계에 하나의 단위 시간이 걸린다고 가정해 봅시다. 그러고 나면 계산이 얼마의 단위 시간 동안 수행되는지 이야기할 수 있습니다. 어떤 계산이 현재로부터 언제쯤 시작되고 끝나는지는 단위 시간의 거리로 표현할 수 있습니다. 현재 시간을 0이라고 하면, 하나의 기본적인 계산 단계가 완료되는 시간은 +1일 것이며, 두 단계가 걸리는 계산이 현재 시점에 완료되어 있으려면 −2시간에서 시작해야 합니다.

재귀적 계산에 얼마나 오랜 시간이 소요될지는 쉽게 알 수 없는데, 소요 시간은 얼마나 자주 재귀적인 단계가 발생하는지에 달려 있으며, 일반적으로 입력에도 영향을 받기 때문입니다. $Count$의 예를 보면 재귀의 횟수, 그리고 그에 따른 실행 시간은 리스트의 길이에 따라 달라집니다. 순환을 사용하는 알고리즘과 마찬가지로, 재귀 알고리즘의 실행 시간 또한 입력의 크기에 대한 함수로만 표현될 수 있습니다. 이러한 사실을 보면 재귀를 과거로의 시간 여행으로 보는 관점에 의문이 생깁니다: 시간에 맞춰 작업을 끝내고 덧셈을 위해 결괏값을 전달하려면 얼마나 오랜 시간을 거슬러서 재귀적으로 *Count*를 호출해야 하는 것일까요? 모든 재귀의 단계와 계산을 수행하기에 충분한 시간을 과거로 거슬러 가야 할 것 같아 보입니다만, 리스트의 길이가 얼마나 되는지 알 수 없기 때문에, 얼마나 거슬러 올라가야 하는지도 알 수 없습니다.

다행히도 시간 여행을 효과적으로 이용하기 위해 입력의 크기를 반드시 알아야 할 필요는 없습니다. 여기서 눈여겨봐야 하는 점은, 재귀 계산을 위해 첫 단계에서 단지 하나의 단위 시간만큼만 과거로 가도 충분하다는 점입니다. 왜냐하면 재귀 계산에 얼마나 오랜 시간이 걸리든지 간에, 재귀 계산을 수행하기 위해 추가로 걸리는 시간은 해당하는 재귀 호출을 과거로 더 멀리 보냄으로써 확보할 수 있기 때문입니다. 이것의 작동 방법은 그림 12.1에서 확인할 수 있습니다.

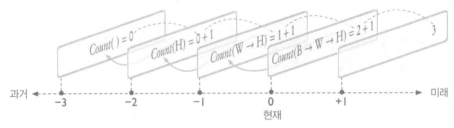

[그림 12.1] 과거로의 여행을 통해 리스트에 있는 요소의 개수를 재귀적으로 셈하고 있습니다. *Count* 알고리즘을 비어 있지 않은 리스트에 대해서 실행하면, 그 리스트의 꼬리에 *Count*를 실행한 결과에 1을 더하는 계산이 수행됩니다. 꼬리에 대한 계산을 한 단계 과거에서 수행하면 결과를 현재 시점에 사용할 수 있게 되며, 여기에 덧셈을 실행한 결과는 한 단계 미래에서 사용할 수 있습니다. 과거에 비어 있지 않은 리스트에 *Count*를 실행하면, *Count*의 실행은 더더욱 과거에서 이루어지게 됩니다.

그림에 나타난 바와 같이 *Count*(B→W→H)를 실행하면 *Count*(W→H) + 1의 계산이 만들어집니다. 일단 이 재귀 계산이 완료되면, *Count*는 재귀 호출 결과에 1을 더하기 위한 한 단계만을 거치며, 최종 결과인 3을 +1시간에 확보할 수 있습니다. 어떤 특정한 시간에 재귀 호출의 결과를 확보하고 싶다면, 계산을 한 단위 시간 이전에 시작하면 됩니다. 예를 들어 *Count*(W→H)의 결과를 현재 시점, 즉 시간 0에 확보하려면, 이 계산을 한 단위 시간만큼 과거로 보내야 합니다. 그림에서 볼 수 있듯이, 이 계산은 시간 −1에 수식 1 + 1을 만들어 내고, 다시 한 단계가 걸린 시간 0에서, 즉 정확히 이 값이 필요한 시점에 결과인 2가 계산됩니다. 그런데 어떻게 *Count*(W→H)가 바로 1 + 1을 만들어 낼 수 있었을까요? 이것은 관련된 재귀 호출 *Count*(H)를 한 단계 과거로, 즉 시간 −2로 보내서, 수식 0 + 1을 얻어냄으로써 달성할 수 있습니다. 이 계산도 한 단계가 걸려, 결괏값 1은 이후 시간 −1에서 확보됩니다. 수식 0은 *Count*( )를 시간 −3에서 호출해서 얻습니다. 이 과정을 모두 합치면 더 과거에서 재귀 계산을 반복적으로 시작함으로써, 원하는 계산을 시간 1의 미래에서 마칠 수 있게 됩니다. 리스트의 길이와는 상관없이 이렇게 할 수 있으며, 더 긴 리스트라면 더 이전으로 시간 여행을 떠나면 됩니다.

시간 여행이라는 비유는 어쩌면 재귀를 실제보다 더 복잡하게 보이도록 만들 수도 있습니다. 재귀 알고리즘이 컴퓨터에 의해서 실행될 때에는 타이밍의 속임수나 화려한 스케줄링은 필요하지 않습니다. 4장에서 본 이진 검색이나 6장에 나온 퀵 정렬, 병합 정렬 알고리즘만 봐도 확실히 알 수 있습니다.

시간 여행이라는 비유는 두 가지 형태의 재귀와 각각이 서로 어떤 관련이 있는지 보여 줍니다. *목표*나 *Count* 같은 알고리즘은 자기 참조를 통해 그 정의 안에서 재귀를 사용합니다. 저는 이런 형태의 재귀를 *표현적(descriptive)*이라고 부르는데, 왜냐하면 재귀가 알고리즘의 설명에 나타나기 때문입니다. 반면에 어떤 재귀 알고리즘은, 그 실행의 결과로 발생하는 일련의 동작이나 계산이 재귀문에 서로 다른 값을 매개변수로 적용한 실체(instantiations)로 구성되어 있습니다. 저는 이런 형태의 재귀를 *전개적(unfolded)*이라고 부릅니다. 그림 12.1에서 볼 수 있듯이, 재귀 알고리즘의 적용을 반복적으로 확장하면 표현적인 재귀를 전개적인 재귀로 변형시킬 수 있습니다. 다시 말해 표현적 재귀(즉 재귀적 알고리즘)를 실행하면, 대응하는 전개적 재귀 계산을 얻을 수 있고, 이러한 관점을 아래의 등식으로 요약할 수 있습니다.

- 실행(표현적 재귀) = 전개적 재귀

방에 있는 TV가 다시 같은 방을 보여 주고 있는 재귀적인 그림은 전개적 재귀의 예입니다. 위와 같은 관계를 고려해서 이 그림에 실행했을 때, 이런 재귀적인 그림을 만들어 내는 표현적 재귀가 존재할까요? 네, 존재합니다. 비디오 카메라로 방의 정지 화상을 촬영하면서, 그 방에 있는 TV로 이 영상을 송출하라는 명령이 이런 것이라고 생각할 수 있습니다. 이 명령을 수행하면 전개적 재귀가 나타나는 사진을 얻을 수 있습니다.

영화 『*백 투 더 퓨처*』에서의 표현적 재귀는 *하기*와 *목표* 알고리즘을 통해서 보인 바 있습니다. 특히 과거를 바꾸기 위한 목표와 계획들은 그 자체로 표현적 재귀의 한 형태입니다. 이런 계획들이 실행될 때, 이야기는 많은 경우 꽤 비슷한 사건들로 전개됩니다(기시감을 주는 카페/살롱,

스케이트보드/호버보드 장면처럼 말이지요).

시간 여행 영화에 나오는 가상의 인물들만이 과거를 바꾸려는 목표나 계획을 세우는 것은 아닙니다. 사실 우리도 '만약 그때 다르게 행동했다면 어떻게 됐을까?'라고 질문함으로써 때때로 표현적 재귀와 조우합니다. 하지만 영화 속 인물들과는 달리, 우리는 이런 계획을 실행할 수는 없습니다.

고정점을 써서 모순과 싸우기

시간 여행은 어떤 면에서 매우 흥미롭고 재미있는 주제입니다. 왜냐하면 그것이 역설, 즉 어떤 것이 존재하기도 하고 동시에 존재하지 않기도 하는 논리적인 모순을 가지는 불가능한 상황을 만들어 낼 수 있기 때문입니다. 잘 알려진 예로 *할아버지의 역설(grandfather paradox)*이 있습니다. 이것은 어떤 시간 여행자가 과거로 돌아가서 그의 할아버지를 (할아버지가 시간 여행자의 아버지 혹은 어머니를 아직 가지기도 전에) 살해한다는 내용입니다. 이것은 시간 여행자 자신의 존재뿐 아니라, 시간 여행이나 할아버지를 살해하는 것마저도 모두 불가능하게 만듭니다. 할아버지의 역설은 과거로의 시간 여행이 불가능하다고 주장하기 위해 사용되어 왔습니다. 왜냐하면 이런 상황은 우리의 인과에 대한 이해에 대치되는, 논리적으로 불가능한 상황으로 이어지기 때문입니다. 영화 『백 투 더 퓨처 2』에서 브라운 박사는 제니퍼가 미래의 자신과 마주쳤을 때 생길 수 있는 일에 대해서 경고합니다.

미래의 너와 만나게 되면 타임 패러독스를 만들 수 있고, 그 결과로 연쇄 작용이 일어나서 시공 연속체의 얼개를 흐뜨려 버리고 온 우주를 파괴해 버릴 거야! 인정해, 이건 최악의 시나리오이기는 해. 파괴는 아주 국소적으로 벌어질 수도 있어. 겨우 우리 은하만 파괴될 수도 있지.

역설의 문제에 대해, 역설적 상황을 만들어 내는 행위 자체가 실제로 불가능할 것이라고 생각할 수도 있습니다. 예를 들어, 과거로 여행을 간다고 해도 할아버지를 죽이는 것은 불가능하다는 것입니다. 구체적으로, 할아버지를 총으로 쏘려고 한다고 해 봅시다. 그러면 총을 떨어트린다든지, 총이 고장 난다든지, 할아버지가 총알을 피한다든지, 총에 맞았는데 죽지는 않고 다쳤다가 회복한다는 것입니다. 어쩌면 시공 연속체란 본질적으로 미래에 벌어질 것이 확실한 사건들과 일관성을 가지는 사건들만 벌어지도록 만들지도 모릅니다.

계산의 세계에도 할아버지의 역설과 같은 것이 존재할까요? 네, 존재합니다. 예를 들어 어떤 재귀 알고리즘의 실행이 종료되지 않는 것을 이런 역설이라고 생각할 수 있습니다. 앞으로 *고정점(fixed point)*이라는 개념을 이용해서 이런 관점에 대해서 설명하겠습니다.

역설적 상황을 만들기 위해서는, 과거로의 회귀를 만들고 과거를 변화시켜서, 과거로의 회귀를 초래하는 계산이 사라지거나 불가능해지도록 하는, 어떤 재귀적 계산을 찾아내야 할 것 같네요. 시간을 실제로 뒤로 돌리는 것은 그만하고 여기에 가장 가까운 것을 생각해 본다면, 알고리즘 자신과 실행의 주체가 되는 컴퓨터를 파괴하는 알고리즘을 생각해 볼 수 있습니다. 이런 알고리즘을 실행하는 상황이라면 어찌 됐든 실행은 멈출 것이기 때문에, 해결해야 하는 진짜 역설은 없습니다. 하지만 이 예는 전개적 재귀만을 살펴본 것입니다. 많은 표현적 재귀문들이 역설적 상황을 만들어 냅니다. *Count*의 정의는 리스트 요소의 개수를 리스트의 꼬리의 요소 개수에 1을 더하는 등식으로 표현했습니다. 여기에는 역설이 없지만, *Count*를 재귀적으로 적용하는 대상이 리스트의 꼬리가 아니라 전체 리스트가 되도록 정의를 수정한다고 해 봅시다.

- *Count*(리스트) = *Count*(리스트) + 1

이것은 요소의 개수가 전체 요소의 개수보다 하나 더 크다고 정의하고 있기 때문에 명백한 모순입니다. 다음의 등식 또한 비슷한 예로, 어떤 숫자 n이 그 자체보다 1이 크다고 정의하고 있습니다.

- $n = n + 1$

이것 또한 모순, 혹은 역설이며 이 등식에는 답이 존재하지 않습니다. 시간 여행으로 비유하자면, 과거로 돌아가서 n의 값 혹은 *Count*(리스트)를 계산하는 것은 아무리 거슬러 올라가도 1이 되지를 않습니다. 다시 말해, 과거에 어떤 행위를 수행하더라도 현재의 동작과 일관성을 가질 수 없고, 따라서 리스트의 요소 개수가 동시에 두 가지 값을 가지게 되는 역설에 빠지게 됩니다.

현실에서는 대부분 물리적 제약에 의해 역설이 해소됩니다. 예를 들어 TV가 있는 방의 사진에서 무한히 반복되는 것 같아 보이는 재귀도 카메라의 해상도 때문에 어느 시점에 그치게 됩니다. TV 사진이 여러 번 중첩되어 하나의 픽셀만큼 작아지면, 더 이상 그 하나의 픽셀로 방의 사진을 표현할 수 없기 때문에 재귀가 중단됩니다. 이와 유사하게 증폭기의 출력이 증폭기에 연결된 마이크의 입력(피드백)이 되어 발생하는 오디오 피드백의 경우에도, 증폭이 무한하게 계속되지 못합니다. 이 경우의 역설은 마이크와 증폭기의 물리적 제약에 의해서 해소되는데, 둘 다 처리할 수 있는 신호의 세기에 제약이 있기 때문입니다.

9장에서 언어는 의미체계를 가지고 있고, 프로그래밍 언어에 의해 표현된 알고리즘의 의미는 알고리즘이 실행될 때 계산으로 수행된다고 이야기한 바 있습니다. 같은 관점에서, 어떤 알고리즘이 모순적이어서 역설을 만들어 낸다면 거기에는 규정된 의미가 없고, 그 알고리즘이 필요로 하는 계산 또한 존재하지 않습니다. 재귀 알고리즘이 모순적이고 역설을 만들어 내는지 아닌지는 어떻게 구분할 수 있을까요?

앞서의 재귀적 숫자 정의를 통해 이 문제를 이해할 수 있습니다. 어떤 수가 자신의 제곱수와 같다는 다음과 같은 등식을 한 번 생각해 봅시다.

- $n = n \times n$

이것은 사실 모순적이지 않습니다. 자연수 중에는 이 등식을 만족하는 수가 두 개, 즉 1과 0이 존재합니다. 그리고 이것이 바로 재귀적 정의를 이해하는 열쇠입니다. 여기에서 정의된 숫자는 이 등식의 답이 되는 수입니다. 다시 말해, 변수 n을 이 수로 치환하면 모순이 아닌 참이 되는 수식을 얻을 수 있습니다. 이 등식에서 우리는 $1 = 1 \times 1$이라는 참이 되는 등식을 얻을 수 있으므로, 1은 이 등식의 해답입니다. 반면에 $n = n + 1$이라는 등식은 답을 가지지 않습니다. 마찬가지로 $Count(리스트) = Count(리스트) + 1$ 또한 답이 없으며, 수정 전의 등식에만 답이 존재합니다. 수정 전의 등식은 리스트에 포함된 요소의 개수를 세는 계산을 만들어 냅니다.

등식의 양쪽에 똑같은 변수가 있는 경우는 한쪽을 다른 쪽으로 변형하는 정의라고 볼 수 있습니다. 예를 들어 등식 $n = n + 1$은 n을 자기 자신에 1을 더함으로써 정의하고 있으며, $n = n \times n$은 n을 자기 자신을 두 번 곱하는 것으로 정의하고 있습니다. 어떤 숫자 n이 변형에 영향을 받지 않는다면 이 숫자를 이 변형의 *고정점*이라고 합니다. 이름이 말해주듯이, 이 값은 변하지 않고 고정됩니다.

점(point)이라는 용어가 더 잘 맞는 고정점의 예는 기하학적 변형에서 찾을 수 있습니다. 예를 들어 중심점을 기준으로 그림을 회전한다고 생각해 봅시다. 중심에 있는 점을 제외한 모든 점은 위치가 바뀌지만, 중심점은 같은 자리에 있습니다. 이 중심점은 회전하는 변형의 고정점이며, 사실 이 중심점은 회전 시 유일한 고정점이기도 합니다. 또 다른 예로 그림을 가로지르는 대각선을 따라 거울을 비춘다고 해 봅시다. 이 경우 그림에서 해당 대각선상에 있는 모든 점들은 반사라는 변형의 고정점입니다. 마지막으로 그림을 왼쪽으로 움직이게 되면, 모든 점이 다 움직이기 때문에 고정점이 없습니다. 앞선 수식의 예 중에서 "1을 더하는" 변형에는 고정점이 존재하지 않지만, "자신을 두 번 곱하는" 변형에는 두 개의 고정점인 1과 0이 존재합니다.

Count를 정의하는 등식에 해당하는 변형은 무엇일까요? 우선 변형된 등식인 Count(리스트) = Count(리스트) + 1은 매개변수가 있다는 점만 빼고는 $n = n + 1$ 의 정의와 매우 유사합니다. 이 정의는 Count에 리스트를 적용한 것을 여기에 1을 더하는 것으로 정의하는 변형에 해당합니다. 이 변형은 n에 대한 등식처럼 고정점을 가지지 않습니다. 반면에 원래의 정의인 Count(x→rest) = Count(rest) + 1에서의 변형은 Count에 리스트를 적용한 것을 리스트에서 첫 번째 요소를 제거한 후 1을 더하는 것입니다. 이러한 변형은 (비어 있는 리스트를 처리하는 경우에 대한 등식과 함께) 하나의 고정점을 가지고 있고, 이것은 리스트의 요소의 개수를 세는 함수가 됩니다.

재귀적 등식이 의미하는 바는 근본적인 변형이 가지는 고정점이 존재하는지에 대한 것입니다.[3] 재귀적 등식으로 알고리즘을 표현하면, 고정점은 변형을 통해 안정적인 계산을 정의함으로써, 많은 경우에 적용할 수 있도록 해 줍니다. 이러한 변형은 전형적으로 알고리즘의 인수를 조정하며, 때로 재귀적 호출의 결과를 변형하기도 합니다. Count의 예를 보면, 인수인 리스트는 그 첫 번째 요소가 제거되며, 그 결과에 1이 더해집니다. 목표의 경우에는 각 재귀 등식이 매번 다른 목표를 포함하여 목표를 실행하고 있고, 각 경우와 관련된 활동을 추가하고 있습니다.

시간 여행의 관점에서 보면, 재귀 알고리즘의 고정점은 현재의 효과와 일관된 과거의 효과를 가지는 계산을 표현합니다. 이것이 고정점이 재귀와 관련이 있는 이유입니다. 시간 여행자와 같이, 재귀적 알고리즘은 성공을 위해서 반드시 적절하게 동작하여 역설을 회피해야만 합니다. 만약 어떤 재귀 알고리즘이 고정점을 가지고 있다면, 그것은 의미 있는 계산을 보여 줄 것이며, 그렇지 않다면 역설이 될 것입니다. 하지만 시간 여행의 역설과는 달리, 우주가 파괴되지는 않고 단지 원하는 계산을 하지 못하게 됩니다. 재귀 알고리즘의 의미를 고정점으로 이해하기는 사실 쉽지 않습니다. 13장에서는 재귀 알고리즘을 이해하기 위한 다른 방법을 보이도록 하겠습니다.

순환할 것인가 순환하지 않을 것인가

재귀는 순환과 동등한 제어 구조이며, 알고리즘의 어떤 순환문은 재귀문으로 대체될 수 있고 그 반대도 가능합니다. 경우에 따라 한쪽이 다른 쪽보다 자연스럽게 느껴지기는 하지만, 이런 느낌은 기존에 노출되었던 경험에 의해 두 제어 구조 중 하나에 편향되는 것뿐입니다. 예를 들어 헨젤과 그레텔의 조약돌 따라가기 알고리즘을 순환으로 생각할 수 있을까요?

이전에 방문하지 않은 조약돌을 찾고, 집에 도착할 때까지 그쪽으로 이동하시오.

이것은 분명 repeat 순환문의 예입니다. 이 문장은 실제로 이 알고리즘을 명확하고 단순하게 기술하고 있지만, 이와 동일한 다음과 같은 재귀 버전, *여기에서_집찾기(FindHomeFrom)*도 여기에 비해 약간 더 길 뿐입니다.[4]

여기에서_집찾기(집) = 아무것도 하지 않음
여기에서_집찾기(숲) = 여기에서 집찾기(방문하지 않은 다음 조약돌)

여기에 나온 다른 재귀 알고리즘과 같이 *여기에서_집찾기*도 고려해야 하는 여러 경우를 매개변수로 구분해서 여러 개의 등식으로 표현하고 있습니다. 이 경우에 매개변수는 알고리즘이 집으로 가는 길을 찾는 위치를 표현하고 있으며, 헨젤과 그레텔의 현재 위치가 집인지 아니면 아직 숲인지에 따라 두 가지 경우가 나타납니다.

재귀 알고리즘은 분명 순환 버전보다 더 정확합니다. 예를 들어 헨젤과 그레텔의 아버지가 그들을 뒷마당으로 데려가는 경우에는 알고리즘이 종료됩니다. 이런 경우에 헨젤은 집에서 나서지 않았으므로 조약돌을 떨어뜨리지 않을 것입니다. 하지만 순환 알고리즘의 명령은 둘에게 조약돌을 찾으라고 하기 때문에, 있지도 않은 조약돌을 찾아서 끝나지 않는 계산을 계속해야 할 수 있습니다. 이것은 순환문 그 자체의 문제라기보다는, 알고리즘을 표현하기 위해 repeat문을 사용한 결과이고, 만약 while문을 써서, "집에 있지 않은 동안, 방문하지 않았던 조약돌을 찾아서 그쪽으로 이동하시오"라고 표현했다면, 순환문의 본체를 실행하기 전에 종료 조건을 확인하기 때문에 보다 적절하다고 할 수 있습니다.

재귀적 구성은 어떻게 순환이 재귀를 이용해서 표현될 수 있는지를 보여 줍니다. 우선 종료 조건(집에 도착했는지 아직 숲에 있는지)의 두 결과를 등식의 매개변수로 명시적으로 제시합니다. 그러고 나서, 순환문의 본체를, 종료되지 않는 조건을 매개변수로 가지는 등식 쪽에(여기서는 위치가 아직 숲인 경우) 포함합니다. 마지막으로, 순환문에서 다음 반복으로 이어지는 절차는, 알고리즘의 재귀적 실행에서는 인수를 변경하는 것에 해당합니다(여기서는 방문하지 않은 다음 조약돌의 위치).

10장에서는 조건문을 사용해서 그라운드호그 데이 순환의 재귀 버전을 보인 바 있습니다. 등식과 패턴 매칭을 이용하면 그라운드호그 데이 순환을 다음과 같이 표현할 수 있습니다.

그라운드호그 데이(맞음) = 아무것도 하지 않음

그라운드호그 데이(아님) = 같은 하루를 경험; 그라운드호그 데이(좋은사람인가?)

repeat *같은 하루를 경험* **until** *좋은 사람*에 비해서 이쪽이 좀 더 복잡해 보입니다. 하지만 순환문이 항상 재귀문보다 작성하기 쉬울 것이라는 결론은 맞지 않습니다. 재귀는 하위 문제로 나뉠 수 있는 문제들에 특히 잘 맞습니다(6장에서 나온 분할 정복 알고리즘을 보세요). 이런 문제에 재귀 알고리즘을 사용하면 순환문을 사용하는 것보다 대부분 간단하고 명확하게 표현할 수 있습니다. 퀵 정렬과 같은 알고리즘을 재귀를 쓰지 않고 구현해 보면 이것이 무슨 이야기인지 알 수 있을 것입니다.

재귀의 다양한 면모

재귀가 신비롭고 사용하기 어렵다는 인상을 많이들 가지고 있는데, 참으로 안타까운 일입니다. 이러한 불명예는 과합니다. 재귀에 대한 이러한 인상 중 상당 부분은 재귀의 여러 가지 측면과 그것들이 어떤 관계를 가지는지를 살펴봄으로써 해결할 수 있습니다. 다양한 형태를 가지는 재귀를 다음과 같은 유형으로 구분할 수 있습니다.[5]

- 실행: 전개적 vs 표현적

- 종료: 제한된(bounded) vs 제한되지 않은(unbounded)

- 접근: 직접 vs 간접

전개적 재귀와 표현적 재귀의 차이와, 계산을 통한 둘 사이의 관계에 대해서는 이미 앞에서 살펴본 바 있습니다. 표현적 재귀의 실행이 전개적 재귀를 만들어 낸다는 것을 기억해 보면, 재귀적 상황을 이해하는 데에 도움이 될 것입니다. 반면에 전개적 재귀에 대해서라면, 실행되었을 때 그 결과로 해당하는 전개적 재귀를 만들어 내는 표현적 재귀가 어떤 것인지 생각해 볼 수 있을 것입니다. 이러한 표현적 재귀는 상황을, 특히 그것이 풀려있는 경우에, 간결하게 유형화할 수 있게 해 줍니다. 반면에 표현적 재귀가 주어진 경우라면, 전개된 형태로 실행해 보는 것이 유용합니다. 특히 재귀의 정의가 다중적인 재귀가 발생한다든지 하는 복잡한 형태를 띠고 있는 경우에 도움이 됩니다. TV가 들어있는 사진의 예에서, 카메라와 TV를 하나 더 추가해서 두 카메라가 각각 연결된 TV에 투사하는 영상을 서로 기록한다면 그 결과물은 어떻게 생겼을까요? 표현적 재귀가 어떤 전개적 재귀를 만들어 내는지 살펴보면 재귀를 잘 이해할 수 있을 것입니다.

제한된 재귀는 종료됩니다. 제한되었는지 제한되지 않았는지를 따지는 것은 전개적 재귀에 대해서만 의미가 있습니다. 하지만 표현적 재귀가 제한된 재귀를 만들어 내려면 어떤 요건이 필요한지 따져볼 수는 있습니다. 이런 조건 중의 하나는 재귀 알고리즘의 정의에 반드시 재귀가 수행되지 않는 부분을 포함해야 한다는 것입니다. *목표(박사 구하기)*나 *Count( )*가 이러한 정의에 해당합니다. 이런 등식을 *기저 상태(base case)*라고 부릅니다. 기저 상태는 재귀를 끝내려면 항상 필요하지만, 그것이 있다고 해서 종료가 보장되는 것은 아닌데, 왜냐하면 재귀의 상태(들)에서 기저 상태로 연결되지 않을 수도 있기 때문입니다. *Count(리스트) = Count(리스트) + 1*을 떠올려 보면, 알고리즘 기술에 비어 있는 리스트에 대한 기저 상태를 가지고 있음에도, 비어 있지 않은 리스트에 대해서 실행되었을 때 종료되지 않습니다.

제한되지 않은 재귀는 사용할 수 있는 것일까요? 재귀적 계산이 끝나지 않는다면 어떤 결과도 만들어 내지 못할 것이고 아무런 의미가 없을 것 같습니다. 이런 계산이 그 자체로만 존재한다면 분명 의미가 없을 테지만, 다른 계산의 일부로 존재한다면 제한되지 않은 재귀도 꽤 유용할 수 있습니다. 임의의 무작위 숫자를 계속해서 만들어 내는 계산이 있다고 가정해 봅시다. 이렇게 만들어진 숫자열은 시뮬레이션을 구현하기 위해 사용될 수 있습니다. 이 무한 숫자열의 일부만 사용한다면, 계산은 잘 동작할 것이고 무한히 계속되는 부분은 그냥 무시하면 됩니다. 또 다른 예로, 1이 무한히 반복되는 다음과 같은 정의를 생각해 봅시다. 아래의 리스트는 1을 첫 번째 요소로 가지며, 1이 들어있는 리스트가 뒤에 이어집니다.

$Ones = 1{\rightarrow}Ones$

이 정의를 실행하면 1이 무한히 계속되는 연속된 숫자를 얻을 수 있습니다.

$1{\rightarrow}1{\rightarrow}1{\rightarrow}1{\rightarrow}1{\rightarrow}1{\rightarrow}\cdots$

TV가 있는 방의 사진에서처럼, 이 리스트는 그 자신을 자신의 부분으로써 포함하고 있습니다. 위의 등식과 전개된 리스트를 보면 알 수 있죠. 1이 무한히 반복되는 리스트는 1로 시작되어서 1이 들어있는 다른 리스트로 이어지는데 이것 또한 무한합니다.

이 자기 포함(self-containment)이라는 관점은 자기 유사성을 재귀의 결과로 설명하는 데에도 도움이 됩니다. $Ones$에 의해 계산된 리스트를 한 줄에 적고, $1 \rightarrow Ones$에 의해 계산된 결과를 그 아래에 적으면 두 리스트가 완벽하게 동일하다는 것을 볼 수 있습니다. 두 리스트 모두 무한하기 때문에, 두 번째 줄에 있는 것이 요소를 더 가지지 않습니다.

제한되지 않은 재귀는 음악에서 끝나지 않는 노래("99병의 맥주"나 이와 유사한 것들)나 M. C. 에셔의 "그리는 손(Drawing Hands)"이나 "화랑(Print Gallery)"과 같은 작품에서도 찾아볼 수 있습니다.[6] "그리는 손"은 하나의 손이 다른 손을 그리고 있고, 그려진 손이 다시 먼저의 손을 그리고 있는 모습을 보여 줍니다. "화랑"은 끝나지 않는 재귀를 보여 줍니다. 이 그림은 마을의 화랑에서 어떤 남자가 그림을 보고 있는데, 그 그림에는 그 마을과 화랑, 그림을 보고 있는 남자가 들어 있습니다.

에셔의 이 두 작품은 직접과 간접 재귀의 차이를 보여 줍니다. "그리는 손"에서의 재귀는 손들이 자기 자신을 그리는 대신에 서로 다른 손을 그리고 있기 때문에 간접적이라고 할 수 있습니다. 반면에 "화랑"에서는 화랑에 걸린 그림에 전체 그림이 다시 직접적으로 포함되고 있기 때문에, 화랑이 있는 마을과 화랑에서 그림을 보고 있는 남자를 작은 그림 안에서 바로 확인할 수 있습니다. "그리는 손"은 또한 간접적인 재귀가 종료를 보장하지 않는다는 것도 보여 줍니다. 이런 상황은 기저 상태와도 유사합니다: 종료를 위해 필요하지만 종료를 보장하지는 않습니다.

간접 재귀의 유명한 예는 어떤 수가 2로 나뉘는지를 결정하기 위한 알고리즘 *짝수*와 *홀수*의 정의에서 찾아볼 수 있습니다. *짝수*의 정의는, 0은 짝수이고, 뒤이어 오는 모든 수는 바로 앞의 수가 홀수라면 짝수라고 합니다. *짝수*를 정의하는 두 번째 등식은 알고리즘 *홀수*를 참조하고 있습니다. *홀수*의 정의는 0은 홀수가 아니며, 이어 오는 모든 다른 수는 바로 앞의 수가 짝수이면 홀수라고 합니다. *홀수*를 정의하는 두 번째 등식은 *짝수*를 참조하고 있습니다.

$$\textit{짝수}(0) = \textit{참} \qquad\qquad \textit{홀수}(0) = \textit{거짓}$$
$$\textit{짝수}(n) = \textit{홀수}(n-1) \qquad \textit{홀수}(n) = \textit{짝수}(n-1)$$

이와 같이, *짝수*는 *홀수*를 참조함으로써 재귀적으로 자기 자신을 간접 참조하고 있습니다 (그 반대도 마찬가지입니다). 이것은 몇 가지 경우를 확인해 보면 알 수 있습니다.

$$\textit{짝수}(2) = \textit{홀수}(2-1) = \textit{홀수}(1) = \textit{짝수}(1-1) = \textit{짝수}(0) = \textit{참}$$

짝수(2)를 호출하면 *짝수*(0)이 된다는 것을 볼 수 있습니다. 하지만 이것은 홀수를 통해서 간접적으로만 가능합니다. 이러한 *짝수*와 *홀수*의 정의는 서로가 다른 쪽을 정의한다는 면에서 "그림 그리는 손"과 비슷합니다. 하지만 중요한 차이 하나는, 이 알고리즘에서는 재귀가 제한되어 있지만(어떤 계산이라도 둘 중 하나의 기저 상태에서 끝나게 됩니다),[7] 에셔의 그림에서의 재귀는 제한되어 있지 않다는 것입니다.

직접 재귀의 예로는 다음과 같은 사전 형태의 재귀에 대한 정의를 들 수 있습니다.[8]

재귀 [명사], *재귀* 참조

이 우스꽝스러운 정의에는 재귀를 정의하는 몇 가지 핵심적인 요소들이 포함되어 있습니다. 특히 정의의 대상을 정의 안에 사용하는 것과, 그것이 이름을 사용해서 이루어진다는 점입니다. 이 "정의"가 나타내는 끝도 없고 텅 빈 의미에는 재귀적 정의가 불러일으키는 묘한 느낌이 잘 담겨 있습니다. 13장에서는 재귀적 정의를 해체하고 이해하기 위한 두 가지 방법을 제시하겠습니다.

최신 기술

당신은 하루 일을 마치고 집에 돌아왔습니다. 저녁 식사를 하기 전에 지난번에 하다 만 바느질 작업에 잠깐 손을 대려고 합니다. 당신이 선택한 누비 문양에는 어떤 천을 얼마나 써야 하는지가 정해져 있습니다. 당신은 이 프로젝트를 몇 주 전에 시작해서 이미 천은 사 두었고, 천 조각들도 잘라서 다림질해 두었으며, 바느질도 시작해서 몇 조각을 이어 붙여 둔 상태입니다.

누비 문양과 거기에 딸려 있는 설명서는 알고리즘입니다. 누비천을 만드는 것은 손이 많이 가기 때문에 보통 한 번에 마칠 수가 없습니다. 따라서 이 알고리즘의 실행은 반복적으로 중단될 수밖에 없고 이후에 이어서 진행해야 합니다. 누비천을 만드는 데에는 신경도 많이 쓰이고 집중력도 필요하지만, 바느질을 멈췄다가 나중에 다시 시작하는 것은 매우 쉽습니다. 왜냐하면 누비 작업의 각 단계의 상태가 현재까지의 결과물로 완벽하게 표현되기 때문입니다. 천이 없다면 우선 천을 사야 하며, 천을 모두 갖추었지만 아직 조각들을 잘라내지 않았다면 천 조각들을 자르면 됩니다. 그리고 계속 이런 식으로 작업이 이어집니다. 이런 상황은 새집을 만들거나 종이 접기를 하는 것과 같은 다른 만들기 작업들에서도 대체로 같지만, 계산의 상태를 나타내기 위한 추가적인 노력이 필요한 작업도 있습니다. 예를 들어 수집품 상자에 있는 수집품의 개수를 세다가 전화를 받기 위해 세는 작업을 중단하게 되었다고 생각해 봅시다. 이후에 셈을 계속하기 위해서는 이미 세어 놓은 물건들을 아직 세지 않은 것들로부터 분리하고, 현재까지 셈한 숫자를 기억해 두어야 합니다.

중간 결과는 작업의 중단을 지원할 뿐만 아니라, 알고리즘이 만들어 낸 계산을 설명하기 위해 사용될 수 있습니다. 이로부터 계산의 각 단계에 따라 지금까지 어떤 일들이 진행되었는지 그 경위(trace)를 확인할 수 있기 때문이죠. 이러한 경위는 처음에는 간단한 것(예를 들어 누비천을 위한 원단이나, 종이 접기에서 아직 아무것도 접지 않은 빈 종이와 같은)에서 시작해서 점점 정확한 최종 결과에 근사하는 계산 상태의 나열로 이어집니다. 매 단계마다, 계산을 정의하고 있는 알고리즘에 의해 표현된 어떤 변경사항을, 앞의 결과에 거듭 적용함으로써 최종 결과에 점차 가까워지게 되는 것입니다. 마치 모래에 남은 발자국이 어떤 이의 움직임과 그 궤적을 보여 주는 것과 같이, 계산의 경위는 어떻게 초기의 상태가 최종의 결과로 변형되는지에 대한 과정을 보여 줍니다.

경위를 구성해 보는 것은 재귀적 표현을 이해하는 데 효과적입니
다. 대부분의 누비 문양은 재귀적이지 않지만, 시어핀스키 삼각형과
같은 흥미로운 재귀적 디자인을 찾아볼 수 있으며 이 누비 문양은 어
떤 재귀가 적용되었는지 아주 잘 보여 주고 있습니다. 연한 색깔의 세
개의 삼각형과 가운데에 있는 어두운색의 뒤집힌 삼각형이 하나의 큰
삼각형을 만들고 있습니다. 모서리에 있는 삼각형은 다시 세 개의 삼
각형과 가운데의 뒤집힌 삼각형으로 이루어져 있습니다. 그리고 모서
리에 있는 바로 놓인 삼각형은 다시 바로 놓인 세 개의 삼각형과 뒤집힌 하나의 삼각형으로 나뉩
니다. 그리고 이것이 계속 반복됩니다. 에서의 "그리는 손"과 짝수, 홀수 알고리즘에서 볼 수 있었
던, 간접적 재귀와 유사하다는 것을 알 수 있습니다(12장 참조).

경위의 종류는 다양합니다. 어떤 경우에는 알고리즘과 그 경위가 완벽히 분리되어 있습니
다. 예를 들어 대부분의 조립 설명서에는 어떤 작업을 수행해야 하는지를 나타내는 번호가 매
겨진 단계들이 있고, 이와는 분리되어 있지만 각 단계에 해당하는 번호가 매겨진 일련의 그림들
이 있어서 각 단계의 결과를 볼 수 있습니다. 각각 해야 하는 작업을 그림으로 구성해서 직접적
으로 나타내는 경위도 존재합니다. 두 가지 모두 각각 장단점을 가지고 있습니다. 특히 재귀 알
고리즘의 경위를 파악하려고 할 때 이런 장단점은 더욱 두드러집니다. 재귀 알고리즘을 실행할
때 어려운 점 하나는 모든 실행과 각각의 매개변수를 모두 기록해야 한다는 것입니다. 예를 들어
$Count(\text{B}→\text{W}→\text{H})$를 실행하면, 각각 다른 리스트를 매개변수로 해서 $Count$를 세 번 실행해야
합니다. 명령문을 경위의 일부로 포함하는 방법은 이 경우에 잘 맞으며, 다른 추가적인 보조 수
단이 필요하지 않습니다. 경위를 구성하는 각각의 단계는 계산을 표현하고 있으며, 계산을 계속
해서 수행하기 위한 관련된 모든 정보를 포함하고 있습니다. 하지만, 경위에 명령을 포함하는 것
은 혼동을 초래할 수 있고, 정보가 완전히 중복되고 너무 많은 정보가 갈무리되어 경위의 양을
엄청나게 크게 만들 수도 있습니다. 반면에 명령과 경위를 분리하게 되면 알고리즘과 경위 사이
의 대응 관계를 관리해야 하는 대신 경위를 간결하게 표현할 수 있습니다.

알고리즘의 의미는 그것이 만들어 내는 모든 계산의 집합에 있습니다.[1] 경위는 계산을 구체
화하며, 결과적으로 알고리즘을 이해하는 데 도움을 줍니다. 따라서 경위를 만들어 내는 방법은
알고리즘과 그 계산 사이의 관계를 더 잘 설명해 주는 중요한 도구입니다.

13 해석하기 나름

12장에서는 재귀의 여러 가지 형태, 어떻게 재귀와 순환이 관련되어 있는지 재귀가 무엇인지에 대해서 주로 설명했습니다. 알고리즘 *하기*와 *Count*의 실행 과정을 통해, 표현적 재귀의 실행이 전개적 재귀를 만들어 냄을 보았고, 자기 참조와 자기 유사성이 계산으로 연결되어 있음을 확인했습니다. 하지만 재귀적 계산이 어떻게 작동하는지는 아직 살펴보지 않았습니다.

이 장에서는 재귀 알고리즘이 어떻게 실행될 수 있는지를 보입니다. 한 가지 재미있는 점은 어떤 알고리즘이 실행되면 재귀를 통해서 같은 알고리즘이 여러 번 실행된다는 점입니다. 재귀 알고리즘이 가지는 이러한 동적인 특성은 두 가지 방법으로 설명할 수 있습니다.

우선 *치환*(substitution)을 사용하면 계산의 경위를 재귀적 정의로부터 만들어 낼 수 있습니다. 이렇게 인수를 매개변수로 치환하는 것은 어떤 알고리즘이 실행될 때 수반되는 핵심적인 동작입니다. 재귀적 알고리즘을 실행하는 경우에는, 호출되는 알고리즘을 그 정의로 대체할 때 추가로 치환이 사용됩니다. 이런 방법으로 치환은 표현적 재귀를 없애고 그것을 재귀 알고리즘을 설명해 줄 수 있는 경위에 대한 정보로 바꿔 줍니다.

그다음으로, *해석기*(interpreter)라는 개념은 재귀 알고리즘을 설명하기 위한 또 다른 방법을 제공합니다. 해석기는 특별한 종류의 컴퓨터로, 재귀적인(그리고 재귀적이지 않은) 호출과 여러 인수들을 - 연쇄적인 재귀 알고리즘의 실행 결과로 생겨나는 - 기록하기 위해, 알고리즘을 스택 데이터 타입(4장 참조)을 이용해서 실행합니다. 해석기의 동작은 치환에 비해 더 복잡하지만, 알고리즘의 실행에 대한 다른 관점을 제공합니다. 게다가 해석기는 명령은 없이 데이터만을 포함하기 때문에, 치환에 의해 만들어지는 것보다 간결한 계산 경위를 제공해 줄 수 있습니다. 이 두 모델을 통해 어떻게 재귀가 동작하는지를 알 수 있으며 재귀의 또 다른 측면, 즉 선형과 비선형 재귀가 어떻게 다른가 하는 것을 이해할 수 있습니다.

역사를 다시 쓰다

알고리즘이 문제 해결의 도구로서 가치가 있으려면, 여러 가지 관련된 문제를 풀 수 있어야만 합니다(2장 참조). 만약 어떤 알고리즘이 집에서 일터로 가는 가장 짧은 경로를 찾는 것과 같은 단 한 가지 문제만을 풀 수 있다면, 한 번 실행해서 경로를 외우고 나서는 그 알고리즘을 잊어버릴 것입니다. 반면 그 알고리즘에 매개변수가 포함되어 있어서 임의의 두 지점 사이의 가장 짧은 경로를 찾을 수 있다면, 다양한 경우에 적용할 수 있기 때문에 매우 유용할 것입니다.

알고리즘이 실행될 때 그 결과로 수행되는 계산은, 매개변수의 자리에 *치환된* 입력값들에 대해서 동작합니다. 2장의 일어나기 알고리즘에는 "*일어날 시간*에 일어나시오"라는 명령이 들어 있습니다. 이 알고리즘을 실행하려면 오전 6시 30분처럼 구체적인 값을 입력해야 합니다(예를 들어 알람을 설정해서). 그리고 나면 알고리즘에서 *일어날 시간*이라는 매개변수가 오전 6:30으로 치환되어, 명령이 "오전 6:30에 일어나시오"로 바뀝니다.

이러한 치환 방식은 커피를 만들기 위한 몇 컵의 물, 길을 찾기 위한 조약돌, 기상 예보에서 기상 조건 등 모든 알고리즘과 그 매개변수에 적용됩니다. 물론 매개변수의 치환은 재귀 알고리즘에도 적용됩니다. 예를 들어 퀵 정렬과 병합 정렬에는 입력으로 정렬의 대상이 되는 리스트가 필요하며, 이진 검색은 찾고자 하는 항목과 검색을 수행할 대상으로써 데이터 구조(트리나 배열), 두 개의 매개변수가 필요합니다. 그리고 *Count* 알고리즘(12장 참조)은 요소의 수를 세야 하는 리스트를 매개변수에 대한 입력으로 받아들입니다.

또한, 재귀 알고리즘을 실행할 때는 어떤 알고리즘의 이름을 그 정의로 치환하는 또 다른 종류의 치환이 필요합니다. 예를 들어 *Count*로 마티가 1885년에 가져간 물건의 숫자를 셀 때 이런 치환이 일어납니다. *Count* 알고리즘이 비어 있지 않은 리스트에 대해서 실행되는 경우를 나타내는 등식을 다시 한번 봅시다.

$$Count(x \rightarrow rest) = Count(rest) + 1$$

우선 매개변수에 대해 인수 리스트의 치환이 일어납니다. 리스트 B→W→H에 $Count$를 실행하는 것은 $Count$의 매개변수를 이 리스트로 치환하는 것을 의미합니다. 이 등식에서는 $Count$의 매개변수가 두 부분으로 구성된 패턴으로 표현되어 있기 때문에, 이 패턴에 입력 리스트를 대응시키면 x는 B로, rest는 W→H로 두 번의 치환이 일어납니다. 이 치환은 알고리즘의 단계를 정의하는 등식의 우변에도 영향을 미칩니다. 등식의 우변은 $Count$ 알고리즘을 rest에 대해서 실행하고 그 결과에 1을 더하고 있으므로, 최종적으로 치환에 의해 다음과 같은 등식이 얻어집니다.

$$Count(B \rightarrow W \rightarrow H) = Count(W \rightarrow H) + 1$$

이 등식은 특정한 사례에 대해 알고리즘이 실현되는 양상을 정의하고 있다고 이해할 수 있습니다. 하지만 호출된 알고리즘이 그 자신의 정의로 치환되는 것으로도 볼 수 있습니다.

8장에서 처음으로 언급된 유도의 개념을 사용하면 이것이 더 명확해집니다. 기억하시겠지만, 비종단자 문법 기호가 어떻게 그 우측의 정의부로 확장되는지를 화살표로 나타냈습니다. 이러한 일련의 확장은 어떤 언어가 가지는 문법 규칙을 사용해서 문자열이나 구문 트리를 만드는 데 사용될 수 있습니다. 재귀 알고리즘을 정의하는 위의 등식도, 계산을 유도하기 위한 규칙들과 동일한 방식이라고 볼 수 있습니다. 화살표 표기법을 사용해서 위의 등식을 아래와 같이 다시 작성할 수 있습니다.

$$Count(B \rightarrow W \rightarrow H) \xrightarrow{Count_2} Count(W \rightarrow H) + 1$$

이 화살표 표기법은 $Count(W \rightarrow H) + 1$이 알고리즘 $Count$의 호출을 그 정의로 대체, 혹은 치환한 결과라는 것을 강조합니다. 화살표 위에 있는 $Count_2$라는 이름은 이 절차가 $Count$의 두 번째 등식을 이용하고 있음을 나타냅니다. 이 결과에 $Count$에 대한 호출이 포함되어 있기 때문에, 우리는 다시 이 전략을 적용해서 이 호출부를 그 정의로 치환할 수 있습니다. 이때 새로운 인수인 리스트 W→H를 매개변수에 치환해야만 합니다. 인수로 주어진 리스트가 비어 있지 않기 때문에, 다시 두 번째 등식을 사용해야 합니다.

$$Count(\text{B}{\to}\text{W}{\to}\text{H}) \xrightarrow{Count_2} Count(\text{W}{\to}\text{H}) + 1 \xrightarrow{Count_2} Count(\text{W}) + 1 + 1$$

마지막 단계를 보면 치환이 문맥 안에서 이루어지고, 문맥에 영향을 미치지 않는다는 것을 알 수 있습니다. 다시 말해, 치환은 보다 큰 표현식의 일부만을 대체하기 때문에 그 변경이 국소적입니다. 이것은 전구를 갈아 끼우는 것과 무척 비슷합니다. 오래된 전구를 빼내고 같은 자리에 새로운 전구를 끼워 넣어도, 전등이나 다른 부분은 아무것도 바뀌지 않습니다. 앞서의 예에서 $Count(\text{W}{\to}\text{H})$를 $Count(\text{W}) + 1$로 치환하는 것은 "+ 1"이라는 문맥 안에서 이루어집니다. 이런 확장을 완료하고 $Count$에서 모든 재귀를 제거하려면 치환을 두 번 더 해야 합니다.

$$
\begin{aligned}
Count(\text{B}{\to}\text{W}{\to}\text{H}) & \xrightarrow{Count_2} Count(\text{W}{\to}\text{H}) + 1 \\
& \xrightarrow{Count_2} Count(\text{W}) + 1 + 1 \\
& \xrightarrow{Count_2} Count(\ ) + 1 + 1 + 1 \\
& \xrightarrow{Count_1} 0 + 1 + 1 + 1
\end{aligned}
$$

마지막 치환 단계에서는 비어 있는 리스트에 적용되는 $Count$의 첫 번째 규칙이 사용된 것을 볼 수 있습니다. 이제 모든 재귀가 제거되었고 수식만이 남았으므로, 계산해서 결과를 구할 수 있습니다.

같은 전략을 알고리즘 *하기*와 목표에 적용하면, 이들 두 종류의 재귀적 시간 여행 알고리즘이 실행되어 일련의 행위를 만들어 내는 과정을 치환을 통해 추적할 수 있습니다.

목표(현재를 살기)
$\xrightarrow{목표_1}$ *목표(세상을 돌려놓기); 캠핑 가기*
$\xrightarrow{목표_2}$ *스포츠 연보 되찾기; 목표(박사 구하기); 캠핑 가기*
$\xrightarrow{목표_3}$ *스포츠 연보 되찾기; 박사가 뷰포드 태넌을 피하도록 돕기; 캠핑 가기*

이 예는 표현적 재귀에서 수수께끼 같아 보이는 자기 참조를 해소하기 위해, 반복적으로 어떤 이름을 그 정의와 치환합니다. 이렇게 반복해서 정의로 치환하는 방법은 사진 속 방에 있는 TV가 방의 사진을 보여 주는 재귀적 그림에도 적용할 수 있습니다(그림 13.1 참조).

[그림 13.1] 그림의 재귀적 정의. 하나의 이름이 그림에 부여되고, 그 그림 안에 해당하는 이름이 포함되어 자기 자신을 참조합니다. 이러한 자기 참조적 정의가 의미하는 바는, 포함된 이름을 작게 줄인 그림으로 반복해서 치환함으로써, 즉 한 단계씩 재귀를 풀어냄으로써 얻어낼 수 있습니다.

치환을 반복했을 때 어떻게 표현적 재귀가 전개적 재귀로 바뀌는지를 보이기 위해, 몇 단계를 진행해 보겠습니다.

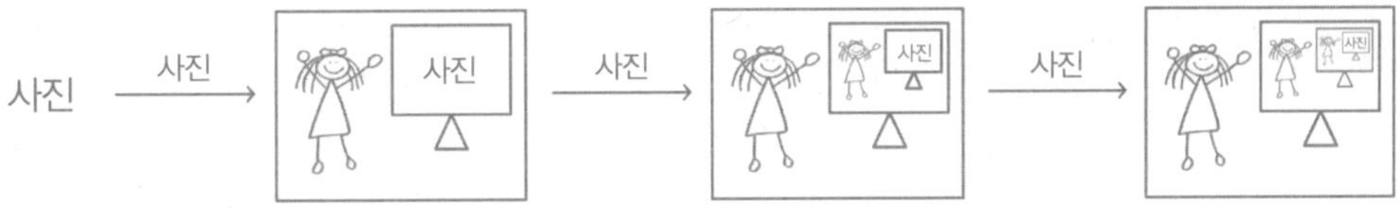

물론, 여기서의 재귀는 무한하고 기저 상태도 없기 때문에, 치환 과정은 끝나지 않을 것입니다. 이 상황은 1을 무한하게 포함하고 있는 리스트에서도 유사합니다.

$Ones = 1{\rightarrow}Ones$

이 정의를 실행하면 치환은 계속해서 증가하는 리스트를 만들어 낼 것입니다. 단계마다 1이 하나씩 리스트에 추가됩니다.

$$Ones \xrightarrow{\ Ones\ } 1{\rightarrow}Ones \xrightarrow{\ Ones\ } 1{\rightarrow}1{\rightarrow}Ones \xrightarrow{\ Ones\ } 1{\rightarrow}1{\rightarrow}1{\rightarrow}Ones \cdots$$

정의에 따라 이름을 반복적으로 대체하는 과정을 *다시 쓰는 과정*이라고도 합니다. 그래서 마티의 시간이 계산으로 여행할 때, 그는 실제로 역사를 다시 쓰고 있습니다.

더 작은 흔적

치환은 계산의 경위를 만들어 내는 간단한 방법입니다. 기본적으로 이 방법은 중간 결과와 상태를 연속해서 갈무리하는 것입니다. 이 방법은 재귀적이거나 그렇지 않은 알고리즘 모두에 똑같이 작용하지만 재귀적 알고리즘에 특히 더 유용한데, 이 방법을 통해 자기 참조가 제거되고 체계적으로 표현적 재귀가 등가의 전개적 재귀로 바뀌기 때문입니다. 다만, 계산의 결과에만 관심이 있고 중간 단계에는 관심이 없다면, 이런 치환 과정은 필요 이상의 작업을 수행합니다. 하지만 치환을 통한 경위 추적이 가지는 가치는 수행된 계산을 설명해 줄 수 있다는 데에 있습니다. *Count*의 실행 경위가 이런 예입니다.

하지만, 치환을 통해 경위를 파악할 수는 있지만, 그 크기가 커지면 산만해질 수 있습니다. 다시 삽입 정렬 알고리즘(Isort)을 떠올려 봅시다(6장 참조). 아직 정렬되지 않은 리스트와 정렬되어 있는 리스트, 두 개의 리스트를 사용하는 알고리즘 *Isort*의 재귀적 정의는 다음과 같습니다.

$$\textit{Isort}(\ ,\ \underline{\text{list}}) = \underline{\text{list}}$$
$$\textit{Isort}(\text{x}\to\underline{\text{rest}},\ \underline{\text{list}}) = \textit{Isort}(\underline{\text{rest}},\ \textit{Insert}(\underline{\text{x}},\ \underline{\text{list}}))$$

$$\textit{Insert}(\underline{\text{w}},\ ) = \underline{\text{w}}$$
$$\textit{Insert}(\underline{\text{w}},\ \underline{\text{x}}\to\underline{\text{rest}}) = \textbf{if } \underline{\text{w}}\leq\underline{\text{x}} \textbf{ then } \underline{\text{w}}\to\underline{\text{x}}\to\underline{\text{rest}} \textbf{ else } \underline{\text{x}}\to\textit{Insert}(\underline{\text{w}},\ \underline{\text{rest}})$$

$$\textit{Isort}(\text{B}\to\text{W}\to\text{H},\ ) \xrightarrow{\textit{Isort}_2} \textit{Isort}(\text{W}\to\text{H},\ \textit{Insert}(\text{B},\ ))$$
$$\xrightarrow{\textit{Insert}_1} \textit{Isort}(\text{W}\to\text{H},\ \text{B})$$
$$\xrightarrow{\textit{Isort}_2} \textit{Isort}(\text{H},\ \textit{Insert}(\text{W},\ \text{B}))$$
$$\xrightarrow{\textit{Insert}_2} \textit{Isort}(\text{H},\ \textbf{if } \text{W}\leq\text{B} \textbf{ then } \text{W}\to\text{B} \textbf{ else } \text{B}\to\textit{Insert}(\text{W},\ ))$$
$$\xrightarrow{\textbf{else}} \textit{Isort}(\text{H},\ \text{B}\to\textit{Insert}(\text{W},\ ))$$
$$\xrightarrow{\textit{Insert}_1} \textit{Isort}(\text{H},\ \text{B}\to\text{W})$$
$$\xrightarrow{\textit{Isort}_2} \textit{Isort}(\ ,\ \textit{Insert}(\text{H},\ \text{B}\to\text{W}))$$
$$\xrightarrow{\textit{Isort}_1} \textit{Insert}(\text{H},\ \text{B}\to\text{W})$$
$$\xrightarrow{\textit{Insert}_2} \textbf{if } \text{H}\leq\text{B} \textbf{ then } \text{H}\to\text{B}\to\text{W} \textbf{ else } \text{B}\to\textit{Insert}(\text{H},\ \text{W})$$
$$\xrightarrow{\textbf{else}} \text{B}\to\textit{Insert}(\text{H},\ \text{W})$$

$$\xrightarrow{\textit{Insert}_2} B \rightarrow (\textbf{if } H \leq W \textbf{ then } H \rightarrow W \textbf{ else } W \rightarrow \textit{Insert}(H, \text{ rest}))$$

$$\xrightarrow{\textbf{then}} B \rightarrow H \rightarrow W$$

[그림 13.2] 삽입 정렬의 실행 경위를 치환을 통해 확인한 것

알고리즘 *Isort*는 두 개의 인수를 가지고 있습니다. 이 알고리즘은 첫 번째 리스트를 훑으면서 리스트의 모든 요소에 대해 보조 알고리즘 *Insert*를 실행합니다. 만약 정렬 대상이 되는 리스트가 비어 있으면 더 이상의 정렬은 필요하지 않으며, 두 번째 매개변수인 list에 최종 결과가 담기게 됩니다. 비어 있지 않은 경우에는 알고리즘 *Insert*가 정렬되어 있지 않은 리스트에 있는 요소 w를 정렬된 리스트상의 순서에 맞는 자리로 이동시킵니다. 만약 해당 리스트가 비어 있다면 정렬된 리스트가 w만으로 구성되게 됩니다. 만약 비어 있지 않다면, *Insert*는 w를 삽입될 리스트의 첫 번째 요소 (x)와 비교합니다. 만약 w가 x보다 작거나 같다면 삽입될 위치가 결정되며 w는 리스트의 가장 앞에 놓입니다. 그렇지 않다면 *Insert*는 x는 제자리에 그냥 두고, w를 리스트의 남은 부분 rest에 삽입하려고 시도하게 됩니다. 물론 이것은 삽입될 리스트가 이미 정렬되어 있어야만 제대로 작동하며, 이 경우에는 리스트가 오직 *Insert* 알고리즘에 의해서만 생성되기 때문에 조건이 만족됩니다.

그림 13.2가 보여 주는 것과 같이, 정렬된 리스트를 만드는 것은 많은 단계를 거치며, *Insert* 알고리즘을 실행할 때마다 생기는 효과도 모호합니다. 왜냐하면 조건문이 들어 있어서 중간 단계의 리스트가 조건문의 각 분기에 대해서 임시로 두 *번* 표현되고 있기 때문입니다. 치환에 의해 만들어진 경위는 정확하고 알고리즘이 수행하는 작업을 그대로 보여 주지만, 모든 세부 사항을 살펴보고, 명령으로부터 데이터를 구분해 내려면 잔뜩 집중해야 합니다.

치환을 사용할 때 혼동될 수 있는 또 다른 한 가지는, 많은 경우에 치환을 여러 가지 방법으로 할 수 있다는 것입니다. 그렇다고 해도 일반적으로 결과에 영향을 미치지는 않지만, 최소한 경위의 크기와 그 가독성에는 영향을 미칠 수 있습니다. 예를 들어, 그림 13.2에서는 첫 번째로 치환했을 때 *Isort*(W→H, *Insert*(B,))가 만들어지는 것을 볼 수 있는데, 이후에 두 가지 치환이 이어질 수 있습니다: *Insert*의 첫 번째 등식을 사용하거나, *Isort*의 두 번째 등식을 어떤 순서로든 적용할 수 있습니다.

6장에서 데이터만 표현된 경위를 통해 여러 가지 알고리즘을 설명하는 것을 살펴본 바 있습니다. 여기에서는 이동된 각 요소에 대해서 비정렬 리스트와 정렬 리스트만이 표현되어 있습니다(그림 6.2에 삽입 정렬을 표현한 것을 보세요). 만약 앞의 예를 같은 방식으로 시각화한다면, 그림 13.2보다 훨씬 짧고 간결한 다음과 같은 경위를 얻을 수 있습니다.

비정렬 리스트		정렬 리스트
B→W→H	|	
W→H	|	B
H	|	B→H
	|	B→H→W

데이터만 표현된 경위는 알고리즘의 명령을 하나도 포함하고 있지 않기 때문에 무척 간결해 보입니다(이것은 해석기의 전형적인 동작, 즉 알고리즘이나 프로그램의 표기로부터 처리될 데이터를 구분합니다). 또한 데이터만 표현된 경위는 *Insert*가 어떻게 요소를 옮기는지에 대한 세부 사항은 생략하고, 두 리스트에 미치는 *Isort*의 실질적 효과만을 보여 줍니다. 게다가 이 프로그램은 한 가지로만 표현되고, 절대 달라지지 않습니다. 어떤 알고리즘이 해석될 때, 데이터만 포함된 경위에는 결과적으로 데이터가 어떻게 변화하는지에 대해서만 표현됩니다.

치환을 통한 경위는 데이터의 변화와 계산의 진행 상황을 모두 추적하지만, 해석기의 경우에는 이 두 가지 용도에 단 하나의 스택 데이터 타입만 사용합니다. 특히 재귀 알고리즘의 경우에 해석기는 반드시 각각의 재귀적 호출에 대해서 호출된 지점을 기록해서 재귀 호출이 종료된 다음에는 다시 해당 지점으로 돌아와 계산이 계속되도록 해야만 합니다. 또 알고리즘의 모든 재귀 실행은 각각 고유의 인수를 가지기 때문에, 해석기는 여러 버전의 매개변수를 관리할 수 있어야 합니다.

프로그램 주소와 매개변숫값을 스택에 저장함으로써 이러한 요구 사항을 만족시킬 수 있습니다. 알고리즘 *하기*를 실행하면서 어떻게 이것이 가능한지 살펴보죠. 재귀 실행 후 호출 지점으로 돌아올 수 있게 하기 위해서 알고리즘에 위치를 표시할 수 있어야만 하는데, 이런 용도로 숫자가 사용됩니다. 스택에 저장될 정보로는 알고리즘 *하기*의 매개변수는 정의되어 있지 않으므로 무시할 수 있고, 위치 정보만 저장하면 됩니다. 이 알고리즘은 명령과 명령 사이를 숫자로 표시하도록 약간 수정된 방식으로 재현되었습니다.

- *하기*(1985) = ① *하기*(1955) ②*캠핑 가기* ③*복귀*

- *하기*(1955) = ④*연보 파괴* ⑤*하기*(1885) ⑥*복귀*

- *하기*(1885) = ⑦*박사 구하기* ⑧*복귀*

해석기는 *하기*(1985)처럼 인수가 적용된 알고리즘을 실행할 때, 명령을 하나씩 수행하며, 이를 위해 스택에 다음에 수행해야 하는 명령의 주소를 저장합니다.* 어떤 명령이 알고리즘의 재귀적 실행이라면, 해석기가 재귀 호출이 가리키는 명령의 주소로 점프하기 전에, 해당 명령의 바로 다음 주소를 스택의 가장 위에 집어넣습니다. 위의 예에서는 첫 번째 명령이 바로 이런 명령이므로, 뒤따르는 주소 ②를 스택 위에 밀어 넣고, 다음에 실행할 명령의 주소를 ④로 바꿉니다.

현재 명령	스택	세상의 상태
①*하기*(1955)	–	*연도: 1985, 비프가 연보 소지, 1985년 대혼란*
④*연보 파괴*	②	*연도: 1955, 비프가 연보 소지, 1985년 대혼란*
⑤*하기*(1885)	②	*연도: 1955, 1885년 박사 위험*
⑦*박사 구하기*	⑥②	*연도: 1885, 1885년 박사 위험*
⑧*복귀*	⑥②	*연도: 1885*
⑥*복귀*	②	*연도: 1955*
②*캠핑 가기*	–	*연도: 1985*

[그림 13.3] *하기*(1985)를 해석한 것. 현재의 명령이 재귀적 호출인 경우, 재귀 호출이 완료된 이후 계산을 이어가기 위해서 다음 명령의 주소가 스택에 저장됩니다. *복귀* 명령이 수행될 때마다 이러한 일이 벌어집니다. 호출 지점으로 돌아온 다음에는 해당 주소는 스택에서 지워집니다

그림 13.3의 첫 번째 두 줄에서 이를 볼 수 있습니다. 여기를 보면 어떻게 현재의 명령과 스택이 알고리즘의 실행 중에 변화하는지를 볼 수 있습니다. 표의 두 번째 열에는 스택이 표현되어 있는데 열의 왼쪽이 스택의 위에, 오른쪽이 아래에 대응됩니다. 이 그림은 명령을 실행함에 따라 현재의 연도나 스포츠 연보의 소유 상태 같은 것들이 어떻게 변화하는지도 보여 주고 있습니다. 세상에 대한 이런 특정한 정보는 마티가 1955년으로 돌아가 스포츠 연보를 파괴한 이후에 바뀝니다. 브라운 박사가 위험에 처하게 된 것은 알고리즘의 실행에 따른 것이 아니긴 하지만, 알고리즘의 다음 단계에서 이것 또한 바꾸고 있습니다. 1885년으로 시간여행을 하면서 돌아와야 할

---

* 주소가 순차적으로 증가하면서 실행되는 흐름이 깨지는 경우에만

주소가 하나 더 생기고, 이 주소 ⑥을 스택에 밀어 넣습니다. 그다음에 박사를 구함으로써 세상의 상태, 즉 그가 위험에 처했다는 사실이 변경됩니다. 알고리즘의 다음 명령은 재귀 실행을 위해 알고리즘의 실행 흐름이 변경되었던 곳으로 다시 돌아가는 것입니다. 돌아가야 할 곳은 스택에 마지막으로 밀어 넣은 주소이므로, 스택의 가장 위에서 찾을 수 있습니다. 따라서, *복귀* 명령을 실행하면, 주소 ⑥에 있는 명령이 다음에 실행해야 할 명령이 됩니다. ⑥은 또 다른 *복귀* 명령이므로, 다시 스택에서 돌아갈 주소를 꺼내게 됩니다. 이 *복귀* 명령의 목적지는 주소 ②이고, 마티와 제니퍼는 드디어 캠핑을 갈 수 있게 됩니다.

이 *하기*의 예는 알고리즘의 호출이 중첩되었을 때** 스택에 복귀 주소가 어떤 식으로 저장되는지를 보여 줍니다. 하지만 여기서는 매개변숫값을 스택에 저장할 필요는 없었습니다. 이번에는 매개변수를 저장할 필요가 있는 알고리즘 *Isort*를 다시 한번 살펴보겠습니다. 다만 이번에는 각알고리즘이 *하기*처럼 여러 개의 등식으로 이루어진 것이 아니고 단 하나의 등식으로만 이루어져 있기 때문에 복귀 주소를 저장할 필요가 없습니다.

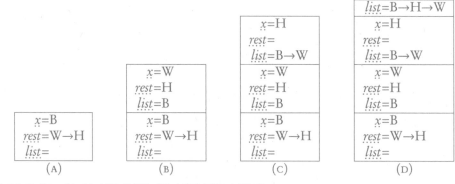

[그림 13.4] *Isort*(B→W→H)를 해석할 때의 스택의 값을 나타낸 것

마티의 물건을 정렬하기 위해서, 해석기는 *Isort*(B→W→H,)의 처리를 시작합니다. 처음에는 스택이 비어 있습니다. 인수들을 *Isort*의 매개변수 패턴과 짝을 지으면, *바인딩*(*binding*)이라고 불리는 (패턴에 사용된) 매개변수 이름과 그 값 간의 쌍이 만들어집니다. 이 바인딩을 스택에 집어넣으면 그림 13.4의 A와 같은 스택이 됩니다. *Isort* 알고리즘은 두 개의 입력을 받는데, 첫 번째 입력으로 비어 있지 않은 리스트를 넣었더니, 이상하게도 세 개의 매개변수에 대한 바인딩이

** 하나가 복귀하기 전에 다른 것이 호출되었을 때

스택에 들어갔습니다. 이것은 첫 번째 인수가 패턴 x→rest와 짝지어졌기 때문에 생긴 일입니다. 이 패턴은 인수로 입력된 리스트를 첫 번째 요소와 나머지 부분으로 쪼개기 위해서, 두 개의 매개변수로 구성되어 있습니다. 첫 번째 등식은 매개변수 하나에 대한 바인딩만을 만들어 내는데, 두 번째 입력은 비어 있는 리스트라는 것을 알고 있고, 어떤 이름으로 참조할 필요가 없기 때문입니다.

패턴 매칭에 의해 매개변수의 바인딩을 스택에 저장한 뒤에, 이 알고리즘은 $Isort$($rest$, $Insert$(x, list))를 계산하라고 지시합니다. 치환 방법에서와 같이, 해석기는 이제 바깥쪽의 $Isort$를 계속해서 호출하거나, 안에 들어 있는 $Insert$를 먼저 호출하는 두 가지 작업 중 하나를 진행할 수 있습니다. 대부분의 프로그래밍 언어는 알고리즘을 실행하기 전에 그 인수를 먼저 처리합니다.[1] 이 전략을 따르게 되면, 해석기는 $Isort$를 호출하기 전에 우선 $Insert$(x, list)를 처리합니다. x와 list의 값을 스택에서 가져와서 적용하면 이것은 $Insert$(B,)가 됩니다. 이것은 별도의 스택을 이용해서 처리할 수 있고, 결과로 list B가 만들어집니다. 결과적으로 $Isort$를 호출했더니 $Isort$($rest$, B)가 되었습니다.

해석기는 이제 $Isort$($rest$, B)를 그림 13.4의 A에 나온 것과 같은 스택을 이용해서 처리합니다. 우선 rest의 값을 스택에서 가져오는데, 이에 따라 해석기는 실제로는 $Isort$(W→H, B)를 처리하게 됩니다. 이제 패턴 매칭에 의해 $Isort$의 매개변수에 대한 새로운 바인딩이 만들어져서 스택에 들어갑니다. 이는 그림 13.4의 B에 나와 있습니다.

매개변수 x, rest, list가 스택에 각각 두 번씩 나오는 것에 놀랄 수도 있습니다. 이는 $Isort$를 재귀적으로 호출할 때마다 그 매개변수에 대해 각각 다른 인수가 필요하고, 따라서 별도로 저장되어야 하기 때문입니다. 일단 해석기에 의해 내포된 $Isort$의 호출이 처리되고 나면, 해당하는 매개변수에 대한 바인딩은 스택에서 제거됩니다. 그리고 이전에 호출된 $Isort$가 자신의 인수에 대해서 처리됩니다.[2]

하지만 그전에 $Isort$의 호출에 의해 $Isort$의 두 번째 등식, 즉 $Isort$($rest$, $Insert$(x, list))을 처리하게 됩니다. 여기에 대한 바인딩은 역시 스택에서 찾을 수 있습니다. 하지만 각 매개변수명에 대해 여러 개의 바인딩이 존재하는데, 어떤 것을 사용해야 하고 어떻게 그것을 찾아야 할까요? 여기서 다시 스택 데이터 타입이 제 기능을 하게 됩니다. 마지막으로 호출된 $Isort$에 대한 매개변숫값은 스택에 가장 최근에 밀어 넣었기 때문에, 스택의 가장 위에서 찾을 수 있습니다. 따라서 그 결과로 *Isort*(H, *Insert*(W, B))가 호출됩니다. *Insert*(W, B)는 list B→W를 만들어 내기 때문에, *Isort*를 다음에 호출하면 *Isort*(H, B→W)를 처리하게 됩니다. 이것은 다시 *Isort*의 두 번째 등식을 실행하게 되고, 다음으로 *Isort*(rest, *Insert*(x, list))가 그림 13.4의 C의 스택 내용과 함께 호출됩니다.

스택의 가장 위에서 매개변수에 대한 인수를 가져오면, 이 호출은 *Isort*(, *Insert*(H, B→W))가 되고, *Insert*(H, B→W)를 처리하고 나면 최종적으로 *Isort*(, B→H→W)가 됩니다. 이제 *Isort*의 첫 번째 인수가 비어 있는 리스트이므로, 해석기는 이 list를 *Isort*의 첫 번째 등식으로 처리하게 됩니다. 이것은 그림 13.4의 D에 있는 스택 내용을 가지고 처리됩니다.

이 시점에서 list의 값은 스택에 있고, 최종 결과로 반환됩니다. 최종적으로 *Isort*의 호출은 매개변수 바인딩을 스택에서 제거하고 스택을 비움으로써 종료됩니다. 호출이 완료되면 각 재귀 호출에 의해 어떻게 스택의 내용이 늘어나고 줄어들었는지를 볼 수 있습니다.

앞에서 본 삽입 정렬에서 정렬 대상이 되는 리스트와 정렬의 결과가 되는 두 리스트가 어떻게 변화하는지에 대한 정보는 그림 13.4에 나온 스택을 이용해서 체계적으로 재구성할 수 있습니다.

사실, *Isort*의 모든 중첩된 호출을 완벽하게 나타내고 있는 스택(그림 13.4의 D) 하나만 있으면 충분합니다. 스택에 들어 있는 바인딩의 묶음들은 각각 두 리스트가 변화되는 하나의 단계에 대응됩니다. *Isort*에 입력되는 비어 있지 않은 리스트는 모두 *Isort*가 호출될 때 분할되어 두 매개변수 x와 rest에 대한 바인딩이 만들어진다는 것을 떠올려 보세요. 이것은 *Isort*의 호출 시에 입력이 된 리스트는 x→rest라는 리스트와 같고, 그 결과가 되는 리스트는 list와 같다는 의미입니다. 따라서 스택의 가장 아래 칸에 있는 정보로부터 최초 *Isort*가 호출되었을 때 두 개의 리스트는 B→W→H와 비어 있는 리스트였음을 알 수 있고, 그다음에 있는 정보로부터 그다음 단계에는 W→H와 B가 되었고, 세 번째는 H와 B→W로, 스택의 가장 위에 있는 정보를 통해 최종적으로 두 리스트가 비어있는 리스트(입력이 되는 리스트, 매개변수와 묶이지 않음)와 B→H→W가 되었다는 것을 알 수 있습니다.

치환과 해석은 모두 알고리즘, 그중에서도 재귀적인 알고리즘의 실행을 이해하기 위한 방편입니다. 치환은 단계별로 실행 경위를 다시 표현해 나가는 것이기 때문에 좀 더 단순한 반면, 해석은 보조적인 스택을 활용합니다. 치환법에는 코드와 데이터가 혼합되어 있지만, 해석법은 각각을 깔끔하게 구분하기 때문에 경위가 명료해집니다. 제한되지 않은 재귀에 대해서 치환은 의미 있는 결과를 만들 수 있지만, 해석은 종료되지 않는 계산을 만들어 냅니다.

도플갱어로 더 많은 일을

마티가 1955년으로 두 번째로 돌아갔을 때(박사와 함께 2015년에서 폭력적인 1985년으로 돌아온 이후), 그는 이전에 같은 과거로 돌아간 적이 있었기 때문에(1편에서) 1955년에 두 명으로 존재하게 됩니다. 두 명의 마티는 같이 있지 않고 서로 다른 일을 합니다. 첫 번째 마티는 그의 부모님이 서로 사랑에 빠지게 하려고 분주하고, 두 번째 마티는 비프에게서 스포츠 연보를 빼앗으려고 열심입니다. 마찬가지로 늙은 비프도 젊은 시절의 자신에게 스포츠 연보를 주려고 2015년에서 1955년으로 오기 때문에 1955년에 두 명으로 존재합니다. 두 명의 마티와는 달리 두 명의 비프는 서로 협력합니다. 늙은 비프는 젊은 비프에게 스포츠 연보를 줍니다. 다행히도 공간-시간 패러독스로 전 우주가 붕괴하는 일은 벌어지지 않습니다.[3] 게다가 마티가 1985년에서 1955년으로 이동할 때 사용한 타임머신은 늙은 비프가 2015년에서 1955년으로 올 때 사용한 것과 같은 것입니다. 따라서 늙은 비프가 젊은 비프에게 스포츠 연보를 주는 것을 마티가 보았을 때, 1955년에는 두 대의 타임머신이 존재해야만 합니다. 사실 첫 번째 마티도 1955년으로 타임머신을 타고 왔기 때문에 1955년에는 세 대의 타임머신이 있어야 합니다.

이는 과거로의 시간 여행에 따라 발생하는 피할 수 없는 결과를 보여 줍니다. 즉, 시간 여행에 따라 같은 물체와 사람이 한꺼번에 여럿 존재하게 된다는 것입니다 - 최소한 과거의 같은 시간으로 여러 번 여행한다고 했을 때 말이지요. 이러한 상황은 재귀에서의 상황과 매우 유사합니다. Count의 두 번째 등식에는 Count의 재귀가 한 번 발생하기 때문에, 실행되었을 때 과거에 단 하나의 사본만을 남깁니다. 각 재귀 호출마다 발생한 시점에서 하나의 단위시간만큼 과거로 이동하기 때문이죠. 정의에서 정의 대상을 단 한 번만 참조하는 이러한 형태의 재귀는 *선형 재귀*라고 부릅니다. 알고리즘에서 선형 재귀는 과거에서 개별적인 발생으로 이어집니다. 선형 재귀는 순환으로 쉽게 변형될 수 있고, 일반적으로 실행이 동시에 발생하지 않습니다.

반면에 어떤 정의에 정의의 대상이 하나 이상 포함되는 경우를 *비선형 재귀*라고 부릅니다. 모든 호출이 동시에 벌어지기 때문에, 이에 따른 실행 또한 과거의 같은 시점에서 동시에 시작되어 한꺼번에 벌어집니다. 이것은 컴퓨터가(전자적 컴퓨터이든 사람이든) 실제로 이런 호출을 병렬로 처리해야만 한다는 것을 의미하지는 않습니다. 단지 각각이 병렬로 실행될 수 있다는 것을 의미합니다. 그리고 이것은 잘 설계된 분할 정복 알고리즘이 가지는 놀라운 특성입니다. 이런 알고리즘은 문제를 빨리 나누어서 짧은 단계에 풀리도록 해 줄 뿐 아니라, 많은 컴퓨터에 의한 병렬 실행 또한 가능하게 해 줍니다.

퀵 정렬과 병합 정렬은 이런 알고리즘의 예입니다(6장 참조). 퀵 정렬의 정의는 다음과 같습니다: 첫 번째 등식은 비어 있는 리스트는 이미 정렬되어 있다고 말합니다. 두 번째 등식은 비어 있지 않은 리스트를 정렬하려면 리스트의 꼬리(rest)에서 x보다 작은 모든 요소를 꺼내서 그것들을 정렬한 뒤에 x의 앞에 두고, x보다 큰 요소는 정렬해서 x의 뒤에 두라고 말합니다.

- $Qsort(\ )$ =
- $Qsort(x{\rightarrow}rest)$ = $Qsort(Smaller(rest,\ x)){\rightarrow}x{\rightarrow}Qsort(Larger(rest,\ x))$

두 번째 등식은 $Qsort$의 비선형 재귀를 보여 줍니다. 퀵 정렬은 x에 의해서 두 개의 하위 리스트가 비슷한 크기가 될 때 가장 성능이 좋습니다. 최악의 경우, 즉 리스트가 이미 (거의) 정렬되어 있는 경우에는 그리 성능이 좋지 않지만, 퀵 정렬은 평균적으로 매우 성능이 좋습니다.

여러 사람이 함께 퀵 정렬이나 병합 정렬을 실행해 보면 재미있습니다. 퀵 정렬을 실행하기 위해서는 모든 사람들이 한 줄로 선 후, 첫 번째 사람이 정렬을 시작하고, 두 번째 등식을 적용해서 리스트를 그 크기가 첫 번째 요소보다 크냐 작냐에 따라 두 개의 하위 리스트로 나눕니다. 첫 번째 사람은 첫 번째 요소를 가지고 있고 하위 리스트를 줄에 있는 다음 사람에게 넘겨서 정렬하도록 합니다. 넘겨받은 사람이 만든 하위 리스트는 다시 다음 사람에게 정렬하도록 합니다. 비어 있는 리스트를 받은 사람은 즉시 작업이 완료되며 첫 번째 등식의 정의에 따라 비어 있는 리스트를 반환합니다.[4] 일단 누군가 자기 리스트의 정렬을 모두 끝냈다면, 본인에게 리스트를 넘겨준 앞의 사람에게 정렬된 리스트를 다시 반환합니다. 정렬된 하위 리스트를 받은 사람은 모두 x보다 작은 리스트는 x 앞에, 큰 리스트는 뒤에 위치시켜서 자신의 정렬된 리스트를 구성합니다. 리스트에 단 하나의 요소만 남아 있을 때 재귀를 중단하도록 하면 리스트의 요소 수만큼의 사람들이 필요한데, 이는 한 사람이 하나의 요소를 처리하기 때문입니다. 이렇게 하는 것은 단순한 리스트 정렬 작업에 지나친 자원을 낭비하는 것 같아 보이지만, 계산 비용은 계속 낮아지고 계산 능력이 점점 증가한다는 것을 생각해 보면, 이것은 사실 분할 정복이 가지는 힘과 백지장도 맞들면 낫다는 것을 보여 준다고 생각할 수 있습니다.

더 알아보기

문제를 해결하기 위한 재귀 알고리즘은 우선 같은 문제를 작은 입력에 대해서 해결하려고 시도합니다. 『백 투 더 퓨처』의 시간 여행은 현재의 어떤 일을 위해 과거의 문제를 우선 해결해야 합니다. 영화 『12몽키즈(Twelve Monkeys)』와 『데자뷰(Déjà Vu)』에서도 현재의 문제를 풀기 위해 먼저 관련된 과거의 문제를 해결하는 이야기가 나오고 여기에 시간 여행이 사용됩니다. 비슷한 상황을 전제하고 있지만 관점이 조금 다른 경우로, 영화 『터미네이터(Terminator)』에서는 미래를 바꾸기 위해 로봇들이 현재로 보내져 현실을 바꿉니다. 미래에서 현재로의 시간 여행은 영화 『루퍼(Looper)』에도 나옵니다.

시간의 패러독스가 가지는 문제는 시간 여행 이야기에서는 잘 다루지 않는 경우가 많은데 왜냐하면 일관성이 없는 이야기들은 그다지 만족스럽지 못하기 때문입니다. 스티븐 킹의 소설 『11/22/63』에서는 패러독스를 해결하려는 시도와 결과를 알 수 없는 과거로의 회귀를 찾아볼 수 있습니다. 이 책에서는 한 교사가 시간 여행 통로를 통해 과거로 가서 존 F. 케네디의 암살을 막으려고 하지만, 이에 따라 현실이 붕괴되는 이야기가 나옵니다. 비슷한 줄거리를 가지는 책으로 그레고리 벤포드의 『타임스케이프(Timescape)』라는 소설이 있습니다.

재귀적 정의를 고정점을 통해 이해한다는 생각은 로버트 하인라인의 소설 『그대들은 모두 좀비(All You Zombies)』에서 극적으로 그려내고 있습니다. 이 소설에는 어떤 여자가, 미래에서 온 남자로 성별이 전환된 자기 자신과 사랑에 빠지는 이야기가 나옵니다. 그녀는 임신을 해서 딸을 낳지만 아이는 납치되어 과거로 보내지고, 그곳에서 아이가 자라서 이야기의 시작에서 나온 바로 그 여자가 됩니다. 여기서 재미있는 것은 이 여자가 자신의 엄마이자 아빠이기 때문에 이 모든 이상한 사건들이 비로소 설명된다는 점입니다. 이러한 사실은 이야기에서 인과적 제약이라는 고정점으로 작동합니다. 이 이야기는 『타임 패러독스(Predestination)』라는 제목의 영화로도 만들어졌습니다. 영화 『타임크라임(Timecrimes)』에서도 주인공의 도플갱어를 만들어 냄으로써 고정점이 확보됩니다.

재귀적 정의가 실행되면 내포된 구조로 전개됩니다. 이것은 시어핀스키 삼각형 누비천이나, 마트료시카 인형, 혹은 내포된 TV 사진을 보면 명확히 알 수 있습니다. 하지만 이것은 이야기에서도 나타납니다. 아마도 가장 오래된 예는 천일야화일 것입니다. 이 이야기는 아라비안 나이트라는 이름으로도 알려져 있습니다. 이야기의 화자는 셰에라자드 여왕의 이야기를 합니다. 그녀는 사람들이 이야기를 하는 다른 사람들에 대한 이야기를 하는 이야기를 하고, 이것이 계속됩니다. 더글라스 호프스태터의 책 『괴델, 에셔, 바흐(Godel, Escher, Bach)』는 액자 구조를 가지는 이야기에 대한 대화가 담겨 있는데, 다른 것보다도 여기에서는 재귀의 스택 모델에 대해 설명하고 있습니다. 이 책에는 재귀에 대한 많은 내용이 실려 있는데, M. C. 에셔의 그림도 몇 장 실려 있습니다.

데이비드 미첼의 책 『클라우드 아틀라스(Cloud Atlas)』에서는 몇 가지 이야기가 서로 포개어져 있습니다. 이야기 속에 이야기가 들어 있는 구조는 영화 『인셉션(Inception)』에서 핵심적인 역할을 담당하는데, 이 영화에서는 사람들이 다른 사람들의 꿈에 침입하고 그것을 조작함으로써 머리에서 생각을 훔치는 이야기가 나옵니다. 어려운 미션을 위해 그들은 꿈의 조작을 재귀적으로 수행해야 합니다. 즉, 일단 꿈에 들어가서 꿈을 꾸고 있는 사람을 조작해야 합니다.

상호적 재귀는 리차드 카우퍼의 소설 『Worlds Apart』에서 찾아볼 수 있습니다. 여기에는 두 개의 이야기가 나오는데, 하나는 어떤 결혼한 학교 교사가 우주에 있는 어떤 부부에 대한 이야기를 만들어 내는 이야기이고, 또 다른 하나는 우주의 어떤 별에 사는 결혼한 남자가 지구에 사는 결혼한 교사의 이야기를 짓는다는 이야기입니다. 『더 프레임(The Frame)』이라는 영화에도 이와 유사한 이야기가 나옵니다. 영화에서는 어떤 응급 의료원이 TV에서 어떤 도둑을 보는데, 이 도둑 또한 TV로 이 의료원의 삶을 들여다보고 있습니다. 상호적인 재귀는 루이스 캐롤의 『거울나라의 앨리스(Through the Looking-Glass)』에서 앨리스가 유니콘을 만나 서로가 서로를 가상의 생명체라고 여기는 장면에서도 찾아볼 수 있습니다.

유형과 추상화

—

해리 포터

저녁 시간

누비 바느질을 끝낸 다음에는 저녁 식사를 준비할 시간입니다. 어떤 음식을 낼지에 따라 어떤 식기를 쓸지가 결정됩니다. 수프를 준비한다면 숟가락을, 스파게티를 준비한다면 포크를, 고기 요리를 준비한다면 나이프와 포크가 필요할 것입니다. 요리가 가지는 속성에 따라 써야 하는 도구도 달라집니다. 숟가락의 모양은 액체를 옮기기 위한 것이고, 포크의 살은 스파게티 면발을 꽂아서 붙잡고 있기 위함이며, 나이프의 칼날은 고기를 쉽게 자르기 위한 것입니다. 숟가락, 포크, 나이프를 언제 쓸지에 대한 규칙은 언어의 몇 가지 중요한 속성을 보여 줍니다.

첫 번째로, 규칙은 도구의 유형(type)에 관해서 이야기합니다. 즉, 규칙은 숟가락이나 포크, 나이프 하나하나를 구분하지 않습니다. 이들은 종류에 따라 묶이고, 규칙은 각 종류에 속하는 임의의 구성원에 관해서 이야기합니다. 이것을 통해 최소한의 규칙으로 간결한 설명이 가능하므로 이러한 사실은 중요합니다. 부엌 서랍 속에 있는 모든 포크를 집합적으로 지칭하는 포크라는 단어가 존재하지 않고, 그 대신에 포크 각각에 찌름이, 뾰족이, 예리 등등의 이름이 붙어 있다고 해 봅시다. 스파게티를 먹을 때 포크가 필요하다는 규칙을 표현하기 위해서는 이제 모든 포크의 이름을 언급해야만 합니다. 숟가락이나 나이프, 접시 등도 같은 상황이라면, 모든 이름을 떠올리고 기억하는 것은 어려울 수밖에 없으며, 규칙들도 꽤 복잡해질 것입니다. 이렇게 하는 것이 어처구니없게 들리는 이유는 그것이 실제로 어처구니가 없는 일이기 때문입니다 – 그리고 이것은, 언어를 쓸모 있게 만드는 데에 유형이 얼마나 중요한 역할을 하는지를 보여 줍니다. 수프, 스파게티, 고기 같은 단어도 각각 음식의 종류를 의미하는 것일 뿐, 어떤 특정한 시간과 장소에서 만들어진 특정한 요리를 의미하는 것은 아니기 때문에, 규칙에서 유형으로 사용됩니다. 음식이라는 단어도 수프, 스파게티, 고기를 아우르는 하나의 유형이라는 것을 알 수 있습니다. 이 단어는 상위 수준의 유형입니다. 이러한 사실들을 통해 유형과 개별적인 개체가 개념을 계층 구조로 설명하고, 결과적으로 일반화를 통해 언어가 더 잘 작동하도록 만들 수 있다는 것을 알 수 있습니다. 유형화는 지식을 계층화하며 효과적인 추론을 돕는 강력한 언어적 도구입니다.

두 번째로, 규칙은 음식과 그 음식을 먹기 위한 도구의 관계처럼, 여러 유형 간의 관계를 표현합니다. 규칙은 유형으로 표현된 대상에 대한 지식을 활용합니다. 구체적으로, 규칙은 대상에 대해 추론할 수 있도록 하고, 대상의 행동에 대한 결론을 끌어낼 수 있도록 합니다. 스파게티를 먹을 때 포크를 이용한다는 규칙은, 포크를 쓰면 그 목표를 성공적으로 달성할 수 있지만 숟가락을 쓰면 아마도 어려우리라는 것을 알려 줍니다. 이러한 규칙에는 대상 간의 상호작용에 대한 기존의 경험이 녹아들어 있고, 유형을 사용함으로써 이러한 경험이 간결한 형태로 표현될 수 있습니다.

세 번째로, 규칙은 예측적입니다. 즉 음식이 준비되기 전에 식기를 고르고 상을 차릴 수 있으며, 이렇게 선택한 식기가 요리에 잘 맞으리라는 것을 확신할 수 있습니다. 이런 측면은 저녁 알고리즘을 더욱 효율적으로 만들어 주므로 매우 중요합니다. 덕분에 요리를 하는 동안 상을 차릴 수 있으니까요. 이 규칙은 기존의 경험을 반영하고 있기 때문에, 수프를 먹을 때 포크나 나이프를 써야 하는지 아닌지를 매번 고민할 필요가 없습니다.

수프를 먹을 때 포크나 나이프를 사용한다면 이는 실수일 것입니다. 이러한 생각은 적합한 식사 도구를 알려 주는 규칙으로부터 비롯될 수 있습니다. 규칙은 대상의 유형에 관해서 이야기하고 있기 때문에, 어떤 개별적인 숟가락이나 포크나 국물이 사용되었든지 간에, 어떤 행위라도 이런 규칙을 위반한다면 *유형 오류(type error)*라고 부릅니다. 유형 오류에는 두 가지 종류가 있습니다. 첫 번째는 직접적인 결과 때문에 작동이 실패하는 경우입니다. 포크를 써서 국물을 먹으려고 하는 것이 이러한 실패에 해당하며, 이러한 오류는 의도한 행위(앞서 경우에는 식사)를 불가능하게 만든다는 면에서 실질적입니다. 오류에 의해 멈춘 알고리즘은 어느 것도 더 진행할 수 없기 때문에 중단되어야 합니다. 두 번째 종류의 오류는 실패로 이어지지는 않지만, 기술된 상황이 잘못되었거나 문제의 소지가 있는 경우입니다. 예를 들어 물을 마시기 위해 수저를 사용할 수도 있지만, 이런 일을 할 사람은 거의 없을 것입니다. 아마도 이런 방법이 효율적이지 않으며, 이렇게 물을 마셔 본 경험이 만족스럽지 못하기 때문이겠지요. 마찬가지로 물을 마실 때 빨대를 사용하는 것은 흔한 일이지만, 와인을 빨대로 마시는 것은 좀 이상합니다. 다시 말해서, 이러한 행동은 기대하는 행위를 불가능하게 만드는 '실수'는 아니지만, 바보 같은 짓으로 간주합니다.

계산에서는 어떤 값들을 다룹니다. 계산을 구성하는 유형 기반의 규칙들은 구조화를 가능하게 하므로, 알고리즘을 이해하고, 그 행동을 예측하며, 실행 시의 오류를 판별할 수 있도록 도와줍니다. 전화 연결선과 전기 콘센트의 모양이 다르게 되어 있어서 제품의 손상이나 사람들의 부상을 막아주는 것과 같이, 알고리즘에서도 유형에 대한 규칙들은 계산이 잘못된 결과를 만들어내는 것을 막습니다. 14장에서는 해리 포터와 그의 친구들의 모험담을 통해서 유형, 혹은 유형화가 가진 마법과 같은 힘을 살펴보도록 하겠습니다.

14 마법의 유형

이 책에 나온 이야기 중에서도 해리 포터 이야기가 아마 가장 널리 알려진 이야기일 것 같습니다. 해리 포터의 명성에 한몫하는 요소 중 하나는 이 이야기가 마법 – 물리적 세상과는 다른, 어떤 법칙들을 따르는 – 을 중심으로 펼쳐진다는 점입니다. 따라서 이러한 이야기들은 독자에게 마법 세계에서 어떤 것이 가능하고 가능하지 않은지에 관한 규칙을 알려 주고, 규칙들이 어떻게 자연 법칙과 상호작용하는지를 보여 주어야 합니다. 이 마지막 특성은 해리 포터의 모험담에서 특히 중요한데, 왜냐하면 가상의 나라나 시대에서 펼쳐지는 다른 많은 마법사와 마술사 이야기들과는 달리, 해리 포터 이야기는 실제 현재의 영국에서 벌어지기 때문입니다.

해리 포터 시리즈에 나온 마법들이 기반을 두는 법칙이 존재하지 않고 임의적이라면, 이야기는 금방 무의미해질 것입니다. 독자들이 다음에 벌어질 일이나 어떤 일이 생긴 숨겨진 이유가 무엇인지 등을 예상할 수 없다면, 계속해서 읽고 싶지 않겠지요. 자연 법칙이나 마법의 법칙, 혹은 우리 삶의 다른 정해진 것들을 담아낸 규칙들은 사건과 그 원인을 이해하는 데에 있어서 중요하며, 미리 계획하기 위해서 알아 두어야 합니다. 이러한 법칙들은 일반적이어야 하고, 개별적인 대상이 아닌 대상의 유형을 참조해야 합니다. 왜냐하면 법칙이 가진 힘은 많은 사례를 표현할 수 있는 능력에서 나오기 때문입니다. 유형은 대상의 종류를 구분할 뿐 아니라 그 동작도 구분합니다. 예를 들어 순간 이동이나, 기차를 타는 것, 헨젤과 그레텔이 숲을 걷는 것 등은 모두 이동의 사례들입니다. 이동의 단순한 법칙은 이동이 위치의 변화를 만들어 낸다는 것입니다. 이것은 어

떤 대상이나 이동에 대해서라도 참이기 때문에, 이 법칙은 개별적인 대상이 아니라 유형에 대한 것입니다.

계산의 세계에서 계산의 규칙성을 나타내는 법칙들을 *유형 규칙(typing rule)*이라고 부릅니다. 유형 규칙은 허용 가능한 알고리즘의 입력과 출력을 제한하므로, 알고리즘을 실행할 때 잘못된 것들을 찾아낼 수 있습니다. 게다가 유형은 작은 단위 수준, 다시 말해 알고리즘의 각 실행 단계에서 그 연산과 인수에 대해 작동하기 때문에, 유형 규칙을 이용하면 알고리즘에서 *유형 오류*를 찾아낼 수 있습니다. 유형 오류를 찾는 것은 중요한 작업이므로, *유형 검사기(type checker)*라고 불리는 알고리즘에 의해서 따로 처리됩니다. 만약 어떤 알고리즘이 어떤 유형 규칙도 위반하지 않는다면, *유형이 올바르다(type correct)*고 말하며, 실행 중에 오류가 발생하지 않음을 보장합니다. 유형과 유형 규칙은 알고리즘이 생각한 대로 동작하는지 확인하는 데 많은 도움이 되며, 신뢰할 수 있는 알고리즘을 만들기 위한 지침이 될 수도 있습니다.

마법의 유형과 유형의 마법

마법의 가장 매력적인 점은 아마도 불가능한 일을 가능하게 만들어 준다는 점일 것입니다. 자연 법칙을 뛰어넘어 물건과 사람을 변신시키는 것은 매혹적이며 상상력을 자극합니다. 물론, *해리 포터* 시리즈에는 이러한 예가 가득합니다. 하지만 마법을 사용하려면 많은 제약을 받게 되며, 많은 법칙을 따라야 합니다. 마법의 힘을 제한하는 이유는 이렇게 해야만 이야기가 더욱 신비롭고 흥미로워지기 때문입니다. 해리 포터의 세상에서도 상상할 수 있는 모든 것이 실제로 이루어지지는 않기 때문에, 독자들은 여러 모험에서 해리 포터와 친구들이 어떻게 어려움을 극복할지를 궁금해할 수밖에 없습니다. 등장인물들이 항상 엄청난 주문을 사용해서 모든 문제를 풀어버린다면, 이야기는 지루해질 것입니다. 마법은 전능하지 않기 때문에, *해리 포터* 책의 많은 부분에서도 가능성과 한계의 규칙에 대해 설명하고 있습니다.

해리 포터 이야기에는 여러 가지 개념들이 마법 세계를 구분하기 위해 사용됩니다. 예를 들어 마법을 쓸 수 있는 사람은 마법사(혹은 마녀)라고 불리며, 마법을 쓸 수 없는 평범한 사람은 머글이라고 불립니다. 마법사는 다시 오러, 산술 점술가, 저주 해소가, 약초술사, 그리고 그 밖의 여러 가지 직업들로 분류됩니다. 마법의 행위는 주문이라고 불리며 이것은 다시 행운, 저주, 변신, 그리고 그 밖의 다른 종류로 구분됩니다. 각 분류에 붙은 이름은 다소 임의적이며 크게 중요하지 않습니다. 여기서 중요한 것은 해당 분류에 속하는 대상들이 공통으로 가지는 속성과 행동입니다. 그리고 개별적인 마법의 분류가 가지는 의미만큼 중요한 것은 그들 사이의 관계입니다. 예를 들어 주문은 오직 마법사만 걸 수 있지만, 마법사와 머글에게 똑같이 영향을 미칩니다. *해리 포터*에 나오는 마법은 꽤 복잡해 보일 수도 있습니다. 효과적으로 주문을 걸기 위해서, 마법사는 일반적으로 마법 지팡이를 사용해야 하고 주문을 외워야만 합니다. 하지만 숙련된 마법사는 지팡이도 없고 소리 내어 주문을 외우지 않아도 주문을 걸 수 있습니다. 주문이 가진 효과는 일반적으로 지속 시간의 제약을 받으며, 방어 마법으로 주문에 걸리지 않도록 할 수도 있습니다. 또한 마법 약에 마법을 담을 수도 있는데, 마법 약을 가지고 있으면 머글이라도 마법을 쓸 수 있게 됩니다. 마법에 숙달하기 위해서 어린 마법사와 마녀들이 마법 학교에 7년이나 다녀야 한다는 사실을 보면 마법이 간단한 일이 아니라는 것을 알 수 있지요.

사람이나 사물을 특정한 속성이나 적용되는 능력에 따라 여러 가지 종류로 분류하는 것은 당연히 마법에만 국한되지 않으며, 사실상 삶의 모든 영역에서 이루어집니다. 과학에서는 어디서나 분류가 사용되며, 분류는 우리가 매일 세상을 이해하는 데 있어 기본적인 요소입니다. 우리는 판단을 할 때 항상 무의식적으로 분류를 사용합니다. 저녁 식사를 위해 식기를 고르거나, 날씨에 따라 옷을 고르는 일상적인 일부터, 철학이나 정치적 사상들을 분류하고 추론하는, 더욱 추상적인 영역에 이르기까지 폭넓은 영역에서 분류가 사용되고 있습니다. 컴퓨터 과학에서는 분류의 과정 그 자체에 대해서 체계적으로 연구하고 있는데, 이를 통해 계산에 대해 더 잘 이해할 수 있고, 실제로도 더욱 안정적인 소프트웨어를 만들 수 있기 때문입니다.

컴퓨터 과학에서는 특정한 방식으로 동작하는 일련의 대상을 *유형*(type, 타입)이라고 부릅니다. 우리는 이미 몇 가지 다른 방법으로 유형을 접해 보았습니다. 4장에서는 대상의 묶음을 저장하고 관리하기 위한 여러 가지 *데이터 타입*(집합, 스택, 큐)을 살펴보았습니다. 이런 데이터 타입은 모음에 요소를 끼워 넣고, 꺼내고, 제거하기 위해 서로 다른 방법을 사용합니다. 예를 들어 스택은 대상을 스택에 집어넣은 것과 반대의 순서로 꺼내고(후입선출), 큐는 들어온 순서대로 꺼냅니다(선입선출). 이처럼, 특정 데이터 타입은 요소의 모음을 다루는 특정한 동작을 담고 있습니다. 데이터 타입이 가지는 이런 동작들은 특정 계산 작업을 지원하는 데 적합하게 만들어 줍니다. 예를 들어 13장에서는 알고리즘이 재귀적으로 실행될 때 어떻게 해석기가 작동하고, 여러 가지 인수의 변화 경위를 추적할 수 있는지를 스택 데이터 타입을 사용하여 설명한 바 있습니다.

유형의 또 다른 용도는 요구되거나 기대되는 알고리즘의 입력과 출력을 기술하는 것입니다. 예를 들어 두 개의 숫자를 더하는 알고리즘의 유형은 다음과 같이 표현할 수 있습니다.

(숫자, 숫자) → 숫자

알고리즘의 인수 유형은 화살표의 왼쪽에 나타나 있고, 그 결과의 유형은 오른쪽에서 찾을 수 있습니다. 여기에 나온 유형은, 이 알고리즘이 한 쌍의 숫자를 받아서 그 결과로 숫자를 만들어 냄을 나타냅니다. 뺄셈, 곱셈, 혹은 숫자에 대한 모든 2항 연산은 위의 덧셈 예와 같은 유형을 가질 것입니다. 이는 유형이 특정한 알고리즘이나 계산에서만 사용되는 것이 아니라는 것을 보여 줍니다. 사물의 종류를 기술하는 유형에서도 마찬가지입니다. 이 경우의 유형은 더욱 넓은 범위의 계산을 표현합니다.

또 다른 예로, 2장에서 나온 일어나기 알고리즘을 생각해 봅시다. 여기에는 *일어날 시간*이라는 매개변수를 통해 알고리즘에 알람을 울릴 시간을 전달합니다. 이 매개변수는 시간 값을 입력으로 요구하는데, 이것은 기상 시간의 시와 분을 나타내는 한 쌍의 숫자입니다. 그리고 두 숫자는 임의의 숫자여서는 안됩니다. 시를 표시하는 값은 0에서 23까지의 숫자여야 하고,[1] 분을 나타내는 숫자는 0에서 59까지의 숫자여야 합니다. 이 범위를 넘어서는 숫자는 의미가 없으며 알고리즘이 예상치 못한 동작을 하게 될 수 있습니다. 따라서 우리는 일어나기 알고리즘의 유형을 다음과 같이 표현할 수 있습니다.

(시, 분) → 알람

여기서 *시*와 *분*은 각각 앞에서 설명한 자연수의 부분집합을 말하고, *알람*은 알람 동작의 유형을 나타냅니다. 알람 동작은 특정한 시간에 특정한 소리를 만들어 냅니다. 분 유형에 0에서 59까지의 숫자가 포함된 것과 같이, *알람* 유형은 하루 24시간의 매분에 해당하는 $24 \times 60 = 1{,}440$가지의 알람 동작을 포함하고 있습니다. 만약 알람 소리가 설정 가능하다면, 이 알고리즘은 또 다른 매개변수가 필요할 것이고, 이를 유형에 반영해야 합니다. 결과가 되는 *알람*의 유형도 더 일반적이어야 하고 여러 가지 소리를 포함해야만 합니다.

여기서 우리는 알고리즘의 유형이 알고리즘에 관한 무언가를 이야기하고 있다는 것을 알 수 있습니다. 이것은 정확하게 알고리즘이 무엇을 하는지를 알려 주지는 않지만, 그 기능의 범위를 좁혀 줍니다. 종종 이 정보만으로도 어떤 알고리즘을 고를지 결정할 수 있습니다. 정해진 시간에 알람을 울리는 문제를 해결하기 위해 덧셈 알고리즘을 사용하지 않으리라는 것은 명백합니다. 덧셈과 일어나기 알고리즘의 세부 사항을 굳이 들여다보지 않고 각각의 유형이 가지는 차이만 보고도, 이를 알 수 있습니다. 알고리즘의 유형에 있는 화살표는 인수의 유형(화살표의 왼쪽)과 결괏값의 유형(화살표의 오른쪽)을 구분해 줍니다. 화살표는 알고리즘에 대응되는 계산이 어떤 유형의 입력을 변형시켜서 다른 유형의 결과를 만들어 냄을 표현합니다. 이 결괏값의 유형은 앞선 덧셈의 경우와 같이 어떤 값이 될 수도 있고, 일어나기 알고리즘에서와같이 어떤 효과가 될 수도 있습니다.

주문도 어떤 것을 변형시키기 때문에, 마찬가지로 그 효과를 분류하기 위해 유형을 적용해 볼 수 있습니다. 예를 들어 *해리 포터* 책에서, 윙가르디움 레비오우사 주문을 써서 물건을 공중에 띄울 수 있는데, 이를 위해 마법사는 지팡이를 움직여서 물건을  가리키고 "윙가르디움 레비오우사"라는 주문을 소리 내서 외쳐야 합니다. *물건*과 *공중부양*이라는 유형이 임의의 공중부양하는 물건을 나타낸다고 가정하면, 이 주문의 유형은 다음과 같이 표현할 수 있습니다.

(지팡이, 주문, 물건) → 공중부양

유형을 표기하는 것은 알고리즘과 계산의 속성을 논의하고 추론하는 데에 유용합니다. 화살표는 이 표기법에서 인수를 그 결과가 되는 유형과 구분해 주는 핵심적인 요소입니다. *유형 매개변수(type parameter)*를 사용하는 것은 또 다른 핵심적 요소입니다. 6장에서 논의한 정렬 알고리즘을 떠올려 봅시다. 정렬 알고리즘은 요소들의 리스트를 입력으로 받아서, 그 결과로 같은 요소를 가지는 리스트를 만들어 냅니다. 그리고 각 요소는 모종의 방법을 통해 서로 비교할 수 있어야 합니다. 즉, 두 요소가 같은지, 하나가 다른 하나보다 큰지를 결정할 수 있어야만 합니다. 숫자는 비교할 수 있기 때문에 다음의 유형은 숫자를 정렬하는 어떤 정렬 알고리즘에서라도 유효합니다.

List(숫자) → *List*(숫자)

숫자가 들어있는 리스트의 유형을 *List*(숫자)로 쓰는 것은, 숫자를 다른 것으로 대체함으로써 다른 요소를 가지는 유형의 리스트를 얻을 수 있다는 것을 나타냅니다. 예를 들어 문자 정보도 정렬할 수 있기 때문에, *List*(문자) → *List*(문자)라는 유형을 가지는 정렬 알고리즘이 있을 수도 있습니다. 정렬 알고리즘이 서로 다르지만 연관된 유형을 가질 수 있다는 사실을 표현하기 위해, 숫자나 *문자* 같은 특정한 요소의 유형 대신, 특정 유형에 의해 대체될 수 있는 유형 매개변수를 사용할 수 있습니다. 따라서 정렬 알고리즘의 유형은 다음과 같은 틀(template)로 표현될 수 있습니다. 여기서 비교가능은 그 요소가 비교될 수 있는 모든 유형을 나타냅니다.[2]

List(비교가능) → *List*(비교가능)

이 틀에 있는 유형 매개변수 비교가능을 그 요소의 유형과 치환하면 어떤 유형이라도 얻을 수 있습니다. 예를 들어 *List*(숫자) → *List*(숫자)는 비교가능을 숫자로 치환함으로써 얻을 수 있습니다.

알고리즘의 이름 뒤에 콜론을 써서 유형을 표시하면, 그 알고리즘이 특정한 유형을 다룬다는 것을 의미합니다. 예를 들어, 정렬 알고리즘 *Qsort*가 위와 같은 유형을 다룬다면, 다음과 같이 표현할 수 있습니다.

Qsort: *List*(비교가능) → *List*(비교가능)

12장에 나온 *Count* 알고리즘도 입력으로 요소 리스트를 받지만, 여기서는 요소들 사이의 비교가 불필요하므로 결과는 숫자로 반환됩니다. 따라서 *Count*의 유형은 다음과 같이 표현될 수 있습니다. 여기서 무엇이든은 임의의 모든 유형을 나타냅니다.

Count: *List*(무엇이든) → 숫자

어떤 것의 유형을 알면 그것이 무슨 일을 할 수 있고, 그것으로 무엇을 할 수 있는지 알 수 있습니다. 또한, 알고리즘의 유형을 알고 있으면 알맞은 알고리즘을 선택하고 적용할 수 있습니다.

유형은 몇 가지 방법을 통해서 이를 도와줍니다.

첫 번째로, 어떤 알고리즘을 실행하려고 하는 경우에, 그 입력의 유형은 어떤 종류의 인수를 적용해야 하는지를 알려 줍니다. 예를 들어 주문을 걸려면 주문을 외치고 지팡이를 휘둘러야 하지만, 마법 약은 마셔야 합니다. 주문을 마신다든지 마법 약을 외친다는 것은 말이 되지 않습니다. 마찬가지로 *Qsort* 같은 정렬 알고리즘은 리스트에는 적용할 수 있지만, 시간 값에는 적용할 수 없습니다. 요구되는 유형의 인수가 아니라면, 알고리즘은 실행될 수 없습니다.

두 번째로, 대상의 유형은 그것을 변형시키기 위해서 어떤 알고리즘을 사용해야 하는지를 말해 줍니다. 예를 들어 리스트를 보면, 우리는 리스트에 포함된 요소를 셀 수 있다는 것을 알고 있습니다. 만약 리스트의 요소들이 비교 가능하다면, 우리는 그 리스트를 정렬할 수 있다는 것도 알고 있습니다. 윙가르디움 레비오우사 주문을 사용하면 물건을 공중으로 띄울 수 있습니다. 특정 유형의 대상은, 이런 유형을 인수 유형으로 가지는 알고리즘에 의해 변형될 수 있습니다.

세 번째로, 특정한 유형의 무엇인가를 계산해야 한다면, 알고리즘 결과의 유형은, 원칙적으로 어떤 계산이 이 작업에 사용될 수 있는지를 보여 줍니다. 인수에 사용할 수 있는 유형에 대한 정보와 함께 결과의 유형을 고려하면, 어떤 종류의 알고리즘을 적용할 수 있을지를 추려낼 수 있습니다. 예를 들어 물건을 공중에 띄우고자 한다면, 윙가르디움 레비오우사 주문을 써야 할 것입니다. 원하는 유형의 대상은, 이런 유형의 결과를 가지는 알고리즘에 의해서만 만들어질 수 있습니다.

유형을 광범위하게 적용하는 것은 지식을 효과적으로 체계화해 주기 때문입니다. 유형을 통해 우리는 개별적인 사례를 추상화하고, 일반적인 상황에 대해 추론할 수 있습니다. 예를 들어 우리가 마법사나 마녀만이 빗자루를 타고 날 수 있다는 사실을 알고 있다면, 해리 포터는 빗자루를 타고 날 수 있지만 그의 머글 숙모인 페투니아는 할 수 없다는 것을 유추할 수 있습니다. 또한, 해리 포터는 투명 망토를 사용할 때, 망토가 덮여 있는 모든 것을 보이지 않도록 해 준다는 속성을 믿습니다. 굳이 마법 세계가 아니더라도 일상생활 속에서 수많은 예를 찾아볼 수 있습니다. 도구를 고를 때 그것이 가지는 일반적 속성(드라이버, 우산, 시계, 믹서기, 기타 등등)에 따라 고른다든지, 상호작용의 결과를 예측한다든지 할 때 말이죠(물체가 부딪칠 때, 전자제품을 켤 때, 고객, 환자, 부모와 같은 여러 가지 역할을 가지는 사람들이 하는 행동, 기타 등등).

규칙은 규정한다

　유형은 특정한 대상에 대한 정보를 효율적으로 유도할 뿐만 아니라, 대상 간의 상호작용 결과를 추론할 수 있게 함으로써, 세상에 대해 예측할 수 있는 방법을 제공합니다. 이것은 여러 가지 유형의 대상이 상호작용할 수 있는지, 그렇다면 어떻게 가능한지 알려 주는 일련의 규칙으로 달성할 수 있는데, 이들을 *유형화 규칙(typing rules)*이라 부릅니다. 예를 들어 깨지기 쉬운 어떤 물건이 단단한 바닥으로 떨어졌다면, 이 물건은 아마 깨질 것입니다. 이 경우 예측은 여러 가지 유형을 사용하는 규칙으로부터 유도될 수 있습니다: 깨지기 쉬운 물건과 부서진 조각이라는 유형, 이동의 가속이라는 유형, 그리고 단단한 표면이라는 유형 같은 것들 말이죠. 이 규칙은, 깨지기 쉬운 물건의 유형에 속한 무언가가 단단한 표면으로 이동이 가속된 이후에 부서진 조각이라는 유형에 속하게 됨을 의미합니다. 이 일반적인 규칙은 모든 종류의 깨지기 쉬운 물건(달걀, 유리, 아이스크림 콘 등), 단단한 표면(포장된 도로, 벽돌 벽, 차도 등), 이동의 가속(떨어뜨리기, 던지기 등)이 등장하는 여러 가지 시나리오에서 결과를 예측하기 위해 사용될 수 있습니다. 이 규칙은 많은 현상의 집합을 하나의 간략화된 표현으로 압축합니다. 이러한 압축은 관련된 속성을 표현하기 위해서 개별적인 대상의 이름을 사용하는 대신 유형을 사용함으로써 이루어집니다.

　유형화 규칙은 특정한 조건 아래 있는 대상의 유형을 표현합니다. 어떤 규칙을 적용하기 위해 만족하여야만 하는 조건을 *전제 조건(premises)*이라고 부릅니다. 그리고 규칙에 의해 이러한 전제 조건으로부터 유도된, 어떤 대상의 유형에 대한 서술을 그에 대한 *결론(conclusion)*이라고 부릅니다. 부서지기 쉬운 물체가 깨지는 것에 대한 이 규칙은, 물체가 깨지기 쉽다, 그것이 떨어졌다, 그리고 떨어진 곳의 표면이 단단하다는 세 가지 전제 조건을 가지고 있습니다. 이 규칙의 결론은 이 물체가 부서진다는 것입니다. 유형화 규칙이 전제 조건 없이 결론만을 가지는 경우 이를 *공리(axiom)*라고 부릅니다. 이는 조건과 무관하게 참이라는 것을 나타내지요. 이러한 예로 "해리 포터는 마법사이다", "3은 숫자이다", 혹은 "얇은 유리는 깨지기 쉽다" 같은 것들이 있습니다.

　유형을 인식하거나 대상의 유형을 어떻게 지정할지는 정하기 나름이며, 주어진 상황과 목적을 참고해서 이루어집니다. 예를 들어 머글과 마법사를 구분하는 것은 *해리 포터* 이야기에서는 중요하지만, 마법이 존재하지 않을 때는 그다지 중요하지 않습니다. 일상의 대상에 대한 규칙 대부분은 애초에 우리가 자연계에서 생존하는 것을 돕기 위해서 만들어졌습니다. 그들은 우리가 치명적인 실수를 피할 수 있도록 도와주지요. 기술과 문화가 달라지면, 현대적인 삶의 모든 영역을 효과적으로 탐색하기 위해서 엘리베이터나 휴대 전화를 동작시키는 방법이나, 건강 보험에 가입하는 방법과 같은 새로운 규칙이 필요합니다. 이러한 예를 보면 유형과 유형화 규칙을 설계하는 것이 특정한 목표를 달성하는 데 필요한 과정임을 알 수 있습니다.

계산에 있어 가장 중요하고 근본적인 유형화 규칙은 *적용 규칙(application rule)*입니다. 이 규칙은 알고리즘에 적용되는 인수의 유형과 결과의 유형을 알고리즘의 유형과 연결해 줍니다. 이 규칙은 알고리즘은 그 입력 유형과 같은 유형의 인수에만 적용될 수 있다고 규정합니다. 이 경우, 그 알고리즘에 의해 만들어지는 결과의 유형은 알고리즘의 출력 유형과 같습니다. 유형화 규칙은 종종 가로지르는 선 위쪽에 전제 조건을 나타내고, 그 아래쪽에 결론을 표시합니다. 알고리즘을 그 인수에 적용하는 규칙을 이런 모양으로 표현하면 다음과 같습니다.

$$\frac{(Alg: Input \rightarrow output \qquad Arg: Input)}{(Alg(Arg): Output)}$$

이 규칙의 첫 번째 전제 조건으로, 알고리즘이 입력과 출력의 유형을 가져야 합니다. 이러한 요건은 『*해리 포터와 죽음의 성물(Harry Potter and the Deathly Hallows)*』에 나온 원소 변형에 대한 갬프의 법칙과 밀접한 관련이 있습니다. 이 법칙에 따르면 음식은 무에서 창조될 수 없습니다. 단지 다른 곳에서 소환되거나 그 크기를 키울 수 있을 뿐입니다. 적용 규칙은 알고리즘의 근본적인 속성, 즉 다양한 결과를 만들어 내기 위해 입력을 해야 한다는 속성을 반영합니다.

규칙의 결론은 그 규칙의 모든 전제 조건이 만족할 때에만 도출될 수 있습니다. 예를 들어 차도에 떨어진 달걀은, 부서지기 쉬운 물체가 깨진다는 규칙을 만족시키기 때문에, 달걀이 깨질 것이라는 결론이 보장됩니다. 그리고 6은 유효한 시를, 30은 유효한 분을 나타내며, 일어나기 알고리즘의 인수 유형은 *(시, 분)*이기 때문에, 우리는 이 알고리즘에 두 인수를 적용할 수 있고, 그 결과 *알람* 유형의 유효한 동작을 얻을 수 있습니다. 유형화 규칙은 *Alg*를 특정한 알고리즘으로 치환함으로써, *Arg*를 입력과 출력에 대응하는 유형과 함께 그 인수로 치환함으로써 적용할 수 있습니다. 알고리즘 유형화 규칙을 일어나기 알고리즘에 적용하면 아래와 같습니다.

$$\frac{일어나기: (시, 분) \rightarrow 알람 \qquad (6, 30): (시, 분)}{일어나기(6, 30): 알람}$$

마찬가지로 아래의 규칙에서 *L*이 숫자 리스트라면 우리는 *Qsort*의 유형 규칙 *List*(숫자) → *List*(숫자)를 사용해서, *Qsort*를 *L*에 적용하면 숫자 리스트가 만들어진다는 결론을 낼 수 있습니다.

$$\frac{Qsort:\ List(숫자) \to List(숫자) \qquad L:\ List(숫자)}{Qsort(L):\ List(숫자)}$$

어떤 상황에 대한 결과를 관련된 대상의 유형만으로 예측할 수 있다는 것은 강력한 추론 방법으로, 합리적인 사람이라면 이를 통해 수프를 먹을 때 숟가락을 쓴다거나, 샤워하기 전에는 옷을 벗는다거나 하는 행동을 하게 됩니다. 유형과 유형화 규칙은 비슷한 대상과 사건을 간결하게 표현함으로써 이런 과정을 효율적으로 만듭니다. 이것은 일상적인 상황뿐만 아니라, 해리 포터의 마법 세계나 계산의 세계에서도 마찬가지입니다.

해리 포터의 세계에서 마법의 힘은 많은 자연계의 법칙보다 우선합니다. 따라서 마법사들은 때때로 일상의 대상을 다르게 생각하고 그에 따라 행동합니다. 예를 들어 마법사는 머글들이 해야만 하는 많은 싫증 나는 일을 하지 않아도 됩니다. 론 위즐리의 엄마는 요리와 청소를 마법을 써서 해결합니다. 마법사들은 이런 일을 손으로 직접 할 필요가 없는 거지요. 또 다른 예로 마법사들은 차를 모는 것이 원격 이동, 플루 가루, 포트키, 그리고 나는 것과 같은 마법 이동 방식보다 경제적이지 않기 때문에, 일반적으로 차를 운전하지 않습니다.

알고리즘의 유형으로 계산의 결과를 예측할 수 있으며, 결과를 분석하는 데에도 사용할 수 있습니다. 어떤 리스트를 정렬해야 하는데 그 방법을 모른다고 해 봅시다. 당신은 이를 해결하기 위해 각기 다른 알고리즘이 담긴 채 봉인된 A, B, C 세 장의 봉투를 받았습니다. 어떤 봉투에 어떤 알고리즘이 들어 있는지는 알지 못하지만, 그중 하나에 정렬 알고리즘이 들어 있다는 것은 알고 있습니다. 힌트로 봉투의 바깥에 각 알고리즘의 유형이 적혀 있습니다. 각 봉투에는 다음과 같은 유형이 적혀 있습니다. 어떤 봉투를 골라야 할까요?

- 봉투 A: (*시, 분*) → *알람*
- 봉투 B: *List*(무엇이든) → *숫자*
- 봉투 C: *List*(비교가능) → *List*(비교가능)

규칙이 적용되지 않을 때

유형과 유형화 규칙은 추론을 위한 틀을 제공하며, 규칙의 적용이 가능한 경우라면 매우 효과적입니다. 하지만 종종 이런 규칙을 적용할 수 없는 경우가 있습니다. 하나 혹은 그 이상의 전제가 만족되지 않는다면 해당 규칙을 적용할 수 없고, 따라서 그 결론도 유효하지 않습니다. 예를 들어 망치가 차도에 떨어졌다면 부서지기 쉬운 물체에 대한 전제가 만족되지 않고, 달걀이 톱밥이 든 상자 위에 떨어졌다면 단단한 표면에 대한 전제가 만족되지 않습니다. 따라서 두 경우모두 물건이 부서진다는 결론을 도출할 수 없습니다. 마찬가지로, 론 위즐리가 깃털을 날리기 위해 윙가르디움 레비오우사 주문을 걸 때 깃털이 움직이지 않는 것은 그가 주문을 잘못 외웠기 때문입니다.

> *"윙가르디움 레비오우사!" 론이 그의 긴 팔을 풍차처럼 휘두르면서 소리쳤습니다. "그렇게 말하면 안 돼," 해리는 헤르미온느의 톡 쏘는 소리를 들었습니다. "윙가―르디움 레비오우―사야. '가' 소리를 길게 잘 내야 해."*

공중부양 주문의 전제 중 하나가 만족되지 않았기 때문에 이 규칙은 적용되지 않으며, 깃털이 떠오르는 결론 또한 도출되지 않습니다.

유형화 규칙을 적용할 수 없는 상황을 만난다고 해서 그 규칙이 잘못되었다는 것은 아닙니다. 단지 그 규칙이 적용되는 범위가 한정되어 있어서 현재 상황의 거동을 예측하는 데 사용할수 없음을 의미할 뿐입니다. 그리고 어떤 규칙을 적용할 수 없다고 해도, 그 규칙의 결론이 무조건 틀린 것은 아닙니다. 규칙에 의해 다뤄지지 않은 다른 요인들에 의해서 규칙이 계속 유효할수도 있습니다. 예를 들어 "비가 온다면 차도는 젖어 있을 것이다"라는 규칙은 해가 쨍쨍한 날에는 적용할 수 없습니다. 하지만, 도로는 스프링클러 때문에 젖어 있을 수도 있습니다. *해리 포터*에서 론이 윙가르디움 레비오우사 주문을 정확하게 걸지 못했더라도, 누군가 다른 사람이 동시에 주문을 걸었다면 깃털이 공중에 떠오를 수 있습니다. 또는 망치가 떨어뜨리기 전에 이미 살짝깨져 있었다면, 바닥에 떨어지면서 부서질 수도 있습니다. 따라서 어떤 규칙이 적용될 수 없다면, 어떤 방향으로도 결론을 내릴 수 없게 됩니다.

따라서 유형화 규칙이 적용되지 않는다고 해도 별로 대수롭지 않아 보입니다. 하지만 그것은 특정한 결론이 사실이라는 것을 보장하는 것이 얼마나 중요한지에 달려 있습니다. 깃털이 떠오르는지, 떨어진 물체가 깨지는지 같은 것은 그저 호기심에 불과하지만, 그 외에 결론이 정말로 중요한 상황이 많이 있습니다. 잘못된 결론에 대한 농담인 "과연 그럴까?(famous last words)"를 한번 생각해 보세요. "빨간 선은 안전하니 잘라도 돼", "착한 개네", "이건 맛있는 버섯이야" 등등 말이죠. 마찬가지로, 계산에서도 유형을 정확하게 하는 것이 중요합니다. 유형이 정확하지 않아서 인명 피해가 나는 경우는 드물겠지만, 잘못된 유형의 값으로 인해 많은 경우 계산이 실패하기도 합니다. 그 이유는 무엇일까요? 알고리즘의 각 단계는 하나 혹은 그 이상의 값들을 변형하며, 이 과정에 사용되는 각 동작에는 특정한 유형의 인수를 필요로 하는데, 알고리즘은 이런 값들에 대해서만 의미 있는 동작을 하도록 정의되어 있기 때문입니다. 일어나는 시간 자체를 정렬하거나, 리스트의 제곱을 계산할 수는 없는 것처럼 말이지요. 알고리즘의 어떤 단계에서 예상치 못했던 유형의 값을 만나면, 이 값에 대해서 어떤 작업을 해야 할지 알 수 없기 때문에 알고리즘은 멈춰버립니다. 그 결과, 계산이 성공적으로 완료되지 못하고 의미 있는 결과를 전달하지 못하게 되지요. 짧게 말해서, 동작을 위해 정확한 유형의 값을 입력해야만 계산이 성공합니다.

유형화 규칙은 잘못된 값 때문에 동작이 멈추지 않고 모든 계산이 성공적으로 완료될 수 있도록 보장해 주기 때문에,[3] 계산에 있어 핵심적인 요소라 할 수 있습니다. 유형화 규칙이 "해리 포터는 주문을 마신다"와 같은 의미 없는 문장을 식별하기 위해 사용될 수 있는 것처럼, 규칙을 이용하면 *Qsort*(6:30 am)과 같은 터무니없는 알고리즘의 적용을 찾아낼 수 있습니다. 그리고 하나의 알고리즘은 여러 가지 동작이나 다른 알고리즘을 어떤 값에 적용하는 많은 단계로 구성되어 있기 때문에, 유형화 규칙을 사용해서 알고리즘의 정의에 포함된 실수를 찾아낼 수 있으며, 유형 정확성을 가지는 알고리즘의 구축을 – 때때로 *타입 지정 프로그래밍(type-directed programming)*이라 불리는 – 지원할 수 있습니다.

유형화 규칙을 적용하면 어떤 동작이 적용될 수 없는 값에 의해 멈추는 것을 막을 수 있으며, 특정한 맥락에서 의미가 통하지 않는 적용도 막을 수 있습니다. 예를 들어 키와 나이가 둘 다 숫자로 표현되어 있다고 하더라도, 이 둘을 더하는 것은 이치에 맞지 않습니다. 두 숫자가 서로 다른 것을 표현하고 있으므로(3장 참조), 이 둘의 합은 어떤 것도 표현할 수 없기 때문에 무의미합니다.[4] *해리 포터*에서도 이러한 예를 찾아볼 수 있습니다. 퀴디치 경기에서 두 팀은 퀘플이라는 공을 상대 팀의 골대에 넣어서 득점해야 합니다. 순간이동 주문을 사용하면 공을 넣는 건 매우 간단하겠지만, 그러면 경기가 지루해지고, 어느 쪽이 더 나은 퀴디치 팀인지를 결정하려는 경기의 목표가 퇴색됩니다. 따라서 선수들에게는 날아다니는 지팡이를 사용하는 것 이외의 마법은 허용되지 않습니다. 이러한 제약은 다른 모든 게임에서도 나타납니다. 카드 게임에서 앞서 낸 패를 따라 내야 한다든지, 체스에서 비숍은 대각선으로만 움직일 수 있다든지 하는 요건은 다른 카드를 내는 것이나, 비숍을 직선으로 움직이는 것이 불가능하다는 것이 아닙니다. 이들은 게임의 목표를 위한, 특정한 맥락에서의 제약 사항들입니다. 유형을 이용하여 계산을 따라서 이런 표상을 추적하면, 동작들이 표현된 값에 짝지어진 규칙을 준수하고 있는지를 확인할 수 있습니다.

알고리즘이 유형화 규칙을 위반하는 것을 *유형 오류*라고 부릅니다. 이는 동작과 값을 연결하는 방식이 일관되지 않음을 의미합니다. 알고리즘에 어떤 유형 오류도 포함되어 있지 않으면 *유형이 올바르다(type correct)*고 합니다. 알고리즘의 유형 오류는 여러 가지 결과를 가져올 수 있습니다. 첫째로 유형 오류가 발생하면 계산이 막혀서, 결국 계산이 중단됩니다(어쩌면 그 전에 오류가 보고될 수도 있습니다). 일반적으로 어떤 수를 0으로 나눌 때 이런 일이 발생합니다. 『*해리 포터와 비밀의 방(Harry Potter and the Chamber of Secrets)*』에서는 론의 마법 지팡이가 부러져서 주문이 잘못 걸립니다. 예를 들어, 말포이에게 걸었던 민달팽이 먹기 주문은 자기 자신에게 되돌아오고, 쥐를 포도주잔으로 변신시키는 주문은 꼬리가 달린 털이 난 컵을 만들지요. 정확히 어떤 결과가 나올지는 알 수 없겠지만, 부러진 지팡이는 마법을 위한 유형화 규칙의 전제를 위반하고 있기 때문에, 론의 마법이 실패할 것임은 충분히 예상할 수 있습니다. 이 경우, 잘못된 마법의 결과를 눈으로 바로 확인할 수 있었습니다. 둘째로, 유형 오류가 바로 식별 가능한 효과를 만들어 내지는 않는 경우도 있습니다. 즉 계산이 계속해서 진행되고 결국 잘 종료되긴 하지만, 의미 없는 값을 가지고 진행이 되었기 때문에 결과적으로 정확하지 않은 결과를 만들어 내는 경우입니다. 사람의 나이와 키를 더하는 것이 이런 예에 해당합니다.

갑작스럽게 계산이 중단되어 최종적인 결과를 만들어 내지 못하는 쪽이 좋지 않을 것 같아 보이지만, 오히려 계산이 계속 진행되어서 의미 없는 결과를 만들어 내는 쪽이 더 안 좋을 수 있습니다. 이 경우, 결과가 정확하지 않다는 것을 알지 못한 채로 그 결과에 기반을 두고 중요한 결정을 내릴 수 있다는 문제점이 생깁니다. 이러한 예로 해리 포터가 플루 가루를 써서 이동할 때

"다이애건 앨리(Diagon Alley)"를 "다이아고널리(Diagonally—대각선으로)"라고 잘못 발음하는 바람에 녹턴 앨리로 이동해 버리는 장면이 있습니다. 이동은 중단되지 않았고, 플루 가루는 계속 작동하는 바람에 잘못된 결과를 만들어 냈습니다. 사실 해리에게는 이동이 중단되는 쪽이 나았을 것입니다. 왜냐하면 그로 인해 거의 납치될 뻔했고, 어쩌다 들어가게 된 가게에서 어떤 어둠의 물건들과 마주하게 되기 때문이죠.

법적 통제

알고리즘이 정확하게 작동하기 위해서는 그 전제 조건으로 유형이 정확해야 하므로, 알고리즘을 이용해서 유형의 정확성을 자동으로 확인하는 것이 좋습니다. 이러한 알고리즘을 *유형 검사기(type checker)*라고 부릅니다. 유형 검사기는 알고리즘의 단계들이 제어 구조, 변수, 값들에 대해서 유형화 규칙을 준수하는지를 확인합니다. 유형 검사기는 알고리즘의 유형 오류를 찾아낼 수 있으므로, 계산의 오류를 방지할 수 있습니다.

알고리즘에 포함된 유형들은 두 가지 방법으로 검사할 수 있습니다. 먼저, 알고리즘이 실행되는 중에 유형을 검사할 수 있는데, 이러한 작업은 알고리즘의 동적 특성이 발현되는 동안 벌어지기 때문에 *동적 유형 검사(dynamic type checking)*라고 부릅니다. 동작이 실행되기 직전에, 인수의 유형이 적용하려는 동작이 가지는 유형 요건에 부합하는지를 확인합니다. 이 방법의 문제점은 유형 오류가 확인되었다고 해도 아무런 도움이 되지 않는다는 것입니다. 대부분의 경우에 유일한 선택지는 계산을 중단하는 것이며, 이것은 꽤 안타까운 일이죠. 특히 계산의 상당 부분이 의도한 대로 이미 진행되었고, 결과를 얻기 바로 직전에 알고리즘이 중단되었다면 더욱 그럴 것입니다. 계산이 유형 오류 없이 완료될 수 있는지 미리 알 수 있다면, 실패할 계산에 자원을 낭비하지 않을 수 있기 때문에 훨씬 좋을 것입니다.

또 다른 방법은 알고리즘을 실행하기 전에 모든 단계가 유형화 규칙을 준수하는지를 검사하는 것입니다. 유형 오류가 발견되지 않았을 때만 알고리즘이 실행되며, 따라서 알고리즘이 유형 오류로 중단되지 않으리라는 것을 확신할 수 있습니다. 이 방법은 알고리즘 실행의 동적 특성을 고려하지 않고 벌어지며, 오직 알고리즘의 정적 정의만을 검사하기 때문에 *정적 유형 검사(static type checking)*라고 부릅니다. 정적 유형 검사는 론에게 부러진 지팡이로는 아무 마법도 부리지 말라고 충고했을 것입니다.

정적 유형 검사의 다른 장점은 알고리즘을 한 번만 검사하면 된다는 것입니다. 알고리즘을 검사한 후에는 추가로 유형 검사를 진행하지 않아도 여러 인수에 대해서 반복적으로 실행할 수 있습니다. 그리고 동적 유형 검사는 순환문에서 동작을 반복적으로 검사해야만 하는 반면에 - 정확히 말해 순환문에 반복되는 만큼 자주 - 정적 유형 검사는 각 동작을 단 한 번만 검사하면 되기 때문에 알고리즘이 보다 빨리 실행될 수 있습니다. 동적 유형 검사는 이와 달리 알고리즘이 실행될 때마다 매번 수행되어야만 하죠.

하지만 동적 유형 검사는 알고리즘에 의해 처리되는 값들을 검사하기 때문에, 일반적으로 더 정확하다는 장점을 가집니다. 정적 유형 검사는 매개변수의 유형만을 알 수 있지만, 동적 유형 검사는 실제 값을 확인합니다. 정적 유형 검사는 론이 부러진 지팡이를 절대 사용하지 않도록 함으로써 오류를 방지하지만, 동적 유형 검사는 주문을 시도하도록 하므로 때에 따라 성공할 수도, 실패할 수도 있습니다. 예를 들어 론이 쥐를 컵으로 변신시키려고 할 때, 컵에 여전히 꼬리가 달려 있으니 부분적으로만 성공한 거죠.

알고리즘의 정확한 유형 특성을 확인하는 것은 그 종료 특성을 확인하는 것과 같이 결정 불가능 문제입니다(11장 참조). 예를 들어 어떤 알고리즘의 조건문이 "then(그러면)" 분기에만 유형 오류를 포함하고 있다고 가정해 봅시다. 이 알고리즘은 조건문의 조건이 참이 되어서 해당 분기를 선택하는 경우에만 유형 오류를 포함합니다. 문제는 조건의 값을 알아내기 위해서는 임의적이고 복잡한 계산이 필요할 수도 있다는 것입니다(예를 들어 이 조건이 변수로 되어 있고 다른 순환문에 의해서 그 값이 계산되게 되어 있을 수도 있습니다). 우리는 이러한 계산의 종료 여부를 확신할 수 없기 때문에(왜냐하면 우리는 정지 문제를 풀 수 없으므로), 이 조건이 참이 될지를 미리 알 수 없고, 따라서 이 프로그램이 유형 오류를 만들어 낼지도 알 수 없습니다.

알고리즘의 동작을 예측할 수 없는 이 내재된 속성을 극복하기 위해서, 정적 유형 검사는 알고리즘에 있는 유형의 근사치를 추정합니다. 종료되지 않는 계산을 피하기 위해서, 정적 유형 검사는 과잉 사전조치를 취합니다. 즉, 발생할 수 있을 때마다 유형 오류를 보고하는 것이죠. 앞서 조건문에 대해서라면, 정적 유형 검사기는 해당 조건 값을 계산할 수 없기 때문에 두 분기 모두 유형 오류를 포함하지 않을 것을 요구합니다. 따라서 이 경우에는 단지 절반의 분기만이 유형 오류를 포함하고 있음에도, 유형 오류로 보고됩니다. 이 알고리즘이 실행 중에 어떤 유형 오류도

내지 않는다고 하더라도, 정적 유형 검사기는 이 알고리즘의 유형이 부정확하며 알고리즘을 실행해선 안 된다고 신호를 보냅니다. 이는 정적 유형 검사에서 안전을 위해 치러야 하는 비용이라고 할 수 있습니다. 즉, 어떤 알고리즘은 실제로 실행 시에 오류를 만들지 않는다고 해도 그 실행이 거부된다는 것입니다.

정적 유형 검사는 정확성을 위해 즉시성을 희생합니다. 오류가 나중에 반드시 발생하는 것은 아니지만, 발생할 수도 있습니다. 어떤 계산이 매우 중요해서 실패가 용납되지 않는다면, 실행 전에 알고리즘에 있는 잠재적 오류를 수정해야 합니다. 정적 유형 검사의 이러한 조심스러운 접근은 비단 계산에만 국한된 것은 아닙니다. 다른 많은 영역에서도 미리 검사를 수행합니다. 비행기에 탑승할 때 비행사는 항공기에 급유는 충분한지, 모든 중요한 계기들이 잘 작동하는지 미리 확인해야 합니다. 즉 성공적인 비행을 위해서는 모든 규칙에 정적 유형 검사가 필요합니다. 이륙 후에 계기를 검사한다고 생각해 보세요. 문제가 발생하고 나서 문제를 알아차리는 것은 너무 늦습니다. 아니면 의료 처치나 처방을 받을 때를 생각해 보세요. 의사는 치료나 처방 이전에 미리 금기 사항을 확인해서 의료 사고를 방지해야 합니다. 정적 유형 검사는 "유비무환(better safe than sorry)"의 원칙을 최대한으로 따르고 있습니다. 정적 유형화를 따랐다면, 론은 부러진 지팡이 때문에 마법을 쓰기 위한 규칙을 적용할 수가 없고, 주문을 걸 때 실수가 생길 수 있다는 것을 미리 알 수 있기 때문에 민달팽이 먹기 주문을 쓰지 않았을 것입니다. 반면에 동적 유형화는 어떠한 오류의 가능성도 허용치 않겠다는 식으로 공격적으로 유형화 규칙을 강제하지는 않기 때문에, 알고리즘이 실행되는 동안 오류가 발생할 수도 있는 위험이 따릅니다. 론이 딱 이렇게 하죠. 요행을 바랐지만, 꽝이었네요.

코드 만들기

유형화 규칙의 위반은 뭔가가 잘못되었다는 신호입니다. 알고리즘에 유형 오류가 있다는 것은 알고리즘이 제대로 작동하지 않을 수 있음을 나타냅니다. 긍정적으로 보자면, 알고리즘의 모든 부분이 유형화 규칙을 만족한다면 어떤 종류의 문제도 발생할 수 없으며, 이 알고리즘은 일정 수준까지는 정확합니다. 물론 이 알고리즘은 여전히 잘못된 결과를 만들어 낼 수도 있습니다. 예를 들어 두 수를 더하는 알고리즘이 필요할 때의 유형은 (숫자, 숫자) → 숫자입니다. 하지만 우리가 잘못해서 이 알고리즘이 뺄셈을 하도록 만들었다면, 알고리즘은 올바른 유형을 가지고 있음에도 기대한 값을 계산하지 않을 것입니다. 그런데도 유형이 올바른 프로그램에서는 많은 오류가 배제되며, 알고리즘의 각 단계가 중요한 일관성을 지키고 있음을 확인할 수 있습니다.

부정확하거나 의미 없는 계산을 막는 것은 유형과 유형화 규칙의 중요한 역할입니다. 하지만 이것 말고도 다른 장점이 있습니다. 유형은 알고리즘의 각 단계를 설명해 주기도 합니다. 알고리즘의 각 단계의 세부 사항을 모르더라도, 유형 정보만 보면 어떤 계산이 되고 있는지에 대한 대략적인 그림을 그릴 수 있습니다. 유형 정보만으로 계산 간의 차이를 구분하는 것은 알고리즘이 들어 있는 세 개의 봉투 중 하나를 고르는 예시를 통해서 앞서 설명한 바 있습니다. 많은 계산을 요약해 주는 유형의 이러한 기능은, 단지 몇 가지 예만 보고서는 얻을 수 없는 통찰을 줍니다. 이처럼 유형과 유형화 규칙은 설명의 기능도 가지고 있습니다.

설명을 위해서 퀴디치 경기를 다시 한번 살펴봅시다. 우리는 실제 경기를 보지 않아도 일반적인 규칙과 각 선수의 역할을 묘사하여 설명할 수 있습니다. 이것은 『해리 포터와 마법사의 돌』에서 해리가 올리버 우드에게서 경기를 배운 방법이기도 합니다.[5] 이 경기의 규칙은 경기에서 할 수 있는 행동을 제한하고 점수를 지키는 방법을 규정합니다. 중요한 점은, 경기의 규칙이 선수의 역할("시커"와 같은)과 기구의 종류("쿼플"과 같은)에 대해 유형을 사용하는 유형화 규칙이라는 것입니다. 경기를 관람하는 것이 경기를 이해하는 데 도움은 되겠지만, 이것만으로는 경기를 제대로 이해하기에 충분하지 않습니다. 특히 아무리 많은 경기를 본다고 해도, 규칙을 알지 못하면 어리둥절한 상황이 쉽게 생길 수 있습니다. 예를 들어 퀴디치 경기는 시커가 골든 스니치를 잡으면 그 즉시 종료됩니다. 사실 수차례 경기를 관람한다고 해도 이런 일이 항상 벌어지는 것은 아니기 때문에, 이런 상황을 처음 본 사람들이라면 매우 놀랄 것입니다. 다른 경기들도 놀랄 만한 특수한 규칙을 가지고 있습니다. 예를 들어, 축구 경기에서 오프사이드 규칙이나, 체스에서의 앙파상* 같은 것을 들 수 있죠. 게임을 관람하는 것만으로 게임을 익히는 것은 어려운 일이며, 모든 규칙을 알아내는 데에는 매우 오랜 시간이 걸릴 수 있습니다.

마찬가지로 알고리즘이 하는 일을 그 입력과 입력이 변형되어 나타나는 출력만을 보고 알아내는 것은 매우 어려운 일입니다. 유형 정보는 일반적으로 알고리즘의 효과를 정확히 설명하기에는 부족하지만, 유형 정보를 통해서 어떤 특성에 대해서 대략 파악할 수는 있습니다. 또한, 알고리즘의 각 부분(각각의 단계와 제어 구조들)이 어떻게 연결되고 맞물려 동작하는지를 이해할 수

---

* 적의 폰이 통과한 칸에 자신의 폰을 이동시켜 피스를 잡는 것

있습니다.

　유형은 분야의 대상을 구조화하고, 유형화 규칙은 그 대상들이 어떻게 의미 있게 결합하는지를 설명합니다. 컴퓨터 과학에서 유형과 유형화 규칙은 알고리즘의 각 부분이 의미 있는 상호작용을 할 수 있도록 보장합니다. 따라서 이들은 작은 부분으로부터 거대한 시스템을 구축하기 위해 매우 중요한 도구들입니다. 15장에서 이에 대해 자세히 살펴보겠습니다.

하루가 끝날 무렵

길었던 계산의 하루가 저물어 갑니다. 오늘 하루 어떤 일이 있었는지 되돌아보며 일기에 몇 가지 일을 적습니다. 아침에 일어난 일은 다른 날과 다를 게 없습니다. 일기에 써 둬야 할 정도로 특이한 일은 없었습니다. 평소보다 양치를 좀 오래 했다거나, 아니면 치약이 떨어졌다거나 하는 일은 굳이 시시콜콜하게 적어서 몇 년 후에 다시 꺼내 보고 싶을 만한 일은 아닙니다. 하루 동안 생기는 대부분의 일들도 마찬가지입니다. 아침 식사도 매일 하고, 통근도 평일에는 매일 하기 때문에, 일기장에 "오늘도 또 하루의 평범한 평일이었다"라고 썼다면 평소와 같은 기상과 아침식사를 했다는 의미일 것입니다. 특히 *평일*이라는 단어는 일어나기, 아침식사, 통근, 그리고 평범한 하루에 발생하는 모든 일상을 상세하게 표현한 단어입니다.

(긴)설명에 (짧은)이름을 붙이고, 이름을 사용해서 설명하는 것은 추상화의 한 형태입니다. 지도에 똑같이 생긴 점으로 여러 도시를 표현하는 것과 같이, *평일*이라는 단어는 여러 평일들 사이의 차이는 무시하고 그것들이 모두 똑같다고 간주합니다. 하지만 지도의 점들은 지도의 서로 다른 위치에 찍혀 있기 때문에 다릅니다. 마찬가지로, *평일*을 언급하는 것도 서로 다른 때에 다르게 벌어지기 때문에, 서로 같다고 할 수 없습니다. 다른 공간과 시간에 위치한다는 것은, 대상에 새로운 의미와 맥락을 부여합니다. 예를 들어 어떤 도시는 바다 옆에 위치해 있어 특정 고속도로를 타면 도착할 수 있고, 어떤 평일은 선거일일 수도 있고, 그저 휴일 다음 날일 수도 있습니다.

이름이나 기호는 무언가를 표현하는 데 있어서 효과적이지만, 단순한 이름이나 기호는 때때로 표현을 지나치게 추상화합니다. 표상에 추가적인 정보를 부여하기 위해서, 속성을 통해서 이름과 기호를 확장할 수 있습니다. 예를 들어 도시를 나타내는 점들은 때때로 그 크기나 색상에 속성을 설정하여 큰 도시와 작은 도시를 구분할 수 있습니다. 마찬가지로 하루를 나타내는 단어에도 속성을 설정할 수 있습니다. 사실 평일이라는 단어는 출근을 하지 않는 휴일로부터 어떤 하루를 이미 구분하고 있습니다.

속성(parameter)의 잠재성은 축약된 설명에 참조되었을 때 완전히 발휘됩니다. 예를 들어, 일기에 중요한 회의나 병원에 갔던 일을 적으려고 한다고 해 봅시다. 평일처럼 *회의*나 *병원 예약*과 같은 단어들은 통상적으로 생기는 여러 가지 일들을 나타내는 일종의 추상화라고 할 수 있습니다. 아마도 당신은 중요한 회의가 있었다고만 적지 않고, 누구를 만났고 회의의 목적이 무엇이었는지를 덧붙일 것입니다. 병원 예약의 경우에는 어떤 병원에 갔는지, 무슨 일로 갔는지에 대해서 적을 것입니다. 이러한 정보는 추상적 개념의 속성으로 표현되며, 개념을 설명하는 데에 사용됩니다. 제과점에서 맞춤 생일 케이크에 이름과 나이를 장식해 주는 것처럼, *회의*라는 추상적 개념은 상대와 목적이라는 속성에 의해서 확장됩니다. "잭과 함께 채용 관련 회의"라고 어떤 추상적 개념을 표현했다면, "잭"과 "고용"으로 속성이 대체된 것이고, 이때의 표현은 마치 이 특정한 회의만을 위해 쓰인 것처럼 해석합니다.

추상화는 패턴을 파악하여 그것을 재사용할 수 있도록 만듭니다. 추상화는 속성을 통해 개별적인 상황에 유연하게 적용될 수 있으며, 많은 정보를 간략한 형태로 전달할 수 있습니다. 어떤 이름을 추상적 개념에 부여하고 그 속성을 파악함으로써 접점(interface)을 정의할 수 있고, 이는 추상적 개념의 적절한 사용을 규정합니다. 컴퓨터 과학자들이 매일 하는 일 중 많은 부분은 추상적 개념을 찾고, 만들고, 사용함으로써, 계산을 표현하고 사유하는 일입니다. 컴퓨터 과학은 추상화의 속성을 연구하고, 그 정의를 공식화하고, 그것을 활용함으로써 프로그래머와 소프트웨어 공학자들이 더욱 나은 소프트웨어를 개발할 수 있도록 해 줍니다.

이 책의 마지막 장인 이번 장에서는 추상화가 무엇이고, 계산에서 추상화가 담당하는 역할이 무엇인지에 대해 설명하겠습니다. 추상화는 자연어와 컴퓨터 과학 모두에서 중요한 역할을 담당하고 있기 때문에, 이야기들이 계산에 대해 많은 것들을 설명할 수 있다는 것은 어쩌면 당연한 일일지도 모릅니다.

15 조감도: 세부 사항에서 추상화하기

이 책에 나온 계산의 사례들은 모두 그 규모가 작은 것들로, 계산의 개념과 원리를 설명하는 데에는 적합했습니다. 하지만 규모를 더 키울 수도 있을까요? 확장성에 대한 이러한 의문은 다양한 경우에 생깁니다.

우선, 알고리즘이 큰 입력에 대해서도 잘 작동하는지에 대한 의문이 있을 수 있습니다. 이 문제는 이 책의 앞쪽, 특히 2, 4, 5, 6, 7장에서 알고리즘의 실행 시간과 공간 복잡도를 분석하면서 설명한 바 있습니다. 몇몇 알고리즘은 잘 확장되지만(경로 따라가기, 커피 만들기, 검색과 정렬 등), 다른 알고리즘은 그렇지 않습니다(제한된 예산 안에서 점심 메뉴를 최적화하기). 7장에서 설명한 바와 같이 지수 알고리즘의 실행 시간은, 어떤 문제는 아예 건드리지 말라는 지표가 됩니다.

두 번째로, 어떻게 대규모의 소프트웨어 시스템을 만들고, 이해하고, 유지할 것인지에 대한 의문이 있을 수 있습니다. 작은 프로그램을 설계하고 작성하기는 쉽지만, 큰 규모의 소프트웨어 시스템은 소프트웨어 엔지니어에게 아주 어려운 과제입니다.

이 문제가 어떤 것인지를 살펴보기 위해서, 당신이 살고 있는 도시나 나라의 지도를 한번 떠올려 보세요. 지도는 어떤 규모(축척)가 적당할까요? 루이스 캐롤은 그의 마지막 소설 『실비와 브루노 완결편(Sylvie and Bruno Concluded)』에서 일대일 축척은 지도를 펼칠 경우 쓸모없다며 다음과 같이 이야기합니다. "그런 지도를 펼쳤다가는 온 나라를 다 덮어서 해를 가려 버릴 거야!"

이와 같이 지도라면 나타내고자 하는 지역의 면적보다 훨씬 작아야 사용하기에 좋으며, 결과적으로 많은 세부 사항을 생략해야만 합니다. 지도를 만들 때 중요한 의문 하나는, 관리하기 쉽도록 크기를 줄이면서도 필요한 세부 사항을 모두 표현할 정도의 크기로 만들려면 어떤 축척을 선택해야 하느냐는 것입니다. 또한, 어떤 세부 사항을 무시하고 어떤 것을 유지해야 할까요? 이 질문에 대한 답은 지도를 어떤 용도로 사용하고자 하느냐에 달려 있습니다. 어떤 경우에는 길과 주차장의 위치만을 보고 싶을 수도 있고, 또 어떤 경우에는 자전거 도로와 커피숍을 찾고 싶을 수도 있습니다. 다시 말해, 지도는 각각의 필요에 맞춰 구성되어야 합니다.

말하고자 하는 것보다 길이가 짧은 설명은 얼마나 일반화해야 할지를 결정하고, 구성을 위한 방법을 제공해야 하는 문제에 직면합니다. 이러한 설명을 *추상화(abstraction)*라고 부릅니다. 컴퓨터 과학의 상당 부분은 추상적 개념을 어떻게 정의하고 효과적으로 사용할 것인지에 대한 궁금증과 연관되어 있습니다. 그중에서도 가장 두드러지는 예는, 알고리즘이 많은 계산을 추상화하며, 매개변수를 통해 알고리즘이 실행되었을 때 특정한 계산이 어떻게 전개될지가 결정된다는 것입니다. 알고리즘은 표상을 다루는데, 이 또한 알고리즘에 필요한 세부 사항만을 보존하고 다른 것들은 무시하는 추상 개념입니다. 알고리즘과 그 인수의 추상화 수준은 서로 연관되어 있습니다. 어떤 알고리즘을 얼마나 일반화할지를 결정하는 것은 종종 일반성과 효율성 간의 타협점을 찾는 것과 관련이 있습니다. 넓은 범위의 입력을 다루기 위해서는 입력에 대한 추상화의 수준을 높여야 하는데, 이렇게 되면 알고리즘이 사용할 수 있는 속성이 줄어듭니다.

알고리즘은 언어로 표현되며 컴퓨터에 의해 실행됩니다. 이 모든 개념들도 추상화를 활용합니다. 그리고 마지막으로 알고리즘의 효율은 그 입력의 크기와 상관없이 그 특성을 규정지을 수 있어야 하므로, 알고리즘을 통해 각 계산을 추상화할 때에는 그 실행 시간과 공간 효율성에 대해서도 추상화가 필요합니다.

이 장에서는 추상화가 어떻게 컴퓨터 과학의 모든 주요한 개념에 녹아들어 있는지를 확인해 보겠습니다. 우선 이 책에서 사용된 이야기들을 추상화하면서, 추상화를 정의하고 사용하면서 생기는 문제들을 짚어보겠습니다. 그리고 나서 추상화가 알고리즘, 표상, 실행 시간, 계산, 그리고 언어에 어떻게 적용되는지 설명하겠습니다.

거두절미하고

이 책에서는 동화, 탐정 이야기, 모험담, 판타지 뮤지컬, 로맨틱 코미디, 공상 과학 코미디, 그리고 판타지 소설까지 많은 이야기를 다뤘습니다. 이런 이야기들은 그 내용이 꽤 다르지만, 몇 가지 공통점도 가지고 있습니다. 예를 들어 모든 이야기는 한 명, 혹은 몇 명의 주인공을 중심으로 진행되고, 그들이 어려운 상황을 마주하고 극복해서 결국 행복한 결말에 이르는 모습을 그리고 있습니다. 하나의 이야기를 빼고는 모두 책으로 출판되었고, 하나를 제외하고는 모두 마법이나 초자연적 현상을 다루고 있습니다. 이런 짧막한 설명에는 이야기 각각의 세부 사항이 담겨 있지 않지만, 여전히 이 이야기들을 스포츠 기사와 같은 다른 이야기로부터 구분해 주는 정보를 담고 있습니다. 하지만 설명에 더 자세한 세부 사항이 표현될수록, 이 설명으로 대표할 수 있는 사례는 제한될 수밖에 없습니다. 또한, 더 많은 세부 사항이 포함될수록 설명이 더 길어지기 때문에 설명을 이해하는 데 더 많은 시간이 필요합니다. 이러한 문제는 특정한 설명에 이름을 붙임으로써 해결할 수 있습니다. 예를 들어 *탐정 이야기*라고 이름을 붙이면 주인공이 탐정이고 범죄를 조사하는 이야기를 나타냅니다. 태그, 영화 프리뷰, 그리고 다른 짧막한 요약 정보들은 이야기가 담고 있는 정보를 효과적으로 전달해서, 빠른 의사 결정을 도와주기 때문에 중요합니다. 예를 들어 만약 당신이 탐정 이야기를 별로 좋아하지 않는다면, 탐정 이야기라는 이름만 보고도 『*바스커빌가의 개*』가 그다지 재미가 없으리라는 것을 예상할 수 있습니다.

만약 여러 가지의 이야기가 있다면, 당신은 그 이야기들을 어떻게 요약할 건가요? 두 개의 이야기를 먼저 비교하여 공통점을 찾는 것부터 시작할 수 있겠죠. 그러고 나서 그 결과를 또 다른 이야기와 비교하여 공통점을 찾고, 이런 식으로 반복해서 계속 이어 나갈 수 있습니다. 이런 절차는 특정 이야기에는 적용되지 않는 요소들은 단계마다 제외하고, 공통점은 계속해서 유지해 나갑니다. 이렇게 특징적인 사항을 제거해 나가는 것을 바로 *추상화*라고 부르며, 종종 "세부 사항의 추상화"라고도 부릅니다.[1]

컴퓨터 과학에서는 추상화의 결과에 따른 표현 그 자체도 *추상화*라고 부르며, 그 예시를 추상화의 *실체화*(instance)라고 부릅니다. 과정과 결과를 모두 추상화라고 부르니 혼동이 됩니다. 왜 *일반화*(generalization) 같은 비슷한 말을 사용하지 않는 것일까요? 일반화라는 단어도 여러 가지 구체적인 사례를 요약하는 것을 가리키기 때문에 이 경우에 잘 맞을 것 같은데 말이죠.

하지만 컴퓨터 과학에서 추상화라는 용어가 의미하는 바는 일반화 그 이상입니다. 설명을 요약하는 것 외에도 추상화는 지칭하기 위한 이름이 있고, 실체화에서 구체적인 값으로 나타나는 하나 이상의 속성을 포함하고 있습니다. 이러한 이름과 속성을 해당 추상화의 *접점*(인터페이스; *interface*)이라고 부릅니다. 이러한 접점은 추상화를 사용할 수 있는 방편을 제공하며, 속성은 실체화의 핵심적인 요소를 추상화와 연결합니다. 일반화는 오직 사례(실체화)에서만 진행되지만, 추상화는 접점을 정의해야 하기 때문에 신중한 절차가 요구되며, 여기에서는 어떤 세부 사항을 생략할지를 결정해야 합니다. 예를 들어 "어떻게 주인공이 역경을 극복하는가"라는 이야기에 대한 일반화를 이야기라는 이름을 부여하고 주인공과 역경이라는 속성을 표시함으로써 이야기에 대한 추상화로 향상시킬 수 있습니다.

이야기(주인공, 역경) = 어떻게 주인공(들)이 역경에서 발생하는 문제들을 해결하는가

알고리즘의 매개변수처럼 이야기 추상화의 속성은 그 기술상에서 이야기별 고유 요소가 치환될 위치를 가리키고 있습니다(한 명, 혹은 다수의 주인공을 모두 나타낼 수 있도록 주인공(들)이라고 표현하였으며, "극복하는"을 "문제를 해결하는"으로 대체해서 다음에 나오는 예들을 좀 더 읽기 쉽게 하였습니다).

헨젤과 그레텔의 이야기에서 주인공은 헨젤과 그레텔이며, 역경은 집에 가는 길을 찾는 것입니다. 이야기 추상화의 속성에 관련된 값을 적용함으로써 이러한 사실을 표현할 수 있습니다.

이야기(헨젤과 그레텔, 집에 가는 길 찾기)

결과가 나타내는 이야기에는 헨젤과 그레텔이라는 두 명의 주인공이 등장하며, 둘은 집에 가는 길을 찾는 문제를 해결하고 있습니다.

여기까지 무슨 일이 벌어진 것인지 한번 되짚어 보죠. 누군가에게 헨젤과 그레텔 이야기가 대충 어떤 것인지 급히 설명하고 싶다고 가정해 봅시다. 우선 이것이 어떤 '이야기'라고 설명할 수 있을 것입니다. 즉, 이야기에 대한 추상화를 참조하는 것입니다. 만약 설명을 듣는 이가 이야기가 무엇인지를 알고 있다면, 즉 이야기 추상화를 이해하고 있다면, 당연히 이 방법은 잘 통할 것입니다. 이 경우 설명을 듣는 이가 이야기 추상화를 참조한다는 것은, 이야기가 무엇인지에 대한

설명을 확인한다는 것입니다. 그러고 나서 두 개의 속성 주인공과 역경으로 나타낸 자리에 세부 사항을 채워 넣으면, 포괄적이었던 설명이 구체적으로 바뀝니다.

엄밀히 따져보면, 이야기 추상화를 적용한다는 것은 추상화의 이름을 그 정의로 치환하고, 정의상에 존재하는 두 개의 속성에 "헨젤과 그레텔", "집에 가는 길 찾기"라는 두 개의 값을 치환하는 것으로 이어집니다(2장 참조). 이 치환은 다음과 같은 실체화를 만들어 냅니다.

어떻게 헨젤과 그레텔이 집에 가는 길 찾기에서 발생하는 문제들을 해결하는가

실체화와 추상화 사이의 관계는 그림 15.1에 나타나 있습니다.

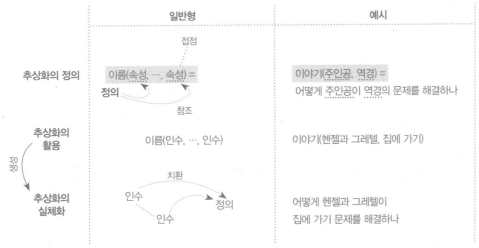

[그림 15.1] 추상화의 정의와 그 활용. 추상화의 정의에서는 해당 추상화에 이름을 부여하고, 그 정의에서 참조하는 속성을 나타냅니다. 이 이름과 속성은 추상화의 접점이며, 이것은 추상화의 사용법을 규정합니다: 이름을 호출하고, 그 속성에 인수를 제공하는 것입니다. 이렇게 사용하면 추상화의 실체화가 만들어지는데, 이것은 인수들을 추상화의 정의에 있는 속성에 치환함으로써 얻을 수 있습니다.

일단 이야기 추상화의 측면에서 헨젤과 그레텔 이야기의 개요를 전달하고 나면, 거기에 이름을 부여해서 더욱 간결하게 참조하고 싶을 수 있습니다. 이런 경우에 이야기의 이름과 주인공의 이름이 같아집니다.

헨젤과 그레텔 = 이야기(헨젤과 그레텔, 집에 가는 길 찾기)

이 등식은 '헨젤과 그레텔'이 헨젤과 그레텔이 집에 가는 길을 찾는 문제를 해결하는 이야기라는 것을 말해 줍니다. 이야기의 제목과 주인공의 이름이 일치하는 경우는 자주 발생하기는 하지만, 단순히 우연일 뿐입니다. 그렇지 않은 경우가 다음의 예에 나타나 있습니다.

사랑의 블랙홀 = 이야기(필 코너스, 영원히 반복되는 하루에서 탈출하기)

여기서 다시, 추상화를 적용하여 표현된 실체화는 추상화의 이름을 그 정의로 대체하고, 그 속성을 값으로 치환함으로써 얻을 수 있습니다.

사랑의 블랙홀 = 어떻게 필 코너스가 영원히 반복되는 하루에서 탈출하는 문제를 해결하는가

헨젤과 그레텔 이야기에서 집에 가는 길을 찾는 것이 유일한 과제는 아닙니다. 이야기의 또 다른 중요한 부분은 그들을 잡아먹으려고 하는 마녀로부터 도망치는 장면입니다. 이것을 표현하면 다음과 같습니다.

이야기(헨젤과 그레텔, 마녀에게서 도망치기)

이 설명은 동일한 이야기에 대한 추상화를 사용하고 있습니다. 단지 두 번째 속성에 대한 인수만이 변경되었습니다. 이러한 사실을 통해 추상화에 대한 몇 가지 의문이 생깁니다. 우선, 추상화의 모호함을 어떻게 받아들여야 할까요? 앞선 헨젤과 그레텔 이야기는 이야기 추상화에 대한 실체화로 생각할 수 있으며, 앞서 본 두 가지 실체화 모두 이야기에 대한 정확한 정보를 제공하고 있으므로, 둘 중 어느 하나가 다른 것에 비해 더 정확하다고 말하기 어렵습니다. 그렇다면 이 추상화의 정의에 결함이 있는 것일까요? 둘째로, 이 이야기 추상화는 하나의 역경이 나타내는 세부 사항을 추상화할 뿐 아니라, 하나의 역경에 *집중하고* 있습니다(최소한 여러 가지 역경이 등장하는 이야기에 대해서는 그렇습니다). 예를 들어 헨젤과 그레텔을 이야기 추상화를 이용해서 기술하면, 최소한 하나 이상의 역경이 표현되지 않습니다. 따라서 하나의 이야기에 등장하는 여러 가지 역경을 나타낼 수 있도록 이야기 추상화를 새롭게 정의해야 할지에 대한 의문이 생깁니다. 그것이 어렵지는 않지만, 그럼 이제는 어떤 수준의 세부 사항이 포함되어야 맞는 것일까요?

언제인지 말해줘요

추상화가 충분한 실체화를 아우르기 위해 충분히 일반적일 때는 언제일까요? 너무 많은 세부 사항을 잃어버려 정확도가 떨어지게 되는 것은 언제일까요? 추상화를 구성할 때마다, 그것이 얼마나 일반적이어야 하며 얼마나 많은 세부 사항을 제공해야 하는지를 결정해야만 합니다. 예를 들어, 이야기 추상화를 써서 이 책에 나온 이야기들의 성격을 규정하는 대신에, "일련의 사건" 이라는 설명을 사용할 수도 있습니다. 이것은 틀린 것은 아니지만, 중요한 사항들을 생략하기 때문에 정확도가 떨어집니다. 한편 "동화" 혹은 "코미디"와 같은 구체적인 추상화를 사용할 수도 있습니다. 이렇게 하면 이야기 추상화에 비해 보다 상세한 정보를 전달할 수 있지만, 모든 이야기에 적용할 수 있을 정도로 일반적이지는 못합니다. 사실 상당히 일반적인 이야기 추상화조차도, 주인공이 문제 해결에 실패하는 이야기까지 아우를 정도로 일반적이지는 못합니다. 이러한 결점은 경우에 따라서 "푸는"과 "풀지 못하는"의 값으로 치환할 수 있는 또 다른 속성을 부여함으로써 해결할 수 있습니다. '이야기'를 이런 식으로 일반화하는 것이 적절한가 하는 것은 이 추상화를 어떻게 사용하는지에 달려 있습니다. 만약 "풀지 못하는"의 경우가 절대 발생하지 않는다면, 이러한 추가적인 일반성은 불필요하며, 현재의 단순한 정의 쪽이 나을 것입니다. 하지만 추상화를 활용하는 맥락이 달라질 수도 있고, 현재 선택한 수준의 일반성에 절대적으로 확신하는 것은 불가능할 것입니다.

일반화의 적절한 수준에 대한 고민과 더불어 추상화를 정의하는 데 있어서 또 다른 고려 사항은, 설명에 얼마나 많은 세부 사항을 제공하고, 얼마나 많은 속성을 사용하느냐는 것입니다. 예를 들어 이야기 추상화에 주인공이 역경을 어떻게 극복했는지를 나타내는 속성을 추가할 수 있습니다. 한편 추상화에 속성을 추가하면, 서로 다른 실체화 간의 중대한 차이점을 드러낼 수 있는 새로운 방편이 생기기 때문에, 더욱 다양한 표현이 가능한 반면, 추상화의 접점이 복잡해지고, 이 추상화를 사용하기 위해 많은 인수가 필요해집니다. 접점이 복잡해지는 것은 추상화의 활용을 어렵게 할 뿐 아니라, 그것을 적용하였을 때 더 많은 인수가 더 많은 곳에서 속성들과 치환되어야 하기 때문에 이해하기가 더 어려워집니다. 이것은 추상화를 사용하는 주요한 이유, 즉 간결하고 이해하기 쉬운 개요를 제공해 준다는 점에 역행하는 것입니다.

접점의 복잡도와 추상화의 정확도 사이에 균형을 맞추는 것은 소프트웨어 공학의 핵심적인 문제 중의 하나입니다. 프로그래머의 역경도 이야기 추상화의 실체화를 통해 표현할 수 있습니다.

소프트웨어 공학 = 이야기(프로그래머, 적절한 추상화 수준을 찾는 것)

물론 프로그래머는 여러 가지 다른 어려운 점도 갖고 있으며, 이것 또한 이야기 추상화를 사용해서 깔끔하게 정리할 수 있습니다. 여기에 모든 프로그래머가 공감할 만한 곤경을 하나 더 표현해 보았습니다.

오류 없는 소프트웨어 = 이야기(프로그래머, 버그를 찾고 제거하기)

이야기 추상화에서도 적절한 추상화의 수준을 알아내는 것이 문제입니다. 앞에서는 헨젤과 그레텔을 이야기 추상화의 두 가지 서로 다른 실체화로 나타냈었습니다. 각각 하나의 역경에 주목하고 있는 두 실체화 중 하나를 고르는 것은, 다른 하나로부터 추상화(무시)하는 것을 의미합니다. 하지만 헨젤과 그레텔 이야기를 더욱 포괄적으로 설명하기 위해 두 실체화를 모두 사용하고 싶다면 어떨까요? 이렇게 하기 위해서 여러 가지 방법을 사용할 수 있습니다. 우선 두 실체화를 나란히 표시할 수 있습니다.

이야기(헨젤과 그레텔, 집에 가는 길 찾기) 그리고
이야기(헨젤과 그레텔, 마녀에게서 탈출하기)

좀 투박해 보이네요. 특히 주인공의 이름과 이야기 추상화를 두 번 반복해서 표기하고 있어서 군더더기가 많아 보입니다. 치환으로 다음과 같은 실체화를 만들어 보면 이 문제는 더 명확하게 보입니다.

어떻게 헨젤과 그레텔이 집에 가는 길을 찾는 문제를 해결하는가,
그리고 어떻게 헨젤과 그레텔이 마녀로부터 탈출하는 문제를 해결하는가

대안으로, 간단히 두 역경을 결합해서 역경에 대한 하나의 인수로 만들 수도 있습니다.

이야기(헨젤과 그레텔, 집에 가는 길 찾기와 마녀에게서 탈출하기)

이것은 꽤 잘 작동합니다. 잘 보면 주인공은 똑같이 되어 있습니다: 헨젤과 그레텔은 함께 묶여서 단일한 어구로 주인공 속성에 치환되고 있습니다. 하지만 이렇게 주인공의 수를 가변적으로 적용하기 위한 유연성 또한 공짜로 확보되는 것은 아닙니다. 이야기 추상화의 정의를 보면 주인공(들)이라는 속성을 사용하여 문법적으로 단수와 복수의 대상을 아우를 수 있습니다(다수의 역경을 허용하기 위해서도 마찬가지로 역경(들)이라고 바꿔 줘야 할 것입니다). 이야기 추상화가 각 경우에 대해 문법적으로 정확하게 구분된 실체화를 만들어 줄 수 있다면 좋을 것 같습니다.

이야기 추상화의 정의를 수정해서 첫 번째 속성을 주인공의 리스트로 바꾸면 구분된 실체화를 만들 수 있습니다. 그리고 나서 주인공이 한 명인지, 두 명의 리스트인지에 따라서 약간 차이가 나는 두 개의 정의를 제시합니다.[2]

이야기(주인공, 역경) = 어떻게 주인공이 역경의 문제를 해결하는가
이야기(주인공1→주인공2, 역경) = 어떻게 주인공1과(와) 주인공2가 역경의 문제를 해결하는가

이제 '이야기'를 한 명의 주인공, 예를 들어 필 코너스에 적용하면 첫 번째 정의가 선택되고, '이야기'를 두 명의 주인공 리스트, 예를 들어 헨젤→그레텔에 적용하면 두 번째 정의가 선택됩니다. 이 경우에 두 번째 정의는 리스트를 두 개의 요소로 쪼개서 *과(와)*를 사이에 넣고 나열합니다.

이야기 추상화는 영어 문장을 만들어 내는 방법처럼 보입니다. 8장에서 문법이 이를 위한 방편임을 보인 바 있습니다. 그렇다면 이야기를 요약하기 위해서 문법을 정의할 수는 없을까요? 아니오, 정의할 수 있습니다. 아래에 '이야기'의 마지막 정의에 대응하는 문법의 예시가 있습니다.[3] 등호 대신에 화살표를 사용한다거나, 속성임을 나타내는 밑줄을 쓰는 대신에 비종단자임을 나타내는 상자를 사용하는 것과 같은 자잘한 표기상의 차이를 빼면, 두 방편은 기본적으로 속성(혹은 비종단자)을 값(혹은 종단자)으로 치환하는 동일한 방법을 사용해서 동작합니다.

이야기 → 어떻게 주인공이 역경의 문제들을 해결하는가
이야기 → 어떻게 주인공들이 역경의 문제들을 해결하는가
주인공들 → 주인공과(와) 주인공

8장의 표 8.1은 문법과 등식, 알고리즘을 비교하고 있습니다. 표에서는 각 형식의 구성 요소가 가지는 공통적인 역할을 보여 주고 있으며, 결과적으로 문법, 방정식 알고리즘은 서로 다르지만 추상화를 기술하기 위한 유사한 방편임을 알 수 있습니다.

지금까지의 논의는 추상화를 설계하는 것이 간단한 작업이 아님을 보여 줍니다. 새로운 사용 조건이 생기면 요구 사항을 변경하기 위해 추상화의 정의를 변경해야 한다는 것을 알게 되었습니다. 이러한 변경은 추상화를 보다 일반화하거나, 여러 가지 세부 사항을 노출하는 형태로 이루어질 수 있습니다. 어떤 경우에는 새로운 속성이 추가되거나 그 유형이 변경되는 식으로 접점에 변경이 생길 수도 있습니다. 주인공 속성이 단일한 값에서 리스트로 변경된 것이 이러한 예입니다. 어떤 추상화의 접점에 변경이 생기면, 존재하는 모든 추상화의 활용 사례들 또한 새로운 접점에 대응하여 변경되어야 합니다. 이것은 상당한 노력이 필요한 작업이며 다른 접점에 변경을 초래하는 식으로 전파될 수도 있습니다. 따라서 소프트웨어 엔지니어들은 가능하다면 접점에 변경을 만드는 것을 피하며, 많은 경우 마지막 수단으로만 고려합니다.

추상화의 연속

주인공의 리스트를 사용하는 '이야기'의 마지막 정의를 생각해 봅시다. 이 등식은 하나 혹은 두 개의 요소를 가지는 리스트에 대해서 동작합니다. 하지만, 이 정의는 10장과 12장에서 살펴본 것처럼 순환문이나 재귀문을 사용해서, 임의의 수의 요소를 가지는 리스트에 대해서도 동작하도록 손쉽게 확장할 수 있습니다. 각기 다른 경우를 구분하기 위해서 별도의 등식을 사용하고 리스트를 처리하는 것을 보면, 이야기 추상화는 사실 이야기의 짤막한 설명을 만들어 내는 알고리즘일 수도 있습니다. 파고들면 이 뒤에는 보이는 것보다 더 많은 것이 숨어 있습니다. 그러니 이제 알고리즘과 추상화 사이의 관계에 대해서 자세히 설명하도록 하겠습니다.

컴퓨터 과학에서 추상화가 가지는 중요성을 감안할 때, 그 중심이 되는 개념, 즉 알고리즘이 그 자체로 하나의 추상화라는 점은 그리 놀랄 만한 일이 아닙니다. 어떤 알고리즘은 그것이 조약돌을 따라가는 것이든, 리스트를 정렬하는 것이든 간에, 다수의 비슷한 계산 사이의 공통점을 기술하고 있습니다. 그림 15.2를 보세요.[4] 알고리즘이 그 매개변수를 서로 다른 인수로 치환하면, 서로 다른 개별적인 계산이 벌어집니다.

이야기 추상화는 경험적인 일반화에 속한다고 할 수 있습니다. 즉, 설명의 개요가 많은 이야기들을 보고 난 이후에 만들어진다는 것입니다. 이것은 알고리즘에서도 종종 벌어집니다. 예를 들어, 반복적으로 어떤 요리를 준비하면서, 재료를 바꾸거나 조리법을 변경해서 결과를 개선한 다음에는, 나중에도 같은 요리를 만들 수 있도록 조리법을 기록할 것입니다. 하지만 많은 다른 경우에는, 알고리즘이란 풀리지 않은 문제에 대한 해결책이기 때문에, 계산이 실행되기 이전에 만들어져 있어야만 합니다. 그리고 이것이 알고리즘의 추상화를 강력하게 만들어 주는 요인입니다. 이미 벌어진 계산을 기술하는 것에 더불어, 어떤 알고리즘은 필요하다면 완전히 새로운 계산을 만들어 낼 수 있습니다. 알고리즘은 이전에 맞닥뜨리지 않았던 새로운 문제를 풀 수 있는 힘을 가지고 있습니다. 이야기 추상화를 통해 설명하자면, 어떤 임의의 주인공과 특정한 사건만 떠올릴 수 있다면 이제 새로운 이야기를 만들어 낼 수 있다는 것입니다.

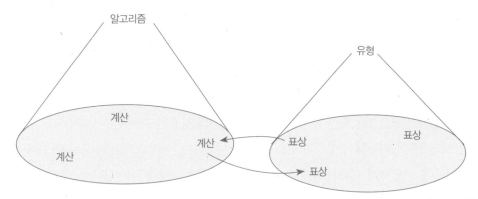

[그림 15.2] 알고리즘은 개별적인 계산들을 추상화한 것입니다. 각 알고리즘은 표상을 변형합니다. 유형은 개별적인 표상에 대한 추상화입니다. 만약 *입력*이 어떤 알고리즘이 받아들이는 유형의 표상이고, 출력이 그것에 의해 만들어지는 표상의 유형이라면, 알고리즘은 *입력* → 출력의 유형을 가집니다.

이런 관점을 더 잘 설명하기 위해 다음의 예시를 보죠. 간단한 도로망을 생각해 봅시다. 도시 A와 B, C와 D를 각각 연결하기 위해 두 개의 도로를 만들게 되었습니다. 그런데 두 도로의 경로가 마침 서로 교차하게 되어, 교차 지점에 교차로가 만들어졌습니다. 갑자기 새로운 연결이 생겨났고, 이제 A에서 C로, B에서 D로의 여행이 가능해졌습니다. 이 도로망으로, 애초에 계획했던 도시 간의 이동만이 아니라, 기대치 않았던 다른 도시 간의 이동도 가능해졌습니다.

알고리즘이 추상화라는 사실은 두 가지로 이해될 수 있습니다. 우선, 알고리즘의 설계와 활용은 추상화의 모든 이점을 누릴 뿐 아니라, 그 비용도 모두 감수한다는 것입니다. 특히 추상화의 적정 수준을 찾는 문제는 알고리즘의 설계와도 관련이 있는데, 왜냐하면 알고리즘의 효율성이 많은 경우 그 일반성에 의해 영향을 받기 때문입니다. 예를 들어 병합 정렬에는 선형 로그 실행 시간이 소요됩니다. 병합 정렬은 요소 간에 서로 비교가 가능하다면 어떤 리스트에서도 동작합니다. 따라서 이것은 생각할 수 있는 가장 일반적인 정렬 방법이며 폭넓게 사용되고 있습니다. 하지만 만약 정렬해야 하는 리스트의 요소가 작은 정의역(집합)에서 추출되었다면, 버킷 정렬이 사용될 수 있으며(6장 참조), 이것은 선형시간으로 빨리 처리됩니다. 따라서 알고리즘은 일반성과 정확성 사이의 타협 이외에도, 일반성과 효율성 간의 타협 또한 필요합니다.

둘째로 추상화를 설계할 때 알고리즘적인 요소를 사용할 수 있습니다. 이야기 추상화는 좋은 예입니다. 이것이 가진 유일한 목적은 이야기에 대한 설명을 만들어 내는 것입니다. 어떤 계산도 요구되지 않죠. 하지만 잘 설계된 추상화는 속성의 활용을 통해서 각 이야기가 가지는 핵심적인 요소를 나타내기 때문에, 우리는 리스트를 이용해서 복수의 주인공과 역경을 유연하게 처리해야 할 필요가 있다는 것을 알아차리게 됩니다. 특히 리스트를 요소의 숫자에 따라 구분한다면 특수한 경우에 대해 잘 설명할 수 있을 것입니다.

알고리즘의 실행은 기능적인 동작과 동일하므로, 알고리즘은 *기능적 추상화*라고도 불립니다. 하지만 알고리즘이 기능적 추상화의 유일한 예는 아닙니다. *해리 포터*의 주문은 마법의 기능적 추상화입니다. 마법사에 의해서 주문이 실행되면, 주문은 마법을 실현합니다. 주문을 거는 사람, 주문의 대상, 얼마나 주문이 잘 걸렸는지에 따라서 그 효과는 매번 실행할 때마다 달라집니다. 알고리즘이 언어로 표현되어 해당 언어를 이해할 수 있는 컴퓨터에 의해서만 실행될 수 있는 것과 마찬가지로, 주문 또한 영창, 마법 지팡이의 움직임 등을 포함하는 마법의 언어로 표현되며, 해당 주문을 어떻게 거는지를 알고 있는 숙련된 마법사에 의해서만 실행될 수 있습니다. 마법 약도 마법의 또 다른 추상화입니다. 하지만 그 실행이 훨씬 간단하다는 면에서 주문과는 다릅니다. 마법 약의 효과를 촉발시키는 것은 마법사가 아니라 누구라도, 심지어 머글도 할 수 있습니다.

많은 기계들 또한 기능적 추상화입니다. 예를 들어 휴대용 계산기는 수학 연산에 대한 추상화입니다. 마법사 이외의 대상이 마법 약으로 마법에 접근할 수 있는 것과 같이, 산술 계산을 어려워하는 사람들도 계산기를 통해 계산에 접근할 수 있습니다. 또한 계산이 익숙한 사람들도 계산기를 사용하여 그 과정을 가속할 수 있습니다. 또 다른 예로 커피 메이커와 알람 시계와 같이 특정한 기능을 안정적으로 수행할 수 있도록 각자의 요구에 맞게 설정할 수 있는 기계들도 있습니다. 교통수단의 역사는 어떻게 기계가 그 추상화된 수단(이 경우 이동)이 가지는 효율을 향상시키고, 때로는 더 많은 사람들이 접근할 수 있도록 그 접점을 단순화해 왔는지를 보여 줍니다. 마차는 말이 필요하며 상대적으로 느렸습니다. 자동차는 이에 비해 많이 향상되었지만 여전히 운전 실력이 필요합니다. 자동 변속기, 안전 벨트, 네비게이션 시스템은 자동차를 접근성과 안전성이 더욱 향상된 이동 수단으로 만들어 주었습니다. 수년 내에 자동 주행 자동차가 도래하면 더욱 확장된 접근성을 기대할 수 있을 것입니다.

만능 열쇠

알고리즘과 기계(그리고 주문과 마법 약)는 기능적 추상화의 예입니다. 이들은 어떤 형태의 기능을 포장해서 내재하고 있습니다. 계산을 통해 변형되는 수동적인 표상들 또한 추상화의 대상이며 이 경우를 *데이터 추상화(data abstraction)*라고 부릅니다. 사실 표상이라는 개념 자체가 태생적으로 추상화일 수밖에 없습니다. 왜냐하면 표상이란 어떤 대상을 나타내기 위해 기호가 가지는 특징을 식별하는 것이며(3장 참조), 그렇게 함으로써 다른 특징들을 능동적으로 무시, 즉 이러한 특징들을 추상화하기 때문입니다.

헨젤과 그레텔이 조약돌을 따라서 집으로 가는 길을 찾을 때, 조약돌의 크기나 색깔은 중요하지 않습니다. 조약돌을 위치를 나타내는 표상으로 활용하여, 그 크기와 색상의 차이를 무시하고 그 대신 달빛에 반짝인다는 특징에 집중하는 하나의 추상화를 만들어 냅니다. 해리 포터가 마법사라고 말하는 것은 그가 마법을 부릴 수 있다는 사실을 강조하지만, 그의 나이나 그가 안경을 쓰고 있다는 사실 혹은 그에 대한 그 밖의 재미있는 정보에는 신경 쓰지 않습니다. 해리 포터를 마법사라고 부르게 되면, 이 모든 세부 사항을 추상화할 수 있습니다. 셜록 홈즈를 탐정이라고 하거나 브라운 박사를 과학자라고 말할 때에도 마찬가지입니다. 우리는 이런 단어와 통상적으로 연관되어 있는 특징을 부각시키고 그 사람에 대한 다른 특징들은 모두 일시적으로 무시합니다.

마법사, *탐정*, *과학자*와 같은 단어는 물론 유형입니다. 여기에는 이런 유형에 속한 대상에

대하여 일반적으로 옳다고 생각되는 특징들이 함축되어 있습니다. 이야기 추상화에서 주인공과 역경이라는 개념 또한 유형입니다. 왜냐하면 이것들이 이야기 추상화가 그 의미를 전달하기 위해서 필요한 특정한 장면을 연상시키기 때문입니다. *주인공*은 *마법사*나 *탐정*에 비해서 적은 세부 사항을 전달하기 때문에 더 일반적인 유형입니다. 마법사나 탐정이 주인공에 치환될 수 있다는 것을 보면 이를 알 수 있습니다. 하지만 이는 단지 이야기의 일부일 뿐입니다. 볼드모트를 예로 들어봅시다. 그는 마법사이지만 주인공은 아닙니다. 오히려 *해리 포터* 시리즈의 중요한 악당입니다. 주인공인 해리 포터와 악당인 볼드모트 모두 마법사이고, *마법사*라는 유형이 주인공과 악당을 구분하는 세부 사항을 무시하고 있기 때문에, 이것이 더 일반적인 유형이 아닌가 싶습니다. 따라서 일반적으로 주인공과 마법사 중 어떤 쪽이 더 추상적이라고 할 수 없으며, 그렇다고 해도 대수로운 일은 아닙니다. 왜냐하면 두 유형은 서로 다른 영역, 즉 이야기와 마법에서 유래했기 때문입니다.

하나의 영역 안에서는 많은 경우에 유형을 계층화하여 정리하는 것이 보다 명료합니다. 예를 들어, 해리 포터, 드라코 말포이, 세베루스 스네이프는 모두 호그와트의 일원입니다. 하지만 해리와 드라코만이 호그와트의 학생입니다. 만약 당신이 호그와트의 학생이라면 당연히 호그와트의 일원이기도 할 것입니다. 즉 *호그와트의 일원*은 *호그와트의 학생*보다 더 일반적인 추상화입니다. 그리고 해리만이 그리핀도르 기숙사에 속해 있기 때문에, *호그와트의 학생*은 *그리핀도르 기숙사의 학생*보다 더 일반적인 추상화입니다. 마찬가지로 마법은 주문보다 더 추상화되어 있으며, 주문은 순간이동 주문이나 패트로누스 주문보다 더 추상화되어 있습니다.

프로그래밍 언어에서 볼 수 있는 유형(타입)은 아마도 데이터 추상화의 가장 명백한 형태일 것입니다. 숫자 2와 6은 다르지만 둘은 많은 공통점을 가지고 있습니다. 두 숫자는 모두 2로 나누어지며, 둘을 더해서 다른 숫자를 만들 수도 있고, 그 밖에도 많은 것들이 서로 관련되어 있습니다. 따라서 우리는 둘의 차이를 무시하고 그들을 다른 숫자들과 함께 묶어서 숫자라는 유형을 만듭니다. 이 유형은 개별적인 숫자가 가지는 특성을 추상화하고 그 구성원들의 공통점을 보여줍니다. 특히 유형은 알고리즘에서 매개변수의 특성을 파악하기 위해서 사용될 수 있습니다. 이렇게 사용하고 나면 유형 검사기(14장 참조)를 이용해서 알고리즘의 유형 준수를 검사하는 데 활용할 수 있습니다. 이렇게 데이터 추상화는 기능적 추상화와 함께하고 있습니다. 알고리즘은 매개변수를 이용해서 개별적인 값들을 추상화합니다. 하지만 많은 경우에 매개변수는 생각할 수 있는 아무 값으로나 치환될 수는 없으며, 인수 표상에 따르는, 알고리즘에 의해 다루어질 수 있는 어떤 값으로만 치환될 수 있습니다. 예를 들어 숫자 2가 곱해지는 매개변수는 반드시 숫자여야 하며, 이때 데이터 추상화로서의 유형이 기능합니다. 유형 숫자는 많은 더 특화된 숫자 유형, 예를 들어 짝수보다 더 추상화되어 있다고 생각할 수 있습니다.

마지막으로 숫자와 같은 (일반적인) 유형 이외에도, 데이터 추상화는 특히 데이터 타입(4장 참조)에 적용됩니다. 데이터 타입은 제공되는 동작과 그 특성에 의해서만 정의됩니다. 상세한 표현은 무시, 즉 추상화되며, 결과적으로 데이터 타입은 그것을 구현하는 데이터 구조보다 더 추상화되어 있습니다. 예를 들어 스택은 리스트나 배열로 구현할 수 있지만, 이러한 구조들에 대한 세부 사항과 그들 사이의 차이점은 스택을 구현하고 나서는 숨겨집니다.

잘 만들어진 데이터 추상화는 이를 사용하는 계산이 필요로 하는 표상의 특징만을 부각시킵니다. 또, 이런 추상화는 계산에 방해가 되는 특징은 무시하거나 숨깁니다.

추상화할 시간

2장에서 설명한 바와 같이, 알고리즘의 실행 시간을 확인하는 방식은 건강 추적기가 최근의 운동 시간을 알려 주는 것과는 그 양상이 다릅니다. 실행 시간을 초 단위(혹은 분이나 시간 단위)로 알려 주는 것은 특정한 컴퓨터에서 측정된 것이기 때문에 그다지 유용하지 않습니다. 알고리즘이 더 빠르거나 느린 컴퓨터에서 실행되면, 그 실행 시간은 달라질 수 있는 것이죠. 10km를 달린 시간을 친구와 비교하는 것은 두 컴퓨터, 즉 주자의 상대적인 효율을 비교하는 것이기 때문에 의미는 통하지만, 이 시간은 달리기 알고리즘 그 자체의 효율에 대해서는 어떤 정보도 주지 못합니다. 왜냐하면 둘 다 같은 알고리즘을 실행하고 있기 때문입니다.

따라서, 실제의 소요시간을 추상화해서 알고리즘의 복잡도를 얼마나 많은 단계가 소요되는지로 측정하는 것은 좋은 방법입니다. 이렇게 측정하면 컴퓨터의 실행 속도와는 상관이 없고, 기술적 발전에 의해 달라지지도 않을 것입니다. 달리기를 할 때 보폭이 일정하다고 가정해 봅시다. 그렇다면 일정한 거리를 달리는 데는 주변 상황과 상관없이 거의 같은 수의 단계(걸음)가 소요될 것입니다. 일정한 보폭의 걸음 수를 이용하는 것은 주자별 특성을 추상화하며, 이에 따라 달리기 자체에 대해서 안정적으로 특징을 나타낼 수 있습니다. 사실 걸음 수는 얼마의 거리를 달렸냐하는 것을 다르게 표현했을 뿐입니다. 달린 거리는 그 소요시간에 비해서 복잡도를 더 잘 나타내는데, 이것은 서로 다른 주자 간의 차이, 혹은 동일한 주자가 낸 다른 기록들까지 추상화하기 때문이죠.

걸음(단계)이나 동작의 수를 제시하는 것은 시간을 재는 것보다는 좀 더 추상화된 것이지만, 이 숫자는 알고리즘의 입력에 따라 변하기 때문에 알고리즘의 복잡도를 측정하기에는 여전히 너무 구체적입니다. 예를 들어 리스트의 길이가 더 길면 최솟값을 찾거나 정렬하는 데에 더 많은 단계가 소요됩니다. 마찬가지로 10km 달리기는 5km 달리기보다 더 많은 걸음이 소요됩니다. 우리의 목표는 알고리즘의 복잡도를 파악하는 것이지, 어떤 입력에 대한 성능을 측정하는 것이 아닙니다. 이렇게 어떤 입력에 대한 단계의 수를 확인할지는 명확하지 않습니다. 몇 가지 경우를 예시로 들어 몇 단계가 걸리는지 보여 주는 표를 만들 수도 있습니다. 하지만 어떤 예를 선택해야 하는지가 여전히 불분명합니다.

따라서 알고리즘에 대한 시간 추상화는 좀 더 나아가, 실제 수행된 단계 수를 무시합니다. 대신, 큰 입력에 대해서 단계의 수가 어떻게 증가하는지를 확인합니다. 예를 들어 어떤 알고리즘의 입력의 크기를 두 배로 키웠을 때 두 배로 많은 단계를 필요로 하다면, 이는 같은 속도로 증가하는 것입니다. 2장에서 설명한 바와 같이 이러한 실행 시간 특성을 *선형*(linear)이라고 부릅니다. 리스트에서 최솟값을 찾을 때나, 달리기가 이런 경우에 해당합니다.[5] 실행 시간이 2보다 큰 배수로 증가하더라도, 알고리즘의 복잡도는 여전히 선형이라고 간주합니다. 왜냐하면 입력의 크기와 소요되는 단계의 수 사이의 상관관계를 상수의 곱으로 나타낼 수 있기 때문입니다. 헨젤과 그레텔이 집으로 가는 길을 찾을 때 걸리는 단계의 수가 바로 이런 경우입니다. 조약돌을 떨구는 데 걸리는 단계가 있기 때문에 실행 시간은 2배보다 빠르게 증가합니다. 선형 알고리즘의 실행 시간 범주는 이런 배수까지 추상화하기 때문에 헨젤과 그레텔의 알고리즘은 선형으로 간주합니다.

실행 시간 추상화의 가장 중요한 두 가지 장점은 어떤 문제가 풀 수 있는 것인지, 그리고 특정한 문제를 풀기 위해 선택해야 하는 알고리즘이 어떤 것인지를 알려 준다는 것입니다. 예를 들어 지수 실행 시간을 가지는 알고리즘은 작은 입력에 대해서만 동작하며, 따라서 지수 실행 시간을 가지는 알고리즘만이 알려진 문제는 풀 수 없다고 생각할 수 있습니다(7장 참조). 반면에 같은 문제를 푸는 여러 가지 알고리즘이 있는 경우에는, 더 나은 실행 시간 복잡도를 가지는 것을 골라야 합니다. 예를 들어, 선형 로그 시간을 가지는 병합 정렬을 2차 실행 시간을 가지는 삽입 정렬보다 일반적으로 선호할 것입니다(6장 참조). 그림 15.3에 시간 추상화를 요약하였습니다.

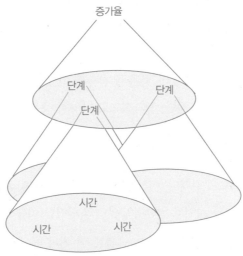

증가율

단계 단계

단계

시간

시간 시간

[그림 15.3] 시간의 추상화. 컴퓨터별로 달라지는 속도를 추상화하기 위해서, 알고리즘의 실행에 소요되는 단계의 수를 그 실행 시간의 척도로 사용합니다. 입력에 따라 단계의 수가 달라지는 것을 추상화하기 위해서, 입력 크기 증가에 대해 알고리즘의 실행 시간이 얼마나 빨리 증가하는가를 측정합니다.

기계의 언어

알고리즘은 계산을 스스로 만들어 낼 수 없습니다. 2장에서 설명한 바와 같이, 알고리즘은 알고리즘이 표현된 언어를 이해할 수 있는 컴퓨터에 의해서 실행되어야만 합니다. 알고리즘에서 사용된 명령은 반드시 컴퓨터가 처리할 수 있는 명령 중의 하나여야 합니다.

알고리즘을 어떤 언어를 통해서 특정한 컴퓨터에서만 실행되도록 하는 것은 다음과 같은 이유 때문에 문제가 됩니다: 우선, 개별적으로 설계된 컴퓨터는 이해할 수 있는 언어에도 차이가 있을 수 있기 때문에, 알고리즘을 어떤 언어로 기록하고 나면 어떤 컴퓨터는 그것을 이해하지만 다른 컴퓨터는 이해하지 못하는 상황이 발생할 수 있습니다. 예를 들어 헨젤이나 그레텔이 조약돌을 이용해서 길을 찾는 알고리즘을 독일어로 적어 두었다면, 프랑스나 영국에서 자란 아이는 독일어를 배우기 전에는 이것을 실행할 수 없습니다. 두 번째로, 시간이 흐르면서 컴퓨터에 의해 사용되는 언어도 변화합니다. 고어라도 곧잘 이해하는 사람에게는 이런 것이 문제가 되지 않지만, 명령어 하나라도 미세하게 바뀌고 나면 알고리즘 전체를 실행할 수 없게 되어버리는 컴퓨터에는 분명히 문제입니다. 알고리즘과 컴퓨터 사이의 언어적 연결이 이렇게 견고하지 못하다면, 알고리즘을 공유하는 것도 어려울 것입니다. 다행스럽게도 새로운 컴퓨터가 등장할 때마다 소프트웨어를 새로 작성해야만 하는 것은 아닙니다. 여기에는 *언어 번역(language translation)*과 *추상 기계(abstract machine)*라는 두 가지 형태의 추상화가 기여하고 있습니다.

추상 기계의 개념을 설명하기 위해서, 차를 운전하는 알고리즘을 생각해 봅시다. 누구나 처음엔 어떤 특정한 차로 운전을 배우지만, 결과적으로 다양한 종류의 차를 몰 수 있게 됩니다. 운전 기술을 습득하고 나면 이 기술은 어떤 제조사나 차종에 종속되지 않으며, 좀 더 추상화되어 운전대, 가속 페달, 브레이크와 같은 개념에 의해 표현될 수 있습니다. 이런 자동차에 대한 추상화는 실제의 다양한 차량으로 구현되며, 이들은 각각 세부적인 사항에서는 차이가 나지만 그 기능에 접근하는 방편으로는 공통적이고 일반적인 운전의 언어를 이용하고 있습니다.

추상화는 모든 종류의 기계에 적용됩니다. 예를 들어 커피 메이커, 프렌치 프레스, 에스프레소 머신 모두의 세부 사항을 다음과 같이 추상화할 수 있습니다: 뜨거운 물과 분쇄 커피를 일정 시간 동안 섞은 후, 우리고 난 커피 분말만을 다시 걸러내는 기능을 가진, 커피를 만드는 기계. 커피를 만드는 알고리즘은 이 커피 만들기 추상화를 이용해서 표현할 수 있으며, 각각의 커피 기계로 실체화되기 충분한 구체성을 가지고 있습니다. 물론 기계 추상화도 나름의 한계를 가지고 있습니다. 커피 기계로는 운전 알고리즘을 실행할 수 없으며, 자동차로는 커피를 만들 수 없습니다. 하지만 여전히 추상 기계는 언어와 특정한 컴퓨터 구조를 분리할 수 있는 중요한 방법의 하나입니다(그림 15.4 참조).

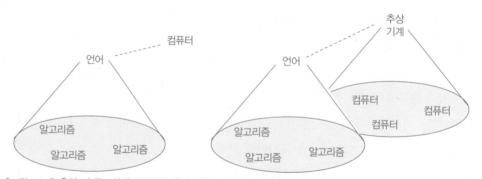

[그림 15.4] 추상 기계는 실제 컴퓨터를 추상화한 것입니다. 간단하고 일반적인 접점을 제공함으로써, 추상 기계는 알고리즘의 언어를 개별적인 컴퓨터 구조에 독립적으로 만들어 주며, 그것을 실행할 수 있는 컴퓨터의 저변을 넓혀 줍니다.

계산 분야에서 가장 유명한 추상 기계는 *튜링 기계(Turing machine)*입니다. 이 이름은 유명한 영국의 수학자이자 컴퓨터 과학의 개척자인 앨런 튜링의 이름에서 따왔습니다. 그는 1936년에 이 기계를 고안하여 계산과 알고리즘의 개념을 정형화하기 위해 사용하였습니다. 튜링 기계는 하나의 테이프로 되어 있는데, 테이프는 기호를 담고 있는 여러 개의 칸으로 나뉘어 있습니다. 테이프는 읽기/쓰기 헤드를 통해서 접근할 수 있으며, 헤드는 테이프를 앞이나 뒤로 움직일 수 있습니다. 이 기계는 항상 특정한 상태에 있으며, 현재의 칸에 어떤 기호가 있는지, 현재의 상태는 무엇인지에 따라서 현재의 칸에 어떤 기호를 적어야 하는지, 테이프를 어떤 방향으로 움직일지, 그리고 어떤 상태로 전환할지 등을 알려 주는 규칙의 집합으로 구성된 어떤 프로그램에 의해 제어됩니다. 튜링 기계는 정지 문제가 풀 수 없다는 것을 증명하기 위해서도 사용되었습니다(11장 참조). 모든 프로그램은 튜링 기계 프로그램으로 번역될 수 있으며, 이는 튜링 기계가 현존하는 모든 (전자식) 컴퓨터의 추상화라는 것을 의미합니다. 이러한 통찰이 중요한 이유는 튜링 기계가 가지는 일반적인 속성은, 그것이 무엇이든 간에 현존하는 어떤 컴퓨터에서도 유효하다는 것을 의미하기 때문입니다.

개별적인 컴퓨터를 추상화하는 또 다른 방법은 언어 번역을 이용하는 것입니다. 예를 들어 앞서의 조약돌 따라가기 알고리즘을 독일어에서 한국어나 영어로 번역해서 언어 장벽을 제거하면, 더 많은 사람들이 알고리즘을 사용할 수 있습니다.

사실 요즘 작성되는 거의 모든 프로그램은 기계로 실행되기 전에 어떤 형태로 번역됩니다. 현재 사용되는 어떤 프로그래밍 언어도 컴퓨터에 의해 곧바로 해석될 수 없으며 모든 알고리즘 또한 번역되어야 한다는 것을 뜻하죠. 프로그래밍 언어는 어떤 구체적인 컴퓨터가 가지는 상세 사항들을 추상화해서, 넓은 범위의 컴퓨터를 단일한 방법으로, 하나의 언어로 프로그래밍할 수 있도록 합니다. 따라서 프로그래밍 언어는 컴퓨터의 추상화이며, 알고리즘의 설계가 어떤 특정한 컴퓨터에 종속되지 않도록 만듭니다. 만약 새로운 컴퓨터가 만들어졌다면, 이 컴퓨터에서 기존의 알고리즘을 실행하기 위해서는 번역기를 적용해서 이 컴퓨터를 위한 변형된 코드를 만들어 내야 합니다. 이 번역 추상화를 통해 프로그래밍 언어의 설계는 프로그래밍이 실행되는 컴퓨터로부터 매우 높은 수준의 독립성을 확보할 수 있습니다.

번역 추상화는 다양한 방법으로 정의될 수 있습니다. 다른 추상화와 마찬가지로, 어떤 세부 사항을 추상화할 것인지, 어떤 것을 접점을 통해 속성(매개변수)으로 노출할 것인가 하는 질문이 생깁니다. 다음의 정의는 번역의 대상이 되는 프로그램, 그것을 표현하는 언어, 그리고 번역의 목표 언어를 추상화하고 있습니다.

번역(프로그램, 원시 언어, 대상 언어) = "프로그램을 원시 언어로부터 대상 언어로 번역"

번역은 정교한 알고리즘이라 여기에 제시하기에는 너무 길고 복잡하기 때문에, 등호의 우측을 보면 인용부호를 사용했다는 것을 볼 수 있습니다. 예를 들어, 자연어의 자동 번역은 아직도 완전히 해결되지 않은 문제인 반면, 컴퓨터 언어의 번역은 잘 알려지고 완전히 해결된 문제입니다. 하지만 여전히 번역기는 길고 복잡한 알고리즘이기 때문에 여기에 상세히 표현하기 어렵습니다.

번역 추상화를 어떻게 사용하는지 보기 위해서, 조약돌을 찾는 명령을 어떻게 독일어에서 영어로 번역하는지를 예로 들어 보겠습니다.

번역(Finde Kieselstein, 독일어, 영어)

*Finde Kieselstein*이라는 명령은 원시 언어인 독일어의 원소이고, 번역의 결과인 *Find pebble*이라는 명령은 대상 언어인 영어의 원소입니다.

*해리 포터*에서 주문과 마법의 언어는 모두 마법사가 실행해야 합니다. 어떤 주문은 대응하는 마법 약으로 번역(변환)될 수 있으며, 이렇게 하고 나면 머글도 실행할 수 있습니다. 예를 들어 변신 주문의 효과는 폴리주스 마법 약에 담을 수 있으며, 이 마법 약을 마신 사람은 자신의 외모를 바꿀 수 있습니다. 책에서 폴리주스 마법 약은 숙련된 마법사라도 만들기가 무척 어렵다고 나오는 반면에, 어떤 주문은 이를 단순하게 다른 것으로 대체할 수 있습니다. 치명적인 독약으로 치환할 수 있는 살인 주문인 아바다 케다브라처럼요.

모든 번역 추상화는 그 자체가 알고리즘이기 때문에, 언어를 사용해서 모든 알고리즘을 추상화했던 것과 마찬가지로, 번역을 표현할 수 있는 언어를 통해서 모든 번역을 추상화할 수 있습니다. 그림 15.5의 왼쪽 상단이 이런 경우를 보여 줍니다. 모든 언어는 언어로 표현된 프로그램을 실행할 수 있는 컴퓨터 혹은 추상 기계에 부합하기 때문에, 번역의 추상화 가능성은 결과적으로 컴퓨터도 언어를 통해서 추상화될 수 있다는 것을 의미합니다. 이것은 그림 15.5의 오른쪽 상단에 나타나 있습니다.

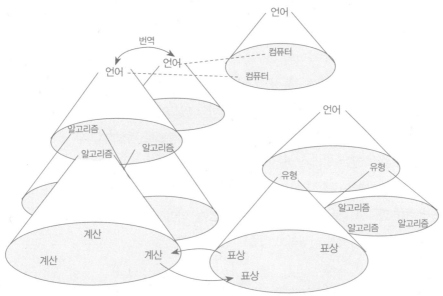

[그림 15.5] 추상화의 탑. 알고리즘은 계산의 (기능적) 추상화입니다. 알고리즘은 표상을 변형하는데 이것들의 (데이터) 추상화는 유형(타입)입니다. 알고리즘이 수용 가능한 입력과 출력 또한 유형으로 표현됩니다. 각 알고리즘은 언어로 표현되는데, 이것은 알고리즘을 추상화합니다. 번역 알고리즘은 알고리즘을 한 언어에서 다른 언어로 변환하며, 따라서 알고리즘을 그것이 표현된 언어를 해석하는 특정한 컴퓨터나 추상 기계에 종속되지 않도록 합니다. 언어 또한 컴퓨터의 추상화입니다. 왜냐하면 번역을 통해 컴퓨터 간의 차이를 효과적으로 제거할 수 있기 때문입니다. 유형은 언어의 일부로 표현됩니다. 이 추상화 계층은 컴퓨터 과학에서의 모든 추상화가 어떠한 언어로 표현됨을 보여 줍니다.

튜링 기계가 모든 컴퓨터의 궁극적인 추상화인 것과 마찬가지로, *람다 대수*(*lambda calculus*)는 모든 프로그래밍 언어의 궁극적인 추상화입니다. 람다 대수는 튜링 기계와 같은 시기에 미국의 수학자 알론조 처치에 의해서 고안되었습니다. 람다 대수는 추상화를 정의하고, 정의에서 매개변수를 참조하고, 매개변수에 인수를 제공해서 추상화의 실체화를 만들어 내는 세 가지의 구성 요소를 가지고 있습니다. 인수의 치환은 그림 15.1에 나온 것과 매우 유사합니다. 어떤 알고리즘의 언어로 표현된 어떤 프로그램이라도 람다 대수 프로그램으로 바꿀 수 있습니다. 이제 우리는 컴퓨터를 추상화하는 두 가지의 궁극적인 방법, 람다 대수와 튜링 기계를 확보했습니다. 어떻게 그럴 수 있을까요? 이 두 추상화는 서로 등가라는 것이 알려져 있습니다. 즉, 튜링 기계에서 실행되는 어떤 프로그램이라도 이와 등가의 람다 대수 프로그램으로 변환될 수 있으며 그 반대도 가능하다는 것입니다. 게다가 알고리즘을 표현하기 위한 모든 알려진 형식보다 튜링 기계나 람다 대수가 더 표현적이라는 것이 증명되었습니다.**6**

따라서, 어떤 알고리즘이라도 튜링 기계나 람다 대수 프로그램으로 표현될 수 있습니다. 이러한 사실은 두 명의 컴퓨터 과학의 선구자들의 이름을 딴, *처치 – 튜링 명제*(*Church–Turing thesis*)로 알려져 있습니다. 처치 – 튜링 명제는 알고리즘의 표현성과 범위에 대한 것입니다. 알고리즘의 정의는 효과적인 명령이라는 개념에 기반하고 있으며 이 직관적인(효과적인) 개념은 인간의 능력과 결부되어 있기 때문에, 어떤 알고리즘도 수학적으로 정형화할 수 없습니다. 처치 – 튜링 명제는 증명될 수 있는 정리가 아니며 오히려 알고리즘의 직관적 개념에 대한 통찰에 가깝습니다. 처치 – 튜링 명제가 중요한 이유는, 알고리즘에 대해서 알 수 있는 모든 것들을 튜링 기계와 람다 대수를 연구함으로써 발견할 수 있다는 것을 의미하기 때문입니다. 대부분의 컴퓨터 과학자들이 처치 – 튜링 명제를 인정하고 있습니다.

✢ ✢ ✢

계산은 문제의 체계적인 해결을 위해서 사용됩니다. 전자식 컴퓨터 덕분에 계산의 전례 없는 성장과 확대가 가능해졌지만, 그것은 여전히 계산의 도구일 뿐입니다. 계산의 개념은 이보다 더 일반적이며, 더 폭넓은 적용이 가능합니다. 우리가 살펴보았듯이, 헨젤과 그레텔은 이미 어떻게 알고리즘을 실행하는지, 어떻게 조약돌을 이용해서 경로를 나타내는 추상화를 사용하는지를 알고 있었습니다. 셜록 홈즈는 기호와 표상의 달인이었고, 데이터 구조를 조작해서 범죄를 해결했습니다. 인디아나 존스는 흥미진진한 보물 탐색에 전자식 컴퓨터를 사용하지 않았습니다. 음악의 언어는 어떤 문제를 직접 해결해 주지는 못하지만, 거기에는 생각할 수 있는 모든 종류의 문법과 구문이 존재하고 있습니다. 필 코너스는 컴퓨터 과학의 어떤 이론도 알지 못했지만, 계산의 근본적인 한계를 설명해 주는 문제인 해결할 수 없는 정지 문제에 직면합니다. 마티 맥플라이와 브라운 박사는 재귀하여 살았습니다. 그리고 해리 포터는 유형과 추상화의 마법과 같은 힘을 보여 주었습니다.

이 이야기의 영웅들은 계산의 영웅은 아닐지라도, 그 이야기는 우리에게 계산이 무엇인지에 대해 많은 것을 알려 줍니다. 이 책을 끝내면서 하나의 이야기를 더 하고 싶습니다 – *컴퓨터 과학의 이야기* 말이죠. 이것은 계산의 개념을 정복하는 추상화에 대한 이야기입니다. 이 이야기의 주인공은 *알고리즘*이고, *표상*을 변형함으로써 *문제*를 체계적으로 해결합니다. 그러기 위해 주인공은 *제어 구조*와 *재귀*라는 기본 도구를 능숙하게 적용합니다. 서로 다른 방법으로 문제를 풀 수 있지만, 이 알고리즘은 어떤 특정한 해답에 만족하지 않고 최대한 일반적인 해답이 될 수 있기를 열망합니다 – 숨겨진 비밀 무기 *매개변수*를 사용해서 말이지요. 하지만 알고리즘은 항상 최대의 적인 *복잡도*에 의한 극심한 저항에 직면하기 때문에, 실제의 목표는 끝임없는 고난의 연속입니다.

계산 = 이야기(알고리즘, 문제를 해결하기)

이야기가 전개되면서 새롭고 더 거대한 문제들이 알고리즘을 한계로 몰아붙입니다. 하지만 이런 역경 속에서도 *추상화* 일족 간의 우정과 지지에 행복합니다: 누이인 *효율성*은 귀중한 자원을 사용함에 있어서 신중할 수 있도록 조언하며, 형제인 *유형*은 끈질긴 프로그래밍 오류와 잘못된 입력으로부터 주인공을 보호합니다. 그리고 현명한 할머니인 *언어*는 주인공에게 표현성을 부여하여, 그가 자신의 모든 계획을 실행할 때 의지하는, 믿을 만한 동료인 컴퓨터가 그를 이해할 수 있도록 합니다.

컴퓨터 과학 = 이야기(추상화, 계산을 담아내기)

알고리즘은 전능하지 않으며, 모든 문제를 풀 수 없습니다. 특히 비효율성과 오류에 취약하죠. 하지만 그는 이 모든 사실을 잘 알고 있습니다. 그리고 이런 자신의 한계에 대해 알고 있기에, 앞으로 펼쳐질 모험에서 그는 더욱 강하고 자신감 넘칠 것입니다.

더 알아보기

해리 포터의 마법은 유형과 유형화 규칙이라는 개념과 그들이 어떻게 미래에 대한 예측을 도울 수 있는지를 설명해 주었습니다. 마법의 엄격한 체계는 L. E. Modesitt Jr의 판타지 연작 소설, 『The Saga of Recluce』에서도 찾아볼 수 있습니다. 이 작품에서 마법은 모든 물질에 내재된 혼돈과 질서를 제어하는 능력입니다. 짐 부처의 연작 소설, 『드레스덴 파일(The Dresden Files)』의 주인공은 사설 탐정이자 마법사로, 초자연 현상과 관련된 사건을 조사합니다. 이 이야기에는 여러 가지 종류의 마법과 마법의 법칙, 그리고 마법 도구들이 등장합니다.

유형으로 설명될 수 있는 특별한 능력을 가진 존재들이 나오는 작품들로는 J.R.R. 톨킨의 소설 『반지의 제왕(The Lord of the Rings)』과 『호빗(The Hobbit)』을 들 수 있습니다. 『엑스맨(X-Men)』 만화와 영화에 나오는 슈퍼 영웅들이 가진 특수 능력들은 모두 잘 정의되어 있으며, 정확하게 정의된 방법으로 현실 세계와 상호작용합니다. 어떤 유형의 슈퍼 영웅들은 그 원소가 자기 자신 하나뿐이지만, 다른 유형에는 여럿의 구성원이 들어 있습니다.

장치를 잘못 사용하면 유형 오류가 생기며 오작동으로 이어질 수 있습니다. 이것은 극적인 효과를 위해 자주 사용됩니다. 영화 『더 플라이(The Fly)』에서는 순간 이동 장치를 잘못 사용해서, 인간과 파리의 DNA가 섞이게 됩니다. 유형 오류는 사람들의 역할이 바뀌거나 서로 뒤바뀌었을 때, 각자의 역할과 관련된 통념에 대해서도 벌어집니다. 예를 들어 영화 『별난 금요일(Freaky Friday)』에서는, 십대 딸과 엄마의 몸과 정신이 서로 뒤바뀌어서, 십대와 어른의 역할에 대한 사람들의 통념을 뒤흔드는 사건들이 벌어지게 됩니다. 마크 트웨인의 소설 『왕자와 거지(The Prince and the Pauper)』에서는 왕자와 가난한 소년이 서로 역할을 바꿉니다.

추상화는 다양한 형태로 나타납니다. 디오라마(축소 모형)는 종종 중요한 역사적 사건을 표현하는 데 사용됩니다. 영화 『디너 게임(Dinner for Schmucks)』에도 이런 예가 나옵니다. 부두 인형*은 어떤 사람에 대한 추상화이며, 멀리서 주술의 대상에게 고통을 주기 위해서 사용됩니다. 이런 예가 『인디아나 존스2 마궁의 사원(Indiana Jones and the Temple of Doom)』과 『캐리비안의 해적4 - 낯선 조류(Pirates of the Caribbean: On Stranger Tides)』에서 나오며, 짐 부처의 『드레스덴 파일』에서도 부두 인형이 몇 번 사용됩니다. 비슷하게, 아바타는 멀리 떨어진 곳

---
* 부두교에서 저주에 사용하는 대상자를 나타내는 인형

에서 행동할 수 있는 어떤 사람의 표상입니다. 영화 『아바타』의 중심 주제이기도 하죠. 영화 『인사이드 아웃(Inside Out)』에서는 기본적인 감정들을 인격화한 다섯 명의 사람들이 사는 공간으로 마음을 표현합니다.

돈은 가치에 대한 추상이자 경제에서 재화를 교환하기 위한 핵심적인 도구입니다. 돈이 사회적으로 구축된 추상이자 모든 구성원이 그 가치에 동의해야만 작동한다는 사실은, 『매드맥스 2(Mad Max 2)』처럼 전통적인 화폐가 통용되지 않는 설정의 이야기에서 잘 나타납니다. 이 영화에서는 휘발유가 중요한 화폐이고, 영화 『인 타임(In Time)』에서는 한 사람의 생애(시간)가 화폐로 사용됩니다. 프랭크 허버트의 소설 『듄(Dune)』에서는 물과 향신료가 화폐이고, 더글라스 아담스의 소설 『은하수를 여행하는 히치하이커를 위한 안내서(The Hitchhiker's Guide to the Galaxy)』에서는 몇 종류의 괴상한 화폐가 등장합니다.

행동 규칙에 대한 추상화의 예로는 아이작 아시모프의 소설 『아이, 로봇(I, Robot)』 단편집에서 로봇이 인간에 해를 끼치지 않고 봉사하는 것을 보장하기 위해 만들어진 로봇 3원칙이 있습니다. 이 규칙은 도덕성에 대한 추상화를 나타냅니다. 이 이야기에는 이러한 규칙의 적용과 그 한계를 보여 주며, 이로 인해 규칙이 수정되고 확장된다는 내용이 나옵니다. 맥스 배리의 소설 『Lexicon』에서는 비밀 집단이 새로운 언어를 만들어 내는데, 이 언어는 의사 소통이 아니라 다른 사람의 행동을 통제하기 위한 도구로써 사용됩니다. 자연어에서는 통상 세상을 표현하기 위해서 추상화를 하지만, Lexicon에 나오는 이 특수한 언어는 인간의 행동을 조종하는 신경 화학적 반응에 대한 추상화에 기반하고 있습니다. 마치 어떤 마법 주문들이 행동에 직접적으로 영향을 미치는 것과 비슷하죠.

용어

이 책에 나온 중요한 용어들을 이 용어집에 요약하였습니다. 각 섹션마다 이야기와 주요 개념에 따라 항목을 모아 두었으며, 어떤 항목들은 여러 섹션에 걸쳐 나옵니다.

정의에 사용된 중요한 용어들은 해당 정의가 수록된 섹션을 나타내는 표시를 붙여 두었습니다. 예를 들어, *알고리즘*^A는 알고리즘이라는 용어가 섹션 A에서 정의되었다는 것을 의미합니다.

A. 계산 및 알고리즘

알고리즘(algorithm). 문제^A를 풀기 위한 방법. 알고리즘은 여러 실제 문제에 적용할 수 있으며 반드시 어떤 언어^P로 한정 기술되어야 합니다. 그리고 이 언어는 컴퓨터^A가 이해할 수 있어야 합니다. 이 방법을 구성하는 모든 단계는 반드시 어떤 효과를 가져야 합니다. 어떤 실제 문제에 대해 알고리즘을 실행^A하면 계산^A이 만들어집니다. 알고리즘은 종료^E되어야만 하며 실행의 대상이 되는 모든 문제에 대해서 정확한^A 결과를 만들어 내야 합니다. 하지만 항상 이렇게 될 수 있는 것은 아니며 이런 속성은 보장되기 어렵습니다. 어떤 알고리즘이 기계에 의해서 해석될 수 있다면 그것을 프로그램^A이라고 부릅니다.

계산(computation). 몇 단계에 걸쳐 체계적으로 문제^A의 표상^A을 변형함으로써 문제를 해결하는 절차. 알고리즘^A이 컴퓨터^A에 의해 실행^A되는 과정에서 계산이 발생합니다.

컴퓨터(computer). 사람, 기계 혹은 알고리즘^A을 실행^A할 수 있는 다른 어떤 행위자를 지칭. 컴퓨터는 알고리즘이 기술되어 있는 언어^P를 이해할 수 있어야만 합니다.

정확성(correctness). 모든 유효한 입력^A에 대해 항상 기대한 결과를 만들어 내야 한다는 알고리즘^A의 속성. 어떤 입력에 대해 알고리즘이 교착 상태에 빠지거나 종료^E되지 않는다면, 그것은 문제^A에 대한 정확한 해결책이 아닙니다.

실행(execution). 특정한 실제 문제^A를 해결하기 위해, 알고리즘^A에 표현된 단계를 따르는 절차. 실행은 컴퓨터^A에 의해 실행되어 계산^A을 만들어 냅니다.

입력(input). 문제^A에서 가변적인 부분으로, 여러 실제 문제 사례들이 이것을 통해 구분됩니다. 입력은 문제 표상^A의 일부이고, 여러 부분으로 구성되어 있을 수 있습니다. 특정한 입력을 알고리즘^A에 적용하면 해당 입력에 대해

실체화된 문제의 계산[A]이 벌어집니다. 알고리즘에서는 매개변수[A]가 입력을 나타냅니다.

매개변수(parameter). 알고리즘[A]에서 그 입력[A]을 참조하기 위해 사용하는 이름.

문제(problem). 해결책을 필요로 하는 어떤 상황에 대한 표상[A]. 계산[A]을 통해 문제를 해결할 수 있습니다. 계산[A]을 통해 변형되어야 하는 개별적인 실제 문제뿐 아니라, 알고리즘[A]의 입력[A]이 될 수 있는 해당 분류 내의 모든 문제를 나타냅니다.

프로그램(program). 기계에 의해 이해되고 실행[A]될 수 있는 알고리즘[A].

표상(representation). 현실 세계의 무언가를 나타내는 어떤 것. 표상은 반드시 계산[A]의 각 단계를 통해 변경될 수 있어야 합니다(**표상**[B] 참조).

실행 시간(runtime). 알고리즘[A]의 실행[A]에 걸릴 것으로 예상되는 실행의 단계 수를 측정한 것. 실행 시간은 입력[A]의 크기와 실행 시간이 어떤 관계에 있는지를 나타내는 규칙으로 표현됩니다. 보편적으로 나타나는 실행 시간에는 선형[C], 2차[C], 로그[C], 지수[C] 실행 시간이 있습니다.

최악의 경우(worst case). 알고리즘[A]이 생성한 계산[A]에 소요되는, 가장 긴 실행 시간[A]. 최악의 경우는 어떤 알고리즘[A]이 문제[A]에 대한 해결책을 만들어 내기에 충분히 효율적인지를 판단하기 위한 추정치의 역할을 합니다.

개념	*헨젤과 그레텔*에서 표현된 양상
알고리즘	조약돌을 따라가는 방법
계산	집에 가는 길을 찾는 것
컴퓨터	헨젤과 그레텔
정확성	조약돌을 따라가면 집에 도착하고, 교착 상태에 빠지거나 닫힌 경로에 갇히지 않는 것
실행	헨젤과 그레텔이 조약돌 따라가기 알고리즘을 수행할 때
입력	놓여 있는 모든 조약돌
매개변수	"이전에 방문하지 않은 반짝이는 조약돌"이라는 표현
문제	생존, 집에 가는 길 찾기
프로그램	기계가 읽을 수 있는 형태로 조약돌 따라가기 알고리즘을 기술한 것
표상	위치와 조약돌
실행 시간	집까지 조약돌을 따라가는 단계의 수
최악의 경우	헨젤과 그레텔이 각 조약돌을 최대 한 번씩 들러야만 하는 경우

B. 표상과 데이터 구조

배열(array). 항목의 모음을 나타내는 데이터 구조[B]의 하나. 배열은 두 개의 행을 가지는 하나의 표와 같으며, 그 중 한 행에는 배열에 저장되는 항목에 대한 이름이나 숫자(색인)가 기록됩니다. 인덱스[B]는 배열에서 항목을 찾아

보기 위해 사용됩니다. 배열은 항목들을 찾는 데 고정 시간이 걸리기 때문에 집합[B]을 구현하기에 좋습니다. 하지만, 배열은 모든 잠재적인 항목에 대해 공간을 확보해 두어야 하기 때문에, 저장해야 하는 잠재적인 항목의 수가 적은 경우에만 사용할 수 있습니다. 이것은 버킷 정렬[C]에서 버킷을 표현하는 데에도 사용됩니다.

데이터 구조(data structure). 알고리즘[A]에 의해 사용되는 표상[B]으로, 구분된 접근과 조작을 가능하게 합니다. 자주 사용되는 데이터 구조로는 배열[B], 리스트[B], 트리[B]가 있습니다.

데이터 타입(data type). 어떤 표상[B]에 대한 설명으로, 해당 표상을 조작하기 위한 일련의 동작들을 통해 그 특징을 표현합니다. 데이터 타입은 반드시 데이터 구조[B]를 통해 구현되어야 합니다. 하나의 데이터 타입은 여러 가지 데이터 구조를 통해 구현될 수 있는데, 각각이 구현하는 동작은 그 실행 시간[A]에 차이가 있습니다. 자주 사용되는 데이터 타입에는 집합[B], 사전[B], 스택[B], 큐[B]가 있습니다.

사전(dictionary). 열쇠[B]와 정보를 연관시키는 데이터 타입[B]. 특정한 열쇠에 대한 정보를 삽입, 제거, 갱신하기 위한 동작과, 어떤 열쇠가 주어졌을 때 연관된 정보를 찾아보기 위한 동작을 제공합니다. 집합[B]은 사전의 특수한 형태로, 그 요소가 열쇠 자체만으로 구성되고, 연관된 정보는 저장되지 않습니다.

아이콘(icon). 기의[B]와의 유사성에 기반하여 표상하는 기호[B].

인덱스(색인; index). 법칙과 유사한 어떤 연관 관계에 기반하여 기의[B]를 표상하는 기호[B]. 배열[B]에서 요소를 찾아보기 위한 방법이기도 합니다.

열쇠(key). 사전[B]에서 정보를 찾아보기 위해 사용하는 값(검색 열쇠[C] 참조)

리스트(list). 요소가 특정한 순서로 되어 있는 모음을 나타내는 데이터 구조[B]. 요소에 접근할 때는 리스트의 가장 앞에 있는 것부터 한 번에 하나씩만 가능합니다. 각 노드[B]는 (마지막을 제외하고) 자식을 하나씩만 가지고 있는 트리[B]로도 볼 수 있습니다. 스택[B], 큐[B], 집합[B]과 같은 데이터 타입[B]을 구현하는 데 사용할 수 있습니다.

노드(node). 데이터 구조[B]에서, 다른 요소에 연결되어 있는 요소. 그 예로는 트리[B]나 리스트[B]의 요소를 들 수 있습니다. 트리[B]에서, 한 요소로부터 바로 접근 가능한 노드는 자식이라고 불리며 어떤 노드에 접근할 수 있는 노드를 부모라고 부릅니다. 트리에서 가장 위에 있는 노드는 뿌리이고, 뿌리는 부모 노드를 가지지 않습니다. 자식이 없는 노드는 잎 노드라고 불립니다.

우선순위 큐(priority queue). 모음의 요소가 일정한 우선순위에 의해 제거되는 데이터 타입[B]. 모음 내의 요소에 접근하기 위해 상입선출(HIFO; highest in, first out) 규칙을 사용합니다.

큐(queue). 모음에 삽입된 것과 같은 순서로 요소가 제거되는 데이터 타입[B]. 모음 내의 요소에 접근하기 위해 선입선출(FIFO; first in, first out) 규칙을 사용합니다.

표상(representation). 현실 세계의 무언가를 나타내는 기호[B](표상[A] 참조).

집합(set). 요소의 삽입, 제거, 탐색하는 동작을 지원하는 데이터 모음을 나타내는 데이터 타입[B]. 요소를 열쇠[B]로 하면 사전[B]으로 나타낼 수 있습니다. 집합 데이터 타입은 속성들을 표현하기에 용이하므로 중요합니다.

기호(sign). 기표[B](보이는 부분)와 기의[B](표상하는 바)로 구성되는 표상[B]의 특수한 형태.

기의(signified). 기표[B]에 의해 표상되는, 기호[B]를 구성하는 요소. 기의는 현실 세계의 구체적인 사물을 가리키는 것이 아니라, 사람들의 머릿속에 있는 해당 대상에 대한 개념을 나타냅니다.

기표(signifier). 기의[B]를 나타내며 인식의 대상이 되는 기호[B]를 구성하는 요소. 하나의 기표로 여러 가지 개념을 나타낼 수 있습니다.

스택(stack). 요소가 삽입된 것과 반대의 순서로 제거되는 모음을 나타내는 데이터 타입[B]. 모음 내의 요소에 접근하기 위해 후입선출(LIFO; last in, first out) 규칙을 사용합니다.

심볼(symbol). 임의의 약속에 의해 기의[B]를 나타내는 기호[B].

트리(tree). 요소의 모음을 계층으로 나타내는 데이터 구조[B]. 그 요소는 노드[B]라고 불립니다. 계층상에서 상층에 위치하는 노드는 하위 계층의 노드와 연결이 없거나 다중으로 연결될 수 있으며, 최대 하나의 상층 노드와 연결되어 있을 수 있습니다.

개념	바스커빌가의 개에서 표현된 양상
배열	용의자 집합을 체크 표시로 표현한 것
데이터 구조	용의자 리스트, 가계도
데이터 타입	용의자 집합
사전	용의자 이름으로 색인된 셜록 홈즈의 수첩
아이콘	휴고 바스커빌 경의 초상화; 데본셔 무어의 지도
인덱스	범죄 현장의 개 발자국과 담뱃재
열쇠	용의자의 이름
리스트	용의자 리스트; 모티머→잭→베릴→셀든→⋯
노드	가계도에서 가족들의 이름
우선순위 큐	바스커빌 상속인들의 상속 순위
큐	바스커빌 저택에서 왓슨이 해야 하는 일들
표상	용의자 리스트 혹은 배열; 데본셔 무어의 지도
집합	용의자 집합
기호	모티머 박사의 지팡이에 새겨진 글씨
기의	Charing Cross Hospital(기표는 CCH)
기표	줄임말인 CCH(Charing Cross Hospital을 나타냄)
스택	형제들에 우선해서 자식의 후손을 계산하는 것
심볼	택시의 숫자(2704)
트리	바스커빌 가의 가계도

Egypt

C. 문제 해결과 한계

근사 알고리즘(approximation algorithm). 해결책을 계산[A]하기 위한, 완전히 정확[A]하지는 않지만, 대부분의 경우에는 충분히 적합한 알고리즘[A]

균형 트리(balanced tree). 뿌리로부터 모든 잎까지의 거리가 거의 같은 트리[B](그 차이는 최대 1). 균형 트리는 같은 수의 노드[B]를 가지는 트리들 중에서 그 높이가 가장 낮은 대신 최대한 넓게 펼쳐져 있습니다. 만약 이진 검색 트리[C]가 균형 트리인 경우, 이런 모양은 어떤 요소를 찾기 위한 시간이 최악의 경우[A]에도 로그 실행 시간[C]을 가지도록 보장해 줍니다.

이진 검색(binary search). 모음에서 요소를 찾기 위한 알고리즘[A] 중 하나. 찾고자 하는 요소를 모음의 요소 중 하나와 비교함으로써 모음을 두 개의 영역으로 구분합니다. 비교의 결과에 따라 검색은 두 영역 중 한쪽으로만 이어집니다. 요소가 잘 선택된 경우 검색 공간은 거의 같은 크기를 가지는 두 개의 영역으로 구분되어, 균형 이진 검색 트리[C]에서와 같이, 최악의 경우[A]에도 이진 검색에 로그 실행 시간[C]만이 소요됩니다.

이진 검색 트리(binary search tree). 트리[B]의 각 노드[B]가, 왼쪽의 하위 트리에 있는 모든 노드는 값이 보다 작은 요소로, 오른쪽의 하위 트리에 있는 모든 노드는 값이 보다 큰 요소로 구성되는 속성을 가지는 이진 트리[C].

이진 트리(binary tree). 각 노드[B]가 자식 노드를 최대 두 개 가질 수 있는 트리[B].

버킷 정렬(bucket sort). 정렬할 리스트[B]를 탐색하여 각 요소를 개별적으로 배정하고, 미리 비워 둔 공간(버킷) 중 하나에 담는 정렬 알고리즘[A]. 리스트의 모든 아이템이 버킷에 담기면, 버킷을 순서대로 검사하여 비어 있지 않은 버킷에 있는 모든 요소를 결과 리스트로 옮깁니다. 버킷 정렬은 일반적으로 배열[B]로 버킷을 표현합니다. 리스트에 있을 수 있는 요소들을 원소로 하는 집합의 크기가 너무 커서는 안 되며, 이러한 요건에 따라 각각의 잠재적인 버킷에는 단지 몇 개의, 때로는 단 하나의 요소만이 배정됩니다. 이런 요건이 만족되면 버킷 정렬에는 선형 실행 시간[C]이 소요됩니다.

분할 정복(divide–and–conquer). 입력을 분할하여 구분하고, 각 구분된 부분들을 독립적으로 해결한 다음, 각각의 해결책을 원래의 문제[A]에 대한 해결책으로 결합함으로써 최종적인 해결책을 얻어내는 알고리즘[A]의 방식. 분할 정복은 그 자체로 알고리즘은 아니며, 알고리즘의 구조에 해당합니다. 병합 정렬[C]과 퀵 정렬[C]이 이러한 예에 속합니다.

지수 실행 시간(exponential runtime). 어떤 알고리즘[A]의 실행 시간이 입력[A]의 크기가 하나 증가할 때마다 두 배(혹은 1보다 큰 인수의 배)로 증가한다면, 이 알고리즘은 지수 실행 시간을 가진다고 합니다. 이러한 알고리즘은 입력의 크기가 열 개만 증가하더라도, 그 실행 시간은 1,000배나 길어지게 됩니다. 지수 실행 시간을 가지는 알고리즘은 작은 크기의 입력에만 사용할 수 있기 때문에 현실적으로 해결책이 될 수 없습니다.

생성–검사(generate–test). 두 개의 주요한 상태를 가지는 알고리즘[A]의 방식. 첫 번째 상태에 있을 때는 잠재적인 해결책을 생성하며, 이후 두 번째 단계에서 이것들을 체계적으로 검사합니다. 생성–검사는 알고리즘이 아니며 알고리즘의 구조에 해당합니다. 번호 자물쇠에서 모든 번호 조합을 시도해 보는 것을 이러한 예로 볼 수

있으며, 배낭 문제[C]를 해결하기 위해 모든 조합을 시도해 보는 것과 같습니다.

탐욕 알고리즘(greedy algorithm). 항상 현 시점의 최선의 선택지를 취하는 알고리즘[A]을 탐욕스럽다고 표현합니다. 배낭 문제[C]를 풀기 위해 정렬된 리스트에서 요소를 뽑아 내는 것이 이러한 예라고 볼 수 있습니다.

삽입 정렬(insertion sort). 정렬되지 않은 리스트[B]에서 반복적으로 요소를 뽑아서 정렬 리스트 내의 적절한 위치에 삽입하는 정렬 알고리즘[A]. 삽입 정렬은 최악의 경우[A]에 2차 실행 시간[C]을 가집니다.

풀기 어려운 문제(intractable problem). 지수 실행 시간[C]을 가지는 알고리즘[A]만이 알려진 문제[A]. 이러한 예에는 배낭 문제[C]와 여행하는 판매원의 문제가 있습니다.

배낭 문제(knapsack problem). 풀기 어려운 문제[C]의 사례. 제한된 용량을 가지는 배낭에 가능한 한 많은 물건을 담아서 그 전체 가치를 극대화하는 것이 이 문제의 과제입니다.

선형 실행 시간(linear runtime). 알고리즘[A]의 실행 시간이 입력[A]의 크기에 비례해서 증가한다면, 그 알고리즘은 선형 실행 시간[A]을 가집니다. 선형 실행 시간은 선형 로그 실행 시간[C]에 비해서는 우수하지만, 로그 실행 시간[C]에 비해서는 좋지 않습니다. 리스트에서 가장 작은 요소를 찾는 것은 최악의 경우[A]에 선형 실행 시간이 걸립니다.

선형 로그 실행 시간(linearithmic runtime). 알고리즘[A]의 실행 시간이 입력[A]의 크기에 그 로그값을 곱한 수에 비례해서 증가한다면, 그 알고리즘은 선형 로그 실행 시간[A]을 가집니다. 선형 로그 실행 시간은 선형 실행 시간[C]보다는 좋지 않지만 2차 실행 시간[C]에 비해서는 월등히 우수합니다. 병합 정렬[C]은 최악의 경우[A]에 선형 로그 실행 시간을 가집니다.

로그 실행 시간(logarithmic runtime). 알고리즘[A]의 실행 시간[A]이 입력의 크기가 두 배 증가할 때마다 1씩 증가한다면, 이 알고리즘은 로그 실행 시간을 가집니다. 로그 실행 시간은 선형 실행 시간[C]보다 훨씬 빠릅니다. 균형이진 검색 트리[C]에서 이진 검색[C]을 수행하는 데에 로그 실행 시간이 소요됩니다.

하한(lower bound). 문제[A]의 복잡도. 문제를 해결하기 위해 알고리즘[A]이 가져가야 하는 최소한의 단계 수가 어떤 속도로 증가하는지를 알려 줍니다. 어떤 알고리즘의 최악의 경우[A]의 실행 시간[A]이 하한과 같다면, 이것은 최적 알고리즘[C]입니다.

병합 정렬(mergesort). 분할 정복[C] 정렬 알고리즘[A] 중 하나. 먼저 정렬의 대상이 되는 리스트[B]를 같은 크기의 두 개의 하위 리스트로 분할하고, 이 하위 리스트를 정렬한 뒤, 마지막으로 정렬된 하위 리스트를 정렬된 결과 리스트로 병합합니다. 병합 정렬은 최악의 경우[A]에 선형 로그 실행 시간[C]을 가집니다. 정렬의 하한[C]이 선형 로그이므로, 병합 정렬은 정렬을 위한 최적 알고리즘[C]입니다.

최적 알고리즘(optimal algorithm). 최악의 경우[A]의 실행 시간[A]이 해결하려는 문제[A]의 하한[C]과 같은 알고리즘[A].

2차 실행 시간(quadratic runtime). 알고리즘[A]의 실행 시간이 입력[A]의 크기의 제곱에 비례해서 증가한다면 그 알고리즘은 2차 실행 시간[A]을 가집니다. 2차 실행 시간은 선형 로그 실행 시간[C]보다는 좋지 않지만, 지수 실행 시간[C]에 비해서는 월등히 우수합니다. 삽입 정렬[C]과 선택 정렬[C]은 최악의 경우[A]에 2차 실행 시간을 가집니다.

퀵 정렬(quicksort). 분할 정복[C] 정렬 알고리즘[A] 중 하나. 먼저 정렬의 대상이 되는 리스트[B]를, 선택한 피벗 요소보다 작은 하위 리스트와 큰 하위 리스트로 나눕니다. 이 두 개의 리스트를 각각 정렬하고 나서, 그 결과를

Egypt

피벗 요소를 가운데에 두고 이어 붙여서 정렬된 결과 리스트를 만듭니다. 퀵 정렬은 최악의 경우[A]에 2차 실행 시간[C]을 가지지만, 실제로는 매우 우수한 성능을 보이며, 평균적으로는 선형 로그 실행 시간[C]을 가집니다.

검색 열쇠(search key). 찾아야 하는 대상을 식별해 주는 단편적인 정보. 어떤 경우에는 검색 열쇠가 유도되며(인덱스[B]), 또 다른 경우에는 동떨어진 관련 없는 값을 가리키기도 합니다(심볼[B]). 이것은 현재의 검색에 유관한 요소와 무관한 요소를 가르는 경계를 알려 줍니다(열쇠[B] 참조)

선택 정렬(selection sort). 정렬 알고리즘[A]의 하나. 정렬되지 않은 리스트[B]에서 가장 작은 값을 찾아서 정렬된 리스트의 가장 마지막에 배치합니다. 선택 정렬은 최악의 경우[A] 2차 실행 시간[C]을 가집니다.

트라이(trie). 트리[B] 데이터 구조[B]의 하나. 집합[B]이나 사전[B]을 구현하며, 각각의 열쇠[B]는 일련의 노드[B]를 통해서 표현됩니다. 트라이는 저장된 열쇠 사이에 공통되는 요소가 있을 때 특히 효율적입니다.

개념	인디아나 존스에서 표현된 양상
근사 알고리즘	고무 보트를 낙하산으로 사용한 것
균형 트리	글자의 빈도를 확인하기 위한 검색 트리
이진 검색	석판 바닥에서 석판을 찾는 것
이진 (검색) 트리	Iehova와 다른 단어들에서 글자의 빈도를 표현한 것
버킷 정렬	배열을 사용해서 글자의 빈도를 계산한 것
분할 정복	헨리 존스 시니어를 찾는 것을 베니스로 한정한 것
지수 실행 시간	석상의 정확한 무게를 알아보는 것
생성–검사	체계적으로 모든 무게 추의 조합을 시도해 보는 것
탐욕 알고리즘	무게 추를 큰 것부터 사용하는 것
삽입 정렬	영혼의 우물을 찾기 위해 해야 할 일들을 정렬하는 것
풀기 어려운 문제	석상의 정확한 무게를 수평 저울을 써서 알아내는 것
배낭 문제	수정 해골의 사원에서 보물을 담는 것
선형 실행 시간	작업 리스트를 실행하는 것
선형 로그 실행 시간	석상의 무게를 찾기 위해 무게추를 큰 것부터 사용하는 것
로그 실행 시간	이진 트리에서 글자의 빈도를 알아내는 것
하한	작업 리스트를 정렬하는 데 걸리는 최소 시간
병합 정렬	영혼의 우물을 찾기 위해 해야 할 일을 정렬하는 것
최적 알고리즘	정렬에 병합 정렬을 사용하는 것
2차 실행 시간	정렬에 선택 정렬을 사용할 때 걸리는 시간
퀵 정렬	영혼의 우물을 찾기 위해 해야 할 일을 정렬하는 것
검색 열쇠	베니스; Iehova

선택 정렬	영혼의 우물을 찾기 위해 해야 할 일을 정렬하는 것
트라이	석판 바닥

D. 언어와 의미

모호성(ambiguity). 문법[D]의 속성. 문장[D]이 둘 혹은 그 이상의 구문 트리[D]를 가질 때 모호하다고 합니다.

추상 구문(abstract syntax). 구문 트리로 표현되는, 문장[D]의 계층 구조. 문법[D]에 의해 정의되는 언어[D]의 추상 구문은 해당 문법을 사용해서 만들 수 있는 모든 구문 트리의 집합을 말합니다.

구성성(compositionality). 언어[D]의 의미체계 정의[D]가 가지는 속성. 의미체계 정의는 문장의 의미가 그 구성 요소의 의미의 합으로 얻어질 수 있으면 구성적이라고 합니다. 이것은 문장의 구조가 그 구성 요소의 의미를 체계적으로 결합하는 방법을 결정한다는 것을 의미합니다.

실체 구문(concrete syntax). 종단자[D]의 연속으로 나타나는 (혹은 시각적 기호의 배치로 나타나는) 문장[D]의 외양.

유도(derivation). 일련의 문형[D]. 각각의 문형은, 앞선 문형[D]에서 비종단자[D]를 문법 규칙[D]에 의해 치환함으로써 얻을 수 있습니다. 유도의 첫 번째 요소는 반드시 비종단자여야 하며 마지막 요소는 반드시 문장[D]이어야 합니다.

문법(grammar). 비종단자[D]를 문형[D]과 짝지어 주는 문법 규칙[D]의 집합. 문법은 언어[D]를 정의하며, 하나의 언어는 여러 가지 문법에 의해서 정의될 수 있습니다. 문법에 의해 정의되는 언어는, 해당 문법에 의해 시작 기호[D]로부터 유도[D]될 수 있는, 모든 문장[D]으로 구성됩니다.

문법 규칙(grammar rule). 문법 규칙은 비→우변의 형태를 가지는데, 여기서 비는 비종단자[D]이고 우변은 문형 [D]입니다. 유도[D]의 한 과정으로, 문형에서 비종단자를 치환하는 데에 사용됩니다.

언어(language). 문장[D]의 집합을 말함. 각 문장은 단어의 연속 혹은 시각 기호의 배치(실체 구문[D])이거나 내재적 구조(추상 구문[D] 혹은 구문 트리[D])와 같은 외양을 가집니다. 언어의 정의는 문법[D]에 의해 주어집니다. 언어는 문법의 시작 기호[D]로부터 유도[D]될 수 있는 모든 문장의 집합입니다. 일부 언어는 의미체계 정의[D]를 가지기도 합니다.

비종단자(nonterminal). 문법 규칙[D]에서 왼쪽편에 나타나는 기호. 이 기호는 문형[D]으로 치환될 수 있습니다. 문법[D]의 시작 기호[D]는 비종단자입니다.

파싱(parsing). 문장[D]의 구조를 알아내고 그것을 구문 트리[D]로 나타내기 위한 절차.

의미체계 영역(semantic domain). 특정한 응용 영역에 관련된 값들의 집합. 언어[D]의 의미체계 정의[D]에 사용됩니다.

의미체계 정의(semantic definition). 언어[D]의 구문 트리[D]를 의미체계 영역[D]의 요소와 연관시키는 것.

문장(sentence). 일련의 종단자[D]로 나타나는 언어[D]의 한 요소.

문형(sentential form). 종단자[D]와 비종단자[D]의 나열. 문법 규칙[D]의 오른편에 나타납니다.

시작 기호(start symbol). 문법[D]에서 지정된 비종단자[P]를 말함. 문법으로 정의되는 언어[D]의 모든 문장은 시작 기호로부터 유도[D]하여 얻을 수 있습니다.

구문(syntax). 언어[D]에 포함되는 문장에 대한 정의. 통상 문장[P]을 형성하고 식별하는 규칙들로 구성되어 있는 문법[D]에 의해서 정의됩니다. 이 규칙들은 언어가 가지는 실체 구문[D]과 추상 구문[D] 모두를 정의합니다.

구문 트리(syntax tree). 문장[P]의 구조를 계층적으로 나타낸 것. 뒤집힌 트리[B] 다이어그램의 형태를 가집니다. 트리의 잎은 종단자[P]이고, 다른 모든 노드는 비종단자[P]입니다.

종단자(terminal). 문법 규칙[P]의 오른쪽에만 나타나는 기호. 종단자는 다른 것으로 치환될 수 없습니다. 언어[D]의 문장[P]은 오직 일련의 종단자로만 구성되어 있습니다.

개념	오버 더 레인보우에서 표현된 양상
모호성	세로줄이 없는 악절
추상 구문	마디와 음표의 트리
알고리즘[A]	오선기보법이나 태블러추어로 표현된 악보
구성성	어떤 노래의 음률은 그 마디에 포함된 소리들을 이어 놓은 것이라는 점
컴퓨터[A]	노래를 부르는 주디 갈랜드 혹은 음악가
실체 구문	오선기보법; 태블러추어
실행[A]	노래를 부르거나 연주하는 것
유도	문법 규칙을 사용해서 멜로디를 악보로 확장하는 것
문법	멜로디를 위한 문법
문법 규칙	음표 → 𝄞
언어	모든 유효한 오선 악보들
비종단자	마디
파싱	악절, 후렴구, 마디 등으로 나타나는 구조를 파악하는 것
의미체계 영역	소리
의미체계 정의	구문 트리를 소리와 연결시키는 것
문장	오선 악보로 나타낸 노래
문형	𝄞 음표 𝄞 멜로디
시작 기호	멜로디
구문	오선기보의 표기법에 대한 규칙
구문 트리	마디와 음표의 트리
종단자	𝄞

E. 제어 구조 및 순환문

(순환문의) 본체(body). 순환문ᴱ에 의해 반복되는 일단의 동작들. 순환문이 종료ᴱ될 수 있도록 프로그램의 상태를 바꿔야만 합니다.

조건문(conditional). 두 묶음의 동작 중 하나를 실행ᴬ하도록 결정하기 위한 제어 구조ᴱ.

제어 구조(control structure). 동작의 순서와 적용, 반복을 조직하기 위한 알고리즘ᴬ의 한 부분. 세 가지 주요한 제어 구조로 순환문ᴱ, 조건문ᴱ, 재귀문ᶠ을 들 수 있습니다.

for문(for loop). 순환문ᴱ 중 본체ᴱ가 정해진 횟수만큼 실행되는 것.

정지 문제(halting problem). 알고리즘ᴬ이 임의의 입력ᴬ에 대해서 종료ᴱ되는가?

순환문(loop). 순환문의 본체ᴱ를 반복하는 제어 구조ᴱ. 반복 횟수는 종료 조건ᴱ에 의해서 결정됩니다. 종료 조건은 순환문의 본체가 매번 실행ᴬ될 때마다 확인되며, 순환문의 본체에서 수행되는 동작에 의해 바뀔 수 있는, 프로그램의 상태에 의해 결정됩니다. 일반적으로 순환문이 얼마나 많은 반복을 만들어 낼지는 분명치 않으며, 그에 따라 순환문의 종료 여부 또한 확신하기 어렵습니다. 순환문의 두 가지 중요한 유형으로 repeat문ᴱ과 while문ᴱ이 있습니다. 이러한 순환문에 있어 그 본체가 얼마나 많이 반복될지는 종료 조건에 의해 결정되는데, 순환문의 실행 이전에는 일반적으로 이것을 알 수 없습니다. 반면에 for문ᴱ의 반복 횟수는 순환문이 시작될 때 고정되는데, 이에 따라 for문ᴱ의 종료ᴱ는 보장됩니다.

repeat문(repeat loop). 순환문의 본체ᴱ에 있는 동작이 실행된 이후에 항상 종료 조건ᴱ을 확인하는 순환문ᴱ.

종료(termination). 알고리즘ᴬ 혹은 계산ᴬ이 이 속성을 가진다면, 계산은 종료됩니다. 알고리즘ᴬ의 종료는 다른 알고리즘을 통해서 자동적으로 확인할 수는 없습니다; 그것은 결정 불가능ᴱ한 문제ᴬ입니다.

종료 조건(termination condition). 순환문ᴱ이 종료될지 혹은 계속 실행될지 여부를 결정하는 조건.

결정 불가능(undecidability). 문제ᴬ가 가지는 속성. 만약 어떤 문제가 알고리즘ᴬ에 의해서 해결될 수 없다면 그것은 결정 불가능합니다. 유명한 결정 불가능 문제로는 정지 문제ᴱ가 있습니다.

while문(while loop). 순환문의 본체ᴱ에 있는 동작이 실행되기 전에 항상 종료 조건ᴱ을 확인하는 순환문ᴱ.

개념	사랑의 블랙홀에서 표현된 양상
(순환문의) 본체	그라운드호그 데이에 생기는 일들
조건문	필 코너스가 내리는 모든 결정
제어 구조	그라운드호그 데이 순환
for문	대본에서는 영화에 나오는 반복의 횟수가 정해져 있는 것
정지 문제	그라운드호그 데이 순환이 결국 끝날 것인가?
순환문	그라운드호그 데이의 반복

Egypt

repeat문	그라운드호그 데이 순환문
종료	해피 엔딩
종료 조건	필 코너스는 좋은 사람인가?
결정 불가능	그라운드호그 데이가 끝날지를 미리 판단할 수 없는 것
while문	그라운드호그 데이 순환문

F. 재귀

기저 상태(base case). 재귀적 정의F에서 비 재귀적인 부분. 재귀 알고리즘A이 기저 상태에 도달하면, 그 지점에서 재귀F가 끝납니다. 기저 상태는 재귀가 종료E되기 위해 필요하지만, 그것만으로는 충분하지 않습니다.

제한된 재귀(bounded recursion). 종료E되는 재귀F.

표현적 재귀(descriptive recursion). 어떤 개념에 대한 정의가 (보통 이름이나 심볼을 써서) 그 자신에 대한 참조를 포함하고 있는 경우. 때로 자기 참조(self-reference)라고도 불립니다.

직접적 재귀(direct recursion). 어떤 이름의 정의나 사물에 그 자신에 대한 참조가 포함되어 있는 경우.

고정점(fixed point). 재귀 등식의 해결책.

간접적 재귀(indirect recursion). 이름의 정의나 사물에 그 자신에 대한 참조는 포함되어 있지 않지만, 참조를 포함하고 있는 또 다른 이름을 포함하고 있는 경우.

해석기(interpreter). 스택B 데이터 타입B을 사용하는 알고리즘A을 실행A하는 컴퓨터A. 이 알고리즘은 스택B을 이용해서, 재귀적(그리고 비 재귀적) 호출과F, 그 결과로 생겨나는 인수들의 여러 사본을 기록합니다.

역설(paradox). 표현적 재귀F가 제한된F 전개적 재귀F를 얻기 위해 실행될 수 없을 때 생기는 논리적인 모순. 재귀적 등식에 고정점F이 없으면 역설이 됩니다.

재귀(recursion). 표현적 재귀F나 전개적 재귀F, 혹은 재귀적 정의F의 실행A.

재귀적 호출(recursive call). 알고리즘A의 호출이 그 정의 안에서 이루어지는 경우(직접적 재귀F) 혹은 이 알고리즘을 호출하는 다른 알고리즘의 정의상에서 호출되는 경우(간접적 재귀F).

재귀적 정의(recursive definition). 어떤 이름의 정의나 사물에 그 자신에 대한 참조가 포함되어 있는 경우. 어떤 알고리즘A의 재귀적 정의에서 이러한 참조는 재귀적 호출F이라고도 불립니다.

치환(substitution). 매개변수A를 실제 값으로 대체하는 과정. 매개변수를 인수로 치환하면서 알고리즘A에 대한 호출이 그 정의로 대체됩니다.

경위(trace). 계산A이 거쳐간 여러 상태를 담아내고 있는 일련의 정보. 재귀적 정의F로 주어진 알고리즘A이 어떻게 실행A되는지를 설명하는 것을 도와줍니다.

제한되지 않은 재귀(unbounded recursion). 종료[E]되지 않는 재귀[F]. 이것은 재귀적 정의[F]에 기저 상태[F]가 존재하지 않거나, 재귀적 호출[F]을 통해 기저 상태에 도달하지 못하는 경우에 발생합니다. 이러한 예로, 끝나지 않는 노래, 끝이 없는 숫자의 리스트[B], 혹은 종료되지 않는 계산[A] 등이 있습니다.

전개적 재귀(unfolded recursion). 인공적인 물건, 통상 그림이나 글이 그 자신의 (경우에 따라 축소된) 사본을 포함하고 있는 경우. 자기 유사성이라고 불리기도 합니다. 프랙탈이나 시어핀스키 삼각형과 같은 기하학적 양식은 그림에서 나타나는 전개적 재귀이며, 끝나지 않는 노래나 시 같은 것들은 글에서 전개적 재귀가 나타나는 예입니다. 마트료시카 인형은 물리적으로 실재하는 사물에서 재귀가 표현된 예입니다.

개념	《백 투 더 퓨처》에서 표현된 양상
기저 상태	마티가 1885년에 브라운 박사를 구하는 것
제한된 재귀	시간 여행이 정해진 횟수만큼만 발생하는 것
표현적 재귀	《하기》와 《목표》에서 나타나는 시간여행에 대한 표현
직접적 재귀	마티가 1955년으로 간 뒤에 다시 1885년으로 시간 여행을 떠나는 것
고정점	마티와 다른 사람들의 행동이 일관된 것
간접적 재귀	《목표》가 두 개의 함수, 예를 들어 《쉬운 일》과 《어려운 일》로 분할되는 것
해석기	시간 여행이라는 행위를 실행하는 이 우주
역설	제니퍼가 그녀의 나이든/젊은 자신을 보는 것
재귀	마티가 과거로 여행하는 것
재귀적 호출	《하기》(1955)의 정의상에서 《하기》(1885)를 호출하는 것
재귀적 정의	《하기》나 《목표》의 정의
치환	《하기》나 《목표》를 호출하여 얻어지는 일련의 행위들
경위	《백 투 더 퓨처》에서 등장하는 일련의 선형적 행위들
제한되지 않은 재귀	마티가 시간 여행을 계속하는 것
전개적 재귀	시간 여행에 따라 생겨나는 일련의 행위들

G. 유형과 추상화

추상 기계(abstract machine). 실제 기계의 세부 사항을 무시함으로써 다르면서도 유사한 수많은 기계를 바라보는 단일한 관점을 제공해 주는, 기계에 대한 고수준의 서술. 많은 경우 수학적 모델로 제시되며, 튜링 기계[G]가 이러한 예입니다.

추상화(abstraction). 기술상에서 세부 사항을 무시하고 요약하는 과정, 또는 이러한 과정의 결과물. 추상화의 사용을 용이하게 하기 위해 접점[G]이 주어집니다.

Egypt

공리(axiom). 항상 참인 규칙. 전제 조건[G]이 없다면 유형화 규칙[G]은 공리입니다.

처치-튜링 명제(Church-Turing thesis). 모든 알고리즘[A]은 튜링 기계[G]나 람다 대수[G]를 위한 프로그램[A]으로 표현될 수 있다는 주장. 대부분의 컴퓨터 과학자들은 이것이 사실이라고 믿고 있습니다.

결론(conclusion). 유형화 규칙[G]의 한 부분. 유형화 규칙[G]의 결론은 모든 전제 조건[G]이 참인 경우에만 참입니다.

데이터 추상화(data abstraction). 표상[A,B]에 추상화[G]가 적용된 경우. 여러 가지 서로 다른 데이터에 대해서 공통된 관점을 제공합니다. 유형[G]은 데이터 추상화의 주요한 형태 중 하나입니다.

동적 유형 검사(dynamic type checking). 알고리즘[A]의 실행[A] 중에 유형[G]을 검사하는 것.

기능적 추상화(functional abstraction). 계산[A]에 추상화[G]가 적용된 경우. 여러 가지 서로 다른 계산에 대해서 공통된 관점을 제공합니다. 알고리즘[A]은 같은 부류의 유사한 계산들을 기술하기 때문에 이러한 개념을 내포하고 있습니다.

실체화(instance). 추상화[G]의 실체화는 추상화의 정의에 포함된 매개변수[A]에 인수를 치환[F]함으로써 얻을 수 있습니다.

접점(interface). 이용을 용이하게 하기 위해 추상화[G]에 부여된 이름과 매개변수[A].

람다 대수(lambda calculus). 알고리즘[A]을 위한 언어[D]의 추상화[G]. 만약 처치-튜링 명제[G]가 참이라면 모든 알고리즘은 람다 대수 프로그램[A]으로 표현될 수 있습니다. 알고리즘[A]과 계산[A]을 기술하는 데 있어서 람다 대수가 가지는 표현성은 튜링 기계[G]와 동등합니다.

전제 조건(premise). 유형화 규칙[G]의 결론이 유효하기 위해서 반드시 참이어야 하는 유형화 규칙[G]의 일부.

정적 유형 검사(static type checking). 알고리즘[A]을 실행[A]하기 전에 유형[G]을 검사하는 것.

튜링 기계(Turing machine). 컴퓨터[A]에 대한 추상 기계[G]. 계산[A]에 대한 수학적 모델로서 기능하며, 이런 점에서 람다 대수[G]와 동등합니다. 만약 처치-튜링 명제[G]가 참이면, 모든 알고리즘[A]은 튜링 기계를 위한 프로그램[A]으로 번역될 수 있습니다.

유형(type). 일단의 표상[A]에 대하여 단일화된 기술을 제공해 주는 데이터 추상화[G].

유형 검사기(type checker). 알고리즘이 유형화 규칙[G]을 위반하는지를 검사하는 알고리즘[A].

유형화 규칙(typing rule). 알고리즘[A]이 수용할 수 있는 입력[A]과 출력을 제한하는 규칙으로, 알고리즘에서 실수를 찾아낼 수 있습니다. 유형 검사기[G]에 의해 자동 검사가 가능합니다.

개념	*해리 포터*에서 표현된 양상
추상 기계	–
추상화	마법약, 호그와트 비밀 지도
공리	머글은 마법을 쓸 수 없음
처치–튜링 명제	–
결론	…, 그 혹은 그녀는 주문을 걸 수 있다.
데이터 추상화	마법사와 머글의 유형
동적 유형 검사	요건을 확인하지 않고 주문을 걸어 보는 것
기능적 추상화	주문
실체화	깃털에 윙가르디움 레비오우사 주문을 사용하는 것
접점	주문에는 이름이 있고, 지팡이와 주문을 외치는 것이 필요
람다 대수	–
전제 조건	만약 누군가가 마법사라면, …
정적 유형 검사	머글이 마법을 쓸 수 없다는 것을 예측하는 것
튜링 기계	–
유형	주문, 마법사, 머글
유형 검사기	마법의 세계
유형화 규칙	만약 누군가가 마법사라면, 그 혹은 그녀는 주문을 걸 수 있다

개요

1. 존 듀이, *논리학: 탐구의 이론(1938)* 중 "탐구의 유형"에서 발췌

1장 계산을 이해하는 길

1. 인용된 내용은 온라인에서 무료로 받을 수 있는 제이콥 그림과 빌헬름 그림의 *그림 동화*에서 가져왔습니다. 이 책은 www.gutenberg.org/ebooks/2591에서 받을 수 있습니다.

2. *문제*라는 단어는 하나의 특정한 문제를 나타낼 때에도 쓰이고, 전체 문제 분류를 나타내는 데에도 사용되기 때문에 용어가 좀 혼동될 수 있습니다. 예를 들어 "길을 찾는 문제"라고 일반적인 의미로 사용하기도 하고, 구체적인 의미로 "특정한 두 지점 사이의 경로를 찾는 문제"와 같이 사용하기도 합니다. 하지만 대부분의 경우에 문맥을 보면 모호성을 해소할 수 있습니다.

3. 이것은 나중에 나오는 어떤 가정들이 만족될 때에만 참입니다.

2장 정말로 가 보기: 계산이 실제로 벌어질 때

1. 미국 커피 연합(National Coffee Association)이 추천하는 분쇄 커피량은 다음을 참조하세요; www.ncausa.org/i4a/pages/index.cfm?pageID=71

2. 최초로 *컴퓨터(computer)*라는 단어를 사용한 시점은 1613년으로 거슬러 올라갑니다. 최초의 기계적인 컴퓨터는 찰스 베비지에 의해 1822년 설계된 차분기관(Difference Engine)입니다. 최초의 프로그래밍 가능한 컴퓨터는 전자 기계식 컴퓨터 Z1으로, 1938년에 콘라트 추제에 의해 만들어졌습니다.

3. 이것은 헨젤과 그레텔이 지름길을 질러가지 않으며, 교착 상태에서 빠져나오기 위해 경로를 뒤로 돌아서 나오지 않는다는 것을 가정하고 있습니다(1장 참조).

출근 길

1. 만약 미국, 캐나다 혹은 남아프리카에서 한 번도 운전해 본 적이 없다면 이런 교통 규칙에 대해서 알지 못할 수도 있습니다. 독일에서 운전을 배운 사람이라면, 교차로의 네 방향에서 일단 정지하는 것이 정말

놀랍다고 생각할 수 있습니다. 그렇게 해도 사고가 거의 나지 않고, 누가 먼저 진입했는지 다투지 않는다는 사실에 더 놀랄 수도 있습니다.

2. 그 이유는 기호가 표상이기 때문이며, 우리가 계산을 표상의 체계적 변형이라고 규정했기 때문입니다.

3장 기호의 신비

1. 2진수는 1과 0의 연속으로 되어 있습니다. 몇 개의 자연수를 2진수로 표현해 보면 다음과 같습니다: 0 → 0, 1 → 1, 2 → 10, 3 → 11, 4 → 100, 5 → 101, 6 → 110, 7 → 111, 8 → 1000, 9 → 1001, 이렇게 계속됩니다.

2. 만약 이것이 복잡하다면, 이렇게 생각해 보세요: 있습니다. 저는 이 장을 수퍼볼(미식 축구 결승 – 역주) XLIX (로마 숫자로는 49)이 가까운 2015년 초에 쓰고 있습니다. L은 50을 의미하며 X를 앞에 두면 10을 빼는 것이 됩니다. 이제 9를 더하기 위해서 IX를 붙이는데, 이것은 10에서 1을 뺀다는 의미입니다.

3. 2진수 체계에서 어떤 수를 두 배로 하는 것은, 10진수 체계에서 10을 곱하는 것처럼 쉽습니다: 오른쪽에 0을 하나 덧붙이면 됩니다.

4. 일반적으로 교차점을 찾다 보면 여러 지점을 찾거나 한 곳도 찾지 못할 수 있습니다. 강과 길이 여러 번 교차하거나 전혀 교차하지 않을 수 있기 때문입니다.

5. 『바스커빌가의 개』에는 각 심볼을 이용한 계산이 나오지는 않습니다; 하지만 심볼의 모음에 대한 계산은 포함하고 있습니다(4장 참조).

4장 탐정의 수첩: 사실을 좇는 소품

1. 인용된 내용은 A. 코난 도일의 『바스커빌가의 개』 무료 온라인 버전에서 발췌한 것입니다. 이 책은 www.gutenberg.org/files/2852/2852-h/2852-h.htm에서 받을 수 있습니다.

2. 각 요소 간의 연결이 양방향으로 되어 있는 복잡한 리스트도 있습니다. 하지만 이 장에서는 단순한 단방향 연결만을 가지는 경우에 대해서만 논의하겠습니다.

3. 원칙적으로 요소의 순서는 중요할 수 있고, 리스트에서의 위치도 사용할 수 있습니다. 예를 들어 각 구성원이 얼마나 의심스러운지를 나타내는 데에 이런 정보를 사용할 수 있습니다. 하지만 이야기에서는 셜록 홈즈가 이런 순서를 따로 따져보았다는 이야기는 나오지 않습니다.

4. 이 가정은 일반적으로 맞지 않습니다; 이름을 배열의 셀을 위한 식별자로 사용해서 셀에 효율적으로 접근하는 것은 일반적으로 불가능합니다. 이러한 한계는 부분적으로는, 해시 테이블이나 5장에서 다룰 트라이 같은, 보다 진보된 데이터 구조를 사용함으로써 극복할 수 있습니다. 우선은 리스트와 배열을 비교하는 데에 크게 영향이 없으므로 이런 한계를 무시할 수 있습니다.

5. Wikipedia.org를 참고하세요.

6. 위키는 인터넷을 통한 참여형 편집과 정보의 공유를 가능하게 해 주는 프로그램을 말합니다.

7. 물론 궁극적인 목표는 집합의 원소를 추려서 하나로 만드는 것입니다.

분실물 센터

1. 어떻게 하는지 잊으셨다면, 인터넷에서 다양한 방법을 찾아볼 수 있습니다. 이제는 본인에게 맞는 방법을 찾는 것이 어려울 수도 있겠네요.

5장   완벽한 데이터 구조를 찾아서

1. www.youtube.com/yt/about/press/를 참고하세요.

2. 찾으려는 요소가 애초에 검색 공간에 존재하지 않았을 수도 있기 때문에, 내부에 요소가 있다는 것이 보장되지는 않습니다.

3. en.wikipedia.org/wiki/Boggle을 참조하세요.

4. 석판을 딛는 순서는 중요하지 않고, 모든 석판을 모두 들를 필요가 없다고 가정합니다.

5. 따라서 어떤 단어에 포함된 각 글자들을 한 번만 세려면, 단어를 처리하기 위해 집합 데이터 타입을 써야 합니다. 글자의 수를 세기 전에 집합에 해당 글자가 포함되어 있지 않다는 것을 우선 확인하고, 이후에 글자를 집합에 추가함으로써 같은 단어에 대해서 중복해서 셈하는 것을 방지할 수 있습니다.

6. 사실, 요소의 수에 이 수의 로그를 곱한 수에 비례하는 시간이 소요됩니다. 이런 시간 복잡도는 *선형 로그* 라고도 불립니다.

7. 이 단어는 원래 "트리"라고 발음되었습니다만, 근래에 들어서는 많은 사람들이 트리와 구분되는 특성을 강조하기 위해 "트라이"라고 발음합니다.

8. 이진 검색 트리에 있는 노드의 반이 트리의 잎에 포함되어 있습니다.

채비하기

1. 만약 어떤 알고리즘이 그 입력의 크기(여기서는 학생이나 시험지의 수)에 그 수에 로그를 취한 수를 곱한 값에 비례하는 시간을 필요로 한다면, 그 알고리즘은 선형 로그 실행 시간을 가집니다.

2. 각 단계마다 시험지의 리스트가 줄어든다는 것을 감안하더라도 그렇습니다.

6장 좋은 정렬 방식을 골라내기

1. 더 정확하게 표현하면 다음과 같습니다: $1 + 2 + 3 + \cdots + n = 1/2n^2 + 1/2n$

2. 피봇을 제거했기 때문입니다.

3. 여기서는 밑을 2로 하는 로그를 나타냅니다. 따라서 $2^7 = 128$이므로 $\log_2 100 < 7$입니다.

4. 존 폰 노이만은 컴퓨터 과학계에서 가장 잘 알려진 사람일 것입니다. 그가 기술한 컴퓨터 구조는 현존하는 거의 모든 컴퓨터의 근간을 이루고 있습니다.

5. 왜냐하면 배열의 색인으로 이름을 사용하면, 사용된 두 이름 사이에는 무한히 많은 다른 이름이 존재할 수 있기 때문입니다. 예를 들어 색인 "aaa"가 "aab" 뒤에 따라온다고 결정했다고 해 봅시다. 그러면 "aaaa", "aaab", "aaaaa" 및 무한히 많은 단어들은 이 배열의 색인으로 사용될 수 없고, 그 수를 셀 수도 없습니다. 같은 이유로 배열은 실수로 색인될 수 없고, 따라서 계수 배열은 실수의 리스트를 정렬하는 데에는 사용할 수 없습니다.

6. 아니면, 최적 알고리즘은 여러 가지가 있을 수 있기 때문에 최소한 성배 중의 하나를 찾은 것입니다.

7. 길이가 n인(각 요소가 서로 다른) 모든 가능한 리스트는 다음과 같이 만들 수 있습니다: n개의 요소 중 어떤 하나를 가장 앞에 둡니다. 그러고 나서 남은 n−1개 요소 중의 하나를 두 번째 자리에 두고, 이것을 반복합니다. 이것을 전부 해보면 $n \times (n-1) \times \cdots \times 2 \times 1 = n!$의 경우가 되며, 이것은 길이가 n인 리스트는 $n!$가지가 있다는 의미입니다.

8. 어떤 알고리즘이 k번 이하의 비교 동작을 사용한다면, 2^k가지의 서로 다른 경우를 구분할 수 있습니다. 따라서 길이 n인 리스트의 모든 경우의 수에 대응하려면, $2^k \geq n!$ 혹은 $k \geq \log_2(n!)$이어야만 합니다. 그러고 나서는 $k \geq n\log 2n$임을 보임으로써 선형 로그 하한을 구할 수 있습니다.

7장 풀기 어려운 과제

1. 여기에는 비어 있는 조합도 포함되어 있습니다. 이것은 무게가 0이 되는 경우에 대한 해결책입니다. 이러한 경우는 이 예에서는 중요하지 않지만, 일반적으로는 가능성이 없지 않습니다. 비어 있는 조합을 제외한다고 해서 가능한 조합의 수가 가용한 물체의 수의 지수배가 된다는 사실이 달라지지는 않습니다.

2. 사실 무어의 법칙은 2015년으로 50년이 되었고, 종언을 맞이하려고 하고 있습니다. 왜냐하면 전자 회로의 미소화가 물리적으로 근본적인 한계에 도달했기 때문입니다.

3. 입력의 크기가 n인 2차 알고리즘은 대략 n^2단계를 수행합니다. 컴퓨터의 속도를 두 배로 한다는 의미는 같은 시간에 두 배수의 단계를 실행, 즉 $2n^2$단계를 수행할 수 있다는 것입니다. 이것은 $\sqrt{2}n$의 크기를 가지는 입력에 대한 이 알고리즘의 수행 시간과 같은데, 왜냐하면 $(\sqrt{2}n)^2 = 2n^2$이기 때문입니다. 다시 말해 $\sqrt{2} \approx 1.4142$이기 때문에, 이 알고리즘으로 대략 1.4배 더 큰 입력을 처리할 수 있게 됩니다.

4. 3천억 개의 원자가 나뉘어 에너지를 만들어 내야 1와트 전구 하나를 1초 동안 밝힐 수 있습니다.

5. *P*는 *polynomial(다항식)*을 나타내며, 다항식(n^2나 n^3 같은)에 비례하는 실행 시간을 가지는 알고리즘으로 해결할 수 있는 문제들을 나타냅니다.

   N은 *nondeterministic(비결정)*을 나타내며, NP는 그 해결책이 비결정 기계상에서 다항 실행 시간을 가지는 알고리즘으로 만들어질 수 있는, 어떤 종류의 문제들을 나타냅니다. 비결정 기계는, 알고리즘에서 필요한 각 결정에 대해서 항상 옳은 추정을 해낼 수 있는 가상의 기계입니다. 예를 들어, 각각의 추가 해결책에 포함되는지를 정확하게 추정할 수 있다면 무게 달기 문제의 해결책을 선형 시간 안에 만들어 낼 수 있습니다. 동등하게, *NP*는 다항 실행 시간을 가지는 알고리즘에 의해서 그 해결책이 검증될 수 있는 일단의 문제들을 나타냅니다. 예를 들어, 무게 달기 문제를 위해 제시된 해결책은, 추의 무게를 더하고 그것을 목표 중량과 비교만 하면 되기 때문에, 선형 시간 안에 검증할 수 있습니다.

6. 하지만 리스트에서 가장 작은 요소를 반복적으로 찾아서 제거해야만 한다면, 정렬에 기반한 방법이 어떤 시점에는 더 효율적입니다.

7. 첫 번째로 더해진 물체를 생각해 봅시다. 그것은 목표 중량의 절반을 넘거나(사례는 이 경우입니다.) 혹은 절반 아래라서 다른 추를 더해도 목표 중량을 넘지 않을 수 있을 것입니다(두 번째 추는 첫 번째 추의 무게보다 가볍기 때문에 목표 중량의 절반보다 작을 것이 분명하므로).

   이제 다시 두 가지 경우를 구분할 수 있습니다. 만약 두 물체를 더한 무게가 목표 중량의 절반을 넘는다면, 각 추의 무게는 목표 중량의 50%보다 작을 것입니다. 그렇지 않고 둘의 무게가 절반 미만이라면, 각 물체의 무게는 목표 중량의 1/4보다 작을 것이고, 따라서 이 둘보다는 더 가벼운 다음 추를 하나 더 얹을 수 있습니다. 이러한 추론은 추의 무게의 합이 목표 중량의 절반에 도달할 때 까지는 추를 계속해서 추가할 수 있다는 것을 보여 줍니다. 이러한 추론 과정은 목표 중량에 도달하기 위한 충분한 무게추를 가지고 있다고 가정하고 있습니다. 하지만 이런 가정은 우리가 최적해를 찾을 수 있다는 가정에 이미 포함되어 있습니다.

의사의 지시 사항

1. 루드비히 비트겐슈타인, *논리 철학 논고(Tractatus Logico-Philosophicus*, 1921), 5.6절

8장 언어의 프리즘

1. 미국 레코드 협회와 국립 예술 기금이 이 노래를 "이 세기의 노래" 목록의 제일 첫 곡으로 선정하였습니다.

2. 해롤드 알렌 작곡; E. Y. "Yip" 하버그 작사

3. 전화 게임의 목표는 문장이나 어구를 한 사람에게서 다른 사람에게 속삭여서 전달하는 것입니다. 많은 사람들이 함께 게임을 하면, 몇 번 전달하고 나서 말이 재미있게 변형되곤 합니다.

4. 불행하게도 태블러추어는 음표의 길이에 대해서는 모호하기 때문에 연주자가 이미 곡을 알고 있는 경우에만 효과적으로 사용될 수 있습니다.

5. 비종단자를 종단자와 명확하게 구분하기 위해서, 비종단자는 항상 틀 안에 적힌 이름으로 표현하였습니다. 2장에서 매개변수를 나타내기 위해 밑줄을 사용한 것과 비슷합니다. 이 표기법은 치환될 곳을 알려주는 자리 표시자라는 개념을 상기시켜 줍니다.

6. n개의 서로 다른 높이와 m개의 서로 다른 길이를 나타내기 위해서는 n x m개의 규칙이 필요합니다. 규칙의 수는, 음표를 높이와 길이의 두 비종단자로 분해하고, 이 두 속성을 서로 간에 독립적으로 만들어주는 규칙을 더함으로써 n + m으로 극적으로 줄일 수 있습니다.

7. 관용적 표현은 이 규칙에서 예외입니다(9장 참조).

8. 이런. "성공하지 못한다면"이라는 말을 빼먹어서 이 문장을 성공적으로 파싱하지 못하게 되었습니다. 이런 경우에는 누락된 부분을 더해서 문장을 고칠 수 있지만, 말이 안 되는 문장은 의미를 찾을 수 없게 됩니다 – 이것은 독자나 청자에게는 매우 좌절스러운 경험이지요.

9장   딱 맞는 음 찾기: 소리의 의미

1. 더 정확하게 말하면, 각 문장이 최대 한 가지의 의미를 가진다고 말해야 합니다. 왜냐하면 어떤 구문적으로 정확한 문장들은 의미가 결여되어 있을 수 있기 때문입니다. 예를 들어 "그 녹색 생각 먹었다."라는 문장에 무슨 의미가 있을까요?

10장   날씨 다시 반복

1. 인도의 한 마을로 연간 및 월간 강우량 최고 기록을 보유하고 있습니다.

2. 단계와 조건은 행동과 조건을 나타내는 비종단자입니다. 이 비종단자들이 행동과 조건으로 각각 대체되면, 이 프로그램 형식은 실제 프로그램으로 실체화됩니다.

3. 이것은 종종 알버트 아인슈타인이나 벤자민 프랭클린이 한 말로 인용되지만, 원작자가 누구인지는 명확치 않습니다. 1983년 리타 메이 브라운의 소설 『갑작스런 죽음(Sudden Death)』과 1980년 익명의 알코올 중독자들(알코올 중독자 단체) 전단지에도 이 문구가 사용되었습니다.

4. 첫 번째 단계를 일어나기로 확장하고 두 번째를 샤워하기, 아침먹기로 확장할 수도 있습니다. 이렇게 해도 같은 결과가 됩니다.

5. 여기에는 중요한 예외가 있습니다. 예를 들어 대부분의 스프레드시트 시스템은 순환문을 가지고 있지 않으므로, 이것을 통해 하나의 수식을 여러 개의 수치나 셀에 적용하는 등의 작업은 지원하지 않습니다. 이런 작업은 통상 스프레드시트의 행과 열을 복사해서 이루어지며, 이것은 순환문 repeat 접기 세 번을 접기, 접기, 접기로 확장하는 것과 무척 유사합니다.

6. repeat문의 조건은 *종료 조건*으로 부르는 것이 적합합니다. while문의 조건은 *진입 조건*이라고 하는 것이 낫습니다.

7. 대부분의 프로그래밍 언어에서 찾아볼 수 있는 for문은, 사실 다음과 같은 약간 더 일반적인 형태를 가지고 있어서, 순환문의 본체에 반복된 횟수에 대한 정보를 전달해 주도록 되어 있습니다:

   For 이름 : = 횟수 to 횟수 do 단계

   이 형태는 현재의 반복 횟수를 나타내는 카운터로 기능하는 비종단자 이름을 사용하고 있습니다. 이것은 순환문의 본체에서 다음의 예와 같이 사용될 수 있습니다: for *n* : = 1 to 10 do *n*의 제곱을 계산

절대 멈추지 않는다

1. 재귀 또한 계산이 종료되지 않도록 하는 원인이 될 수 있습니다. 하지만 모든 재귀 알고리즘은 순환문을 사용하는 비재귀적 알고리즘으로 변형될 수 있기 때문에, 순환문만 고려해도 충분합니다.

11장   해피 엔딩은 필연이 아니다

1. 물론 이 알고리즘에서는 정말 중요한 부분이 빠져 있습니다. 종료 여부를 검사하는 것이 어떤 방법으로 정의될 수 있다는 상황을 가정한 것뿐이고, 나중에 살펴보겠지만, 이것은 사실 불가능한 일입니다.

2. en.wikipedia.org/wiki/Barber_paradox를 참고하세요.

3. 정지 문제에서와 같이, 만약 문제가 네 혹은 아니오의 대답을 요구한다면, 이것을 *결정 문제*(decision problem)라고 부릅니다. 결정 문제에 알고리즘적 해결책이 없다면, 이것을 *결정 불가능*(undecidable)하다고 하며, 그렇지 않다면 *결정 가능*(decidable)하다고 합니다.

   만약 어떤 문제가 모든 입력값에 대해서 특정한 출력 값을 요구하는 경우, 이것을 *함수 문제*(function problem)라고 부릅니다. 함수 문제에 알고리즘적 해결책이 없다면, 이것을 *계산 불가능*(uncomputable)하다고 하며, 그렇지 않은 경우 *계산 가능*(computable)하다고 합니다.

4. 만약 "셀 수 있는(가산적) 많음"과 "셀 수 없는(불가산적) 많음"의 차이를 알고 계시다면, 결정 가능 문제의 수는 셀 수 있지만, 결정 불가능 문제의 수는 셀 수 없습니다.

12장   제때에 해 두면 제대로 풀린다

1. 우연히도, 칼 세이건은 『백 투 더 퓨처 2』가 시간 여행의 과학에 기반해 만들어진 영화들 중 최고라고 생각했습니다; 로버트 저메키스와 밥 게일의 Q&A 대담, 『백 투 더 퓨처 2』, 블루레이 중에서(2010)

2. 세미 콜론은 알고리즘의 단계를 나열하여 작성할 수 있도록 해 주는 제어 구조라는 것을 기억하세요.

3. 상황은 이것보다 좀 더 복잡하지만 비유는 유효합니다.

4. 알고리즘의 이름이 명시적으로 언급되어야 하기 때문에 재귀적 설명이 더 깁니다.

5. *생성적(generative)* 재귀와 *구조적(structural)* 재귀로 구분할 수도 있습니다. 하지만 이런 구분은 재귀의 개념 자체를 근본적으로 이해하는 데에는 그다지 중요하지 않습니다. 또 *선형*과 *비선형* 재귀로 구분할 수도 있습니다(13장 참조).

6. en.wikipedia.org/wiki/Drawing_Hands와 en.wikipedia.org/wiki/Print_Gallery_(M._C._Escher)를 참고하세요.

7. 이 알고리즘이 음수가 아닌 수에 적용되었을 때에만

8. 데이비드 헌터, 『*핵심 이산 수학(Essentials of Discrete Mathematics)*』(2010)에서 발췌

최신 기술

1. 같은 문제를 해결하는 여러 가지 알고리즘은 각각 문제를 어떻게 해결하는지에 따라 구분되기 때문에, 이 것은 단순히 결과를 모아 놓는다고 해서 알고리즘이 정의된다는 것이 아닙니다.

13장 해석하기 나름

1. 이렇게 매개변수에 인수를 전달하는 방식을 *값에 의한 호출(call-by-value)*이라 부릅니다.

2. 이 예에서 매개변숫값은 사실 더 이상 필요하지 않습니다. 그리고 *Isort*의 계산 또한 완료되었습니다.

3. 이것은 젊은 비프가, 그에게 스포츠 연보를 준 나이든 남자가 늙은 자기 자신이라는 사실을 알지 못했기 때문일 수 있습니다.

4. 실제로는, 길이가 1인 리스트는 정렬된 것이고 변경 없이 반환해도 되므로, 이런 리스트에 대해서 재귀가 멈추도록 할 수도 있습니다.

14장 마법의 유형

1. 만약 알람 시계가 12시간 형식을 사용한다면, 추가적으로 오전/오후를 나타낼 수 있어야 합니다.

2. 이런 식으로 기술될 수 있는 유형은 여러 가지 형태를 가질 수 있기 때문에 *다형적(polymorphic)*이라고 부릅니다. 모든 형태가 하나의 매개변수를 이용해서 기술될 수 있기 때문에, 이런 종류의 다형성을 *매개변수의 다형성(parametric polymorphism)*이라고 부릅니다.

3. 하지만 유형화 규칙이 가진 힘은 제한적입니다. 예를 들어, 이것을 써서는 알고리즘의 종료를 보장할 수 없습니다.

4. 이것은 모두 맥락에 달려 있습니다. 일반적으로 사람의 키를 거듭 곱하는 것에는 아무 의미가 없다고 말할 수도 있지만, 키를 제곱하는 것은 사실, 체질량 지수를 구하기 위해서 체중을 나누는 값으로 사용됩니다.

5. 영국에서는 『*해리 포터*와 *철학자의 돌*(*Harry Potter and the Philosopher's Stone*)』이라는 제목으로 출판되었습니다.

15장 조감도: 세부 사항에서 추상화하기

1. *추상화*(*abstraction*)라는 단어의 라틴어 어원은 동사 *abstrahere*로, "끌어내다"라는 의미입니다.

2. 이 정의는 임의의 많은 주인공의 리스트에 대해서 작동될 수 있도록 추가적으로 확장될 수 있습니다. 하지만 이런 정의는 좀 더 복잡해질 것입니다.

3. 간략화 하기 위해서, 비종단자 주인공과 역경을 확장하는 규칙은 생략하였습니다.

4. 뿔 모양으로 추상화를 시각화한 것은 그 자체로 하나의 추상화이며, 위쪽에는 추상 개념이, 아래에는 추상화된 개념이 나타나 있습니다.

5. 여기에서는 주자가 결국 지치게 될 것이라는, 즉 달리는 거리에 자연적 한계를 두는 사실을 무시하였습니다.

6. 이 맥락에서 *알고리즘*이라는 단어는 수학적 함수를 계산하는 방법이라는, 보다 좁은 의미로 쓰였습니다. 여기에는 레시피 같은 것들은 포함되지 않습니다.

그들은 알고리즘을
알았을까?

1 판 1 쇄 발행 2018 년 8 월 31 일

저 자 | Martin Erwig
역 자 | 송원형
발행인 | 김길수
발행처 | (주)영진닷컴
주 소 | 서울특별시 금천구 가산디지털2로 123
　　　　　월드메르디앙벤처센터 2차 10층 1016호
등 록 | 2007. 4. 27. 제16 – 4189호

ⓒ2018. (주)영진닷컴

ISBN 978-89-314-5941-8

프로그래밍 언어도감

마스이 토시카츠 저 | 200쪽 | 16,000원

이 책은 처음 프로그래밍을 배우는 입문자부터 두 번째 언어를 선택하고 자 하는 개발자들을 위한 프로그래밍 언어 가이드입니다. 언어를 선택하는 여러 가지 기준을 제시하고 현재 가장 인기 있는 67개의 프로그래밍 언어의 특징과 기능을 재미있는 그림과 간단한 설명을 통해 한 눈에 파악할 수 있습니다. 모든 프로그래밍 언어마다 바로 실행할 수 있는 하노이의 탑 샘플코드를 첨부하고 있어 각 언어별 특징도 바로 살펴 볼 수 있습니다.

누구나
쓱 읽고 싹 이해하는
IT 핵심 기술

Dave Lee | 336쪽 | 16,000원

이 책은 IT를 처음 시작하는 사람을 위해 IT의 기초 지식부터 웹, 파이썬, 데이터베이스, 머신러닝과 같은 핵심 기술, IT 분야의 업무환경과 개발자와의 협업 방식까지 한권으로 배워 볼 수 있습니다. 웹페이지 제작을 위한 HTML&CSS와 자바스크립트의 기본을 쉽게 배워봅니다. 데이터베이스, 파이썬 기본 문법을 설명하고 실용적인 예제를 통해 누구나 쉽게 핵심 기술을 이해할 수 있도록 도와줍니다.

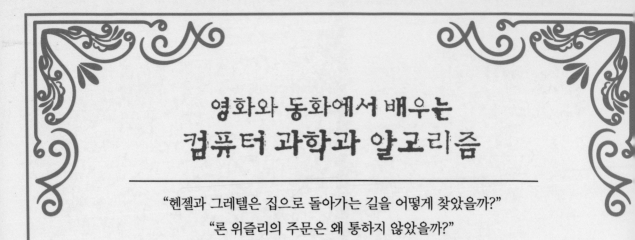

영화와 동화에서 배우는
컴퓨터 과학과 알고리즘

"헨젤과 그레텔은 집으로 돌아가는 길을 어떻게 찾았을까?"
"론 위즐리의 주문은 왜 통하지 않았을까?"
"셜록 홈즈는 어떻게 사건의 용의자를 추려냈을까?"

컴퓨터 과학은 체계적인 문제 해결의 연구로, 많은 일상 활동이 문제 해결과 관련이 있습니다. 아침에 일어나고, 샤워를 하고, 옷을 입고, 아침을 먹는 간단한 일상은 일련의 잘 정의된 단계를 거쳐 반복되는 문제를 해결합니다. 컴퓨터 과학에서 이러한 과정을 알고리즘이라고 합니다. 이 책은 일상생활과 우리에게 친숙한 영화, 동화 이야기를 통해 컴퓨터 과학과 알고리즘의 개념을 설명합니다.

헨젤과 그레텔은 어떻게 집까지 무사히 돌아갔으며, 필 코너스의 무한히 반복되는 하루를 어떻게 알고리즘으로 표현할 수 있을까요? 인디아나 존스가 알고리즘을 알았다면 더 성공적인 모험을 할 수 있었을까요?

컴퓨터 과학과 알고리즘을 처음 접하는 분들, 컴퓨터 과학의 개념을 이해하는 데 어려움을 겪고 있는 분들 모두 이 이야기들과 함께라면 쉽게 이해하고 배울 수 있을 겁니다.

◆ 계산 및 알고리즘 - 헨젤과 그레텔
◆ 표상과 데이터 구조 - 셜록 홈즈
◆ 문제 해결과 한계 - 인디아나 존스
◆ 언어와 의미 - 오버 더 레인보우
◆ 제어 구조 및 순환문 - 사랑의 블랙홀
◆ 재귀 - 백 투 더 퓨처
◆ 유형과 추상화 - 해리 포터

프로그래밍 | 18,000원

9 788931 459418
ISBN 978-89-314-5941-8

13000